高等院校教育学类专业课程教材

家庭教育学

Jiating Jiaoyuxue

（第3版）

主编　缪建东

中国教育出版传媒集团
高等教育出版社·北京

内容提要

本书为“十二五”普通高等教育本科国家级规划教材《家庭教育学》（第2版）的修订版，由十章内容组成。第一章和第二章为家庭教育概述篇，主要论述家庭教育的历史资源、家庭教育学的产生与发展，以及家庭教育的目的与任务；第三章、第四章、第五章为家庭教育基本理论篇，深入分析和介绍影响家庭教育的基本因素，包括亲子关系、家庭互动和家庭文化等内容；第六章、第七章为家庭教育实施指导篇，包括家庭教育的规律与原则和方法与艺术等内容；第八章、第九章、第十章为家庭教育实践应用篇，包括家庭教育、学校教育与社会教育的协同，父母发展、家庭发展与儿童发展，以及学校、社区和社会机构的家庭教育指导等。

本书内容体系精练，注重家庭教育理论与实践相结合，可读性强。书中用二维码关联了知识点、重难点讲解的教学视频，教学适用性强。本书可作为高等院校教育学类各专业、教师教育各专业教学用书，也可作为师范院校继续教育、中小学教师专业发展教材，还可为广大家长及一线教师提供学习参考。

图书在版编目（CIP）数据

家庭教育学 / 缪建东主编. --3 版. --北京：高等教育出版社，2022.10（2023.8重印）

ISBN 978-7-04-057861-4

Ⅰ. ①家… Ⅱ. ①缪… Ⅲ. ①家庭教育-教育学-教材 Ⅳ. ①G780

中国版本图书馆 CIP 数据核字（2022）第 019069 号

策划编辑 魏延娜　　责任编辑 魏延娜　　特约编辑 韩奕帆　　封面设计 姜　磊
版式设计 杜微言　　责任校对 马鑫蕊　　责任印制 田　甜

出版发行	高等教育出版社	网　址	http://www.hep.edu.cn
社　址	北京市西城区德外大街 4 号		http://www.hep.com.cn
邮政编码	100120	网上订购	http://www.hepmall.com.cn
印　刷	北京市白帆印务有限公司		http://www.hepmall.com
开　本	787mm×1092mm　1/16		http://www.hepmall.cn
印　张	18.25	版　次	2009 年 9 月第 1 版
字　数	400 千字		2022 年10月第 3 版
购书热线	010-58581118	印　次	2023 年 8 月第 3 次印刷
咨询电话	400-810-0598	定　价	45.00 元

物 料 号　57861-00

前　言

《家庭教育学》于 2009 年 9 月出版，于 2015 年 1 月修订再版。该教材曾作为全国教师教育课程资源专家委员会审定教材和高等院校教育学类专业课程规划教材，被许多高等学校和培训机构选用并受到了欢迎。目前，第 2 版教材已经出版七年多，需要根据我国家庭教育发展的新形势和新任务，特别是根据习近平总书记关于注重家庭家教家风建设的重要论述，以及全国教育大会精神和《中华人民共和国家庭教育促进法》精神，进一步丰富教材内容、完善教材体系，增强教材的时代性、针对性和实践性。

自 2019 年以来，编写组认真听取教材使用院校的意见和建议，多次召开研讨会，对教材的理念、风格、内容和形式等进行了充分的讨论，在此基础上，形成修订思路和修订分工，确保教材整体上的连贯性、系统性和完整性，增强了教材的科学性，最终形成了本版《家庭教育学》。本教材具有以下几个方面的特点。

1. 突出时代性，关注新时代我国家庭教育的经验和问题

在本次修订过程中，编写组认真贯彻习近平总书记关于注重家庭家教家风建设的重要论述和全国教育大会精神，认真学习《中华人民共和国家庭教育促进法》，将立德树人作为根本任务，围绕构建德智体美劳全面发展的人才培养体系，强化教材的理念引领和价值导向。特别关注新时代家庭教育的新经验和新问题，诸如由考试竞争带来的亲子冲突和家长焦虑问题，由“双减”政策带来的家庭教育指导方式问题，由智能时代带来的学生手机使用、睡眠时间管理、健康管理等问题。本教材努力对这些问题进行正面的回应与分析，为家庭教育提供有效的指导和帮助。

2. 突出可读性，重视理论与实践的有机结合

本次修订特别关注了教材内容的可读性、表达方式的通俗化、内容呈现的多样化，力争使教材内容贴近生活、贴近实践。教材既有引领性的理论观点，也有生动的实践案例和拓展性的现实思考。教材注重现代性、前瞻性的家庭教育理论和理念的普及，并将这种理论和理念的普及融合在具体的实例中，力争做到清晰明了、易于理解、便于应用。

3. 突出逻辑性，重视体系连贯和内容精练

本次修订更加注重章节间的衔接、流畅和体系的连贯性。调整了章节的顺序，并对相关内容进行了增加、调整和删减。将“家庭教育的历史资源”融入“家庭教育和家庭教育学”中；将“当代中国社会变迁与家庭教育”融入“家庭教育的目的

与任务”和“家庭教育的方法与艺术”，以及其他家庭教育实践类的章节中。适度整合了家庭教育实践类章节的内容，将第 2 版中的四章内容整合为“家庭教育、学校教育与社会教育的协同”“父母发展、家庭发展与儿童发展”“学校、社区和社会机构的家庭教育指导”三章内容。整合后，全书内容由第 2 版的十三章内容变为本版的十章内容。这样，教材体系更加清晰、内容更加精练。

本次修订，高等教育出版社魏延娜女士提出了很多建设性的建议，并给予了很多支持和帮助，在此表示衷心的感谢。在写作过程中，我们参考和引用了许多学者的研究成果，在此表示感谢。

本书各章作者分工如下：第一章、第九章第一节，张永英；第二章、第六章、第七章，邵泽斌；第三章、第四章、第五章，缪建东；第八章、第九章第二三四节、第十章，殷飞。邵泽斌协助进行了统稿。

经过本次修订，教材在内容上更加体现时代性，体系更加合理，可读性更强，但由于水平所限，缺点和错误在所难免，恳请读者批评指正。

缪建东

2022 年 8 月 28 日

目　录

第一章　家庭教育与家庭教育学

[学习目标]

1. 了解中西方家庭教育的历史资源。
2. 了解家庭教育学产生、发展的历程及其发展前景。

[微视频]
家庭与家庭
教育基本概念

家庭教育是人类的一种教育实践活动，主要表现为父母对子女的教育影响活动，也包括家庭中各成员间的各种互动。无论是在中国源远流长的五千多年文明史中，还是世界各国辉煌的历史文化宝藏中，都有着极为丰富的家庭教育的历史遗产。梳理家庭教育的历史，了解家庭教育学产生、发展的历程及其发展前景，对促进我国家庭教育事业的发展有着重要的意义。

第一节 我国家庭教育的历史资源

中华文明源远流长，中国教育文化博大精深。在中华文明中，不乏优秀的家庭教育思想和传统。近代以来，西方的家庭教育思想也为我们提供了借鉴。这些丰厚的历史资源是前人教育智慧的结晶，值得我们去创造性地加以继承和发展。

一、我国传统家庭教育思想的继承和发展

（一）我国传统家庭教育的目的

我国具有重视家庭教育的传统，这与我国传统文化深受儒家思想的影响有着密切关系。《大学》有云：“物有本末，事有终始，知所先后，则近道矣。”[①]所以“格物、致知、诚意、正心、修身、齐家、治国、平天下”是古人按先后本末提出的成人之道。这里蕴含了儒家思想关于个人、家庭、国家三者关系的认识。“古之欲明明德于天下者，先治其国；欲治其国者，先齐其家……家齐而后国治。”[②]一个人只有通过齐家，才能提高教育和管理的能力，进而妥善处理与社会其他人员的关系，具备治国平天下的能力。“其家不可教而能教人者，无之。”[③]连家庭成员都不能教育管理好的人是不可能去处理协调好与社会其他人员的关系的。那么，如何能齐家

---

① 朱熹．四书章句集注［M］．北京：中华书局，2011：4.
② 朱熹．四书章句集注［M］．北京：中华书局，2011：5.
③ 朱熹．四书章句集注［M］．北京：中华书局，2011：10.

教子呢？《大学》指出，“欲齐其家者，先修其身”“身不修不可以齐其家”。[①]因而“修身”乃物之本、事之始。儒家还认为人的道德素质首先是在家庭中形成的，正如《论语》中所说：“其为人也孝弟，而好犯上者，鲜矣；不好犯上，而好作乱者，未之有也。”[②]一个人在家庭中受到正确的教育，养成良好的素质，也就能成为社会的好成员。儒家关于“天下国家”“家国一体”的伦理思想确立了家庭教育与国家、社会的关系，凸显了家庭教育在“修身、齐家、治国、平天下”中的重要作用，奠定了我国历代重视家庭教育的理论根基。

我国传统家庭教育的目的在于达成“修身”“齐家”“治国”“平天下”逐层递进的境界，只是在不同社会阶层，侧重有所不同。在帝王之家，统治者从巩固王权的角度出发，高度重视包括家庭教育在内的嫡长子教育，家庭教育成为培养统治者的重要环节。如武王铭文以授子孙为政之方；唐太宗“遇事必诲”，并著《帝范》以教子；康熙帝亲自教子，一字一画无不躬亲详示、勤加训诲。在官僚、士大夫之家，家庭教育的主要目的是促进子弟的健康成长，维护家庭和谐、家族稳定以及“学而优则仕”。孔子对孔鲤“不学《诗》无以言”“不学礼，无以立”的庭训，奠定了士大夫阶层“诗书传家”“以礼治家”的传统。明代中后期，随着商品经济的发展，市民阶层兴起，家教理论也逐渐由统治阶层向平民百姓普及，统治者认识到通过百姓家教可以敦风厉俗，促进人的素质提高和维护社会稳定，如明太祖朱元璋的“教民大谕”“教训子孙，各按生理，毋作非为”。官僚、士大夫也积极倡导家教以敦促风化。最有影响力的当属朱用纯的《朱子治家格言》，囊括了传统治家理财及为人处事的全部准则。[③]

概而言之，在我国古代家庭教育中，不同的社会阶层有着不同的教育目的：历代帝王家教重在培养统治者，官僚、士大夫家教以“修齐治平”为目标，倡导平民家教则为了敦风化俗、使百姓守分安命。

（二）我国传统家庭教育的内容

自先秦至近代，我国传统家庭教育的内容表现出一定的承继性，主要有以下方面。

1. 以“孝悌”为主的封建伦常教育

“弟子入则孝，出则弟，谨而信，泛爱众而亲仁，行有余力，则以学文。”[④]从孔子的这段言论我们可以看到以德为本的教育主张。孔子提出“父父、子子”的主

① 朱熹．四书章句集注［M］．北京：中华书局，2011：5，10.
② 朱熹．四书章句集注［M］．北京：中华书局，2011：50.
③ 马镛．中国家庭教育史［M］．长沙：湖南教育出版社，1997：381.
④ 朱熹．四书章句集注［M］．北京：中华书局，2011：51.

张，要求做到“为人子，止于孝；为人父，止于慈”[①]。父虽为尊者，但如果有错误，就须接受小辈的教育；而小辈虽应孝敬父亲，但也不应盲从，见父亲有错误就应指出，以免父亲陷于不义，这才是真正的孝。孔子“父父、子子”的思想有一定程度的民主。孟子继承孔子的思想提出了“父子有亲、君臣有义、夫妇有别、长幼有序、朋友有信”[②]的五伦之道。在“父子”人伦关系上，孟子提出“父子不责善”，意思是为父的如果批评子弟，会伤害父子之间的感情。荀子则主张“隆礼”，在家庭中强调家长的至尊地位，将子不从父命限定在从命则父危、辱、禽兽等极端的情况下。荀子重视家庭礼义，并且规定烦琐的仪容举止规范，加强了封建家长礼制的束缚。韩非子则从法家思想出发，主张教子必须严，提倡“爱不如刑”。秦代推行严酷的法家思想，从法律上给予家长将不孝或不听从教育的子弟送官惩处的权利，这一制度对后世的影响深远。至汉代，以“三纲五常”为核心的儒家伦理纲常体系确立。所谓“三纲”，即“君为臣纲，父为子纲，夫为妻纲”。也就是说，君统治臣、父统治子、夫统治妻。所谓“五常”，即仁、义、礼、智、信五种道德规范。“三纲”“五常”成为处理纵横关系网的基本要求。东汉时期，汉代唯一的官方经典——《白虎通义》对董仲舒编制的“三纲五常”理论进行了发展，提出了“三纲六纪”，即君臣、父子、夫妇“三纲”和诸父、诸舅、兄弟、族人、师长、朋友“六纪”。对原始儒家的伦理观进行了改造，把原先尚存的一点民主因素和宗法感情，如“君仁臣忠”“父慈子孝”等，变为单纯的上级对下级的绝对统治和下级对上级的绝对服从，形成了无处不在的服从制度。宋代出现了在融合儒、佛、道三教的基础上产生的新儒学——理学。理学将封建伦常提到永恒、至高无上的地位。在理学思想的影响下，家教伦理化倾向更加突出。明清统治者尊“程朱”的文教政策，使当时整个文化教育领域都强化了伦理道德教育，家庭教育深受“存天理，灭人欲”的伦理思想影响，家教内容中充斥着伦理道德的说教。“孝悌为本”的封建伦常教育历经各个朝代统治者的矫饰，致使家教伦理化达到了顶峰。

2. 以“勤、俭”为主的处事道德教育

在中国传统家庭教育中，“勤俭”被看作一个人成长的最重要的品质。春秋时期的著名典故“敬姜教子”阐明了勤则善心生，逸则恶心生的道理。唯“勤”故能思“俭”，俭朴则善心生。“俭”又常与“约”相连，一个人能处处勤俭节约，说明他有很强的自制、自律能力。北宋司马光的家庭德育特别重视俭朴美德的培养。他并非将“俭”“奢”仅视作两种不同的生活方式，而是将其看成了两种道德的基础。司马光在《训俭示康》中论述道：“夫俭则寡欲，君子寡欲则不役于物，可以直道而行；小人寡欲则能谨身节用，远罪丰家。故曰：‘俭，德之共也。’侈则多欲，君

① 朱熹. 四书章句集注［M］. 北京：中华书局，2011：6.

② 朱熹. 四书章句集注［M］. 北京：中华书局，2011：30.

子多欲则贪慕富贵，枉道速祸；小人多欲则多求妄用，败家丧身。是以居官必贿，居乡必盗。故曰：‘侈，恶之大也。’”[①]俭，为道德自律奠定基础，侈，为走向犯罪深渊准备条件。“成由俭、败由奢”“由俭入奢易，由奢入俭难”，故而俭朴品德必须从小培养，渗透于衣、食、住、行等日常生活细节之中。

3. 以儒家经典为主的文化知识教育

三代（夏、商、周）的家学着重于天文、历法等应用科技知识。汉武帝将儒家思想确定为官方正统思想，百姓只要通儒经便能仕途荣达。在利禄的刺激下，教子读经热迅速升温。经学知识成为家庭教育的重要内容。世传“遗子黄金满籝，不如一经”，重儒学而轻科技的社会心理由此形成。魏晋南北朝时期，儒经仍是家学的主要内容，但文学、史学、律学、医学、科技、玄学等也是家学的重要内容。这在一定程度上弥补了官学重儒学轻科技的不足。隋唐时期科举制度确立，科举主要以儒家经典及诗赋等为考试内容，这又刺激了家庭教育中教子为学热的兴起。“取富贵”成为劝子读书的激励手段。唐人有诗云：“养子莫徒使，先教勤读书。一朝乘驷马，还得似相如。”[②]甚至在遥远的新疆当时也流传这样的教子诗：“小子读书不用心，不知书中有黄金。早知书中黄金贵，高照明灯念五更。”[③]可见读书以取富贵是当时普遍的社会心态。至宋代，大兴文教政策，学校、科举更为发达，读书做官被人们视为振兴门户的必由之路。明清时期，统治者为加强君主专制，加强了思想文化专制，将人们的思想统一于程朱理学。文化教育领域可谓“家孔孟而户程朱”。明清时，朝廷“合众途于一轨，会万理于一原”的做法钳制了思想文化的发展，尤其是自然科学的发展。但在家学中，自唐至宋、元、明、清，科技家学的传统从未中绝，科技取得了很大的发展。但科学技术一直以来只被看作“奇技淫巧”“形器之末”，唯儒家经典才是“仕途通达”的正道。

4. 胎教

胎教是我国传统家庭教育中的重要内容。自西周至近代的两千多年中，胎教理论得到了逐步发展和完善。西周最著名的胎教实践是大任育文王及周武王后妃育成王，大任有妊时 “目不视恶色，耳不听淫声，口不出敖言，而生文王。文王生而明圣……”[④]周武王后妃在孕期“立而不跂，坐而不差，独处而不倨，虽怒而不詈，胎教之谓也”[⑤]。尽管西周时期对孕妇所提出的各种要求带有封建礼制的色彩，且过于绝对化，但可以说明早在两千多年前我们的祖先就粗浅地认识到胎儿受母体所感化的影响。汉代贾谊提出了优生思想，刘向则从西周的胎教经验中概括出了“慎

① 马镛．中国家庭教育史［M］．长沙：湖南教育出版社，1997：226.
② 王重民，孙望，童养年．全唐诗外编［M］．北京：中华书局，1982：72.
③ 马镛．中国家庭教育史［M］．长沙：湖南教育出版社，1997：158.
④ 马镛．中国家庭教育史［M］．长沙：湖南教育出版社，1997：9.
⑤ 马镛．中国家庭教育史［M］．长沙：湖南教育出版社，1997：10.

感”思想，王充丰富了前两人的优生优育思想，逐渐形成了基本的胎教论。南北朝教育家颜之推对胎教也颇为重视，总结了前人的胎教经验：“古者，圣王有胎教之法，怀子三月，出居别宫，目不邪视，耳不妄听，音声滋味，以礼节之。”[①]至唐代，医学家孙思邈根据自己的妇科实践对前人的胎教思想作出了医学角度的解释，为“慎始”及“外像内感”的胎教思想提供了理论依据，并据此提出了一些基本的胎教方法，如：“口诵诗书、古今箴言”“弹琴瑟”“调心神、和情性”等。[②]孙思邈的胎教理论与实践开拓了运用医学知识指导胎教的新的前进道路，开创了我国古代胎教的新天地，也标志着我国古代胎教发展的重要转折。明清的胎教思想沿隋唐以来以医学为基础的道路前进，在总结前人胎教经验的基础上逐渐形成了以调节情志为重点，节饮食、适劳逸、慎寒温、戒房劳、谨服药等身心全面调护的基本理论。至清末，康有为在继承前人胎教思想的基础上，主张设“人本院”形成胎教制度，使受孕妇女能入院接受系统的胎教，这一思想又是中国胎教理论的一大进步。中国传统胎教理论也有不尽合理之处，比如现代科学不能支持的“（妊娠三月）欲生男者操弓矢，欲生女者弄珠玑”“（孕期）禁食水果鱼鳖”等经验之谈。

5. 童蒙教育

我国传统家庭教育思想中也蕴含了丰富的关于童蒙教育的阐述。《易经·程传》将“童蒙”说成“未发而资于人者”。郑玄注“未发”为“情欲未生，谓年十五时”。因而“童蒙”，即指未发育成熟的人。童蒙教育可以理解为儿童时期的教育。我国传统童蒙教育的内容有以下几个特点。

（1）重视早教

《礼记·内则》中有记载：“子能食食，教以右手；能言，男唯女俞。”从儿童能吃饭、说话开始，就要培养他们正确的饮食、言语习惯。这反映了我国古代家教“早谕教”的特点。南北朝时颜之推系统地提出了早期教育的主张：“古者，圣王有胎教之法，……凡庶纵不能尔，当及婴稚，识人颜色，知人喜怒，便加教诲，使为则为，使止则止。比及数岁，可省笞罚。”[③]他认为家教应从胎教开始，如若做不到，那也应该从婴儿开始即施以家教。这是因为孩童时期习惯尚未养成，思想未定而精神又集中，因而可塑性大，容易接受潜移默化的熏陶并易于学习文化知识。颜之推用自己的亲身经历与古人的早教思想相互印证，提出了“固须早教，勿失机也”的论断。北宋司马光也很重视早期教育，提出“慎在其始”的观点。他有一个形象的比喻：“络马首，穿牛鼻，利用以早。络马穿牛，幼易驯也。”[④]表达了对儿童时期

① 马镛．中国家庭教育史［M］．长沙：湖南教育出版社，1997：121.

② 马镛．中国家庭教育史［M］．长沙：湖南教育出版社，1997：188–189.

③ 马镛．中国家庭教育史［M］．长沙：湖南教育出版社，1997：121.

④ 马镛．中国家庭教育史［M］．长沙：湖南教育出版社，1997：223.

差错容易纠正，习惯易于养成的认识。宋代理学思想家也非常重视早期教育。张载从性、气、习的角度探讨早教问题，发展了孔子“性相近、习相远”的思想，提出“蒙以养正”的观点，认为早期教育是打基础的教育，对人的一生发展极为重要，否则，“其始不正，未有能成章而达者”①。二程、朱熹进一步发展了张载“蒙以养正”的思想，提出对后世有重大影响的童蒙教育的具体方法和内容。明清时期的孙奇逢也非常强调早期教育的重要性。他吸收孟子的性善论，认为人性本善，幼儿具有爱亲敬长的天性，早期教育在于巩固其天性中的善性，使之不受不良环境的影响，养成良好的习性。他认为家庭的未来系于子女，而蒙养又关系到家运的盛衰，因而他呼吁“端蒙养，是家庭第一关系事。为诸孺子父者，各勉之”。②

（2）重视行为规范教育

从《礼记·内则》中我们可以看到古人针对儿童的不同年龄阶段施以不同内容的家庭教育。自“能言能食”始即教以正确的言语、行为习惯。“六年，教之数与方名。七年，男女不同席，不共食。”“八年，出入门户及即席饮食，必后长者，始教之让。九年，教以数日。”“十年，出就外傅，居宿于外，学书记。衣不帛襦袴，礼帅初，朝夕学幼仪，请肄简谅。”③可见，即使是10岁外出学习，依然是以学“幼仪”为主。朱熹在《大学章句序》中说：“三代之隆，其法寖备，然后王宫、国都以及闾巷，莫不有学。人生八岁，则自王公以下，至于庶人之子弟，皆入小学，而教之以洒扫、应对、进退之节，礼乐、射御、书数之文；及其十有五年，则自天子之元子、众子，以至公、卿、大夫、元士之適子，与凡民之俊秀，皆入大学，而教之以穷理、正心、修己、治人之道。此又学校之教，大小之节所以分也。”④从这段话中可以看出古人8岁入小学至15岁入大学前的学校教育中，所学主要是“洒扫、应对、进退之节”和“礼乐、射御、书数之文”。朱熹制订的《童蒙须知》更是全面规定了衣服冠履、语言步趋、洒扫涓洁、读书写字及杂细事宜五大类数十条常规。如“自冠巾、衣服、鞋袜，皆须收拾爱护，常令洁净整齐”；“凡为人子弟，当洒扫居处之地，拂拭几案，当令洁净，文字笔砚，凡百器用，皆当严肃整齐，顿放有常处”⑤。童蒙教育是大学教育的基础，洒扫、应对、进退等日常生活基本行为礼仪规范正是修身、齐家、治国、平天下的根本。朱熹本是宋代“二程”的学生，但在这一问题的认识上倒似乎有所不同。“二程”也极重视童蒙教育，但对于童蒙教育的内容却有他们自己的观点：“古之人，自能食能言而教之，是故大学之法，以豫为先。盖人之幼也，智愚未有所主，则当以格言至论，日陈于前，盈耳充腹，久自

① 马镛．中国家庭教育史［M］．长沙：湖南教育出版社，1997：248.
② 马镛．中国家庭教育史［M］．长沙：湖南教育出版社，1997：406.
③ 马镛．中国家庭教育史［M］．长沙：湖南教育出版社，1997：17.
④ 朱熹．四书章句集注［M］．北京：中华书局，2011：2.
⑤ 马镛．中国家庭教育史［M］．长沙：湖南教育出版社，1997：251.

安习，若固有之者，日复一日，虽有谗说摇惑，不能入也。若为之不豫，及乎稍长，意虑偏好生于内，众口辩言铄于外，欲其纯全，不可得已。”“二程”主张自小对儿童进行“格言正论”的思想灌输，以形成“若固有之”的“纯全”的思想观念，这一观点看似合理，但以“格言正论日陈于前，盈耳充腹”的做法是填鸭式的外部灌输法，而以“格言正论”作为童蒙阶段的教育内容显然是不合循序渐进的原则的。“二程”的主张以及给后世带来的影响是值得我们深思的。

6. 女教

在我国传统家庭教育中，女子家教是很有特色的内容。从《礼记·内则》中“子能食食，教以右手；能言，男唯女俞”就能看出西周时期的家庭教育从起始就是男女有别的。至汉代，“三纲五常”确立，“男尊女卑”“夫为妻纲”的纲常伦理成为女子家教中的准则。汉代班昭的《女诫》以“阴阳殊性，男女异行”为理论基础，提出“女以弱为美”。在“女子当卑弱”的基础上发展出女子应“以夫为天”，恪守妇德、妇言，对公婆叔妹曲意逢迎的一整套“妇礼”，“不必才明绝异”成为“女子无才便是德”的开端。隋唐女子家教有较大的发展，比如不再强调女子卑弱，主张女子亦应聪明智慧，对丈夫的错误应谏诤，应重视子女的教育等。宋元以后，女子家教除了实行关于妇德、妇言、妇容、妇功的严格女训，对女子触犯家规或不守妇德者，规定了责罚的方式。明清女教依然延续前朝，以“三从四德”为基础，以事夫、事舅姑为中心。但在实学思想和民主思想的影响下，女教思想有了以下新的观点。（1）从社会、家庭及女子自身发展的高度提出重视女教。如陈宏谋所言：“夫在家为女，出嫁为妇，生子为母。有贤女然后有贤妇，有贤妇然后有贤母，有贤母然后有贤子孙。王化始于闺门，家人利在女贞，女教之所系，盖綦重矣！”[①]（2）提倡男女平等、抨击“女子无才便是德”。明人刘氏在《女范捷录·才德篇》中提出女子德才皆备的理想人格：“养正以毓其才，师古以成其德，始为尽善而兼美矣。”[②]清朝末年，维新派对女子教育的认识是站在救亡图存的立场上的。梁启超在其名著《变法通议》中特地写了一章《论女学》，提出“然吾极推天下积弱之本，则必自妇人不学始”。继而分析了妇人不学的后果，即妇人无业而“分利”严重影响自身及子女素质的提高，同时又以欧美等国为例，进一步证明女学与国势强弱的关系，进而提出兴女学的途径。

我国历代重视女教，这有助于一些传统美德的传承。但在漫长的封建社会，“男尊女卑”“三从四德”是女子无法挣脱的精神锁链，女子在各种清规戒律的训诫下，天性受到压抑，甚至身心遭到摧残，许多女子成为伦常名教的牺牲品。

① 马镛．中国家庭教育史［M］．长沙：湖南教育出版社，1997：451.

② 马镛．中国家庭教育史［M］．长沙：湖南教育出版社，1997：452.

7. 父道

我国古代家庭教育思想中关于为父之道的论述是颇具科学价值的。西汉韩婴曾论述道："夫为人父者，必怀慈仁之爱，以畜养其子。抚循饮食，以全其身。及其有识也，必严居正言，以先导之。及其束发也，授明师以成其技。十九见志，请宾冠之，足以死其意。血脉澄静，娉内以定之，信承亲授，无有所疑。冠子不言，发子不笞，听其微谏，无令忧之，此为人父之道也。诗曰：'父兮生我，母兮鞠我。拊我畜我，长我育我。顾我复我，出入腹我。'"①这里已经体现出古人对于儿童成长发展阶段的初步认识，根据孩子在每个阶段的发展特征，父亲有针对性地予以引导和帮助，而不是单方面从父亲的愿望和希冀出发实施培养方案。这个思想转换到当下时代背景中依然具有先进性，是符合教育客观规律的。因而这是我国古代家教思想中具有先进性的资源，值得我们进一步认识并发扬光大。

（三）我国传统家庭教育的原则、方法

我国传统家庭教育在实施过程中有一些颇具特色的原则、方法。

1. 注重严爱结合

《周易·家人》中有着丰富的家教思想，在教子之道上突出"严"字。我国家教历来讲究"严"即发端于此。但这里的"严"并非仅是动辄打骂的意思，而是包含了几层意思。第一，是指家长在家庭中有至尊的地位，即所谓"家人有严君焉，父母之谓也"。第二，是指家庭成员各正其位、各尽其责："父父，子子，兄兄，弟弟，夫夫，妇妇，而家道正。"第三，是指家教之严并非仅是事后惩罚，更在于防微杜渐。第四，是指严爱结合。即光有严厉尚不能使人信服，真正教子之道"非能使之顺从而已，必致其心化诚合，交相爱也"。第五，是指家长要有威信。"有孚，威如，终吉。"家长光有威严尚不足，还必须诚信，这也是说家长应将教子与律己结合起来。《周易·家人》中"严"的丰富内涵为我国古代家教奠定了理论基础。春秋末年，父子相残现象普遍，孔子提出"父父、子子"的主张，要求做到"为人子，止于孝；为人父，止于慈"②。父慈子孝的观点成为孔子处理父子关系和进行家庭教育的基本立场。"父慈"并非单纯的父爱，更不是溺爱，而是对子弟为学、择友等方面的关注。孔子还反对当时颇为盛行的体罚，认为"小箠则待，大杖则逃"，过度体罚会损伤父子之间的慈爱之情。孔子对当时家长制的绝对权威也有批评，认为"父命不可违"也须看具体情形。孔子的教子思想将爱与教统一起来，对后世产生了很大影响。孟子在家庭教育爱与教的矛盾问题上有一个基本观点：父子不责善。意为父亲不要责子为善。他认为互相督促是朋友之道，为父的若批评儿子会伤害父

① 赵忠心．中国家庭教育五千年［M］．北京：中国法制出版社，2003：63.

② 朱熹．四书章句集注［M］．北京：中华书局，2011：6.

子感情。因而他提出“易子而教”的主张。南北朝时颜之推提出了较为系统的家教理论，其中家教原则中重要的一条即是“威严而有慈”，意思是父母应将威严与慈爱相结合。颜之推还提出要戒溺爱，指出溺爱害子，严教才是真正爱子，并指出家教失败究其原因多为舍不得体罚。王夫之在论家教须严的原则上提出严格要求并非动辄打骂，而是以理服人，使之自省。他认为，严须有一定的根据，这根据便是礼，礼的核心是爱与敬，严根据礼，则严是爱的表现。古人在家庭教育中爱与教的矛盾问题上有着很辩证的思考，这是值得后人学习的，但古人在“严”的方面有主张体罚等严酷的做法是需要摒弃的。

2. 强调以身作则

教子与律己相结合，是在《周易·家人》中就已提出的家教原则。孟子说：“身不行道，不行于妻子；使人不以道，不能行于妻子。”[①]北宋理学家程颐在《伊川易传》中说：“治家之道，以正身为本，故云反身之谓。……威严不先行于己，则人怨而不服。”[②]要治家，必先修身，要使子弟信服，家长必须严于律己。元代郑太和的《郑氏规范》中提出对家长的要求首先就是家长必须严于律己，以身作则，认为家长以身作则方能以身教教之。明清时期的孙奇逢将“以身作范”视作最重要的家教原则。他认为“身范不端，向妇人女子求齐，道无由矣！”[③]自己身行不端，却要妻子、子女做得很好，这是没道理的。他强调，以身作范虽主要是对家长提出的要求，但同时也是对全体家庭成员的要求。

在强调以身作则的同时，古人也懂得“身教”“言教”不可偏废的道理。相传晋朝时刘实品行高尚、为官清廉，对自己的要求极其严格。但其子女并未跟他学。儿子当官后，贪赃枉法，受到制裁，甚至刘实也受到牵连。刘实苦恼而向朋友求教，他朋友说：“你儿子出了问题，首先要由他自己负责。但你作为父亲，只知道严格约束自己，却没有用心去教育子女。‘身教’固然重要，但‘言教’，也是不可或缺的。”刘实深受启发，从此既重“身教”，又重“言教”，其他子女教育得很好。[④]

3. 重视因材施教

因材施教历来是我国传统教育思想中的重要原则。“求也退，故进之；由也兼人，故退之。”孔子的“一进一退”已成为因材施教的经典教材。清代汪辉祖将因材施教的思想吸收到家庭教育中。他说：“子弟才质，断难一致，当就其可造，委曲诲成。责以所难，必致偾事。”他还举了一例：“昔宋胡安国，少时桀骜不可制，其父锁之空室。先有小木数百段，安国尽取刻为人形。父乃置书万卷其中，卒为大

① 朱熹．四书章句集注［M］．北京：中华书局，2011：343.

② 马镛．中国家庭教育史［M］．长沙：湖南教育出版社，1997：22.

③ 马镛．中国家庭教育史［M］．长沙：湖南教育出版社，1997：407.

④ 赵忠心．中国家庭教育五千年［M］．北京：中国法制出版社，2003：106–107.

儒。”[①]尽管安国桀骜不驯，却能从其将数百段小木刻为人形中看出其执着专注之心。安国父正是看到了儿子的这一点，置万卷书于内，终成就了儿子成为大儒。历史上家庭教育中因材施教的故事还有不少，例如，汉代张汤父在张汤“逮偷吃肉的老鼠”并加以审讯判刑的游戏中发现张汤的办案能力，就有目的地让张汤学法律，并让他练习书写狱状，最后张汤成为了一名办案能手，武帝时任御史大夫，并参与制定法律。

4. 注重因势利导

西汉司马迁在《史记·孙子吴起列传》中有云：“善战者，因其势而利导之”。所谓因势利导，是指顺着事物的发展趋势加以引导推动。元朝画家、诗人王冕出生于一个贫苦农民家庭里，到七八岁时父亲就让他到地里放牛。王冕想读书，可又读不起，于是，他就带着牛到学堂旁边听老师给学生讲课。有一次，他只顾听课，把牛给丢了，牛吃了人家的庄稼，父亲把他打了一顿。母亲看王冕非常愿意读书便说服了父亲，王冕得以搬到附近一处寺庙，白天帮寺庙干活，晚上住在寺庙读书学习。因其刻苦，有位爱才如命的学者听说后将他收为门下弟子，几年后，王冕绘画、写诗都有了巨大长进，后来，终于成为著名的画家、诗人。[②]

类似这样因势利导、顺势育人的故事在中华五千年家教历史上层出不穷，如祖冲之年少时不喜读经书，因而遭到父亲的打骂。祖冲之的祖父则根据他的兴趣，一步步引导他走上了探寻科学的道路。

5. 注重启蒙艺术

启蒙，就是启发蒙昧，启蒙教育是人生教育的第一步，这一步迈得如何，对于日后能否成材具有关键作用。所以自古以来，历代家教都十分重视启蒙教育，不断探讨和研究启蒙教育的方法和艺术。如白居易从小接受母亲的诗歌启蒙，蔡邕以音乐艺术启蒙蔡文姬成就一代才女，李白曾在父亲指导下模仿拟作，钟会母亲的渐训启蒙，司马池对司马光的训诫启蒙等。我国古代家庭的启蒙教育重在启蒙的艺术、方法和技巧，强调启蒙的途径和手段，甚至用现身说法来进行启蒙，如岳母刺字教子、符存审以镞教子、秦顺削柳教子、阿豺折箭教子、李景让母亲埋金教子、王裒取名教子等。所有这些都构成了我国古代启蒙教育的重要内容，也为今天我国的启发式教育方法提供了丰富的经验。

6. 重视以家风育人

家风是一个家族代代相传沿袭下来的体现家族成员精神风貌、道德品质、审美格调和整体气质的家族文化风格。家风的形成往往是，一个家族之链上某一个人物出类拔萃、深孚众望而为家族其他成员所崇仰追慕，其懿行嘉言便成为家风之源，

① 马镛．中国家庭教育史［M］．长沙：湖南教育出版社，1997：431.

② 赵忠心．中国家庭教育五千年［M］．北京：中国法制出版社，2003：167.

再经过家族子孙代代接力式的恪守祖训，流风余韵，代代不绝，就形成了一个家族鲜明的道德风貌和审美风范。①

家风是文化在家庭中的体现，往往在日常生活中通过代际互动得以传播，对家庭成员起着潜移默化的教育作用。家风的核心是价值取向，古人对家风非常重视，常见的家风类型有耕读传家、忠孝传家、诗书传家等。

家风传承的主要渠道是“家训”“家规”“家范”等文字提炼。北齐颜之推的《颜氏家训》是中国封建社会家庭教育的典型教材，影响广泛且深远，后人对它评价极高。全书共七卷二十篇，集中体现他家庭教育思想的有《序致》《教子》《兄弟》《后娶》《治家》《慕贤》《勉学》《涉务》等。在这些章节中，颜之推论述了家庭教育的特殊作用、原则和内容。在中国家庭教育思想发展史上，颜之推第一次从父母子女关系的角度论述家庭教育的特殊作用。关于家庭教育的原则，他提出“固须早教”“威严而有慈”“严格要求，不要娇惯溺爱”“一视同仁，不偏憎偏爱”“以身作则，建立良好家风”“重视环境熏陶”等。关于家庭教育的内容，颜之推提出了要勤学、自立、务实、节操、重农事、勤俭而不吝啬、婚姻勿贪世家等。这些思想不仅在当时具有重要的进步意义，今天仍然有现实指导意义。②在颜之推之后的许多家庭教育专著，如宋代司马光的《温公家范》、清代孙奇逢的《教子家训》、朱柏庐的《治家格言》等，无不受到《颜氏家训》的启示和影响，反映出一脉相承的关系。

家风还体现在很多名人的家书及诗词之中。例如，陆游很重视子女教育，写了一百多首教育儿子的诗，以这种形式传递家风。他的家风家训主要包括要做好人、改过迁善等。再如，曾国藩自奉刻苦节俭，且以家书严勉亲属：不要堕失家风。在其致长子的信中曾说：“凡仕宦之家，由俭入奢易，由奢返俭难。尔年尚幼，切不可贪爱奢华，不可习惯懒惰。不论大家小家，士农工商，勤苦守约未有不兴，骄奢倦怠未有不败。”③

古人重家风建设，反映出对家族荣耀的珍惜，同时也反映出对家庭教育规律的认识。家风无形，却弥漫于整个家庭环境之中，是一种文化氛围，对家庭成员的行为养成、人格完善具有潜移默化的作用，甚至是决定性的影响作用。“家风是文化传承的基因”④，家风的传承即家教。中华民族历经几千年而血脉不断、文明不坠，我们自有我们全社会共同尊崇的价值基础。这个价值基础是以儒家道德信仰为核心的传统文化。我们民族的信仰系统不是仰仗宗教，而是仰仗对自身传统道德的尊崇和修习，修习的最普遍方式并非仪式而是“教化”。家教，是“教化”中最

① 鲍鹏山．家风乃吾国之民风［N］．光明日报，2014-2-24（3）．

② 赵忠心．中国家庭教育五千年［M］．北京：中国法制出版社，2003：143-144.

③ 赵忠心．中国家庭教育五千年［M］．北京：中国法制出版社，2003：446.

④ 储朝晖．家风是文化传承的基因［N］．光明日报，2014-2-24（3）．

重要也最普遍的形式。很多没有受过学校教育、又无宗教信仰的人，其基本价值观并无悖谬，甚至道德信念极深，为人极其诚悫敦厚，这一切都要归功于中国式的“家教”。[①]

对于家风，我们不能狭隘地理解为封建时代大家庭才有的东西，而是必须看到它在人的成长过程中所起的重要的甚至是决定性的作用。此外，“家风可正源头清”，一个社会的政风、学风、民风、家风是相互影响的，家风正有利于民风正，有利于和谐社会的建设。因而，在新的时代背景下，重提“家风”建设具有积极的现实意义。

［微视频］
我国家庭教育代表人物及其思想

二、我国近现代家庭教育思想的转型

（一）向西方学习的我国近代家庭教育

由于西方国家的入侵，近代中国沦为半殖民地半封建社会。为了寻求出路，先进知识分子掀起了一次又一次向西方学习的热潮。从魏源提出的“师夷长技以制夷”思想到洋务运动、维新变法再到辛亥革命、五四新文化运动，在这一过程中，中国传统社会结构开始逐渐瓦解，传统的教育制度和教育观念也逐渐崩溃。家庭教育作为教育的一个组成部分，与近代社会的变革相一致，也开始了转折和变革的历程。

1903 年，由张百熙、张之洞、荣庆拟定的《奏定学堂章程》中，有《奏定蒙养院章程及家庭教育法章程》，规定设立蒙养院，招收 3—7 岁的幼儿，并提出“蒙养家教合一之宗旨，在于以蒙养院辅助家庭教育，以家庭教育包括女学”。尽管这一章程带有浓厚的封建气息，但毕竟是中国家庭教育立法之始，也是近代家庭教育学习西方的新成果。

近代家庭教育的内容经历了从以传统内容为主的家庭教育到将西语、西技和西艺引入家庭教育内容中的转变。如曾国藩在家庭教育中曾主张儿子曾纪泽和曾纪鸿学洋务西语和西技，李鸿章、张之洞、彭玉麟、吴汝伦等都主张孩子应该兼学中西。到维新运动时期，家庭教育中更是全面引进西方的思想文化和价值观念，如竞争观念、卫生观念、全面发展的观念和民主平等的思想。特别是在辛亥革命以后，蔡元培提出了培养“共和国健全人格”的目标，资产阶级民主、自由、平等的观念也深入人心，传统的儿童观、子女观又受到更为深刻的批判。在这场新旧文化的论争中，鲁迅一针见血地指出了传统家庭教育的弊端，即“所有的小孩，只是他父母福气的

① 鲍鹏山．家风乃吾国之民风［N］．光明日报，2014-2-24（3）．

材料，并非将来‘人’的萌芽”[1]，这种“材料”的地位也就决定了儿童的地位。正因如此，鲁迅大声呼吁“救救孩子”，要求父母对子女“应该健全的产生，尽力的教育，完全的解放”[2]，要求改革家庭教育。鲁迅批评中国家庭教育子女的两种方式，一是“任其跋扈，一点也不管”，二是“终日给以冷落或呵斥，甚而至于扑打”，他认为这两种家庭教育方法都是错误的，同时他提出对儿童必须尊重、热爱、理解。经过新文化运动之后，一种符合时代精神的民主、平等的儿童观和子女观已在先进知识分子的思想中占据主导地位。尊重儿童的独立性、自主性，建立一种民主、平等的亲子关系已经成为五四时期儿童观、子女观的基本价值取向，在此以后的几十年中，家庭教育就是在这种观念指导下发展的。

近代地主阶级改良派及先进知识分子在重视学习西方的同时，也从未放弃对我国传统家庭教育精华的继承和发扬。道德教育作为我国家庭教育的优良传统，不仅没有被削弱，反而始终受到重视。这表现在一代又一代的民族英雄和民主革命战士，通过家训和其他形式，教育自己的子女、家人，发扬爱国主义精神，为救国救民而奋斗，从而构成了近代家庭教育的时代精神。使家庭教育在近代反帝反封建的斗争中发挥着重要作用。

（二）我国家庭教育科学化的开端

到辛亥革命尤其是五四运动以后，家庭教育开始引进西方的教育理论和儿童心理学成果，从而把家庭教育建立在近代教育科学理论的基础上。1922 年，由美国珊格尔夫人撰写，封熙卿翻译的《家庭性教育实施法》由商务印书馆出版发行。该书是最早引进国外性教育方法的家庭教育著作。同一年，陶行知指出：“我们教育儿童，第一步就要承认儿童是活的，要按照儿童的心理进行。要按照儿童的需要力量为转移。有的儿童天资很高，他们的需要力就大些，有的儿童天资很钝，他们的需要力就小些。我们教育儿童，要根据他们的需要力量，不能拉得一样。男女遗传下来的生理不一样，他们的能力也不一样。我们教育儿童，就要顺导其能力去做。”[3]他呼吁人们只有深入地真正了解儿童各方面的特点，才能找到教育他们的正确方法。“父母要跟孩子学习，不愿向孩子学习的人，不配做孩子的父母。一个人不懂孩子的心理，小孩的问题，小孩的困难，小孩的愿望，小孩的脾气，如何能教孩子？如何能知道小孩的力量？”[4]他希望中国的父亲都学做富兰克林的父亲，中国的母亲都学做爱迪生的母亲。家长应当了解孩子的心理和个性特征，结合家庭

① 鲁迅. 鲁迅论教育［M］. 北京：教育科学出版社，1986：7.

② 鲁迅. 鲁迅论教育［M］. 北京：教育科学出版社，1986：18.

③ 陶行知. 陶行知全集：第 1 卷［M］. 长沙：湖南教育出版社，1984：176–178.

④ 陶行知. 陶行知全集：第 1 卷［M］. 长沙：湖南教育出版社，1984：606.

的实际情况，开展家庭教育。

1925 年，陶行知的好友陈鹤琴所著的《家庭教育——怎样教小孩》一书问世。此书以西方儿童心理学为基础，将自己的儿子陈一鸣作为研究对象，通过对其长达 808 天的连续观察和文字摄影记录，提出了一系列家庭教育的原则。这些建立在对儿童心理和儿童教育规律深刻把握的基础上的家庭教育原则，成为我国家庭教育原则由经验型转为科学型的重要标志。陶行知称此书是以“科学的头脑”和“母亲的心肠”做成的。此书一版再版，可见经得起时间和历史的考验。

陈鹤琴的家庭教育思想具有完整的体系，包括家庭教育的作用和意义、家庭教育的内容、家庭教育的原则、家庭教育的方法、父母教育以及父母与学校机构的合作，以下分而述之。

1. 家庭教育的作用和意义

“五四”时期，许多教育家希望通过“民主”和“科学”来强国救国，但各位教育家的观点不尽相同。陈鹤琴认为可以通过对广大儿童的教育来实现富强国家。他指出：“幼稚教育，是一切教育的基础，因为它的对象早于学龄儿童。它的功用，正如培植苗木，实在关系于儿童终身的事业与幸福。推而广之，关系于国家社会。”①陈鹤琴辩证地看待国家富强与儿童幸福健康之间的关系，没有国家的富强，儿童的幸福和健康就无从谈起；没有儿童的幸福和健康，国家的富强如建在沙丘，不会稳固。因此，家庭教育的近期目标为儿童的幸福与健康，而家庭教育的长远目标则是国家的富强。

2. 家庭教育的内容

在陈鹤琴 1934 年发表的《怎样做父母》一文中提出实施儿童教育应该从根本问题着手。根本问题又可分为两个层面：一是健康与发育，二是父母教育与儿童教育。在健康与发育这一层面上，陈鹤琴又将其划分为心理的健康与发育、生理的健康与发育以及服务的习惯三个方面。可见，陈鹤琴注重身心健全并有良好社会服务习惯的“健全人格”。如何培养健全人格？陈鹤琴在《家庭教育》一书中从卫生习惯养成、学习待人接物、游戏活动等方面展开阐述，涵盖了儿童健康、情感、社会性、科学、语言、艺术等多方面发展的内容。陈鹤琴的儿童家庭教育的内容很丰富，既秉承了我国传统家庭教育的精髓，同时结合了对儿童身心发展特点的认识以及时代的需要，为儿童良好个性的养成奠定了全面的基础。

3. 家庭教育的原则

陈鹤琴强调一定要“了解小孩子再教小孩子”甚至是“变成小孩子再教小孩子”。这体现了“以儿童为中心”的现代教育理念。陈鹤琴认为小孩子是好游戏的、好奇

---

① 陈鹤琴．陈鹤琴全集：第 2 卷［M］．南京：江苏教育出版社，2008：12.

的、好群的、好模仿的、喜欢野外生活的、喜欢成功的、喜欢别人赞许的。基于对儿童心理特点的把握，他共提出了 101 条教育原则，分为纲要性的原则和针对具体内容的原则。[①]

陈鹤琴称为“普通教导法”的纲要性原则共有 11 条：（1）对于教育小孩子，做父母的最好用积极的暗示，不要用消极的命令。（2）积极的鼓励比消极的刺激好得多。（3）小孩子好模仿，做父母的一方面要以身作则，一方面还要替他选择环境以支配他的模仿。（4）做父母的不可常常用命令式的语气去指挥他们的小孩子。（5）做父母的不应当对小孩子多说“不！不！”，事属可行，就叫他行；事不可行，就禁止他行。（6）别人做好的事情或坏的事情的时候，做父母的应当以辞色来表示赞许或不赞许的意思给小孩子听，给小孩子看。（7）我们应当按照小孩子的年龄知识予以适当的做事动机。（8）待小孩子不要姑息，也不要严厉。（9）不要骤然命令小孩子停止游戏或停止工作。（10）做父母的应当同小孩子做伴侣。（11）游戏式的教育法。

这 11 条原则针对当时中国父母存在的较为普遍的问题（父母对待子女或过于专制，严厉苛责，限制太多；或不注意教养，放任姑息），并结合儿童心理发展特点及学习的一般原理提出，体现出陈鹤琴家庭教育思想的科学性以及实用性。

4. 家庭教育的方法

陈鹤琴在儿童家庭教育的具体方法层面有许多创见。郑宗海在为陈鹤琴所著的《家庭教育》一书所作的序中称其“有数处神乎其技，已臻乎艺术的范域”。陶行知在其序言中还专门列举了陈鹤琴的游戏式教育法。陈鹤琴儿童家庭教育的具体方法有榜样示范法、环境熏陶法、暗示法、游戏教育法、主动经验法、代替法、鼓励法等。今天看来这些方法已是教育理论中常常列举的方法，但当时陈鹤琴提出这些方法均是建立在对儿童的观察、理解和体贴的基础上。

5. 父母教育

陈鹤琴认为：“讲到儿童教育，根本上还是要从父母教育讲起。”[②]父母与儿童最亲近，接触的时间也最长。“如果父母的知识习惯好，儿童早已受到好的家庭教育，再加上学校教育，自然就相得益彰。父母的知识习惯不好，那么儿童在未进学校之前，无形之中早已养成不良的习惯，学校教育就算很好，也就收效甚微了。”[③]由此可见父母教育的重要性。陈鹤琴进一步提出，在父母与儿童的关系中，母亲与儿童更加亲密，母亲如果受过良好的教育，她的习惯行动自然就很好，她的孩子就能在无形中受到良好的教育。因而，陈鹤琴提出要重视母亲教育。而现在的母亲即

① 陈鹤琴．家庭教育：怎样做好父母［M］．北京：中国致公出版社，2001：19.
② 陈鹤琴．家庭教育：怎样做好父母［M］．北京：中国致公出版社，2001：199.
③ 陈鹤琴．家庭教育：怎样做好父母［M］．北京：中国致公出版社，2001：199.

从前的女子，女子教育的良否决定母亲教育的程度。因此陈鹤琴提出“儿童教育的根本，可以说在女子教育。”[①]

6. 父母与学校机构的合作

陈鹤琴在 1927 年《我们的主张》一文中提出“幼稚教育是一件很复杂的事，不是家庭一方面可以单独胜任的，也不是幼稚园一方面可以单独胜任的；必定要两方面共同合作方能得到充分的功效。”家长如何与幼稚园或学校进行合作？陈鹤琴提出在幼稚园可以采取“恳亲会”“讨论会”“报告家庭”“探访家庭”等方法，学校除了上述具体组织方法外，还可以成立“教师家长会”这样的团体。[②]

陈鹤琴的儿童家庭教育思想自提出至今虽近百年，但由于他的思想是建立在科学研究的基础上的，体现了儿童身心发展的规律和儿童教育的基本原理，所以至今不乏参考价值和启发意义。1979 年，陈鹤琴在南京召开的全国幼儿教育研究会成立大会上提出的“要重视幼儿家庭教育的科学实验”的建议依然是今天的幼儿家庭教育研究需要努力的方向。

［微视频］西方家庭教育代表人物及其思想

三、西方家庭教育思想与实践反思

欧美各国经过文艺复兴后的几个世纪，通过夸美纽斯、卢梭、裴斯泰洛齐、福禄培尔、蒙台梭利、杜威等人的不懈努力，对儿童的认识和理解越来越深入，近现代立场的儿童教育观念也逐步确立和完善。

（一）西方近现代家庭教育思想发展历程

1. 夸美纽斯与《母育学校》

夸美纽斯是捷克著名的教育理论家和实践家。他是中世纪教育和近代教育的衔接者。他的《母育学校》是西方第一本家庭早期教育著作，他写作的目的是“应为做父母与做保姆的人写一部手册，把他们的责任用白纸黑字写出，放在眼前。”[③]在这本著作中，夸美纽斯明确地提出了尊重儿童的思想：“儿童是无价之宝，是上帝灵魂之所在。”“成人应当热爱儿童，就像基督那样，不仅希望他自己作为塑造儿童天性的参与者，而且还把儿童当作一种乐趣和爱好。”同时，夸美纽斯也指出“儿童比黄金更为珍贵，但是比玻璃还脆弱。它是易于被震荡和受伤的，甚至成为不可补偿的损伤。”[④]因而，他阐明早期教育的价值。他提出“一切都有赖于开端”的主

① 陈鹤琴. 家庭教育：怎样做好父母［M］. 北京：中国致公出版社，2001：200.

② 陈鹤琴. 家庭教育：怎样做好父母［M］. 北京：中国致公出版社，2001：273–277.

③ 夸美纽斯. 大教学论［M］. 傅任敢，译. 北京：教育科学出版社，1999：211.

④ 夸美纽斯. 夸美纽斯教育论著选［M］. 任宝祥，等译. 北京：人民教育出版社，2005：35.

张，认为谨慎、全面、科学地组织儿童的早期教育可以更好地保护儿童，防止不良恶习、粗鄙邪恶的种子进入儿童的心灵。而儿童的德行、智慧和知识的生长必须经过专门的教育活动，否则这些品质不会自发地进入他们心中。故父母应当“殷勤教育你的儿女，无论你坐在家里、行在路上、躺下、起来，都要讨论。”“不付出勤勉的劳动而能把儿童教养成人，那是不可想象的。”[①]教育的方法与原则必须依循自然的秩序。要依靠感官来对儿童进行知识传授；通过游戏对儿童实施教育；要注意个体差异，避免用一种方法教导所有的孩子；要根据儿童的年龄特点而教；要考虑教育时机，适时而教。夸美纽斯还提出了家庭教育要与学校教育相衔接的观点。他认为“儿童到达一定年龄后，就应当离开母亲，进入学校，接受教育。”但又劝诫家长不要急于求成，儿童应在有一定的自理能力、相应的思维发展水平以及有进一步学习的愿望的时机下进入公共学校。

夸美纽斯教育思想的要点主要是尊重儿童、师法自然。他通过对大自然种种现象和运动的类比揭示了儿童成长和教育活动存在的自身的规律，批判成人对儿童成长和儿童教育任意妄为是违背自然的错误。夸美纽斯早期家庭教育理论不仅包含教育哲学层面的深入浅出的阐述，并且提供了大量可资借鉴的教育方法和原则。《母育学校》一书虽是不足五万字的小册子，但先后被译成多种文字，在许多国家和地区传播，成为家长们的实用手册和母亲们进行家庭教育的指南，所产生的社会影响是不可估量的。

2. 卢梭与《爱弥儿》

卢梭是法国著名的启蒙思想家，被称为“发现儿童”第一人。卢梭自述其著作《爱弥儿》的创作源于为了“一位善于思考的贤良的母亲看了高兴而写的”。在该书中，他阐明了关于儿童的观念：儿童既不是生来就有“原罪”的存在，也不是可以教育的“白板”，更不是“小大人”。“在万物的秩序中，人类有它的地位；在人生的秩序中，童年有它的地位；应当把成人看作成人，把孩子看作孩子”[②]。儿童是人，同时他又是与成人不同的人。这种不同第一体现在儿童的生理和心理层面都处于尚未成熟的状态，第二体现在儿童有着自己的快乐和幸福。卢梭指出儿童是有其特有的看法、想法和感情的。在自然状态下，有时在成人看来是痛苦的事，但在儿童却感到其乐无穷。卢梭还告诫我们“大自然希望儿童在成人以前就要像儿童的样子。如果我们打乱了这个次序，我们就会造成一些早熟的果实，它们长得既不丰满也不甜美，而且很快就会腐烂：我们将造成一些年纪轻轻的博士和老态龙钟的儿童。”[③]我们应当把儿童当作儿童看待。

---

① 夸美纽斯．夸美纽斯教育论著选［M］．任宝祥，等译．北京：人民教育出版社，2005：21.

② 卢梭．爱弥儿：论教育（上卷）［M］．李平沤，译．北京：商务印书馆，1978：74.

③ 卢梭．爱弥儿：论教育（上卷）［M］．李平沤，译．北京：商务印书馆，1978：91.

卢梭根据他对儿童发展的自然进程的理解，在《爱弥儿》中将儿童的发育过程分为四个时期：幼儿期（0—2 岁）、儿童期（2—12 岁）、少年期（12—15 岁）、青春期（15—20 岁），并根据每个时期的特点，确定了相应的教育任务。2 岁之前的教育最重要的是保持身体的健康，采用的方法是名副其实的“自然教育”，如提倡生母亲自喂奶、善于分辨和处理哭泣、让孩子的肌肉和身体获得充分的发展等。儿童期则被称为“理性休眠期”，重点发展任务为语言的学习、身体的保健和感官知觉的发展。卢梭主张用“消极教育”的办法，成人不要试图去造就不成熟的思想，而是“在直接授予知识前让知识工具的器官美化”。锻炼感官并不仅仅是使用感官，而是要通过使用感官学会正确地判断。卢梭强调在儿童期要能激起孩子学习的欲望、强调理解力重于记忆力、强调养成思考的习惯重于读书写字。少年期的儿童已经有了强健的体魄和发展较好的感官，因而重点是引导他们接触学问，但不是教他各种学问，而是培养他有爱好学问的兴趣，并且在这种兴趣充分增长起来的时候，教他研究学问的方法。卢梭认为教育最大的秘诀是“使身体锻炼和思想锻炼相互调剂。”①思想锻炼绝非用现成的许多知识去充填，而是通过操作、实验去判断、推理，从而重新经历知识生产的过程。青春期，卢梭认为这是人的第二次诞生，并主张教育要从这个时期真正开始。该阶段的教育的主要任务是情感、意志和品德的教育。关于性教育，卢梭认为要尊重青少年的天真，要以简洁和坦诚的语言和他们交流，应使青少年远离不正当诱惑避免刺激早熟。关于道德教育，卢梭认为应该从发展人的自爱自利开始，进而扩大到爱别人，把自爱变成美德，进而得到别人的爱。教育方法上注意要用行动而不是以言辞去教育。相信正是因为做了好事才变成了好人，因而要让孩子做他所能理解的一切良好行为。宗教教育也是这一时期重要的道德教育内容，但卢梭反对灌输，认为一个人依从天性的发展到一定程度便能运用完备的判断力和健康的心灵自然而然地理解宗教，信奉上帝。

卢梭对“儿童的发现”引起了世人对儿童问题的瞩目。对儿童教育问题的思考影响了后来的教育家和思想家。从与卢梭同时代的康德、裴斯泰洛齐到二十世纪的杜威、皮亚杰等都不同程度受到了他的思想的影响。卢梭儿童观和儿童教育思想将西方近代教育推入了一个新的境地。尊重儿童的天性、尊重儿童的身心发展特点，给儿童自由发展的时间和空间，这是卢梭留给天下父母的谆谆忠告，也是留给全人类的宝贵遗产。

3. 裴斯泰洛齐与《林哈德与葛笃德》

裴斯泰洛齐是瑞士资产阶级民主主义教育理论家、实践家。深受十八世纪欧洲启蒙思想家的影响，尤其是卢梭的《爱弥儿》和《社会契约论》中的民主主义思想

① 卢梭. 爱弥儿：论教育（上卷）［M］. 李平沤，译. 北京：商务印书馆，1978：274.

与教育的观念对他影响深刻。在《林哈德与葛笃德》《葛笃德如何教育她的子女》中塑造了“葛笃德”这样一位集母亲、教师、教育改革者于一身的善良妇女的形象，借她之口，裴斯泰洛齐表达了自己的教育思想。裴斯泰洛齐注重家庭教育。他认为过早使儿童离开家庭去接受人为的学校方法，对儿童是极为有害的。“对儿童的早期教育绝不是发展他们的才智或理智，而是发展他们的感觉、心地和母爱。”①在家庭中，母子之间的自然关系是道德教育的基础。母亲的影响是引起爱的忠诚的开端的自然途径。因而德育的最大的目的就是发展儿童对母亲的爱，逐渐扩大到爱家庭的其他成员，然后发展到去爱其他社会成员。裴斯泰洛齐的家庭教育思想注重儿童实践技能的培养。培养儿童实践技能可以从最简单的表现形式开始，包括击打与搬运、刺戳与投掷、拖拉与旋转、绕圈与摆动等最简单的体力表现，这些是人类实践能力的基础。裴斯泰洛齐强调知行合一，认为一切知识都是为着拿来实行的，实践和行动才是人生的基本要务，学问和知识只不过是手段和方法。因而教育不能脱离实际生活，生活具有教育的作用。裴斯泰洛齐还注重“简化的教学方法”的研究，希望教学方法能简化得使每一位母亲不仅不需要其他帮助就能够教育自己的孩子，同时还能继续自我教育。他提出了直观性教学原则、实物教学原则、循序渐进原则、巩固性原则以及适应儿童年龄特征的教学原则。

裴斯泰洛齐继承了卢梭尊重儿童天性的儿童教育理念，并通过实践修正及推进卢梭的教育思想，提出了“教育爱”作为道德教育的基础；提出并总结了“教育心理学化”的思想及实践经验；强调了家庭教育的重要性，并提示了许多实施家庭教育简单、实用的教材和方法。

4. 福禄培尔与《人的教育》

福禄培尔是德国著名的教育理论家和实践家，19 世纪新教育的倡导者之一，也是近代学前教育理论的奠基人。受卢梭和裴斯泰洛齐的影响，福禄培尔把教育理解为儿童个性自由而自然的生长或发展，提倡内发，反对外铄。福禄培尔认识到一切教育的基础在于家庭。他认为：如果不重视和不着手家庭教育的改革，学校教育便缺少了正确的和不可缺少的基础。在他的心里，培养精明能干的母亲的必要性居首要地位，而儿童早期教育的重要性在他看来高于一切。福禄培尔在其著作《人的教育》中将人的教育所涉及的年龄范围分为婴儿期、儿童早期、儿童期和学生期，规定了各阶段教育的主要任务和方法。婴儿期的儿童开始运用四肢游戏，只是为了运用和练习，而不是为了运用的结果。儿童早期的儿童则开始运用自己的身体和四肢活动努力使自己的内部存在表现于外部，使内外部相统一，这时人的教育便真正开始了。福禄培尔认为这一时期，孩子和教育应是完全托付给母亲、父亲和家庭的。

① 刘新科，栗洪武．中外教育名著选读［M］．北京：中国人民大学出版社，2008：404.

孩子和父母共同发展着自然的生活，而教育也在自然的生活中完成。在该阶段，福禄培尔强调了游戏对于儿童发展的重要性。他倡议“培育它、哺育它吧，母亲！保护它、关心它吧，父亲！用一个真正懂得人类本性的人的平静而敏锐的眼光来看，这一时期儿童自发选择的游戏中，显示出他未来的内心生活。”①进入儿童期的儿童便是小学生了。教育的主要任务是通过学校教育的训练和教学，引导儿童按照事物本身的特殊和普遍的规律去认识事物。但在人生的每一个阶段家庭生活都有着无可比拟的重要性。“唯有家庭生活才能使儿童获得善良的心灵和有见解的、温和的性情，积极和有力的发展和教养。”②福禄培尔告诫父母：“不要因为你们自己工作紧迫而对孩子说：‘走开，你总是来妨碍我。’或是说：‘我很忙，不要打扰我’。”“假如你认为他们孩子气，不中用，帮助不大，或者认为是一种障碍，而拒绝他们的帮助，你可能因这一打击而至少在相当长的时间内毁坏了孩子们的创造的本能。”③进入学生期的儿童已从家庭环境过渡到扩大的包含更多事物的世界秩序，这时儿童成为学生，学校成为真正的学校。但学校的主要任务并不是传授各种各样繁杂无比的事物的知识，而是要使生活中的一切事物相互统一。因而学校生活和家庭生活的一致是这一时期完善的教育所不可缺少的条件。统一的学校生活和家庭生活是一种积极的教育生活，儿童生活在其间才能获得免于空洞的关于事物内在本质的活的知识。

18—19 世纪，尽管近代西方很多教育家都继承卢梭“尊重儿童天性”的思想，裴斯泰洛齐、福禄培尔等人身体力行，但由于传统势力的强大，“儿童本位”的思想并未能成为社会事实。19 世纪 80 年代以后，随着生物学、心理学研究的新进展，欧洲掀起了儿童研究的热潮。实验教育学派认为研究儿童是教育学的基础，主张用新的方法研究儿童和儿童教育。提倡教育学家、心理学家、医生以及人类学家共同对儿童进行多方面研究，只有这样才能较全面和客观地了解儿童及其发展，从而选择和确定教育方法和技术，提高教学质量。实验教育学派拉开了科学研究儿童的序幕。19 世纪末 20 世纪初，欧洲新教育运动和美国进步主义教育运动对“儿童期自身价值”的进一步探究和对“儿童中心”的进一步强调，使儿童本位的思想逐渐地融于教育实践之中。

5. 蒙台梭利与《童年的秘密》

蒙台梭利是意大利著名的幼儿教育家。她继承和改造了裴斯泰洛齐、福禄培尔等教育家的思想，运用当时的医学、生理学、心理学、生物学、人类学等多种学科知识，结合“儿童之家”的实践经验，形成了独具特色的蒙台梭利教育理论和方法

---

① 福禄培尔．人的教育［M］．2 版．孙祖复，译．北京：人民教育出版社，2001：39.

② 福禄培尔．人的教育［M］．2 版．孙祖复，译．北京：人民教育出版社，2001：70–71.

③ 福禄培尔．人的教育［M］．2 版．孙祖复，译．北京：人民教育出版社，2001：72.

体系。

蒙台梭利方法来源于蒙台梭利对儿童深刻的理解。蒙台梭利认为“一个人的形成从他的早期便已经开始了，童年构成了人一生中最为重要的一部分。”[①]蒙台梭利指出儿童有着与成人完全不同的心理生活内容。蒙台梭利向我们展示了她所发现的儿童心理发展的特点。（1）儿童具有独特的“精神胚胎期”。与儿童时期身体的软弱无力不同的是，儿童在这一时期有着积极的精神生活。这一阶段的精神生活就是儿童精神实体化的过程，精神胚胎与他生活的环境间发生着交换，个性的建造正通过一个幼小的身躯进行着。“儿童时期的幼弱状态是他那将来富有特色的个性的温床”[②]。父母需要认识到这一点：虽然父母创造了孩子的生命，但最终充分发展为一个人，是需要儿童自己创造的。（2）儿童具有“吸收的心理”。这是一种奇妙的心理能力，这种能力使儿童通过与周围环境的密切接触和感情联系，获得各种影响，吸收文化传统，形成自己的个性和行为模式。儿童在并不自知的情况下学会一切，而这正是儿童早期的学习方法。蒙台梭利提示成人要为儿童准备好一个利于他“吸收”的环境，一个欢迎的、温暖的、免于压抑和伤害的、充满着丰富精神营养的环境。（3）儿童的心理发展具有“敏感期”。蒙台梭利认为在儿童身上也存在着敏感期。敏感期是指儿童的成长过程中对某种特殊品质或特性的特殊敏感性。一旦获得某种品质或特性，特殊的敏感就会消失。敏感期意味着儿童具有积极的接受、交流和创造的官能。蒙台梭利提示成人应在儿童敏感期提供的帮助是灵敏地尊重儿童心理发展的外部表现，为儿童的生长提供他们所需要的手段。（4）儿童的心理发展是通过自己的活动达成的。蒙台梭利为我们揭示了儿童发展其内在能力的途径是通过活动。“他通过他的手，通过先是游戏后是工作的经验形成一个人。”[③]他逐步从无意识过渡到有意识，逐渐构造起记忆力、理解力和思维能力。儿童通过自己的活动以及从世界上所获得的生活经验达成从无意识到有意识的转换，成人试图通过文字教学以及直接干预的方法都是无济于事的，只可能给儿童的发展带来障碍。因而这一时期的儿童需要成人明智的帮助，搬走由于成人的活动和权威所造成的障碍物，儿童由此主动地进行自我活动并取得进步。

蒙台梭利指出：“当前家长对儿童的教育方法不外乎纠正儿童的不当行为，教儿童分辨对与错。但是能够以身作则的家长少之又少，他们大多以道德说教和口头训诫为主，一旦这些都无效，便采用责骂和鞭打的劣行教育方式。”蒙台梭利提出了家庭教育的三条原则：（1）尊重孩子正在进行的所有合理活动，并试图了解他们的活动目的。（2）尽可能支持孩子活动的意愿，培养孩子独立的个性，不让孩子养

① 蒙台梭利．童年的秘密［M］．江雪，译．天津：天津人民出版社，2003：17.

② 蒙台梭利．童年的秘密［M］．江雪，译．天津：天津人民出版社，2003：41–42.

③ 蒙台梭利．有吸收力的心理［M］．江雪，译．天津：天津人民出版社，2003：26.

成依赖的习惯。(3)我们必须时时警觉和孩子之间的相处之道，因为孩子的感情——特别是对外来的影响，比我们想象的还要细腻、敏感。①

自 1907 年蒙台梭利创立了第一所“儿童之家”至今，各国蒙台梭利运动几起几落。虽然对蒙台梭利的思想和方法的批评声至今未平息，但蒙台梭利方法的确给全世界的儿童教育带来了革命性的变革。发现儿童、解放儿童不仅是为生活中的教育过程所做的努力，更是为生命所做的努力。

6. 杜威与《民主主义与教育》

杜威，美国著名的实用主义哲学家、教育家，美国进步主义教育运动的杰出代表。杜威在总结前人的教育思想的基础上，继承了卢梭、福禄培尔等人的自然主义教育思想，同时又分析了各种教育思想的局限，提出了体系完整的教育理论。杜威重申了儿童是未成熟的、发展中的人，儿童期的生活有其自身的价值等思想，并结合心理学、生物进化论等现代科学知识论证了儿童的“未成熟状态”是一种积极的成长的力量、生活即生长、教育即生活等基本观点，提出了教育要“以儿童为中心”的基本指导思想。西方学者将杜威的《民主主义与教育》和柏拉图的《理想国》以及卢梭的《爱弥儿》并列作为教育领域的三大经典作品，可见杜威的教育思想影响力之深广。

杜威在其浩瀚的教育思想中对家庭教育并没有着太多笔墨。但是杜威认为理想学校的组织“没有什么神秘的东西，没有教育学和教育理论上的惊人发现”“它不过是将大多数家庭中有各种理由能够做到而只是偶然做了又做得很少的事情系统地、大量地、明智地、适当地去做的问题。”②杜威指出了当时家庭教育存在的问题：“理想的家庭应当扩大。儿童必须与更多的成人和儿童接触，才有最自由和丰富的生活。”“家庭中的工作和人际关系不是为儿童的生长而经过专门选择的；主要的目的不在这里，儿童从中能获得的东西是偶然的。因此才需要学校。”③杜威关注的重点似乎在学校教育的改进，但他认为学校教育和家庭教育应该是相一致的、相连续的。杜威关于理想的家庭教育的蓝图是：“这个家庭的父母十分贤明，懂得什么对儿童最有益，并能满足儿童所需要的东西。”“儿童是通过社交性交谈和家庭的组织进行学习的”“儿童陈述自己的经验，他的错误概念得到纠正。”“儿童参与了家庭操作，因而获得勤勉、有序的习惯、关心他人的权利和意见以及使他的活动从属于家庭成员的共同利益的重要习惯。”“参与家务工作变成了获得知识的机会。”“理想的家庭必然要有一间工作室，儿童可以在这里发挥他的建造的本能。”“要有一个小型实验室，他的探究可以在这里得到指导。”“儿童的生活可以由户外扩展到公园、

① 姚伟. 中外幼儿教育名著解读［M］. 南京：南京师范大学出版社，2007：152.

② 杜威. 学校与社会·明日之学校［M］. 赵祥麟，任钟印，吴志宏，译. 北京：人民教育出版社，2005：42.

③ 杜威. 学校与社会·明日之学校［M］. 赵祥麟，任钟印，吴志宏，译. 北京：人民教育出版社，2005：42.

周围的田野和森林。他将有自己的远足、步行和谈话，由此就为他打开了一个户外的更广阔的世界。”[①]可以看到，杜威尊重儿童天性、贴近儿童生活世界的教育观念贯彻在他对理想家庭的描绘之中。

（二）当代西方国家家庭教育的实践反思

19 世纪末 20 世纪初欧美国家曾经掀起了轰轰烈烈的新教育运动和进步主义教育运动，这被视为现代教育起源的重要标志。现代教育以现代生物学和心理学为基础，强调教育的科学化，重视儿童的主体地位，强调儿童的自主、自由和自我发展，重视经验和活动，强调社会合作和劳动在儿童身心发展中的作用，重视儿童研究和教育调查。在过去的一百多年中，这些原本属于思想家的教育理念结合西方国家社会发展的起伏在社会各阶层中形成了各不相同的家庭教育的文化逻辑。无论是中产阶级家庭还是工人阶级或贫困家庭，父母都想给孩子提供最好的生活，但父母的社会地位又以一种很大程度上无形但又强有力的方式塑造了不同阶层孩子的人生经历。

1. 中产阶级家庭的协作培养逻辑

当代西方社会的中产阶级家庭父母倾向于采用这样一种教养孩子的文化逻辑——注重对孩子进行“协作培养”。所谓协作培养是指遵从专业人士提出的促进子女身心发展的原则和方法：包括与孩子交谈、培养孩子的学习兴趣，训练孩子的认知技能和社交技巧，强调主要同孩子讲道理，教他们通过协商而非武力解决问题的重要性，参加有组织的业余爱好活动等。中产阶级家庭的父母通常是父母双方至少有一方的受教育程度比较高，对于专家的育儿建议最能响应，并且行为上的变化非常迅速和彻底。比如，从牛奶喂养到母乳喂养、从严加管教到温暖怜爱、从责打体罚到冷静反省。而近几十年经济增速的跌落，中产阶级家庭的父母对孩子的未来不无忧虑，因而更加注重让孩子掌握重要的社会技巧，比如强调论证和商讨。中产阶级父母甚至会向学校老师提出各种要求来满足他们的需求。出自中产阶级家庭的无论是白人孩子还是黑人孩子都能表现出一种逐渐形成的“优越感”，他们的自信既表现在有权追求自己的偏好，又展示于在社会互动的各种场合自如的自我掌控。来自中产阶级的孩子从小学会了将各种规则为自己所用的社会技能，这就为他们未来行走于各种组织机构增加了“文化资本”。

2. 工人阶级及贫困家庭的自然成长逻辑

工人阶级和贫困家庭父母由于经济上的窘境使得他们只能将挣钱糊口、安排住处等满足基本生活需求作为主要任务，他们并不认为中产阶级家庭采用的协作培养

① 杜威. 学校与社会 • 明日之学校［M］. 赵祥麟，任钟印，吴志宏，译. 北京：人民教育出版社，2005：41–42.

方式在养育孩子过程中是必要的。在他们看来，为人父母不是要引导孩子去说出自己的感想和观点，也不需要给出理由去说服他们，而是直接下达命令让孩子去做。父母和孩子间应该是有界线的。与其说孩子对自己的业余生活有着充分的自主权和掌控权，倒不如说是忙于生计的父母无暇顾及，这在客观上成就了另一种所谓“自然成长”的养育逻辑。持“自然成长”养育逻辑的父母通常并不太关心孩子在学校的表现，他们往往不能积极参与学校的活动，不能参与到孩子的学习中去，这通常与学校的要求也不能同步，因而造成这一阶层的孩子在学校中逐渐发展起一种“局促感”。他们不会通过主动同他人互动去改变自己的处境，未来可能只是被动地接受权威人士的行为，而不会寻求让规则为自己服务。

拓展阅读 1－1①

关于家庭教育的重要性，美国学者安妮·汉德森和南茜·波拉的研究结论表明：

（1）不论家长的贫富、种族背景及受教育程度如何，只要他们参与到孩子的学习中，孩子的学业成绩就能提高。家长参与的范围越广，学生越容易取得较好的成绩；家长只要参与孩子的教育，孩子考试就能得高分，课堂出勤率就高，就能正常地完成家庭作业。

（2）家长的参与能使学生用积极的态度对待学习，有家长参与的孩子毕业率高，升入高一级学校学习的概率也高。

（3）不同类型的家长参与会产生不同的效果，为了能有一个长期持久的良好效果，必须有一个周密的家长参与计划。

（4）教育者对那些参与学校教育的家庭的学生有较好的期望，对他们的家长的期望也相应较高。家长对学校教育的参与，学生的受益不只局限于早期，在其整个求学期间甚至对其终生都会有重要影响。

（5）为此家长应做到：创造一个鼓励孩子学习的良好的家庭教育环境，表达一种高期望的并且有现实意义的对孩子学业和成就的要求，积极参与到孩子在学校和社区的教育中来。

近百年来形成的尊重儿童、重视儿童早期经验的西方儿童教育的现代立场在近年来的脑科学和神经生理学研究中不断得到证实。儿童的成长环境及其生活经验会影响儿童早期发育的各个方面，从大脑的发育到儿童的共情能力，而且这种影响是潜移默化、不断叠加的，早期的经验会长成“心理肌肉”，印刻进人的行为基因。婴幼儿的大脑要得到健全的发育，就需要得到成年人耐心和细致的关爱。在西方国家的中产阶级的家庭中可以看到他们在抚养下一代时，事无巨细，不计时间和金钱，

① 蔡宝来，卓念．美国基础教育改革新举措：家庭教育融入学校教育中：《赋予家长学校席位》解读［J］．外国中小学教育，2007（12）：1–4，17.

给予无微不至的关心。而工人阶级或贫困家庭，教育子女的手段和资源，与之相比有着天壤之别。加拿大的研究者发现，出生于上层阶级和下层阶级的孩子甚至脑电波也存在差异。具体来说，下层阶级的孩子更难以集中精力完成一项具体的任务，原因是他们从小生活在危险不断的环境中，大脑被训练得要对外部环境保持不间断的监控和随时的警惕。而美国一项全国范围内的研究表明，在入学前，72%的中产阶级孩子已经熟记了字母表；相比之下，穷人家的孩子在学龄前会背字母表的只有19%。①高学历的家长更容易获知以上的研究结果，也因此会在教育子女时以这些研究结论指导亲身实践。为人父母的阶级差距似乎在越拉越大。

“以儿童为中心”的现代儿童教育立场的确发源于西方，但“以儿童为中心”并不是一味地放任。儿童自由、自主意味着掌控感，也意味着责任的担当。上层社会家庭在给予尊重、自由的同时，也对其子女精心栽培，有意识地培养孩子的认知能力、情感社会性能力，为他们将来能复制阶层提供了资本；而下层社会孩子的自然成长，对其父母而言，未必不是一种无奈的选择。

第二节　家庭教育学的产生与发展

［微视频］家庭教育学学科性质

家庭教育是人类的一种教育实践活动，主要表现为父母对子女的教育影响活动，也包括家庭中各成员间发生的各种互动。家庭教育学则是专门研究家庭教育现象、揭示家庭教育特点和规律的一门科学。家庭教育学是一门既古老又年轻的学科。说古老，是因为家庭教育作为人类社会一种特殊的实践活动，古已有之；说年轻，是因为家庭教育学作为一门学科存在的历史还很短暂，尤其是在我国，尚处于起步阶段。回顾家庭教育学的发展历程，可以看到人类对家庭教育的认识逐渐由古代的直觉经验一步步走向理性、走向科学。

一、家庭教育学的历史演进

1. 古代——家庭教育经验总结

原始时期，家庭教育处在不知而行的自发状态。对家庭教育问题的有意识思考，应该是在文字出现、人类迈入阶级社会以后。最初，人们对家庭教育问题的认识还只是一些哲学家、思想家对实践经验的概括和总结，并没有达到科学的水平。中外古代思想家大多论述过家庭教育问题，其思想常常和哲学、政治、伦理乃至宗教思

① 帕特南．我们的孩子［M］．田雷，宋昕，译．北京：中国政法大学出版社，2017：130–131.

想融合在一起。

西方国家最早论及婚姻家庭和子女教育问题的古代思想家应该是柏拉图。他在《理想国》中设想了“共产共妻”的集体家庭制度，主张男女结合要按照优生原则分配，提出教育要从幼儿开始，使其成人时就知道要“敬神、敬父母，并且互相友爱”。亚里士多德总结他担任马其顿国王家庭教师的经验，在此基础上提出了“身心和谐发展”“教育要适应儿童年龄特征”等观点。

我国古代最早谈及家庭教育问题的著作是《周易》，其中的《家人》包含了丰富的家庭教育思想，充分反映了西周时期家庭教育实践的发展和理论思想的高度。春秋时期的思想家管仲从稳定奴隶社会等级制度的目的出发，提出了“四民分业”“家学传授”的思想。孔子、孟子的某些家庭教育思想记录在《论语》《孟子》之中。战国时期的韩非子提出了“治家必严”的观点。《大学》首次阐明了家庭教育与国家、社会的关系，说明家庭教育的重要性，为我国形成重家教的传统奠定了基础。[①]魏晋南北朝后，我国出现了一系列专门的家庭教育著作。颜之推所著的《颜氏家训》可以说是我国古代第一部甚至是世界上较早的具有独立体系的家庭教育专著。该书对家庭教育的重要性、家庭教育的原则、家庭教育的内容以及家长的修养做了系统论述。北宋司马光所著的《温公家范》是与《颜氏家训》齐名的著作，该书首先论证了治国之本在于齐家的道理，然后分议治家的方法。《颜氏家训》和《温公家范》的出现，表明我国古代家庭教育科学理论研究开始从描述性逐步走向规律性的探索，可以说是家庭教育理论研究的转折点。[②]

我国古代的家庭教育著述极其丰富，据《中国丛书综录》记载，我国古代和近代的家教、家训类著作达 117 种之多。除此之外，历朝历代的文人还撰写了大量的教子诗文。这是世界上任何一个国家都无法比拟的。由此可见，我国古代对家庭教育的重视以及家庭教育研究达到了一定高度。

2. 近代——家庭教育科学萌芽

欧洲国家以“文艺复兴运动”的出现作为迈入近代社会的标志。14 世纪末到 15 世纪，作为新兴资产阶级代言人的人文主义者撰写了许多关于家庭教育的著作，如意大利的威尼斯于 1450 年撰写了《儿童教育论》，北欧的伊拉斯谟于 1529 年撰写了《幼儿教育论》，西班牙的比维斯于 1523 年撰写了《基督教女子教育论》等。这些著作强调要注重儿童的家庭教育，要求父母以人道主义的态度对待儿童，用人道主义的教育方法教育儿童。1632 年，捷克教育家夸美纽斯完成了著作《大教学论》，提出了“母育学校”的设想。随后，《母育学校》一书出版，该书专门论述了学龄前儿童的家庭教育问题，是西方国家最早出现的家庭教育专著。此后，欧洲各

① 马镛. 中国家庭教育史［M］. 长沙：湖南教育出版社，1997：20–36.

② 赵忠心. 家庭教育学：教育子女的科学和艺术［M］. 3 版. 北京：人民教育出版社，2017：12–14.

国相继出现了影响很大的家庭教育著作。1693 年，英国的洛克出版了《教育漫话》，1762 年，法国的卢梭出版了名为《爱弥儿》的家庭教育专著，瑞士的裴斯泰洛齐在 1801 年出版了《葛笃德如何教育她的子女》一书，德国的福禄培尔于 19 世纪初出版了《人的教育》一书，英国的斯宾塞于 1861 年出版了《教育论》一书。家庭教育专著相继出现，“教育心理学化”思想的产生标志着家庭教育理论研究逐步走上了科学化的道路。

我国家庭教育的近代转型是和我国近代社会向西方学习的轨迹相一致的。在西学东渐的过程中，有许多教育学家、社会学家开始运用现代的教育学、心理学、社会学、伦理学等理论研究家庭教育，出现了一系列的家庭教育著作。朱庆澜撰写了《家庭教育》一书，这是我国第一部白话文的家庭教育专著，系统论述了家庭教育的重要性、原则、内容以及家庭教育特别需要注意的一些问题。鲁迅亲自研究中国家庭教育的历史和现状，在其著作中深刻而精辟地论述了家庭教育的理论问题，其作品《随感录二十五》《二十四孝图》《上海的儿童》《我们现在怎样做父亲》《我们怎样教育儿童的》《从孩子的照相说起》等专门对我国的家庭教育问题进行了探讨。我国现代著名的幼儿教育家陈鹤琴通过对自己的儿子陈一鸣的观察和实验，总结了家庭教育的 101 条原则，于 1925 年出版了《家庭教育》一书。陶行知评价该书著者“以科学的头脑、母亲的心肠做成此书”，并称该书为“中国父母的必读之书”。陈鹤琴的《家庭教育》建立在观察和初步试验的基础上，为我国的现代家庭教育学奠定了基础。

苏联尽管已经解体，但苏联的教育思想却已经汇入了人类教育智慧的长河。一批著名的教育家因其熠熠生辉的思想而永远屹立于世界教育历史之林。在这些教育家中，不乏对家庭教育拥有真知灼见者。如克鲁普斯卡娅对社会主义的家庭教育有许多重要论述；20 世纪 30 年代，马卡连柯出版了《父母必读》一书，这是一部伟大的马克思主义家庭教育学专著；20 世纪 70 年代，苏霍姆林斯基撰写的《家长教育学》一书，对家庭教育的重要性、怎样办家长学校以及如何使家庭教育和学校教育保持一致等问题做了生动而深刻的阐述。

近代以来，西方国家在文艺复兴运动的大潮中涌现出一批人文主义教育家，他们高举人性解放的大旗，追求“民主”与“科学”。在这样的价值视野下，家庭教育的研究立足于人，立足于对儿童的认识和理解，并日趋专门化和科学化。20 世纪初，通过陈鹤琴等人的努力，中国的家庭教育研究开始迈向理性、科学的道路。

3. 当代——家庭教育学学科体系建立与发展

与其他社会科学的研究状况相比，西方学界从整体上来说对家庭教育问题的研究开始得比较晚。尽管西方研究家庭教育的历史并不长，但半个多世纪以来，学者对家庭教育研究的兴趣不仅方兴未艾，而且研究发展迅速，成果丰厚。今天，家庭教育研究已经成为不同学科背景的学者广泛参与的跨学科研究领域。长期以来，心理学家和教育学家认识到父母的家庭教育实践与儿童发展之间具有关联性，因此开展了很多研究来证明二者之间的关系，并尝试通过建立各种家庭教育模式（类型）来使二者之间的复杂情况明晰化。如鲍姆林德根据控制是否伴随着支持，归纳出了父母的三种教育类型：权威型、专制或控制型、宽容型，形成了后来学者普遍采用的家庭教育类型划分及其理论。在关于家庭教育类型的影响因素研究中，长期以来有三个分支比较活跃。第一个分支是关于父母的社会阶层与家庭教育类型的关系。一些研究指出，父母的社会阶层、受教育程度、职业及收入，一方面会影响父母在教育儿童的过程中对儿童所持的教育态度和教育目标；另一方面也会影响到父母运用何种教育方法和手段对待儿童，即所使用的家庭教育模式。第二个分支的研究则将重心放在比较不同文化环境下的父母教育类型的异同，通常又称为家庭教育的跨文化研究。第三个分支的研究则涉及父母的家庭教育实践背后所隐藏的家庭教育观念。此外，也有一些研究关注家庭结构的其他特征对父母教育模式的影响，如儿童的数量，年龄和性别，家庭的既往史以及离婚、压力等。[①]其丰富的研究成果对我国家庭教育研究颇有启示。

在新中国成立以后的前 30 年中，由于种种原因家庭教育研究基本中断，直到 20 世纪 80 年代以后才逐步恢复。自 20 世纪 80 年代以来，我国教育工作者开始着手家庭教育的科学研究，1986 年，北京师范大学教育系率先开设家庭教育选修课，并于 1992 年设立当时我国唯一的一个家庭教育学硕士研究生学位点。经过大量艰辛的开创性努力，家庭教育逐渐成为我国教育研究的一个新领域，越来越多的研究人员关注并参与研究。

改革开放后，我国在家庭教育研究方面初步取得的成绩主要表现在：（1）开办了大量的家长学校；（2）创办了一批有影响的家庭教育杂志和专业期刊，出版了许多家庭教育类著作；（3）开展了有全国影响力的家庭教育热点讨论；（4）建立了多个家庭教育专业网站；（5）成立了各级家庭教育研究会以及家庭教育专业委员会；（6）高等院校开设家庭教育课程。[②]

近年来，家庭教育研究逐步进入稳步发展和深入研究的阶段，表现为家庭教育研究的视角更加多元、研究主题更加丰富、研究方法更加多样。

［微视频］中国当代家庭功能变迁与家庭教育

研究者孙道凯、廖传景、杨惠、邵丹、林婉清对 2008—2017 年我国家庭教育研究热点进行了关键词聚类分析，主要有四大类（见表 1–1）。

① 和建花．西方家庭教育研究概述：以法语文献为中心［J］．中华女子学院学报，2015（1）：104–109.

② 厉育纲．关于我国家庭教育学科体系构建与发展的思考［J］．北京青年政治学院学报，2005（1）：65–68.

表 1-1　2008—2017 年家庭教育研究高频关键词聚类结果[①]

种类	关键词
种类一	家庭教育、学校教育、家长教育、家长参与、亲子关系、教育理念、教育方法、教育方式、教育内容、影响因素、教育指导、农村留守儿童、心理健康、学习成绩、儿童教育、大学生、思想政治教育、社会教育
种类二	青少年、道德教育、启示、社区教育
种类三	家庭、学生、教育、对策、问题、留守儿童、农村、社会化、家校合作
种类四	流动儿童、义务教育、教育投资、儿童、传承

研究者通过对我国家庭教育研究热点知识图谱进行定量和定性分析后发现，我国学者主要围绕学生的家庭教育和学校教育、青少年的道德教育和社区教育、农村留守儿童的教育对策问题、流动儿童的义务教育和教育投资问题这四个领域对家庭教育进行研究，虽然已经取得了很多成果，但仍存在些许不足，具体如下：第一，家庭教育的研究与实践存在脱节现象。大量家庭教育研究成果以心理健康及其影响因素、学校教育及其与家庭教育结合现状为主，对国内家庭教育实际问题的深入探讨及给出家庭教育如何开展的方法指导较为欠缺。第二，家庭教育的研究缺乏时代性。越来越多由独生子女孩子和独生子女父母组成的核心家庭，即“三独”家庭现象的出现以及随着生育政策的放开核心家庭结构的变化，都带来了很多新的家庭教育难题；此外，随着手机、电脑的普及，这些工具一方面为孩子学习、开阔视野提供了更好的方式，另一方面也产生了一个严重的问题：孩子与父母沟通越来越少，父母也将手机、电脑作为“电子保姆”；还有部分父母在孩子的养育过程中过度焦虑、压力重重。针对以上新问题，现有文献中涉及较少，还有待进一步研究。第三，从研究方法来看，实证研究尽管有所增加，但思辨类、经验总结类、家教故事类文章还是居多[②]，研究方法亟须规范。

二、家庭教育学的发展前景

按照帕森斯的观点，理论是一组逻辑上彼此独立的、有经验依据的一般概念，理论应包括一系列相互关联的逻辑上比较严谨的假设和基本原理，所建构的一般论点可以陈述为原则上可以检验的经验性假说。理论不是现实的描述，而是某种

① 孙道凯，廖传景，杨惠，等．2008—2017 年我国家庭教育研究热点［J］．宁波大学学报（教育科学版），2019，41（1）：53–57.

② 王丹阳．近二十年我国家庭教育研究综述［J］．西北成人教育学院学报，2019（2）：13–20.

期望达到的“应然”境界。[①]考察当前我国家庭教育科学的研究状态，便可发现我国家庭教育理论还远没达到这种“境界”，家庭教育研究尚处于理论构建的初级阶段。

家庭教育学研究需要解决当前面临的多学科视角拓展、研究方法规范、研究成果转化等学科发展的重要问题。“事必有法，然后可成”，家庭教育学的科学研究需要科学的方法论为指导。

1. 研究视野——“古今中西”原则

“古今中西”的问题是每一门学科都会遇到的问题。一门学科的发展成熟是以其独特性和创造性为标志的。然而任何创造性又都是在对相关优秀理论成果的继承和发展中产生的。家庭教育研究要发展就必须以“古今中西”原则为方法论基础，即要以海纳百川的姿态，对古今中外所有家庭教育研究的成果进行整理、总结，“去其糟粕，取其精华”，从中获取可以滋养现代家庭教育学发展的资源。

中国古代非常重视家庭教育，家庭教育的思想可谓源远流长。在浩如烟海的文化典籍中，除了存有大量的家训、家规、家风等专门论述家庭教育的思想外，尚有大量散见于经史子集中的有关家教的名言、名篇，另有大量的教子诗文流传于世。对于古代发达的家庭文化该如何以积极性扬弃的态度继承和发扬？所谓“观今宜鉴古，无古不成今”。我们要理解今天家庭教育的问题就需要去做一个历史的追溯。当前对于我国古代家庭教育研究多数是对家庭教育内容、原则、方法等具体操作层面的经验进行梳理和挖掘，而对我国古代家庭教育的研究尚欠缺更深层次的理论维度和价值维度的探讨。家庭教育问题尽管看起来是家庭内部的问题，但实际上是在整个社会发展进程中的政治、经济、文化等各种因素的共同作用下的产物。对于古代家庭教育的研究我们需要引进其他学科的视角。这也就涉及了中西的问题。近20年来，西方国家提出了许多对于家庭教育研究可资借鉴的理论，如社会学家布迪厄的“文化资本”理论、“场域”“惯习”理论和科尔曼的“社会资本”理论、福柯的知识考古学理论、心理学家鲍姆林德的父母教养方式理论和布朗芬布伦纳的人类发展生态学理论等，这些理论对于儿童成长和家庭教育有着很大的解释力度。[②]正如美国著名学者西蒙所说：“只有当两个或者更多的不同领域的知识在解决某些特定问题上变得互相联系起来时，富有成效的交叉学科研究才能得以发展。”[③]家庭教育学学科的繁荣必须吸纳多学科的研究成果，多学科视角的合作研究才可以使人们对复杂的家庭教育有更深入的了解和认识。

此外，如何对待国外家庭教育思想也需要建立在科学的方法论基础上。对国外

① 缪建东．家庭教育社会学［M］．南京：南京师范大学出版社，1999：19.

② 骆风．当代家庭教育研究方法：三大学科的比较和分析［J］．青年探索，2008（3）：60–63.

③ 哈经雄，滕星．民族教育学通论［M］．北京：教育科学出版社，2001：11.

的家庭教育思想的学习不是盲目移植和照搬。“橘生淮南则为橘，生于淮北则为枳”，不考虑具体家庭教育方法产生的社会背景和思想土壤而照搬，只能是东施效颦，需要对国外家庭教育思想的来龙去脉进行考察和梳理，通过跨文化研究，了解不同文化背景中各具特色的家庭教育思想的产生机制，检视不同文化中的价值观，以人类共同追求的价值作为校正的参照，推进我国家庭教育理论研究及实践指导向理性、科学的方向进步。

2. 研究方法——“多样贯通”原则

如前文所述，当前我国家庭教育研究方法有待规范。心理学对家庭教育问题进行研究所采用的方法以量化的方法为主，并且有较为规范的使用，基本与国际接轨。采用量化研究的方法似乎是研究逐步走向科学的必经之路。的确，随着计算机技术的迅速发展和运用的普及，社会科学中的量化研究得到广泛应用。因而，在家庭教育学的理论构建中，要充分重视量化研究。但同时也必须看到，从事家庭教育研究毕竟不同于自然科学或其他社会科学研究。研究对象包括父母、子女或是家庭所有成员以及与家庭组织相关联的卷入者，都是主动的个体，而非被动的材料。人的行为是多样化的，并且是能在不同的条件下自动调节的。研究复杂现象的方法选择并不在于一种量化或质性的追求，研究方法本身并不能使研究科学化，研究方法的选择应该取决于研究问题。

事实上，世界上不存在完全相同的家庭，幸福的家庭各有各的幸福，不幸的家庭各有各的不幸。故家庭教育问题不能一味地追求运用量化的方法。近些年来，“质的研究方法”在西方社会科学研究中的运用越来越普遍，学者们通过对特定人群的参与式观察和深度访谈就可以得出结论，长期以来过分崇拜量化研究的现象正在改变。进入 21 世纪以来，在陈向明等学者的积极推动下，质性研究方法在我国社会科学研究领域得到重视，在教育学、社会学等有关家庭教育的研究中越来越受到欢迎。

家庭教育研究人员应自觉规范研究方法，尝试采用量化研究、质性研究相补充的综合研究方法，促进家庭教育研究的科学化。家庭教育问题的研究方法应秉着“法无定法”的原则，旨在追求最适用于研究问题的方法。

3. 研究问题——整体思考原则

家庭教育是一种复杂的社会现象，在家庭教育学的构建过程中，学者们将家庭教育的研究分为三大类：一是家庭教育的基础研究，包括家庭教育的性质（含特点）与功能、亲子关系、家长教育观念（含目标）、家庭教育投入、家庭教育研究方法；二是家庭教育的应用研究，包括家庭教育内容、家庭教育方法、家长素质、家庭教育环境、家庭早期教育、家庭教育评价标准、家庭与学校合作、家长学校管理；三是家庭教育的专题研究，包括单亲家庭子女教育、独生子女教育、家庭教育误区、海外（国外）家庭教育的评介。[①]也有学者将第一类称为宏观的家庭教育研究，第二、三类称为微观的家庭教育研究。[②]

对研究内容作基础研究、应用研究和专题研究的划分或者作宏观研究和微观研究的划分，会带来一定的问题。宏观视角的研究可能会重在表现“一定群体和社会对家庭教育起决定和制约作用”，而忽视“家庭教育对这种制约所具有的自我选择性和反制约”，微观视角的研究也可能成为一种“叙事性说明”，而忽视更大的社会历史时空背景。家庭是社会的最基本的组织形式，家庭在一定的群体与社会中存在和发展，家庭的行为方式是受一定群体和社会决定的，家庭中的教育行为必然受一定群体和社会的制约。宏观研究与微观研究若彼此不做勾连，分而论之，彼此的解释力都会相应削弱。

在对研究问题开展研究的过程中，要贯彻整体思考的原则，将微观研究置于复杂的系统中分析和解释才会更有力量和价值。而宏观视角的处理也不能忽略对细节的关注，往往通过个体主动选择而跳脱场域控制的个案会使宏观理论的构建超出静态、机械的决定论模式，而呈现出动态发展的、充满希望的景象。

要点重述

1. 家风是一个家族代代相传沿袭下来的体现家族成员精神风貌、道德品质、审美格调和整体气质的家族文化风格。家风的形成往往是，一个家族之链上某一个人物出类拔萃、深孚众望而为家族其他成员所崇仰追慕，其懿行嘉言便成为家风之源，再经过家族子孙代代接力式的恪守祖训，流风余韵，代代不绝，就形成了一个家族鲜明的道德风貌和审美风范。

2. 我国传统家庭教育的内容包括以下方面：以“孝悌”为主的封建伦常教育、以“勤、俭”为主的处世道德教育、以儒家经典为主的文化知识教育、胎教、童蒙教育、女教、父道。

3. 我国传统家庭教育的原则、方法有：注重严爱结合、强调以身作则、注重因材施教、注重因势利导、注重启蒙艺术、重视以家风育人。

4. 陈鹤琴的家庭教育思想具有完整的体系，包括家庭教育的作用和意义、家庭教育的内容、家庭教育的原则、家庭教育的方法、父母教育以及父母与学校机构的合作。

5. 家庭教育是人类的一种教育实践活动，主要表现为父母对子女的教育影响活动，也包括家庭中各成员间发生的各种互动。家庭教育学则是专门研究家庭教育现象，揭示家庭教育特点和规律的一门科学。家庭教育学是一门既古老又年轻的学科。

---

① 骆风．20 世纪 90 年代以来我国家庭教育研究进展述评［J］．教育理论与实践，2005（5）：51–55.

② 海存福．家庭教育科学研究的方法问题［J］．甘肃高师学报，2002（4）：95–98.

反思与探究

1. 概括我国传统家庭教育的方法与原则。

2. 家庭教育学是一门怎样的学科？请构想一下家庭教育学的理论体系。

3. 你认为当前家庭教育研究要取得突破需要从哪些方面入手？

推荐阅读文献

1. 陈鹤琴. 家庭教育：怎样教小孩［M］. 北京：教育科学出版社，1981.

简介：陈鹤琴的家庭教育思想博大精深，其中关于创新中国家庭教育文化、讲究科学育儿方法，给人们以较好的启迪。该书于 1925 年首次出版，已经并仍将产生积极的社会影响。诚如陶行知所言，“愿天下父母共读之”。

2. 赵忠心. 家庭教育学：教育子女的科学与艺术［M］. 3 版. 北京：人民教育出版社，2017.

简介：该书既从宏观上阐释了家庭教育的一般规律，又从微观上论述了家庭教育的具体技能和艺术，内容丰富，语言明快。

3. 和建花. 西方家庭教育研究概述：以法语文献为中心［J］. 中华女子学院学报，2015（1）：104–109.

简介：该论文运用文献研究法对 20 世纪中叶以来欧美国家在家庭教育研究方面取得的进展进行了概述，主要包括家庭教育的概念和作用、家庭教育类型和社会阶层、家庭教育类型和文化等相关内容。

4. 孙道凯，廖传景，杨惠，等. 2008—2017 年我国家庭教育研究热点［J］. 宁波大学学报（教育科学版），2019，41（1）：53–57.

简介：该论文以 BICOMB 共词分析软件、SPSS 20.0 软件为工具对从中国知网上所搜集的 2008—2017 年的 2 736 篇文献（以家庭教育为主题搜索）进行了关键词共词分析，并绘制了家庭教育研究的热点知识图谱，可视化分析了近十年来我国家庭教育的研究热点，为今后我国家庭教育更好地实施提供了有力的数据支撑。

第二章　家庭教育的目的与任务

[学习目标]

1. 理解家庭教育在立德树人和儿童德智体美劳全面发展方面所起的作用。
2. 掌握家庭教育在支持儿童社会化和促进儿童个性化两个方面的主要任务内容。

[微视频]
现代家庭教育的目的观

"生活即教育，家庭即学校"，这句话用在家庭教育上十分贴切。凡是与人、人生有关的知识，都需要从家庭教育中学习。每个家庭都可以说是一所知识最丰富、最完整、最实际的"综合性学校"。但这并不是说只要孩子在家庭中生活，就可以自然获得个人发展所需要的全部知识。成功的家庭教育，需要父母根据家庭教育的目的和儿童身心发展的特征，以及社会发展的需要，有针对性地完成家庭教育的任务。

第一节　家庭教育的目的

立德树人和培养德智体美劳全面发展的人是家庭教育的目的。党的十九大提出"落实立德树人根本任务……培养德智体美全面发展的社会主义建设者和接班人"，这一根本任务的实现需要家庭、学校、社会多方配合，共同为孩子营造出良好的成长环境。父母是孩子的第一任老师和终身导师，家庭是孩子成长的摇篮和最早接受教育的地方，立德树人只有牢牢扎根于家庭，通过积极健康的家庭教育，才能使孩子如根深树木般茁壮成长。

一、家庭教育是立德树人的起点和基点

如果把教育比作一棵树，那么家庭教育就是树根，学校教育就是树干，而社会教育则是树冠。没有家庭的根，很难想象教育这棵树如何能够枝繁叶茂、硕果累累。教育的根本任务是立德树人，这就要求家庭、学校和社会在对儿童的培养过程中，改变"只教不育"的教育偏颇，将德育置于教育的灵魂和核心地位，以正确价值观为导向，培养儿童的个体习性、人格品质、社会责任与担当精神。

由于系统性与规范性的特点，学校教育在立德树人过程中起着主渠道的作用。学校德育有目的、有计划、系统地向受教育者施加思想、政治、道德等方面的影响，并通过受教育者积极的认识、体验与践行，使受教育者形成一定社会所需要的品德。但由于儿童所处的环境是家庭、学校、社会多方交互的，儿童所受的教育是互相叠加的，因此，学校一方的德育努力往往是收效甚微的。许多学校老师感慨："德育

是一壶烧不开的水。”“学生思想道德建设工作苍白无力。”……学校教育离开了家长的理解和配合，无论教师怎样努力，都无法达到理想的效果。

社会教育也面临着和学校教育一样的困境，因为孩子，尤其是幼儿，其主要的生活陪伴者和重要他人就是父母，父母的言行举止对孩子的行为、思想起着示范性和引导性作用。倘若父母对孩子的道德教育持忽视放任的态度，甚至与学校教育、社会教育背道而驰，则会大大削减德育效果，难以完成立德树人的教育任务。

可见，学校教育是否有效，社会教育的影响是否有利，都有赖于是否具有健康的家庭教育。家庭教育之于学校教育和社会教育而言，更具有基础性和深刻性。父母对孩子的影响是全方位的，主要表现在以下两个方面：一是父母对孩子的公民意识的形成和道德行为的养成起着教导作用。当孩子开始好奇地睁眼看世界的时候，就初步形成了对真善美、假恶丑的价值判断，父母的引导作用对孩子价值观的形成起着至关重要的作用。二是父母对孩子的成长有道德示范作用。父母与孩子一起生活，不仅教导孩子，而且被孩子效仿，父母的言行举止、观念态度对孩子都有重要影响。特别是当父母教导孩子的“言”与父母自己的“行”不一致时，会使孩子的价值判断产生混乱、无所适从，甚至影响孩子的健康成长。①

因此，家庭教育要努力发挥其在立德树人过程中的独特作用，让孩子在家庭生活中不断接受感悟式、体验式的道德实践，并通过父母的示范、指导和矫正，让孩子更好地养成好的品德、情操和作风。具体应关注以下几个方面。

第一是家庭伦理道德教育。孩子在家庭中生活，首先就应该使孩子懂得家庭伦理道德。在旧社会，我国家庭在封建制度下的伦理道德规范十分严密，也很烦琐，它体现了封建的家长制、等级制及男尊女卑的伦理关系。中华人民共和国成立后，半殖民地半封建社会结束，家庭中封建的伦理道德关系也被废除。在当代中国的家庭教育中，应该用社会主义的家庭伦理道德原则来教育和要求新一代。要让孩子懂得在家庭中，人人都应该尊老爱幼，不尊老、不爱幼的品行是违背现代社会家庭伦理道德的。著名教育家魏书生在谈到家庭教育时认为，子女孝敬父母有助于创造和谐家庭、和谐社会。他说：“父慈子孝，子孝父心宽，家庭才和谐安宁。孩子孝敬父母，才会去爱同学，爱老师，爱人民，爱祖国。有了千千万万个和谐安宁的家庭，我们也就会有一个和谐安宁的社会。”要让孩子懂得，在家庭中应该人人平等、互助互爱，彼此关心体贴；男女老幼都应该相互尊重彼此的独立人格和基本权利，不允许再存在强迫现象；处理家庭中的重大事情，既应尊重家庭中主要成员的意见，又应坚持民主的原则；重大事情要经家庭民主而广泛的讨论，充分听取家庭各个成

① 黄百炼，许玉乾．把立德树人的根扎在家庭［N］．人民日报，2013-9-1（5）．

员的意见；家庭成员中个人的私事，应主要尊重其本人的意愿，如孩子选择恋爱对象、建立家庭等，就应该既听取家长的指导性意见，又尊重当事人的意见。在家庭教育中，应该用这些新的、平等的现代家庭伦理道德原则来教育和要求孩子。

第二是学校伦理道德教育。学校不但要为儿童未来发展提供必需的预备性生活，而且是儿童生活的主要场所。引导儿童过有意义、愉快、和谐、进步的校园生活，对于儿童未来的发展和成长具有重要意义。尊师爱生、团结同学、诚实待人，是我国社会主义条件下学校的基本伦理道德原则。对于已在学校学习的孩子，父母应该通过多种形式让孩子确立起基本的交往伦理，并内化为自觉行为，形成积极的学校伦理体验。还要用上述的学校伦理道德来要求和规范孩子的言行。发现孩子的言行有违背这些原则的，应该在弄清具体情况的前提下，对孩子进行批评、教育、劝导。决不能允许孩子在学校中出现不尊重老师、不团结同学、不接受教育、说谎或打架骂人、称王称霸等不良行为。独生子女家庭尤其应注意教育孩子遵守学校中的伦理道德规范和学校纪律。

第三是社会公共道德和职业道德教育。公共生活是相对于私人生活而言的。在公共生活中，一个人的行为必定与他人发生直接或间接的关系，这就需要人们遵守公共生活的道德要求，以维护和建立平等、互助、协调的公共生活秩序。在我国，社会公共道德规范包括多方面的内容，但其基本内容是：尊老爱幼、爱护公共财产、助人为乐、救人危难、尊重他人、不损人利己等。儿童作为社会中的一员，总要走向社会，与社会各个方面发生交往。在家庭教育中，为了使儿童成为社会的合格成员，使其言行在社会上不违背公共道德，不损害家庭形象，不损害国家、集体和他人的利益，也使儿童在社会上受到应有的尊重，就应该用社会的公共道德来教育和要求儿童。

职业活动是人类社会生活中最普遍、最基本的活动类型。职业道德是为了调节和约束从业人员的职业活动而形成的道德规范，是我国社会伦理道德的重要组成部分。各行各业既有统一的规范和要求，又有各自具体的内容和形式。但爱岗敬业、诚实守信、办事公道、服务公众、奉献社会等，应该成为各个行业普遍遵守的基本准则。在孩子走上工作岗位前，父母要通过自己的言行让孩子确立爱岗敬业的职业意识，形成敬业乐群的职业观念。当孩子走上工作岗位后，父母更应该通过多种形式教育孩子遵守职业道德，引导孩子成为一名敬业乐群的工作人员。

二、家庭教育是儿童德智体美劳全面发展的关键

不少父母在家庭教育观念上存在偏差，认为只要孩子学习好，其他什么都不重要。这就陷入了重智轻德、重物轻人、重教轻管的误区。德育虽然只是整个教育的

一个方面，但极其重要，可以说是孩子全面素质形成的核心和灵魂。为此，父母应从理念和实践两个层面，发挥家庭教育在立德树人中的基础性作用，促进儿童的全面发展。

首先，在理念引导层面，父母要树立起科学的教育目的观。父母教育目的观的科学性与否，对孩子能否健康成长至关重要，这涉及一个基础性的问题，即“要培养什么样的人”。对于这个问题，也许很多父母并没有认真思考过，说不出自己具体的教育目的观。但实际上，从孩子呱呱坠地起，每一位身为父母的人，就已经在根据自己心中的答案开始付诸实践了。

在现代家庭教育中，一种比较常见的教育目的观就是“重智轻德”的“唯分数论”。不少父母在浮躁的社会背景下，越来越偏重孩子智力的发展和技能的提高，忽视了道德教育。父母抱着“不能输在起跑线上”的心态，把教育当成了一种功利化的工具，不断向孩子灌输“高分数、高标准”的观念，孩子的周末和假期充斥着各种各样的兴趣班、培训班。父母更多地将注意力集中在了对孩子教育的结果上，而忽视了教育过程中孩子性情的陶冶、审美的提高，以及美好品格的养成。这在家庭教育中是一种严重的认识偏差。智力、分数、学历虽然重要，但是，纵观人类历史，绝大多数的成功者和那些被人们敬佩与牢记的人都有着丰富的人性和情感，他们有责任感，有同情心，有关怀感，有博爱心，他们能自控，能付出，能分享，能与人合作。而责任、爱心、自控、合作、付出等均属于人格范畴，而不属于智力范畴。

现代社会的最大特点在于变革，这种变革体现在制度、文化、经济和技术的各个层面，家庭教育不但承担着为一个未知和不确定的世界培养一个适应者的责任，更承担着为这个未来的世界培养一个变革者和改造者的责任，这需要家庭教育改变既往仅仅关注个体适应能力、关注个体知识和技能的片面教育目的观，确立起“培养人格健全、独立自主现代公民”的教育目的观，并将德育置于核心位置。

只有父母树立起正确的家庭教育目的观，摒弃“唯分数论”的片面看法，充分重视德育在儿童成长发展中的作用，才能真正发挥家庭德育的成效。倘若父母的注意力和兴奋点都集中在孩子的学习成绩上，对孩子思想品德的变化不闻不问，放纵发展，甚至遇到孩子思想品德方面的问题仍旧不以为意，就会错过了纠正孩子坏习惯的教育契机。相反，如果父母始终能够把德育放在首位，通过培养孩子良好的道德素养，激发其内在的精神动力，就能充分发挥孩子的潜能，使其成为一个德智体美劳全面发展的人。

其次，在具体实施层面，父母要巧妙地运用家庭德育的方法。有人把德育比作盐，在生活饮食中，我们每个人都离不开盐，但很少有人会直接吃盐，而是选择将它放在各类蔬菜中，作为一种必备的佐料，饭菜好不好吃，盐起着关键性的作用。德育也是如此，如果家庭教育中缺失德育，孩子就没有了成长的目标和标杆，可能会误入成长的“歧途”，成为学习的工具、知识的奴隶，而不是一个拥有健全人格的全面发展的人。但如果父母强行向孩子灌输如何爱国、如何做人、如何养成人格品质、如何进行社会担当等抽象的德育知识，必然会引起孩子的反感，很难取得预期的效果。因此，父母要注重家庭德育的技巧，把德育的基本内容融入生活的大小事物中，最终达到“润物细无声”的效果。

有一位父亲，每年的清明节，都会去家乡附近的一个民族英雄殉难处拜祭先烈，去看一看，献上一束鲜花，擦洗一下石碑，这已经成了他的习惯，同时也成了他对孩子进行家庭德育的一个重要契机。没有刻意的说教，没有生硬的教条，有的仅是父亲的言传身教，孩子从父亲口中了解了近代史，了解了爱国主义，知道了什么是铮铮铁骨，什么是真正的英雄。这是一位聪明的父亲，他把抽象的爱国主义变成了一个具体的英雄故事，并通过清明节扫墓的形式，让孩子在他的一举一动中受到感染和启发。

日常生活中蕴藏着很多这样的教育契机。在公共场合，父母的言行举止、道德修养；面对不良社会现象，父母的态度、看法和评价；对待弱者，父母的同情心与关怀意识；家庭邻里相处，父母的为人处事、性格品性……这些都是家庭德育的重要土壤和素材，父母要用自身的良好品质去影响孩子、感染孩子。都说孩子是父母的一面镜子，在家庭德育这种潜移默化的教育影响中，父母的以身作则对孩子品德、人格的影响要远远大于枯燥的说教。要想让孩子养成良好的品性、健全的人格，身为父母就要严格要求自己，用自己良好的思想情操、道德品质去感染和影响孩子。

拓展阅读 2－1

谁在催生家长的“起跑线焦虑”[①]

一位在师范院校任教的妈妈告诉记者，她给 5 岁的儿子报了 7 个兴趣班，包括数学、书法、美术等。作为教育工作者，她认为这都是孩子必须具备的素质。

“不能让孩子输在起跑线上”已经是家长们的共识，于是，右脑开发、情商培养、创客潜质……打着形形色色“高端大气上档次”理念的早教机构，受到不少家长的追捧。

儿童早期教育固然重要，但记者调查发现，不少家长在一些商家以营利为目的蛊惑下，“起跑线焦虑”日益严重，让不少早教行为呈现盲目、抢跑甚至荒唐的

① 郑天虹，肖思思，胡林果. 5 岁娃报 7 个兴趣班：谁在催生家长的“起跑线焦虑”[N]. 中国青年报，2017-12-14（3）.

状况。

比理念更“高”的是营销

记者调查发现，早教机构大多依靠“理念”吸引家长。北京一家早教机构宣扬的理念对接时下流行的“创客”思维，标榜“不是学习，而是创造”，实际就是一周一次 90 分钟的课，老师陪着搭积木。一名在外等候孩子下课的母亲李女士告诉记者，自己的小孩今年 5 岁，已经上了 1 年多，花了 1 万多元，但创客思维的培养效果不得而知。深圳一家“情商培养”早教机构号称教会孩子管控自己“受挫”“生气”等情绪，结果在课上常常有孩子被吓得跑出教室。

比理念包装更“高”的则是营销方式。广州的王女士在孕期的一次产前课程中遭遇了“恐吓式营销”：有个育儿“专家”介绍了一种闪卡，就是卡片上有若干红点，每天在宝宝面前闪几次，就可以达到婴幼儿右脑开发的目的。“那个专家说，右脑开发必须在 3 岁前，过了就没有效果了，吓得我当场就交了 1 000 多元。”然而她使用后并没有出现如专家宣扬的效果：宝宝看到任意一张闪卡，大脑就像照相机一样，不用数就能知道上面有几个红点。

广州某数学早教机构经常邀请家长带孩子来免费试听课程，在孩子试课期间，机构会安排一位专家给家长讲课，强调逻辑思维早期培养的重要性。孩子试课结束后，机构再安排专家免费给孩子进行思维测试，而测试结果往往不尽如人意。机构于是对家长说，孩子现阶段逻辑思维已经落后了，我们可以帮助孩子几个月之内赶上来。如果当天交费还能享受 9 折优惠。记者调查发现，绝大多数家长当天给孩子报了名。

比花钱更“重”的是安心

“我和爱人工作都很忙，无暇教育孩子，与其交给老人，不如交给早教机构，孩子大量的时间不能就这样玩过去，应该学点东西。”陈先生说，“学总比不学好，我们花点钱也安心，英语、舞蹈、画画，都去接触一下吧。”

记者在采访中发现，相当一部分父母认为早教就是花钱把孩子送到早教机构，以此求得心理上的平衡。很多时候是孩子在各种早教班之间“赶场”，家长则百无聊赖地在场外玩手机。

还有一些家长，不从孩子实际需求或成长规律出发，而是把自己的想法强加给孩子，要么“攀比”，要么“跟风”，最后是赢了商家，输了孩子。据有关机构统计，现在 0—3 岁的早教班，超过 46%的在教拼音、英语和奥数，每年平均每个孩子花费 1.78 万元，而且还在不断涨价。

陆女士是全职妈妈，对孩子的早教非常紧张。“都是 4 岁，我一看到邻居家的孩子会好多英语单词了，闺蜜的女儿 3 岁认的字比我儿子多，心里就焦虑得不得了，看来我要多给他报几个班了。”她说。

第二节 家庭教育的任务

家庭教育承担着支持儿童社会化和促进儿童个性化两个方面的主要任务。儿童从刚出生时的自然人成长为能融入社会的社会人的过程就是个体的社会化过程。在这一过程中，儿童在一定社会条件下逐渐习得各种社会规范，正确处理人际关系，学会自控。与此同时，由于家庭教养方式、家庭环境以及儿童自身禀赋不同等多种因素的影响，儿童会形成不同的个性心理特征，这就是儿童的个性化发展。

［微视频］
家庭教育促进
儿童社会化

一、支持儿童社会化的家庭教育任务

家庭是儿童社会化的重要场所，在儿童社会化发展中有着特殊的使命和责任。儿童从母体来到人间，最先接触的就是家庭这一最基本的社会单位。在日复一日的家庭生活中，长辈通过言传身教，潜移默化地把现世的各种社会文化规范、生活技能、传统道德、习俗倾向等价值观传递给儿童，使其在身体发展和人格发展的同时也获得品格的形塑和人性的丰满。从这个意义上讲，家庭提供了儿童生活的主要领域，规定了儿童社会化的基本内容，帮助儿童完成了人生的首次角色定位，培养了儿童与家人情感交流、心灵沟通和行为互动的基本能力。可以说，家庭是儿童最早、最直接的社会化场所，家庭教育是儿童社会化过程中最具影响力的因素。

（一）家庭教育对儿童社会化的重要影响

儿童社会化初始于家庭，逐步完成于学校和社会。家庭教育和学校教育在儿童社会化进程中均具有重要的作用。儿童社会化分为初级社会化和次级社会化两个阶段。初级社会化是次级社会化的基础，次级社会化是初级社会化的延续和发展。儿童初级社会化过程的主要领域是家庭，次级社会化过程主要发生于学校和社会生活中。

在儿童初级社会化中，父母和家庭成员是实现儿童初级社会化的“重要他人”和“意义他人”。这些“重要他人”和“意义他人”带有本能特征，儿童自身无法选择与取舍，与此同时，这些“重要他人”和“意义他人”在家庭生活和交往中，过滤和选择社会文化，作用于儿童成长过程，扮演主要教育角色。作为“重要他人”和“意义他人”，父母对儿童社会化的影响体现出亲情性、呵护性和关怀性。由于特殊的血缘关系和亲缘关系，父母对儿童的健康成长和发展方向、发展水平具有天然的关怀性。这种天然性的影响，无论在时间的发生顺序上，还是在促进儿童社会化的方式上，都体现出与此后在学校和社会领域的社会化的区别，社会学将这种发生在家庭中，对儿童社会化的早期影响称为“初级社会化”。父母对儿童初级社会化的影响主要体现为，对儿童进行有关参与社会生活的基本技能、本领和行为规范等方面的影响和教育活动。因此，家庭教育是促进儿童健康成长和促进儿童日常行为规范训练的有效方式。这种训练主要围绕儿童早期固有特征，进行满足常规生活所需的基本技能进行。随着年龄增长，儿童在家庭中还要掌握初步的社会礼仪和道德规范，对自我角色和社会角色进行认可与规范，儿童在与同伴群体的游戏和交往中，初步理解自我角色和社会角色的含义与规范。心理学研究表明，在初级社会化的过程中，儿童与父母的情感状态是影响社会化质量的最主要因素。儿童与父母的积极、良好的情感状态是实现初级社会化的先决条件，如果在这个阶段，家庭良好的环境受到破坏或出现缺失，成员之间的亲情出现障碍，那么就会对儿童的初级社会化产生不利影响。

次级社会化是初级社会化的延伸和继续，是在初级社会化基础上的发展。学校作为儿童次级社会化的机构，按照社会的要求，有目的、有计划、有组织地对儿童进行教育和影响，其对个体社会化的影响是有意识的、系统的和长期的。可以说，与家庭相比，学校无疑在儿童次级社会化中发挥着主导的作用，但这并不意味着家庭在儿童次级社会化中的作用完全消失。相反，家庭在儿童次级社会化中依然扮演着重要的角色，因为儿童不是“空着脑袋”进入学校的，每一个儿童在家庭初级社会化中形成了特定的品格、习惯和倾向，这影响和制约着儿童次级社会化的基础和方向。而且儿童不是“封闭性”地在学校接受社会化的，其生活、学习、交往和活动的场域贯穿家庭、学校和社区，其交往的对象有教师、同学、父母和亲属等多元主体，正是在这种多领域、多主体的交往和互动中，儿童的社会化程度不断提高，儿童的发展不断完善。在多元领域和主体中，父母对儿童的影响最为深刻，这种影响可能是积极的，也可能是消极的。

整体来说，不管是初级社会化阶段，还是次级社会化阶段，家庭教育对儿童社会化都有着巨大的影响。具体体现在以下方面。

1. 家庭教育有助于儿童习得社会生活的行为规范

人类的社会生活是规范化的，为实现人类社会生活的规范化，人们制定了各种复杂而又系统的行为规范。社会的每个成员只有掌握、遵守和适应这套行为规范，他在社会生活中才能获得“自由”。在接受家庭教育的过程中，儿童不断习得社会生活的这些基本规范。在家长有意识的引导和家庭环境的熏陶下，儿童在潜移默化、耳濡目染的互动过程中，自觉或不自觉地接受了家庭和社会所认可或提倡的价值观念和行为规范，并有意识或无意识地将这些价值观念和行为规范内化入自己的行为结构和人格结构之中。

2. 家庭教育有助于培养儿童的亲社会行为

亲社会行为是人们在社会交往中对他人或社会有积极影响的行为，包括同情、谦让、合作、帮助、安慰、分享、捐赠等。它是一种利他的道德行为，是个体社会化发展成熟的一个重要指标。亲社会行为并非儿童天生具有的，而是经过一定的教育和训练养成的。通过适当的家庭教育，儿童在潜移默化中感受到父母对自己、亲人、兄弟姐妹等的关心与爱护，感受到家人间的相互理解、关爱和支持，这都为儿童提供了大量亲社会行为学习的机会，并通过他们的心理认同而不断内化和强化，当他们以后遇到类似的情境时，就会表现出相似的亲社会行为。

3. 家庭教育有助于培养儿童与人交往和沟通的能力

交往是现代社会人的基本存在方式，交往能力也是衡量一个人能否适应社会生活的一个重要因素。儿童有两种类型的交往：一是与父母等成人间的交往；二是与同龄人间的交往。在与父母和家人交往的过程中，儿童通过有意识和无意识的观察，从长者那里学到了如何与不同的人相处，如何处理各种矛盾和冲突的能力。儿童在与同伴的交往和互动过程中，一边不断地验证那些从家庭教育中获得的交往知识，一边又在思考如何待人接物、如何去关心同伴、如何与同伴合作、如何有效处理和化解冲突的过程中获得新的感悟，从而提高了整体交往能力。

4. 家庭教育有助于培养儿童正确的角色认知

从社会学的角度理解，角色是对群体或社会中具有某一特定身份的人的行为期待，角色意识就是个体对这种期待的认知与态度。正确的角色意识能帮助我们回答好“我是谁？我应该干什么？我能够干什么？”等人生的基本问题。儿童从出生开始，就不可避免地处在一定的人际关系和社会关系之中，不可避免地被赋予各类角色。儿童在接受家庭教育的过程中，通过与父母和其他家庭成员“面对面”的日常交流与互动，逐渐知道自己是谁、应该做什么、能够做什么或不能够做什么。在这种交往中，儿童逐渐掌握了怎样从生活中得到自己期望的东西、如何去认识社会给予自己的评价、怎样对待和评价别人等方面的知识和能力，从而获得正确的角色认知。

拓展阅读 2－2

孩子暑假安排，可以换种方式[①]

日前，微博上一则“月薪三万撑不起孩子一个暑假”的帖子在家长中引起热烈反响，贵阳市的不少家长纷纷晒出自家的暑期消费单，吐槽养不起孩子。对此，贵阳市教育科学研究所综合研究室主任、正高级教师张宇敏建议，家长安排孩子假期

① 罗海兰．孩子暑假安排，可以换种方式［N］．贵阳日报，2017-8-12（4）．

生活，应多考虑孩子的兴趣特点。

现象调查：孩子暑假家长开支大

市民王先生的儿子过了暑假就要上五年级了，为了充实孩子的暑假生活，他给儿子报了武术班、英语班、篮球班、奥数班。除了这些学习班之外，为了让孩子放松，在开学前一家三口还要去广州长隆欢乐世界。一算账：武术班 1 800 元；英语班 2 580 元；篮球班 1 500 元；奥数班 2 000 元。再加上一家三口广州游费用大概在 15 000 元。“初步算下来要花 22 880 元，一个假期，家里半年的储蓄就没了。”王先生说。

女儿今年上初三的桐桐妈也晒出了女儿的假期费用，“外出旅游 10 000 元，辅导班费 3 800 元，兴趣班费 1 800 元……”桐桐妈说，女儿很快就要面临中考，所以这个暑假除了安排孩子外出旅游放松一下以外，其余的时间都是奔波在各个辅导班和兴趣班之间。

记者在家长中做问卷调查发现，在参与调查的 1 680 名家长中，31%的家长为孩子支付的暑期花费超过 5000 元，主要集中在辅导班、兴趣班、外出旅游等方面。暑期花费在 500 元以内的占 15%，500～2 000 元的占 26%，2 000～5 000 元的占 28%，5 000～8 000 元的占 13%，8 000 元以上的占 18%。

调查显示，63%的家长在暑期选择给孩子报班。其中，49%的家长为孩子报了 1～2 个班；16%的家长给孩子报了 3～4 个班；2%的家长为孩子报了 5 个班以上。

专家观点：暑期“大补”未必能达到效果

补特长、补见识、补学识……针对暑假时间家长给孩子安排的各种“补药”，贵阳市教育科学研究所综合研究室主任、正高级教师张宇敏认为，“大补”未必达到预期效果。

“实际上，把假期用来补习，对孩子的发展来说意义并不大。在一两个星期的时间里集中培训，孩子真的就能把基础知识学扎实，学习成绩更上一层楼？结果未必能达到家长想要的效果。”张宇敏老师说，如果孩子基础知识不扎实，没有形成良好的学习习惯，仅靠假期短时间的恶补，学习是不会有太大的进步的。

“还有一些家长们总是抱有这样一种心态，就是生怕自己的孩子掉队，所以看见别的孩子假期都在补课时，就觉得自己家的孩子不去补就心慌，只有把孩子送到补习班去才安心。”张老师强调，放假的初衷本来就是为了让孩子放松心情、调整学习心态，千万不要把假期弄成了孩子的“第三学期”。

专家建议：换种方式提升孩子的能力

“学习吃力的，期待‘笨鸟先飞’；尚有不足的，期待查漏补缺；成绩不错的，期待更上层楼……这些都可以理解。”张宇敏老师说，但是利用暑假带着孩子到大自然、社会中去参与一些有意义的活动也是非常必要的。

比如说，孩子对植物、昆虫有兴趣，家长就可以带着孩子到公园或者郊外去观察植物的结构、观察动物的生活习性；比如说，孩子的生活自理能力比较差，家长可以邀请一些朋友带着孩子出去野炊。在野炊过程中，提高孩子的自理、合作协调能力；家长也可以带着孩子到一些景点参观，比如说去遵义，带孩子参观遵义会议会址，或者去荔波小七孔，看看荔波小七孔的自然生态。

旅行回来后，低年级的学生可以和家长交流旅行中的感受，高年级的同学可以将旅途中的所思所想用文字记录下来。

"正在实施的'新高考'制度越来越强调学生的综合素质，家长要转变思路，不要眼睛只是盯着孩子的分数，可以试着换种方式提升孩子的综合能力，比如参加社会活动、做些公益，可能反倒有意想不到的收获。"张老师说。

（二）促进儿童社会化的家庭教育任务

促进儿童社会化的家庭教育任务主要有以下四个方面：提供基本生存与生活知识教育、提供基本社会知识教育、提供社会伦理道德教育、提供社会法规制度教育。前两者构成儿童适应社会生活的基础性条件，后两者构成儿童适应社会生活的文化和制度条件。

1. 提供基本生存与生活知识教育

基本生存与生活知识是个体发展的前提，也是个体参与社会交往和社会实践的基础性条件。对儿童进行基本生存与生活知识的教育，是一切家庭教育都必须进行的基本内容之一。

首先，家庭教育要注重对孩子基本生存能力的培养。最基础的内容，便是要教会孩子吃奶、吃饭、喝水、走路、穿衣、说话等。这些说来简单，但要教会这些，也要耗费父母大量的心血。在家庭教育中，对孩子的基本生存能力的培养，虽然烦琐、复杂，有时又显得令人厌烦、无味，但绝不是可以忽视的。因为它是对孩子最初的启蒙教育，直接关系着孩子今后的成长。

其次，家庭教育中要注重孩子生活自理能力的培养。自理、自立能力，就是人的生存、生活能力，这是每个人都应该具有的最基本的能力。在孩子开始具备掌握自理能力的生理、心理条件时，父母就应该注意对其进行自理、自立能力的培养和锻炼，如让孩子干些力所能及的家务活，自己穿衣、洗衣、做饭、买菜、倒垃圾等。在农村，引导孩子帮助父母在耕种、收割等活动中做些简单的田间劳动。这不仅是为了让孩子为父母分忧，培养其家庭意识和集体责任感，而且也是锻炼、培养其自理、自立能力的需要。

最后，对儿童基本生存与生活知识的教育，还包括合作能力的培养。作为社会性的存在，任何人都不能脱离共同体而独立生活。在社会中生活，就有一个与人合作的问题，有一个为人处事的问题。为人处事的能力是人的基本生活能力之一。基于此，联合国教科文组织将“学会合作”作为一项重要的能力加以强调。人的合作能力是在生活实践中锻炼、培养出来的。这种能力的锻炼和培养，与自幼的家庭教育有着密切的关系。在家庭教育中，要培养儿童的合作能力，就要让其多参加社会交往，再大一些，就要让儿童多参加社会实践活动，多给儿童一些需合作完成的任务，使其在实践中得到锻炼。

2. 提供基本社会知识教育

人作为一切社会关系的总和，生存于广泛的社会交往中，生活于广阔的社会环境中。人的生存和发展，既要具备基本生存与生活的能力，又要具备较广泛的社会生活知识。家庭教育应该根据儿童的年龄特征、接受能力，及时适当地进行一般的社会知识、历史知识及生活知识的教育，帮助儿童获得初步的社会政治、经济、文化等方面的知识，确立起自己的发展定位。对儿童进行社会生活知识的教育，归根结底是帮助儿童学会适应环境。环境是围绕着人的自然和社会的总体，人生活在世界上，必定处于一定的环境包围之中。儿童来到世间之初，既缺乏适应环境的能力，又缺乏周围环境的有关知识。要使儿童适应环境，并能在其一生中有所作为，在家庭教育中对儿童进行适应环境的教育，是必不可少的。

首先是适应自然环境的教育。对儿童进行适应自然环境的教育可遵循由近及远、由简单到复杂、由局部到整体的顺序逐步进行，并随着儿童年龄的增长而逐步深化和完善。在儿童较小的时候，可首先对儿童进行居住地的地理位置、地理特点和方位、气候变化等知识的教育；随后可逐步进行当地物产、动植物的种类及生长情况的教育，以及更远的山川河流、地球、太阳、星辰、云雨等知识教育，使其逐步认识自然、适应自然、亲近自然。这种教育既可以在日常生活中潜移默化地进行，也需要父母刻意地安排和设计，如家庭的郊游、旅游、娱乐等活动，都是对儿童进行自然环境教育的最好途径。

其次是适应周围人际关系的教育。人生来就处在一定的人际关系之中。儿童在未懂事前，就被一定的人际关系包围着。关系最亲近、打交道最多的人，一般就是他的父母，再就是他的祖父母、兄弟姐妹、外祖父母、周围的邻居等。最初，儿童并不懂得这些关系的真正含义，随着年龄的增长和对人伦关系的逐渐认识，儿童就会逐步理解这些人际关系。随着活动范围的逐步扩大，周围的人际关系不断复杂，他也逐步形成着自己的社会活动范围和人际圈子。家庭教育是帮助儿童定位自我“社会身份”和形成交往群体的有效方式。因此，周围人际关系的教育，应该成为家庭教育的重要内容。

最后是适应社会关系的教育。作为社会中的人，任何人都处在复杂的社会关系之中。在人生中，除了自己的亲人和熟人外，将不断地“遭遇”新的个人和人群，将不断地形成新的"生人关系和熟人关系"，人必须不断地适应这种人际关系、利用这种人际关系、改善这种人际关系，这正是生命的题中应有之义。为了使儿童适应社会生活，在家庭教育过程中，不仅要使他们弄清楚自己与周围人的人际关系，还应使其逐步认识自己在整个社会中的位置及社会角色，认识自己与整个社会的关系、与社会上其他人的关系。

3. 提供社会伦理道德教育

伦理道德是靠人们的心理和社会舆论的力量而调节人的行为的社会规范。在任何社会中，它都是社会经济、政治、文化的表现和反映。每个时代、民族都有着为当时、当地的人们所共同承认和接受的社会伦理道德规范。违背了有关社会伦理道德规范，就会受到社会舆论的谴责，甚至要受到社会的制裁。数千年来，中国就是一个重伦理道德的国家。在现代社会，社会主义的伦理道德规范，是社会主义精神文明建设的重要组成部分，是每个社会公民都应该自觉遵守的规范。因此，在家庭教育中，对儿童进行一些必要的社会伦理道德规范的教育，使其自幼养成遵守社会伦理道德规范的品德、习惯和情操，不仅对其本人适应社会生活，成为一个合格的社会成员是必要的，而且对不断提高社会精神文明程度是十分必要的。

4. 提供社会法规制度教育

一个国家所制定的政治、经济、文化、社会诸方面的制度和法律法规，都是国家对社会进行管理、保障社会有序和谐的社会规范。对社会公民来说，违背社会伦理道德规范是不允许的，违背社会的法律、法规和制度就更不可为。在家庭教育中，父母不但应教育儿童遵守社会伦理道德规范，更应该教育儿童自觉地遵守社会法律、法规和制度。在建立社会主义法治国家的进程中，教育儿童自觉遵守社会的法律、法规和制度等强制性的规范，促使其增强法治观念，强化法治意识，做一个遵纪守法的合格公民，对家庭、社会、国家及其个人都是十分必要的。

拓展阅读 2—3

父母要学会给孩子成长的机会[①]

一位母亲为二十岁的儿子伤透了心。怀着疑问，她向专家请教。专家问，他第一次自己系鞋带，乱作一团，你是不是一边说他笨一边替他系好？母亲说：是。专家又问：孩子第一次洗碗溅了一身水，你是不是一边抱怨，一边自己洗，从此不让他接近水池？母亲点点头。专家接着问：孩子第一次整理床铺，半天也弄不好，你是不是把他推到一旁，自己动手弄好？母亲惊愕地看着专家。专家又问：大学毕业以后，孩子自己找的工作不理想，你是不是动用社会关系，为他安排前程？母亲连

① 陆士桢．父母要学会给孩子成长的机会［N］．中国妇女报，2015-1-8（B2）．

连点头。专家肯定地说，目前你的儿子是不是工作没成绩，与同事处不好，还对你们很粗暴？母亲哭起来：我真心帮助他，为什么他成了这样的人？其实这位妈妈犯了两个错误，一是只知替代，二是忘记鼓励和真正的帮助。

孩子的成长是由一点一滴小事组成的，鼓励每天做最好的自己，容忍他的缺点与不足，孩子才有成长与成熟。我们常说，大爱无疆，真正实现大爱，就要打破一些东西。

第一是容忍。孩子是一个成长的个体，不成熟是他们的常态，做错事充斥着他们的生活，只有容忍、包容，才有成长的空间和可能。事实上，大多数家长面对孩子做从来没有做过的事情的时候，都会产生各种各样的担心，“担心会打了碗，割了手”“担心碗没洗干净”“担心弄湿了衣服”。可是我们没有想到，世界上的每一个人都是从无知走向有知识、从无能走向有能力、从依赖走向自治、从没有承担走向承担各种责任；世界上的每一件事都是从简单到复杂、从不要求方式方法到要求有技术、从只依靠单独力量到必须依靠合作。没有开始的探索，没有基础的行动，一个人怎会成长？没有最初的失败，哪能有最后的成功？

第二是鼓励。近年来一些教育专家一致强调要鼓励孩子、但在很多家庭里，对孩子真诚的、有针对性的鼓励并不多见，要么对孩子的言行，特别是学习状况总是不满意；要么，只是一味地说“你真棒!”没有具体的鼓励、肯定的内容。对于一个孩子的发展成长而言，这是一种极度的伤害。你自己设想一下，你满怀兴趣和欣喜地尝试做一件事，却从来达不到要求，总是得不到肯定，你还会有兴趣和劲头再去做吗?

第三是帮助。孩子的不成熟是必然的，孩子需要指导和帮助，而这种指导和帮助必须是具体的、细致的。在孩子做一些从没有做过的事情的时候，不少家长更多的是技术和方法的帮助，有时会大声指示，指手画脚，甚至会是妈说一句爸说一句，让孩子无所适从。真正有效的帮助应该包括方法的指导，更应包括精神上的鼓励、情绪上的疏导、心理上的抚慰，以及全面的指导。

二、促进儿童个性化的家庭教育任务

家庭教育促进儿童社会化的过程同时也是儿童个性发展的过程。家庭教育必须重视和立足于其对儿童个性化发展的独特条件，促进儿童良好个性的形成与发展。

［微视频］家庭教育促进儿童个性化

（一）家庭教育在儿童个性发展中的作用

个性主要指的是个人稳定的心理特征的总和，包括动机、兴趣、理想、信念等个性倾向性和能力、气质和性格等个性心理特征。个性差异的形成，遗传素质只是生理基础和物质前提，起决定作用的还是后天的环境、教育和社会实践。家庭教育在儿童个性化过程中具有重要作用，不仅因为家庭成员间具有血缘和遗传关系，为儿童个性发展提供了生理基础，更为重要的是，以这种遗传关系和血缘关系为基础，家庭为儿童提供了最初的交往、活动和互动的特殊环境，这无疑为儿童的个性发展提供了独特的条件和机遇。

1. 家庭心理氛围和人际关系是影响儿童个性品质的首要因素

在一个家庭里，若成员间互相尊重关爱，以礼相待，为人处事通情达理，儿童生活在友爱和睦、融洽温暖、民主平等和欢乐愉快的家庭气氛中，这有助于儿童形成良好的个性品质。而与此相反，若成员间互相争吵、言行粗鲁、对长辈缺乏孝敬之心，儿童生活在紧张和冲突的家庭气氛中，就容易形成许多不良的个性，例如冷漠、孤僻等。心理学研究表明，生活在宁静愉快家庭氛围中的儿童与生活在气氛紧张及冲突家庭中的儿童在个性发展方面有很大不同。这种不同的原因是什么呢？美国心理学家波尔德研究发现，58%品德不良的儿童来自缺损的家庭（双亲离婚或死亡），他认为，破裂家庭中子女的犯罪率也比一般家庭的子女犯罪率高。心理学家海尔特的研究发现，双亲不和比双亲不全对儿童的伤害和消极影响更大。父母长期的分歧、敌对、争吵、紧张和冲突，会使儿童的内心产生严重的焦虑与矛盾、悲观和厌世等消极情感，长期生活在这样家庭中的儿童往往更富有破坏性、更容易激动、孤独、悲伤、闯祸，甚至更容易产生自杀等行为。他们对学校和社会生活常常缺少兴趣，对父母也难以产生友好的感情，甚至产生愤恨、憎恶等极端情感。我国部分学者也在研究中发现，违法犯罪的青少年大约有 10%～30%来自离异家庭和关系不和谐的家庭。心理学家调查了来自离异家庭、冲突家庭和和谐家庭等不同类型家庭的儿童，发现在个性特征方面，离异家庭的儿童和冲突家庭的儿童明显不如和谐家庭的儿童积极。

2. 父母的教养方式对儿童个性发展的影响

父母的教养方式是指父母在抚养、教育儿童的过程中通常使用的方法和形式，是父母各种教养行为和特征的概括，是一种相对稳定的行为风格和行为方式。生活在和睦幸福的家庭中，儿童性格活泼开朗、友爱合作，生活在有文化涵养的家庭中，儿童文明礼貌、举止文雅。父母勤劳淳朴、待人诚恳善良，儿童在待人处事方面也常常表现出友爱善良。正如人们常说：“子女身上有父母的影子。”不少儿童的个性正是父母个性的写照。

著名心理学家弗洛伊德早在 19 世纪末，就注意到了不同教养方式对儿童的影响，他对父母的角色做了简单的划分，即父亲负责提供规则和纪律，母亲则负责提供爱和温暖。此后，诸多心理学家继承和发展了弗洛伊德的观点，并把家庭教养方式与家庭角色及性别联系起来，认为女性善于表达，情感比较细腻敏感，适合处理与子女间的关系；而男性则指导性强，适合于制定规则。大部分心理学家都同意根据父母对儿童的控制程度，可以分为专制型、溺爱型和民主型三种教养方式。

专制型教养方式的父母在家中操纵着孩子的一切，用权力、强制甚至是恐吓和打骂训练孩子，并逼迫孩子听命。专制型父母在家中享有无上的权威。父母从来不考虑或较少考虑孩子的心理感受，只从父母的主观愿望和意志出发，总是愿意代替孩子思考，并强迫孩子接受自己的看法和观点，孩子必须按照父母的意见和意志去行动和做事，不能超越父母的要求和指令。这种类型的父母对孩子要求过于严厉，期望过高，缺少宽容，并有太多的限制，其教育子女的语言和方法简单，态度生硬，这使得亲子冲突时有发生。生活在专制型家庭的孩子要么表现出唯唯诺诺、缩手缩脚，性格孤僻和内向；要么表现出极端叛逆、性格粗暴，甚至心理变态以及反社会行为，因此这是一种需要努力避免的家庭教养方式。

溺爱型教养方式的父母一般很少向孩子提出要求或施加控制，对孩子的爱缺乏理智与分寸，哪怕孩子提出过分的要求，往往也采取“听之任之”或者“无立场地满足”的态度。溺爱型父母对孩子怀有过多的期望与爱，为孩子提供无微不至的关怀，却忽略了对孩子良好个性、性格和习惯的培养。其极端做法是，对孩子百依百顺、姑息迁就、有求必应，甚至是怂恿包庇。其结果是将孩子培养成家庭中的小霸王，使得其“无拘无束”，任性随意。长期的溺爱型教养方式会导致孩子形成懒惰的作风，自理能力极差，养成对他人指手画脚、以自我为中心、不求进取等不良个性。在这种教养方式下成长起来的孩子常常表现得很不成熟，自我控制能力差，在任务面前缺乏恒心和毅力，这也是一种需要努力避免的家庭教养方式。

民主型教养方式的父母愿意给孩子自由发展空间，能平等地对待、尊重和信任孩子，乐意与孩子沟通，交流各自的观点，鼓励孩子积极上进，允许孩子按照自己的爱好和兴趣发展，父母也经常为孩子的发展提出建议与观点，父母能理性地指导孩子成长，并对其缺点错误给予恰如其分的批评指正，以提高孩子的认知和判断能力。在孩子犯错误的时候，父母能先给孩子讲道理，而不是打骂。更为可贵的是，父母在发现自己出现错误的时候，能真诚地向孩子道歉并改正错误。无数事实证明，民主、宽松、和谐的家庭有利于孩子养成良好的个性品质。

3. 父母期望对儿童个性品质的影响

父母的期望对儿童有强烈的暗示和感染作用，而年龄小的儿童由于独立性差、知识经验较少，比较容易接受期望和暗示，从某种意义上讲，父母的期望对儿童一生的发展都会产生影响。这种期望构成了儿童的早期经验和启蒙意识，深刻地影响着儿童的个性发展。父母对儿童的期望主要体现在角色期待与动机期待两个方面。

父母对儿童不同的性别角色期待，直接影响着儿童最初性别角色的获得与分化。男女个体出世时，除生理结构存在一些显著差别外，只表现出微小的心理差异。

但是随着个体的身心发展，男女间的心理行为差异越来越大，其中家庭及父母在儿童早期的性别角色获得与分化中，具有重要意义。父母对孩子的角色期待一般在孩子未出世时便已发生，父母按照社会流行的性别角色价值观念，对孩子的性别抱有一定期望。孩子一降生，父母对不同性别的孩子给予不同的教养方式，如不同的姓名、服装打扮、游戏玩具和活动方式等。家长对孩子的要求也因性别差异而有所区别，例如常鼓励男孩子冒险、勇敢、进取、独立等，支持和暗示男孩学习父亲的角色；鼓励女孩子文静、乖巧、亲和、温顺等，暗示女孩学习母亲的角色。作为父母，了解和掌握孩子的这种角色获得与角色分化具有重要意义，我们既要支持和引导父母对子女进行恰当的角色认知，又要反对父母违背角色认知的规律，产生错误的角色期待，特别要反对角色错位的角色期待，例如对男孩施以女性的角色期待，对女孩施以男性的角色暗示，这都不利于儿童正确性别观念和个性品质的养成。

父母对孩子的动机期待直接影响着孩子的进取心和自我发展愿望。学校生活中存在的“自我实现的预言效应”在家庭教育中也具有同样的效果和影响。美国心理学家凯尔和赫尔赛等人的研究表明，实验中两组男孩都有上大学的智力水平、均有大学毕业的希望、其父母都未上过大学，但甲组男孩打算上大学，乙组男孩不准备上大学。其原因就是甲组男孩的父母有期望孩子上大学的心理，而乙组男孩的父母对孩子上大学不抱期望。我国心理学家黄佳芬等人的研究表明，父母的期望对孩子的学习成绩有明显的影响，父母的适当期望具有激励作用，从而促进孩子学习成绩的提高。因此，在家庭教育中，父母通过恰当的方式对孩子给予积极的期待和期望对于提高孩子的发展动机、发展愿望和抱负水平等均具有重要意义。

拓展阅读 2—4

你们好像是孩子的“假爸妈”①

春节期间，一次和朋友在餐馆吃饭，无意间看到一个场景：年轻的爸爸妈妈已经吃好，忙着在刷手机屏；孩子还在吃着，偶尔抬头看着爸爸妈妈，说的什么听不太清楚，但却能明显地看到爸爸妈妈都没有把视线从屏幕上离开，仍沉浸在自己的虚拟世界里。

这不是一个偶然的现象，这种陪伴看似父母在场，其实父母并不“在场”。现实中父母不会陪伴、不能陪伴、陪伴形式化等“无效”陪伴普遍存在，亲子陪伴的意义尚未充分发挥。幼儿究竟需要什么样的陪伴？年轻的父母在亲子陪伴中应该注意哪些细节，这是我们必须思考的问题。

① 李飞．你们好像是孩子的“假爸妈”［N］．中国教育报，2017-2-12（2）．

陪伴幼儿应有一定的时间做保障

“工作太忙，没有时间陪孩子”，这也许是许多父母共同的心声。特别是对于一些留守儿童而言，爸爸妈妈的陪伴往往只能是在寒暑假等有限的时间里匆匆一聚，期待父母的陪伴更多是一种“奢望”。

有效陪伴孩子的基本前提就是要有一定的时间和孩子共处，一起做游戏，一起读书、运动，倾听孩子的心声，观察孩子的喜怒哀乐，对孩子成长过程中身体、心理的健康给予关心并加以引导。正是在与孩子共处的过程中，父母才能了解孩子的语言进步、情绪情感、社会性发展等成长历程，才能通过自身的言传身教去影响孩子，让孩子感受到父母的呵护与关爱。可以说，没有一定的时间做保障，不愿意花费时间陪伴孩子，孤独感将成为孩子最多的负性情感体验。

孩子小的时候，缺乏父母的陪伴，会导致安全感的缺乏与亲情的疏远。许多家长偶有闲暇陪伴孩子，更多的是用物质、金钱去弥补亲子陪伴缺失带来的影响，但对孩子的教育问题、心理问题却由于知识的欠缺或教育意识的不足而没有重视。实际上，亲子之间日常生活中的陪伴，不在于内容，更多的是父母的声音、父母的抚慰、父母在身边的安全感和舒适感给孩子带来的快乐和满足，这种陪伴不仅可以促使孩子获得对世界、社会和他人的信心，增强理解与适应外部环境的能力，也会帮助孩子成为心理健康、人格健全的人。

陪伴幼儿需要亲子之间的互动与交流

有时间陪伴孩子并不意味着就是有效的陪伴。我们经常看到父母与孩子的“自得其乐”：父母在工作、做家务或者娱乐，孩子在玩玩具、看电视或者看书，双方缺乏互动与交流。有时孩子会跑过来央求爸爸或妈妈一起做游戏，“爸爸正忙着呢，自己去玩吧”“没看到妈妈正忙着吗？别捣乱”。孩子往往在父母的拒绝中倍感失落，逐渐产生自卑（孩子以为自己是不重要的）情绪，这其实是一种陪伴的形式化。

陪伴不仅仅是和孩子在一起，看管好他们的安全，负责他们的生活，更需要建立一种亲密关系，通过互动与交流引导孩子、发挥对孩子的示范与榜样作用，这是亲子之间有效陪伴的必要保证。

亲子之间的互动与交流，首先表现在对孩子的倾听。倾听是一种立场，也是一种姿态，是把孩子放在平等的对话关系中，从而建立起融洽的亲子关系。倾听需要有目光的注视与神态的专注，研究显示，如果父母能够专注地陪伴孩子，则孩子的注意力就会延长，而孩子集中注意力，是与其日后成就强烈相关的一个预判指标；其次表现在信息的反馈，对孩子的信息进行回应，是赞同、肯定、补充还是建议，而不是充耳不闻或是全面控制，这是两个平等主体的交往行为。正是陪伴过程中的互动与交流，孩子多形成健康和高品质的安全型依恋类型，孩子会以父母为他们的安全基地，情绪健康、稳定、自信、友善，积极进行探索活动。

（二）帮助儿童形成良好个性品质的家庭教育任务

家庭是儿童早期生活最基本、最重要的环境，约占其全部生活时间的三分之二以上，家庭还是儿童最早的教育环境，父母是儿童个性化的最早执行者和基本执行者。在家庭的诸要素中，家庭气氛、父母的教养方式与态度、父母的言行举止、父母对儿童的期望、儿童在家庭中的地位及扮演的角色等都对儿童的成长及个性化起着很大的作用。在家庭中培养儿童良好的个性品质应该围绕以下几个方面进行。

1. 为儿童良好个性的形成提供和谐的心理环境

良好的心理环境又被称作心理营养。儿童发育成长既需要物质上的营养，也需要精神上的营养或者说心理营养。对于未成年人尤其是婴幼儿和儿童来说，最重要的心理营养是父母及其他家属成员的爱和信任。每个婴幼儿都需要成人爱的关怀，儿童对这一切的需要就如同需要维生素和热量一样重要。而父母抚养孩子，无私地施与爱，孩子会做出满意的反应，这种反应又给了父母一种幸福感，使父母心中更加充满了爱意。这就是亲子之爱的良性循环。

在良性循环的情况下，孩子从小有充足的心理营养，不但能爱父母、爱家庭，而且能渐渐地推而广之。因此，无论孩子是什么样子，有什么缺点甚至缺陷，父母都应该使孩子感受到爱和信任，引导他们用积极的态度面对自己的缺点、缺陷，进而充满信心地面对人生，充分发挥自己的才智与能力。如果孩子从小得不到心理营养，长大后就可能会变得冷漠、无责任感、缺乏自信心，不懂得如何利用自己的智力、技能和天赋等品质，在遇到困难、冲突和挫折时，就可能会出现心理障碍，甚至出现心理畸形。随着年龄的增长，这种障碍还可能会越来越严重。

2. 支持、培养和发展儿童有益的兴趣和爱好

求知是人的天性。儿童天生就有“求知”和“探究”的欲望。早在婴儿时期，他会目不转睛地盯着一样东西，情不自禁地想拿到它或触摸它，摆弄它。到后来，他们会把东西翻过来倒过去，或放到嘴里尝尝，或用鼻子嗅嗅，对什么都感到新鲜。在整个幼儿时期以至以后的童年期、少年期、青年期，好奇心一直在驱使着儿童去认识多种事物。只不过随着年龄的增长，其发展水平有所不同，兴趣爱好也有所不同。

心理学研究表明，儿童兴趣的发展可分为三级水平：一是有趣，即对新异事物马上表现出来的直接兴趣，这是低水平的兴趣；二是乐趣，这时的兴趣，已不只停留在事物的表面现象，而是能探讨事物的发生、发展的原因、结果，探讨事物的内在联系的兴趣；三是志趣，它表现在探讨事物本质规律的兴趣上。这时，他们已在广泛兴趣的背景上形成以自己个性为中心的兴趣。这种兴趣是和一个人的理想、信

念紧紧联系在一起的。

心理学研究还表明，人的兴趣是有倾向性的，不同追求的人的兴趣的倾向性有所不同。如有的针对物质方面，有的针对精神方面；有的偏重科学技术，有的偏重文学艺术；有的追求个人享受，有的追求社会贡献；有的表现出庸俗、低级，有的表现出健康、高尚。儿童自发的兴趣和由此而进行的各种活动，是学习的桥梁，也是心理健康的重要方面。家庭必须给予鼓励、尊重和引导，使兴趣向积极的、有益于身心健康的方向发展。

3. 帮助儿童建立和发展正确的自我意识

自我意识是指一个人对自己的思想水平、情感态度、行为习惯、个性特点以及自己和周围事物关系的认识、感受、评价和调控。随着年龄的增长和自我意识的增强，儿童与成人之间，在价值观念、行为方式及评价标准等方面具有明显的差距。青春期的儿童常常试图挑战成人的权威，保持自己的独立性，使自己的权利、个性得到尊重，获得与成人平等的地位。但不当的自我意识以及身心发展存在的不平衡，又有可能使他们因过多的挫折和沮丧体验而产生逆反心理，甚至发生出走、吸毒、自杀等极端的消极对抗行为。尊重儿童，引导和帮助儿童发展正确的自我意识，是家庭教育的重要责任。

自少年期以后，自我意识的发展集中体现为人际交往意识的增强。一方面，独立意识的发展，使得青少年产生强烈的摆脱父母束缚的心理需求，产生了与父母在心理上的断乳；另一方面开始转向同龄伙伴，企盼在同辈群体中寻找支持与帮助。同龄人群体交往的扩大，对青少年心理的发展具有重要的意义。同龄人群体的性质不同，与同龄人之间关系密切程度的不同，对青少年心理的影响也就不同。父母必须在建立良好亲子关系的同时，了解孩子与同龄人的交往情况，帮助其增进良好的人际交往；引导他们学会悦纳别人，同时又能够以正确的方式让别人接受自己。其中，包括帮助孩子学会与异性交往，懂得以最适当的、即社会普遍认可的方式接受异性并被异性接受，从而预防“早恋”现象的发生。

4. 培养儿童独立的个性与顽强的意志力

任何一个领域的人才、名人、专家，往往都有着与本专业有关的特有素质及独特个性特征。而特有素质的形成又需要艰苦的意志力磨炼。古人说：“自古雄才多磨难，从来纨绔少伟男。”要教育孩子成才，不仅应发现孩子的天资，为其发挥天资尽力创造条件，还应该努力培养孩子独特的个性和在艰苦的环境中磨炼意志的能力。

首先是注意对孩子独立个性的培养。所谓独立个性，主要是指成为某一方面的专门人才所应该具有的某些基本品质、情操和个性特点。在现代社会，不同行业和职业对人才的个性特征要求也不相同。例如，科学家应该具有善于探索新问题、敢于求索未知事物的个性特征；发明家应该具有独立思考、敢想敢干、不怕挫折的个性特征；运动员应该具有不怕吃苦、刻苦锻炼、勇于攀登的个性特征；企业家应该具有开拓进取、善于社交、善于筹划经营的个性特征；政治家应该具有深谋远虑、智勇双全、胸怀开阔、博学多才、意志坚定、严守法度、机智善变、临危不惧等个性特征，如此等等。在家庭教育中，父母要根据孩子的个性特征和性情倾向，有针对性地对孩子加以引导；还要放手让孩子到他能施展才华的场所去经风雨、见世面，在实践中增长才干。

其次是注意加强对孩子意志的磨炼。要成就任何事业，没有坚强的意志，都是难以成功的。要通过家庭教育造就人才，就要注意对孩子的意志进行艰苦的磨炼，要肯让孩子吃苦，使孩子经受得住成功与失败的考验，特别是失败的考验。在逆境中成长起来的人，一般意志都比较坚强。在我国历史上，匡衡家贫如洗，凿壁偷光，后来成就事业；范仲淹 2 岁丧父，母亲改嫁，他住破庙读书成才……在国外，高尔基幼年流落，上的是“社会大学”……这并不是说凡成大器者须幼年家贫，或家庭残缺、备受磨难，而是说，困难、失败、磨难的确是严正无比的老师，能教会人们许多东西，能使人的意志得到磨炼。

对儿童进行良好个性与意志力培养，还应重视对他们进行拼搏精神的教育。在世界上要取得任何事业的成功，都不是轻而易举的。事业越伟大、越艰巨，付出的代价也就必然会越大。毅力是成就事业的保证，是一切成功的必备条件。在家庭教育中，要教育儿童成才，就要教育他们甘愿为事业、为理想、为目标付出巨大的牺牲，去努力拼搏。

要点重述

1. 教育的根本任务是立德树人，家庭是孩子成长的摇篮和最早接受教育的地方，立德树人只有牢牢扎根于家庭，才能使孩子如根深树木般茁壮成长。

2. 儿童社会化分为初级社会化和次级社会化两个阶段。初级社会化是次级社会化的基础，次级社会化是初级社会化的延续和发展。儿童初级社会化的主要领域是家庭，次级社会化过程主要发生于学校和社会生活中。

3. 促进儿童社会化的家庭教育任务主要有以下四个方面：提供基本生存与生活知识教育、提供基本社会知识教育、提供社会伦理道德教育、提供社会法规制度教育。前两者构成儿童适应社会生活的基础性条件，后两者构成儿童适应社会生活的文化和制度条件。

4. 培养儿童良好的个性品质是家庭教育的重要任务。家庭教育中培养儿童良好个性的教育任务包括：为儿童良好个性的形成提供和谐的心理环境，支持、培养和发展儿童有益的兴趣和爱好，帮助儿童建立和发展正确的自我意识，培养儿童独立的个性与顽强的意志力等方面。

反思与探究

1. 家庭教育在立德树人中起到怎样的作用?
2. 家庭德育应主要关注哪几个方面的内容?
3. 支持儿童社会化和个性化分别需要哪些方面的家庭教育内容?

推荐阅读文献

1. 关承华. 别和青春期的孩子较劲[M]. 增订版. 北京:中国青年出版社,2016.

简介:作者结合工作实践中的大量案例,剖析孩子的烦恼,解答父母的困惑,帮助化解孩子眼中的“更年期”父母与父母眼中的“青春期”孩子之间的矛盾,为孩子与父母的沟通、理解架起了一座“心”的桥梁。

2. 王灵书. 走出中国家教盲区[M]. 北京:大众文艺出版社,2004.

简介:该书从“盲区结出的苦果”“值得深思的现象”“成功家教的启示”“盲区内外的比较”“面对盲区的思考”五个方面,全方位地揭示了中国家教存在的问题、后果和原因,并就解决的办法进行了探讨。

第三章　亲子关系：家庭教育的逻辑起点

［学习目标］

1. 理解亲子关系的内涵，掌握亲子关系的常见类型。
2. 理解亲子关系中的教育要素，认识家庭教育的复杂性。
3. 了解亲子关系的传统，掌握超越传统亲子关系的方法。

亲子关系是一门人生哲学，也是一门人生艺术，更是一种重要的教育要素。在教养孩子的问题上，亲子关系的质量远远比某一具体的教育方法来得重要；在影响家庭教育的诸因素中，亲子关系直接决定着家庭的教养水平，从而影响着孩子的发展。亲子关系包含许多复杂的要素，对于人的发展来说十分重要，是个人成长的重要土壤。

第一节　亲子关系概述

［微视频］
亲子关系概述

亲子关系首先是父母与孩子的关系，其次是一种社会关系，它是法律保护下的血缘关系，具有三层意义：（1）生物学意义，主要表明的是血缘关系；（2）社会学意义，主要表明的是法律、制度、地位等关系；（3）心理学意义，主要揭示其特定的情感态度、行为方式等方面的联系。关于亲子关系的研究，已积累了十分丰富的成果。不同民族、不同国度、不同历史阶段的亲子关系呈现出不同的特色，中华民族的亲子关系独具历史文化特色。一般而言，亲子关系具有三个方面的性质。

一、亲子关系具有亲缘性质

亲子关系是一种血亲关系或拟血亲关系，血缘性质是与生俱来的，是一种天然的存在，这是不可选择也无法更改的，人类社会正是基于亲缘关系和姻缘关系而建立起来的。亲缘关系从种系的立场上为人类创造、提升下一代既提供了前提，又提供了基础。亲缘关系与收养关系不同，前者经历了一个父母与孩子之间的“亲合期”，而后者没有。母亲与孩子之间在孩子出生前就建立了牢固的早期联系，孕妇感觉到胎儿在体内萌动，就开始了她与孩子间的“亲合期”，体验孩子生命的蠕动，一种难以言状的感动充斥于内心，伴随着胎儿的发育而成长，这种感觉逐渐增强，到婴儿出生达到高峰。很多孕妇其实早就开始了与胎儿的对话，她通过改变姿势，通过手指抚摸来传达妈妈的感受，而胎儿似乎也能感觉到母亲的存在和喜怒哀乐。当今社会，父亲在胎教中的地位与角色日益凸显，夫妻融洽的情感交流也为胎儿的健康成长提供了最好的温床。

二、亲子关系具有情感属性

亲子关系往往伴随着深刻的情感体验。如在良好的亲子关系的建构中，彼此的亲密接触增强了亲子的安全感和信任感。孩子感受到父母的爱，会感到满足与放心。亲子关系良好，父母与孩子之间相互信任、和谐，孩子也就慢慢懂得了人类生存的各种方式，父母的行为也会渐渐成为孩子模仿的对象。孩子喜欢父母的某些行为，会自觉地加以模仿和学习。作为家庭中最基本、最重要的一种关系，亲子关系具有极强的情感亲密性，它直接影响儿童的身心发展，并将影响他们以后形成的各层次的人际关系。[①]亲子关系中情感的力量是无比巨大的，家庭是个体成长的首要场所，是影响个体社会化及其发展的重要微环境。亲子关系作为家庭微环境中的关键因素，是影响儿童青少年身心健康发展的主要因素[②]，正向的情感体验是亲子关系健康发展的强大动力。

三、亲子关系具有法律属性

亲子关系从法律的意义上规定了亲子间的权利和义务，如我国宪法就规定父母有管教和保护未成年子女的权利和义务。此外，法律还规定了子女有赡养老人的义务。中华人民共和国成立以来，我国政府颁布了一系列的关于保障未成年人健康成长的法律法规，如《中华人民共和国未成年人保护法》《中华人民共和国教育法》《中华人民共和国义务教育法》和《中华人民共和国家庭教育促进法》等。

第二节 亲子关系中的教育要素

亲子关系中包含十分丰富的教育要素，亲子关系是家庭教育影响的重要方面。那么，亲子关系中哪些因素构成了家庭教育影响？这些影响又是怎样产生家庭教育效果的？本节将从角色关系、心理关系和伦理关系等方面来探讨这些问题。

---

① 叶一舵，白丽英．国内外关于亲子关系及其对儿童心理发展影响的研究［J］．福建师范大学学报（哲学社会科学版），2002（2）：130–136．

② 吴念阳，张东昀．青少年亲子关系与心理健康的相关研究［J］．心理科学，2004（4）：812–816．

一、角色关系

家庭中的角色关系受多种因素影响，父母的社会地位、夫妻关系、文化传统等均会影响亲子的角色关系。同时，亲子间的角色关系又直接影响着儿童的成长。儿童需要的满足、性别角色的认同、道德责任感的养成、公民义务的认知、自然生活秩序的进行无不依赖着良好的角色关系。父母是影响下一代成长与发展的关键人物。因此，父母与孩子在家庭中的角色关系与孩子本身的发展密切相关。人们对亲子的角色关系有不同认识，如有人认为父母角色的行为模式是统治的、监督的、强制的，与子女之间的关系是不平等的；有人则认为父母角色的行为模式是伙伴式的、帮助的、引导的，与子女之间的关系是民主的、平等的。产生这种不同的理解往往与以下几方面因素有关。

（一）社会地位

家庭的社会地位对亲子关系有一定的影响。国内外不少研究都证明了不同的父母教养方式对亲子关系会产生不同作用。家庭教养方式因社会阶层不同而存在很大差异。一般来说，经济上处于劣势的父母表现出一些共同的特点：强调顺从和对权威的遵从，对孩子有更多的限制性和专断性，更多使用体罚管教策略，较少与孩子讨论，对孩子表现出较少的温暖和关爱。

美国社会学家拉鲁研究发现，尽管美国家长都尽力给孩子最好的照顾，但中产阶级和工人阶级家庭的育儿实践却大为不同。中产阶级的家长主动培养孩子的天赋、才能和主见，在课余时间给孩子精心安排各种兴趣活动，在语言使用上采用“讲道理”和“协商”的方式与孩子进行沟通，引导孩子形成、组织和表达自己的观点，并积极干预学校等公共教育机构的操作，使之更有利于孩子的发展。工人阶层的家庭则采用“成就自然成长”的教养方式：家长照顾孩子并允许他们自己去成长，课余时间让孩子自由安排和同龄小朋友一起玩耍，在语言上以“发指令”的方式使孩子听话和服从，在孩子教育方面依赖学校等权威机构，但对这些机构又充满挫败感和不信任。①我国学者黄超通过对“中国教育追踪调查”数据分析也发现，我国社会经济地位较高的家庭倾向于选择权威型教养方式，社会经济地位较低的家庭倾向于选择专制型或忽视型教养方式。②

不同社会地位的家庭教育表现存在差异的原因有很多，例如，美国中产阶层的父母本身接受了高等教育，具有一定的文化素养，可能对儿童发展的教育和心

---

① 拉鲁．不平等的童年［M］．张旭，译．北京：北京大学出版社，2010：1–13.

② 黄超．家长教养方式的阶层差异及其对子女非认知能力的影响［J］．社会，2018（6）：216–240.

理知识或多或少有所了解。不少工人阶层的父母缺乏家庭教育知识，只能机械地依照生活经验对子女进行简单的教育。另外，社会地位高的父母经济压力相对较小，有较多自主的时间，投入家庭教育的精力更多。家庭教育的阶层差异可能造成弱势阶层子女身心发展的不良。

（二）夫妻关系

夫妻关系的状况决定了家庭中父母角色的责任，进而影响亲子关系的运行，导致不同的家庭教育效果。

1. 缺失自我的夫妻关系

缺失自我的夫妻关系是一种忽略自我的夫妻关系，体现为自我分化的缺失，夫妻彼此独立意识差，相互依赖，夫妻没有发展起正向、独立、积极的情感表达方式，它对亲子关系带来消极影响。良性的夫妻关系是一种既相互独立又相互合作的关系。没有完整的自我往往造成亲密关系上的真空，从而造成对孩子童年的剥夺，将孩子视为小大人，用孩子去填补自身在亲密关系上的欠缺。这种家庭中父母分不清成人角色与儿童角色的差别，要么产生一系列的替代行为，代替孩子去解决问题，要么对孩子实行全面的保护，要么对孩子听之任之，不能正确地尽到父母的职责。此外，父母自身人格系统不健全，其残缺的自身形象，本身就给孩子树立了不健康的榜样，造成了孩子生活中正确学习榜样的缺失。

2. 冲突的夫妻关系

在冲突的夫妻关系中，夫妻意见常常发生分歧，双方敌对、争吵、紧张、冲突不断。这种不良的夫妻关系会导致子女内心产生严重的焦虑与冲突，在这类家庭中成长的孩子往往多疑、敏感、焦虑、心神不定、无所适从、缺少信任，严重的会出现变态人格及反社会人格。不少研究也发现，目前在父母关系不和的家庭中，孩子往往缺乏自信、自尊，性格孤僻内向、不合群，有疑惧心理，是非感差，自卑退缩，常常形成亲子间、师生间、同学间的对立。王亚研究指出：父母的分歧、冷战、争吵，使孩子长时间处于压抑环境和不良情绪的侵扰中，从而各种心理问题，如敏感、自闭、脆弱等。①

3. 健全的夫妻关系

健全的夫妻关系家庭中的孩子成长得较为健康，亲子角色积极而明确。如果说家庭是一个系统的话，夫妻关系则是主控系统，有了健全的夫妻关系才谈得上建立良好的亲子关系，也才能扮演好父母的角色。健康的夫妻关系以崇高的爱情为内核，双方具备一定的平等意识和无条件的奉献精神，夫妻之间的角色系统明确。遗憾的

---

① 王亚. 不良夫妻关系对子女教育影响初探［J］. 中国家庭教育，2009（4）：39–41.

是，当下不少父母并未明确认识到这一点。许多父母视子女为生活中的唯一，关注孩子胜过关注自己，不少孩子负载着学校与家庭的双重压力，在精神上常常陷于焦虑与冲突之中。在健全的夫妻关系中，夫妻双方都必须为自己的行为负责，就像是两人合奏一首曲子，个人都演奏自己的乐器，充分表达自己独特的技巧，两人是在演奏同一首曲子——两人都是完整独立的个体，而又相互配合、相互投入。

二、心理关系

亲子间的心理关系是亲子关系的重要内容，从心理层面而言，心理地位、情感交流、重要他人等均构成亲子关系的关键方面，从而影响家庭教育。

（一）心理地位

父母的影响力取决于父母在孩子心目中实际的心理地位，有的孩子从内心尊敬自己的父母，父母的角色权威力量较易产生作用，否则将产生反作用。孩子是通过从内心接受（拒绝）父母来表示自己对父母的影响的认可程度的。有学者使用中国教育追踪调查在2014—2015学年的追访调查数据，发现父亲育儿投入对青少年各方面的发展都有显著影响，且这种影响与母亲的影响具有同等重要的地位。[①]信任父亲的孩子，自我批评比较积极，自信心强，自我控制好；不信任父亲的孩子则自我放纵，或只屈服于外部压力（父亲十分严厉）来控制自己。近些年，原生家庭逐渐受到社会大众的关注和讨论，不少人将自身的困境归咎于父母的不良影响，反映出当前父母在子女心中的形象存在一定的问题。中国青少年研究中心的一项全国调查显示：我国中小学生近七成将明星作为自己的榜样，很少将父母作为自己学习的对象。[②]事实说明，孩子对父母的心理地位的下降会影响家庭教育的效果，亲子关系融洽的家庭，孩子在父母心目中是积极向上的形象，父母在孩子的心目中是和蔼可亲、崇高伟大的形象。不少取得成就的伟人都将自己的进步与父母的影响直接相连，足见家庭教育对人的影响是巨大的。如诺贝尔奖获得者杨振宁在谈到自己的成功之路时动情地回忆起早年父亲对他的影响，父亲对他数学天赋的重视与开发为他今后的成功奠定了基础。学术大师季羡林在谈到自己的人生时，总是对他的母亲充满了感激和崇敬。

① 许琪，王金水．爸爸去哪儿？父亲育儿投入及其对中国青少年发展的影响［J］．社会发展研究，2019（1）：68–85，243–244.

② 孙宏艳．少年儿童偶像与榜样接纳状况及对榜样教育的启示［J］．教育科学研究，2012（12）：43–47.

（二）情感交流

情感交流是亲子关系的重要内容，正常亲子关系中要求孩子能真实地表达自己的情感，父母能将自己的情感顺畅地传达给孩子，重视孩子的感受，注意从孩子的立场看问题，重视孩子提出的问题，并与之分享情感，耐心倾听孩子的声音。父母一方面要珍惜与孩子在一起的时光，随时让孩子感受到父母的存在，另一方面又要避免事事代替孩子去做。值得注意的是，现实中存在几种错位的施爱方式：（1）过度纵容，使孩子失去合理的限制，对一切满不在乎，表面上孩子获得了自由、独立的时间和空间，实质上是孩子偏离了合理的发展方向。（2）过度牺牲，父母为孩子无条件地付出，而孩子并未感受到被爱，父母倍感遗憾、悔恨与疲劳，父母为孩子做得太多，而孩子发展的机会被剥夺，失去自信养成及自尊建立的机会，长大后难以独立负责，总是期望别人为他们做事。（3）过度保护，使孩子免受伤害，使孩子丧失了学习的机会，未能经受成功或失败的历练，从而产生自卑心理。（4）物质满足，这是父母典型的补偿心理的体现。现代社会父母日益忙碌，为生计、创业而奔波，内心有愧于下一代，故常以满足孩子的物质要求来替代自己对孩子的关爱，而这样的关爱往往是暂时的，因为孩子无法从中体会到爱的互惠与交流。（5）质量分离，即表面上父母与孩子相处的时间较多，但交流甚少，如有的父母在家总是忙于自己的工作、研究，孩子则在一旁做自己的事。

一提到亲子之间的情感交流，浮现在大家脑海中的往往是父母对孩子爱护有加的温情场面，殊不知，情感交流也可以是撤回爱护的。周宗奎认为[①]，撤回爱护是一种更隐蔽、更间接地表达爱的方式，它同时可以起到使儿童服从、改变态度的作用。如父母偶尔采用不理睬、冷淡、失望等态度来向孩子表示自己将终止对孩子的保护，孩子为了得到父母持续的爱护，不得不放弃自己的要求或想法，从而改变自己的态度。这一理论是建立在孩子成长需要稳定安全的环境基础之上的，父母的爱是儿童最为安全、温馨的环境，在爱的环境中成长是孩子的基本需要。所以，在某些情况下，撤回爱护有着立竿见影的效果，它是使孩子马上服从的有效办法，但长此以往很可能对亲子关系产生负面影响。

同时，该理论也在另一方面提醒广大父母，孩子是多么需要父母的关爱！在中国传统文化中，一直较为强调父亲的严厉，不少父亲不轻易向孩子表达爱意，但陈鹤琴强调父亲应当同孩子做伴侣："父不十分爱其子，而子则竟不知爱其父，因此名虽父子，实同路人了。"[②]父母应让孩子时刻感受到父母之爱，学会表达亲子之爱，把握好爱的度，这会直接影响孩子的成长。

---

① 周宗奎. 亲子关系作用机制的心理学分析［J］. 西南师范大学学报（哲学社会科学版），1997（2）：46–50.

② 陈鹤琴. 家庭教育［M］. 2 版. 上海：华东师范大学出版社，2013：29.

拓展阅读 3－1

替孩子劳动其实是剥夺成长权利[①]

小学生放学后轮到值日，留下来擦黑板、扫地、整理桌椅、倒垃圾，本是很自然的事，然而，有家长提出雇清洁工代替孩子打扫，且不少班级已经这样做了。值日就该小学生自己做，怎么能雇用清洁工代劳？

在生活中，现在的孩子基本上不会做家务活，生活在城区里的孩子生活自理能力更欠缺，如果学校还不帮助他们养成劳动习惯的话，对孩子的成长极为不利。如果家长在学校请清洁工替学生值日，表明家长认可花钱代替劳动的做法，容易让孩子形成劳动金钱化的观念。家长应该让孩子养成自己的事情自己做、别人的事情帮忙做的习惯。孩子值日劳动，可以培养团队意识、提升动手能力，对孩子的成长非常有好处。家长与其担心孩子吸进灰尘影响健康，不如以身作则，与老师一起教育孩子如何正确打扫，如何在劳动过程中保护自己等。家长应该相信孩子的能力，给孩子更多锻炼的机会。当然，学校对低年级的孩子要合理安排劳动，选择扫地、擦桌面等适合他们的活。

家长应提供给孩子家务劳动的岗位，适当地“逼”和引导孩子做些家务，既让他们得到锻炼，又通过“做”培养孩子热爱劳动、珍惜劳动的美德，从而一步步走向成熟和自立。拖地抹桌、整理房间时给孩子留一块“自留地”；洗刷餐具、浇花喂猫时为孩子辟一块“责任田”；甚至，买菜购物也让孩子经营经营，让孩子当当家，算计算计家中的柴米油盐事。孩子对自己的“承包对象”总是会苦心经营、尽情爱护、力求规范。这样，通过家务事“承包”，激发孩子学做家务事、喜干家务事的兴趣。

家长应该明白，让孩子承包点家务事，不但不会累着孩子，还会让孩子在承包中养成许多好的习惯。通过承包，孩子会变得更勤快、懂事，生活的自理能力也将相应提高。当然，在“承包”的过程中，家长要真正让孩子保持独立，同时应当指导他们如何做，并要适时加以鼓励。例如在孩子整理完房间后，家长可以与他们交流一下，“你现在感觉怎么样？你整理以后比以前好看多了，心里是不是很舒服呀？在这样的环境中学习肯定比以前舒心，说明你的付出是有成效的”等，使他们在家务劳动中体会到劳动的乐趣，在潜移默化中培养劳动意识，从而更加尊重他人的劳动，爱惜劳动成果。

---

① 金甫．替孩子劳动其实是剥夺成长权利［N］．中国教育报，2015-10-9（6）．

（三）重要他人

重要他人指对个体的社会化过程具有重要影响的具体人物。在许多人的成长经历中都有过这样的体验，即某一人物无形中成了他生活的坐标或心目中的偶像。迄今为止的许多理论都揭示了儿童成长中“近朱者赤，近墨者黑”的道理，表面上看，人是环境的产物这一结论已为多数人所接受。但形成这一产物的过程是什么？人是如何产生出来的？对这些问题并未得到很好的认识。我们也发现现实生活中不乏“出淤泥而不染”者，他们能坚持与环境做抗争，从而形成自己独立的人格，这类人又是如何形成与发展的？这正是我们所应关注的重心所在。事实上，人的形成必须首先习得他所生存的社会的种种规范、条件，学会与环境保持基本的一致。人的形成是一个复杂的过程，其中重要他人对于人的发展有重要的影响作用。一般说来，重要他人以父母等家庭成员为首选对象。然而，父母是否必然成为孩子的重要他人？在人生的不同阶段重要他人是否发生变化？重要他人的教育意义是什么？这是我们需要进一步探讨的问题。

重要他人分为互动式重要他人与偶像式重要他人。前者是动态的，是在生活中直接影响孩子成长的人物，如家庭中的父母、兄弟、姐妹；后者是静态的，具有偶像性质的、抽象的，是在生活中间接影响孩子成长的人物。父母是孩子互动式的重要他人。然而随着孩子年龄的增长，父母重要他人的角色作用逐渐减弱，而教师、同伴群体等重要他人的地位逐渐上升。父母的重要他人关系，也可能产生正负两种作用，孩子从父母身上习得的并非全是积极的、进步的影响，孩子心目中的重要他人——父母，并非时时刻刻都给孩子树立正确的榜样。有些父母在孩子心目中显得十分重要，而他们恰恰给了孩子消极的影响。所谓不良家庭环境，并不是单指家境不好、经济基础差的家庭。相反，往往很多家境并不是很好的孩子反而能够培养自己的道德观、世界观。那么，究竟什么是不良家庭环境呢？不良家庭环境主要是指残缺的家庭结构、恶化的家庭关系、不当的管教方式、家长素质不高等。[①]同时，父母的不良示范作用和孩子的发展之间没有必然的联系。父母中一方坏的榜样也许会被另一方良好的榜样作用所削弱，或遭遇到另一方及子女的共同批判。在我国农村地区，存在着大量因父母进城而留守的儿童，他们长期无法感受到父母的示范作用。但是，有学者发现他们大多依靠自我的顽强发展与留守困境进行抗争，以自身强大的抗逆力适应着环境变化带来的威胁，完成自我成长与发展之路。[②]

在大众传媒日益发达的今天，孩子的童年正在迅速地逝去，偶像式的重要他人

① 孙耀胜．不良家庭环境对未成年人犯罪的影响［J］．学校党建与思想教育，2010（21）：61–62.

② 同雪莉．留守儿童抗逆力生成机制及社工干预模式研究［J］．学术研究，2019（4）：64–71.

正日益占据孩子的成长世界。在这个瞬息万变的全球化时代，孩子的成长与发展受多种因素的影响，父母在孩子心目中的重要他人地位正受到各种冲击，这也是当前家庭教育所面临的新问题。我们不应仅停留于描述父母怎样处处为孩子率先垂范，以完美人格塑造完美人格的思想多少已经落伍，孩子不可能完全是父母心理行为的模仿与复制，父母也没有必要处处去扮演孩子生活中的重要他人。但在形成孩子的自我上，父母的重要他人作用丝毫不应减弱，培养一个完整的人是父母的重要使命，父母的核心作用就是形成孩子的主体意识。因此，依赖父母、借助父母、脱离父母、超越父母、形成自我是儿童成长的必然轨迹，这就是父母作为重要他人的教育意义之所在。

三、伦理关系

亲子关系除了角色关系和心理关系之外，还有一层伦理关系。亲子关系始于生物性的血缘关系，伴随着爱的心理情感，越过社会的角色规定，上升到伦理的境界，这是一个完整的过程。同时，亲子关系本质上也是一个和谐的整体，伴随着家庭的互动，亲子关系成为一种润滑剂和动力推进剂。

在中国传统自给自足的农业社会，家庭是生产和消费的主要运作单位，因此形成了“家庭本位”和“家族至上”的社会特色，在此基础上形成的伦理文化，其中心内容是“五伦”，而亲子伦理又是“五伦”的主轴，其他的家庭伦理都是在亲子伦理的基础上形成的，都是亲子伦理的延伸和扩展。夫妻、兄弟、朋友、君臣等伦常关系，都要以父子伦理关系为准绳。中国传统家庭结构和社会结构的主轴是“父子轴”的事实，决定了中国传统亲子伦理的核心是“父慈子孝”，亲子关系必须以“父慈子孝”为道德规范来约束和定位，“父慈子孝”是传统亲子伦理的基本要求。

慈孝伦理将个人与家庭和社会紧密地联结在一起，寻求人与人关系的和谐与健康发展，丰富了人性的文化内涵，体现出中华民族伦理智慧的不凡意义和永恒价值。这充分体现了家庭亲子伦理关系的特殊性，父母在孩子的成长中看到了自己生命的延续，因而对其爱；孩子在父母的衰老当中看到自己的自为存在，因而对其孝，这是一种“过去”与“现在”，生命时间的对接，是一种基于血缘，生发于情境和角色互换的亲子伦理。这种伦理关系是人间一切关系的基础，乃至是世间万物关系的源头，所以，中国儒家伦理认为慈孝精神是人最基本、最原初的道德，是仁义之本、礼仪之源。

传统社会倡导孩子对父亲绝对服从的伦理道德规范，“孝”是家庭伦理道德之首，它不仅要求孩子自觉地尊敬、赡养父母，而且要求孩子要绝对服从父母的意志，否则将给予严厉的惩罚。随着传统农业社会向现代工业社会的转变，家庭诸项功能尤其是生产功能向社会的回归以及大家庭向核心家庭的转变，父亲处于绝对家庭领导者地位的状况发生了变化。现代社会需要个体具有专业的知识、旺盛的精力和创新能力；在知识经济时代，能力取向代替了年龄和资历取向，新生代明显优于老一代；生活方式的迅速变化，又使得上一代经验在很多方面失去了对年轻人的指导意义。这些因素无疑加快了传统家长制家庭关系的瓦解，推动了家庭伦理关系朝着民主化、平等化的方向发展。

中国亲子关系表现为“反哺式”模式，父母抚育孩子，孩子赡养父母，要求代际交换在两代人之间得到平衡。然而，在当今一些家庭中存在着严重的不平衡代际交换现象。例如，父母倾其所有在经济上、体力上给予孩子最大限度的付出和支持。父母视孩子的生命价值胜过自己，因此对孩子投入了无私的、伟大的情感之爱。他们期望孩子有所成就，而对孩子的要求仅仅是养老。但孩子对父母无节制地索取，无止境地依赖，而不考虑在物质上和精神上给以适当的回报，还有一些啃老、弃老等现象发生，代际交换严重失衡。

不论是传统社会“父慈子孝”的亲子伦理关系对“孝”的过于强调，还是现代社会“啃老”现象的普遍存在，都是代际交换失衡的表现，都是对慈孝精神双向伦理要求的扭曲。只有亲子双方在彼此尊重的基础上，保持自己独立的、明晰的精神边界，不断增强亲代的责任心以及子代的自主性，才能促进亲子伦理这一基本关系的良性发展。

第三节　亲子关系的传统与超越

当代中国的亲子关系是中国文化的历史积淀，同时又折射出强烈的现实之光。我们在构建家庭良好的亲子关系时既应吸取传统中有用的部分，也应在继承的基础上更好地超越与创新。

一、亲子关系的传统

中国的亲子关系从传统上看呈现出三个特征：一是重角色行为，轻亲密关系；二是重社会教化，轻儿童成长；三是重替代行为，轻独立意识。这三个特征均对儿童成长与发展有严重阻碍，影响了家庭教育的正常开展。

（一）重角色行为，轻亲密关系

［微视频］
从重角色到
重亲密关系

在中国文化传统中，父母与孩子的关系一般来说具有明确的角色分工，父亲往往是社会政治理想规范的化身，是“正义”“真理”“权威”的象征，对孩子的教育扮演着引路者的角色。母亲更多地负责孩子的饮食起居、物质保障、情感满足等，是孩子情感培育的主要承担者。虽然在漫长的历史长河中，也曾涌现出孟母三迁、岳母刺字等育儿佳话，但它们毕竟不是家庭教育的主旋律。受到“女子无才便是德”等观念的影响，女性的社会地位、家庭地位较低，偶尔有母亲成功育儿的例子也是服从于男性至上社会的要求。由于母亲常常以孩子为情感寄托，母亲对孩子爱得更真切、更自然，孩子对母亲的依恋、热爱也更执着，恰恰是母亲的爱构成一股强大的教育推动力量，促使孩子健康成长。所以，教养孩子的过程中，父母角色分工各有侧重，父亲更多的是孩子理性的引路人，母亲更多的是孩子感性的培育者。其结果是：孩子对父亲敬畏有余，亲爱不足，与父亲的坦诚交流较少，而母亲与孩子之间则依恋较多，母子情深。总体上，在中国文化传统中，教育孩子往往注重角色行为培养，忽略情感孕育，忽视孩子正向情感体验、情感表达的学习。

亲密关系的缺失与忽视夫妻角色的扮演有关，正向的夫妻角色会给孩子的成长施以健全的影响。负向的夫妻角色（如界限不清、人格不能独立、在教养孩子问题上的观念矛盾等）会损害孩子的心灵，影响孩子的健康成长。家庭中偏向纵向伦理是我国婚姻家庭的传统，这一传统在现当代正发生着悄然的变化，一方面是女性自主意识的觉醒，男性统治意识的没落，婚姻自由自主的成分日渐浓厚，在社会压力普遍增强的今天，个人对情感、亲密关系的追求日益强烈。另一方面，时代呼唤完整意义上个人的产生，家庭中孕育完美的人格就不能缺少亲密关系的陶冶。在传统社会中，由于夫妻间婚姻自由自主的成分不足，很多父母常常在孩子面前扮演相互抱怨的角色，孩子的情感发育与培养自然受到影响。家庭教育中情感的培养始终是一个十分重要的问题。当然亲情的过于“富足”并不一定使孩子情感得到健康的发展，相反不少独生子女的情感发展呈现出这样那样的偏差，从合理改善亲子关系的角度讲，培养孩子丰富高尚的情感世界是家长义不容辞的职责。

拓展阅读 3－2

孩子需要走心的陪伴[①]

“孩子最需要的是陪伴，不是钱！”2018 年春晚小品《真假老师》中的一句台词，戳中了无数长期在外与孩子聚少离多的家长的泪点。然而生活不相信眼泪，在

① 李晓慧．孩子需要走心的陪伴［N］．中国教育报，2018-3-1（10）．

赚钱与陪伴的两难中，一些不得不“为稻粱谋”的家长，春节一过恐怕还得外出打工赚钱。

陪伴缺失的现象在乡村尤为严重。许多农村孩子的家长，必须外出到大城市打工挣钱。他们不是不知道在家陪伴孩子的重要，但是因为生活的需要，还是毅然决然年复一年地外出打工。

就是在城里，陪伴缺失的现象也值得重视。一些家长常年在外奔波，甚至出国，一年里与孩子难得见几次面；一些家长虽未背井离乡，但有的忙于生意，有的忙于公务，常常夜半归来，很少有时间陪伴孩子；还有一些家长，看似与孩子朝夕相处，实则整日自顾不暇地玩手机或者看电视，不愿意或者不善于与孩子进行沟通交流，在孩子的眼中只是“熟悉的陌生人”。

关于陪伴的烦恼，农村和城里的家长都或多或少地有之。一部分家长不得不长期与孩子分离，没有经常深入了解孩子的学习生活情况，为了弥补无法在孩子身边陪伴的缺憾，便“慷慨”地在孩子身上花钱，殊不知很多孩子由此养成了任性花钱的陋习，反而走上了歧途；还有一部分家长真的放弃了自己的事业，的确做到了整日陪伴在孩子身边，可惜所谓的“陪伴”，要么是沉湎于自我娱乐，要么是经常在孩子耳边“碎碎念”，甚至寸步不离地盯着孩子写作业，结果被孩子“无视”，甚至引起孩子的反感。

孩子到底需要怎样的陪伴值得每一位家长深思。作为家长，如果无法陪伴在孩子身边，就应该设法多在情感上接近孩子，在孩子的内心一路陪伴；即使与孩子朝夕相处，除了关心孩子的吃穿冷暖、成绩好坏，还应该多思考怎样走进孩子的内心世界。归根结底，家长不管是否陪伴在孩子身边，都须与孩子保持良好的沟通交流，让孩子在心灵深处感受到家长始终就在身边，能够适时地获得家长的鼓励、宽慰、理解、包容与支持。

现在通信发达，手机普及，视频通话有图像有声音，家长与孩子沟通起来非常方便。远在他乡的家长只要真正把孩子放在心里，经常给孩子、孩子的老师以及在家陪伴孩子的其他亲人打个电话、发个微信，实时掌握孩子的成长动态，及时为孩子送上宽慰、鼓舞和提醒，孩子会理解家长在外打拼的不易，同样感受到亲情的呵护与温暖。

笔者班上有很多住校生，每学期与家长见面机会寥寥，一些学生从初中便开始住校，养成了独立自理的生活能力和自主学习的良好习惯。他们的物质生活可能不如走读生，但他们的韧性、能力以及成绩毫不逊色。班主任将住校生的家长及任课老师拉在一个微信群里，家长与老师保持密切的沟通交流。只要家长与孩子经常电话或微信交流，这也不失为一种陪伴方式。平日有条件陪伴在孩子身边的家长，则应懂得真正的陪伴绝不是整日守护在孩子身边，反倒要学会与孩子“保持距离”，并掌握当面沟通交流的技巧，不仅要做孩子生活上的贴心人，更要当孩子精神上的抚慰者。

《穷爸爸　富爸爸》里面有一句话："所谓成功，就是有时间陪伴孩子。"我想改动一下："所谓成功，就是善于陪伴孩子。"不管家长是否经常在孩子身边，只有心与孩子在一起，才是最好的陪伴。

（二）重社会教化，轻儿童成长

［微视频］
从重社会教化到重儿童成长

从某种程度上讲，中国教育的历史就是一部家庭教育的历史，中国是世界上极为重视家庭教育的国度，中国父母从未忘记对孩子的教育。含辛茹苦的父母，为了孩子能够立身处世，能够金榜题名，不惜牺牲自己的一切。儿童是一个有生命的存在，是一个成长中的个体，必定是一个自然成长（自然成熟）与历史成长（社会教化）的统一体。如何在儿童身心发展规律的基础上实施教育，是父母必须思考的问题，在遵循儿童身心发展规律的问题上，父母似乎较少给予关注。父母是为孩子的成长铺设一条康庄大道？还是帮助他们养成坚忍的个性和良好的品行？是注重孩子的外在成绩表现？还是重视孩子的内在成长过程？是按照既定的模式培养孩子？还是不断调整自己的培养观念与方式？迄今为止的教育文献、经卷典籍中不乏对为人父母的刻画与描述，但对儿童在家庭中成长、发展的轨迹的认识尚不够深入。就亲子关系来说，到底是父母的行为决定了亲子关系的性质？还是儿童的行为影响了亲子关系的建立与发展？在这一问题上不少父母普遍认同前一种说法。根据儿童身心发展规律，为儿童成长提供适宜的土壤，是建构良好亲子关系的重要内容。

（三）重替代行为，轻独立意识

［微视频］
从重替代行为到重独立意识

中国父母的许多所作所为实质上是替代了孩子独立思考与独立行为，表面上父母十分忙碌与辛苦，实质剥夺了孩子太多发展的机会，更为严重的是很多父母并不自知。孩子在这种氛围中过着衣来伸手、饭来张口的生活，完全按父母既定的模式去生存，在心理上失去独立，一旦父母离开或生活发生变故则不知所措、惊恐焦虑、不能自立。

替代行为的危害可能造成子女情绪上的迟钝和麻木。一位中学生的母亲愤愤不平地说：她上初三的独生女儿怎么如此冷漠与自私，班上某同学患白血病，其他同学都在捐款，她却不为所动、一毛不拔。父亲遭遇车祸被撞伤，她却连医院都不肯去，不愿做出任何的付出。这位做医生的母亲十分苦恼，担心孩子是不是患有某种心理疾患。其实这是典型的替代行为的结果，平时家庭给予孩子太少的责任分担的体验、太少的情感震荡的经历，以至于孩子没尝过付出劳动的欢欣，也未领略过帮助他人后得到的心理上的安宁。

替代行为的直接后果是孩子在心理上容易形成以下缺陷：（1）缺乏人际界限。不知道自己与他人的界限何在，也不懂得怎样表明自己的立场和情绪。（2）未分化的自我。把父母的感觉、欲望、秘密当成自己的感觉、欲望和秘密，在心理上没有与父母分开成为各自独立的个体。在中国父母的眼里，孩子永远长不大。这一意识深深地影响着孩子心理的发育，孩子在亲子关系上过分地依赖，走不出父母的框框。（3）寂寞孤单。孩子在生活里，容易与家庭以外的人隔绝，因而感到寂寞，觉得自己不同于他人。（4）意志薄弱。孩子易激动、有退缩行为，不够坚强、缺乏自信。（5）低参与度。孩子常常将自己视作旁观者，如父母做家务劳动时自己无动于衷。（6）渴望欣赏。内心渴望始终有人爱自己，任何时候都有人赞许自己，而现实往往事与愿违，故不少孩子常常因此产生心理冲突与焦虑。

亲子间的心理关系理应是一种相互作用、共同成长的关系。亲子间情感沟通的结果不是界限不分，而是滋生新的情感力量，从而孕育新的自我。父母在成为孩子重要他人的同时，应将共同成长作为重要目标，重要他人本身就不是某种静止的偶像，而是相互作用的产物。

二、亲子关系的超越

（一）重塑家庭亲密关系

亲密关系是人生十分重要的关系，是个体生命重要的组成部分。儿童一降生就与母亲亲密接触，形成亲密关系。随着成长，开始谋求新的关系纽带，并回归一种亲密关系，亲密关系终其人的一生。[①]重塑家庭亲密关系是培养儿童丰富心灵的重要途径。一个完整的家庭首先是一个和谐的家庭，更是一个重视亲密关系表达与培养的家庭，儿童从家庭亲密关系中学会了如何与他人相处，如何去面对外部的世界，如何去构建独立的自我。孩子丰富的情感世界从家庭亲密关系中得到最初的养分。当今社会不少孩子心灵的扭曲、社会认知的障碍均可从家庭亲密关系缺失中找到影子。健全的个体是从儿童期开始培养的，儿童正向情绪情感的发展无不与良好的亲密关系孕育紧密相连。20 世纪早期出版的儿童抚养手册建议父母不要对孩子过于亲密，其根据是过于亲密会减弱父母的权威。后来这一观点得到了发展，学者们建议亲子间要建立安全良好的依恋关系，因为早期的支持性社会环境似乎对整个生命周期的社交、情感和认知能力具有重要意义。研究表明，早期亲子依恋经历可能会

① 俞钰凡，沈鹏熠，李冬伟．亲密关系、情感依恋与消费行为探索［J］．华东经济管理，2014（5）：154–157.

通过表观遗传机制产生深远的神经生物学和认知后果。[①]新时代，需要建立更加健康合理的亲子关系，父母更要学会倾听孩子的内心想法，尊重、支持孩子，相信孩子有自我成长的能力，给予孩子温暖和支持，让孩子在积极的亲子关系中健康成长。[②]父母应为孩子树立良好的榜样，夫妻之间、亲子之间良好亲密关系的建构是一项系统工程，需要全体家庭成员为之做出不懈的努力。

（二）重视儿童的自我成长

由重社会教化转向重视儿童的自我成长是家庭教育的必然走向。父母应将眼光投向孩子的内心世界，孩子的内心需要充满光明、无比精彩，孩子应该有自己独特的精神需求，其合理的愿望应当得到满足，其理想当尽量促其实现。遵循儿童的身心发展规律、重视儿童的心理需求、引导孩子健康成长是现代父母义不容辞的职责。迄今为止，我们对儿童的社会成长积累了太多的认识。相比之下，我们对儿童的自然成长规律认识得还不够，至少尚未引起充分的重视。一句话，我们更多地看到了外化的力量，忽视了内化的过程与功用。其实，儿童成长是外化与内化的统一，即外因会通过内因发生作用。

（三）培养儿童的独立意识

在现实中，不少父母缺少对孩子主动独立精神的培养。父母需要认识到，培养独立意识是当下家庭教育中亟待努力的方向，应注重孩子独立思考的习惯、独立行动的能力、独立生活的技巧、独立创新意愿的养成，帮助孩子创造独立的自我是父母崇高的教育职责。正如蒙台梭利所说："人不是动物，而是社会产物，在教育过程中个体的社会环境是家庭。如果科学教育学不能影响新一代成长的社会环境，那么，它寻找改良新一代教育的努力也是徒劳！因此我相信，只有把居民住宅之门向新的真理之光敞开，向文明进步敞开时，我们才能解决恰当地改善新一代成长环境的问题，才有可能实际运用科学教育学的基本原理。"[③]

要点重述

1. 亲子关系是父母与孩子的关系，是法律保护下的血缘关系，包含生物学意义、社会学意义和心理学意义上的关系，具有亲缘性质、情感属性和法律属性。

---

① WALSH E，BLAKE Y，DONATI A，et al. Early secure attachment as a protective factor against later cognitive decline and dementia［J］. Frontiers in aging neuroscience，2019（11）：161.

② 吴旻，刘争光，梁丽婵. 亲子关系对儿童青少年心理发展的影响［J］. 北京师范大学学报（社会科学版），2016（5）：55–63.

③ 蒙台梭利. 蒙台梭利幼儿教育科学方法［M］. 任代文，主译校. 北京：人民教育出版社，1993：92.

2. 亲子关系包含十分重要的教育要素，如角色关系、心理关系和伦理关系等。

3. 亲子关系是一种历史文化现象，我国的亲子关系在传统上显现出三个特点：（1）重角色行为，轻亲密关系；（2）重社会教化，轻儿童成长；（3）重替代行为，轻独立意识。因此，实现亲子关系的超越，要做到以下三点：（1）重塑家庭亲密关系；（2）重视儿童的自我成长；（3）培养儿童的独立意识。

反思与探究

1. 亲子关系中的教育要素是什么？

2. 我国亲子关系的优良传统是什么？

3. 当前中国家庭如何建构良好的亲子关系？

推荐阅读文献

1. 亚米契斯. 爱的教育［M］. 夏丏尊，译. 北京：译林出版社，2017.

简介：该书以一个小学生记日记的形式，通过一个个小故事把“爱的故事”传递给了年轻的一代。这本书自问世以来，就受到了读者的欢迎，被誉为世界最优秀的少儿读物之一。

“爱的教育”首先恰恰不是一种“教育”，而是一种生活，并且是一种常态的生活。作者亚米契斯通过主人公小安利柯的日记，引导读者用一双儿童的眼睛，从一个质朴、纯真的角度观察“爱”、品读“爱”、感受“爱”，并忍不住与安利柯以及他的父母、同学、朋友一起欢笑、流泪、沉思、憧憬……

2. 蒙台梭利. 蒙台梭利育儿全书［M］. 张建威，董大平，译. 北京：中国妇女出版社，2006.

简介：该书被誉为全世界父母和幼教教师必备的幼教手册，是畅销欧美的最先进、最科学、最完美的育儿经典。著者蒙台梭利积累了大量的实践经验，提出了一系列有关儿童教育和发展的规律，并被誉为能够超越国家、世界观、宗教等差异而在世界上普及的教育理论。

3. 鲁鹏程. 别以爱的名义伤害孩子［M］. 北京：中国人民大学出版社，2018.

简介：该书从爱孩子的观念、爱孩子的行为、孩子的学习、强加给孩子的爱、便利的生活、青春的烦恼六个方面，围绕怎样去爱孩子进行分析与阐述，为为人父母者提供尽可能多的值得借鉴的教育理念和方法，让每个家庭都教育出健康、快乐的好孩子。

第四章　家庭互动：家庭教育的实践机制

[学习目标]

1. 了解家庭互动的内涵和特征。
2. 掌握家庭互动中的教育要素。
3. 理解家庭互动中的教育机制。

互动是人们通过交往而实现的心理和行为上的改变。家庭中充满互动的环节，互动与教育紧密相连。静态的家庭教育思想认为，儿童犹如一张白纸，成人可以在上面画上最新最美的图画。事实上，家庭是一个动态的、生态的系统，其成员间的互动无处不在、无时不在。儿童不是被动地接受影响，而是也能主动地影响他人，甚至影响成人或引导成人做出反应。

第一节 家庭互动的内涵

[微视频]
家庭互动概述

家庭互动是家庭成员对相互交往所做出的反应。家庭成员行为的改变是家庭互动的结果，家庭互动的性质、特征、结构、过程等影响了家庭教育的过程与结果，故家庭互动是家庭教育的基本形式。

一、什么是家庭互动

家庭是什么？是人类生活的基本社会单位，是婚姻血缘组织，如《辞海》的解释：家庭是“由婚姻、血缘或收养而产生的亲属间的共同生活组织”[①]。家庭是人们以婚姻、血缘、收养或感情等关系为纽带组成的，以比较持久的共同生活以及一定程度上的经济共有、共享为主要特征的初级社会生活单位。[②]上述理解是一种静态的理解。动态的理解认为家庭是人相互作用的单位，它充满生命力，家庭成员间每时每刻都处在互动之中，家庭成员的互动会形成不同的模式。[③]家庭是一个系统，个人在家庭互动中成长，个人的成长又推动了家庭互动。这样的理解强调了家庭的运动、变化的本质，同时也揭示了人在家庭中的关系以及人与家庭外部的关系。

家庭互动，尤其是亲子互动，是家庭教育得以实现的重要形式，这里首先需要

① 辞海［M］. 上海：上海辞书出版社，1989：1152.
② 张文霞，朱冬亮. 家庭社会工作［M］. 北京：社会科学文献出版社，2005：12.
③ 潘允康. 婚姻家庭社会学［M］. 北京：北京大学出版社，2018：105–109.

我们厘清几个重要概念。亲子关系与亲子互动、亲子沟通是相互联系又有所区别的一组概念。亲子关系是揭示父母与子女静态层面的联系，旨在探明相互关系的性质。而亲子互动则着重说明父母与子女之间相互作用的动态过程，试图解释的是父母与子女相互关系的运作状态，互动的实质是相互作用、相互影响。而亲子沟通则是一个意义传递的过程，其实质是交流，但未必会产生相互影响。良好的亲子关系有助于亲子沟通，也有助于亲子互动，不良的亲子关系有碍于亲子沟通，也不利于亲子互动。

家庭互动是构成家庭的基础，家庭结构最终是由各家庭成员的行为和互动所构成和保持的。健全的家庭教育需要良好的家庭互动，父母作为孩子生命中的重要他人深刻影响着孩子的一言一行，而孩子也不是完全被动地接受父母的影响。只有在父母和孩子的良性互动下，家庭教育才能真正生根发芽。

二、家庭互动的特征

家庭是相互作用的社会群体，家庭中充满了互动的成分。个人间的互动，在某种程度上是按照文化的准则和规范进行的。但人不完全受制于一般性文化规范，真实的人有其特定的欲望和爱好，有其长处也有其弱点，并生活于提供机会但也做了限制的社会环境之中。家庭就是这样一种由相互作用的个人组成的环境，它为个人间的互动提供机会又做出限制。家庭互动有以下几个主要特点。

（一）互动形式的复杂性

在一个家庭内部，主要的互动关系是夫妻互动和亲子互动。夫妻互动在角色层面上较多地显示为彼此相倚，各自以自己的角色要求行动，既是施动者又是受动者，自己扮演角色、支配角色、控制角色，对自己、对他人均能做出反应。在实际的生活场景中，夫妻还有许多无目的、无计划、随意的、偶发的互动行为。在亲子互动中，孩子与父母依不同的准则做出反应，父母对孩子、孩子对父母均寄予不同的期望，孩子从父母处期望即时回报，父母则希望孩子长期的努力；孩子希望得到父母的保护、肯定与支持，父母希望孩子健康、愉快、和谐、完满，与成人配合；孩子从父母处学到的是对规则与权威的服从，父母从孩子处得到的是反抗与叛逆、孩子对自由与平等的渴望等。

父母与孩子是处在不同的维度上来思考、行动的，孩子更多的是看父母的脸色行事，因而父母的言行具有把握互动方向与进程的意义。家庭教育作为一种互动行为，包含父母与孩子两方面的因素，其中父母是家庭教育的主导力量，孩子作为互动的主体力量是有条件的。

（二）对情境界定的特殊性

人类的互动是在他们对环境的界定、解释并赋予环境特定意义的基础上进行的。当人们对某一情境具有共同的界定时，就会有社会秩序的产生，成员间也就知道了彼此的期望以及如何进行互动。在作为家庭的环境中，成员间的互动正是在对情境的共同界定下产生的，但这种情境是特定的，也是无法复演的。社会学家加芬克尔要求他的学生们演一个晚上的戏，像被刚刚介绍给他们父母的客人一样彬彬有礼地对待自己的父母，并使用“先生”“夫人”这些正式称呼，学生们要整晚都这么做并不能向父母解释他们在干什么，结果发现多数学生无法完成实验，多数父母也无法保持冷静。家庭互动与一般人类互动是有区别的，其中重要的一点就是人们对情境界定的特殊性。家庭成员对家庭某一情境的界定是独特的、约定俗成的，有些是不为外界所知的，其保持着许许多多的隐蔽成分，可以说，人们主观地创造了自己独特的家。每一个家庭成员均赋予自己的家庭以独特的含义，从而依据自己的信念来生活，这就是家庭。每一个家庭都是一个独特的世界，独特的世界里有独特的规则，它体现为家庭互动的独特性。

家庭特定情境是由家庭成员共同创造的，是人们自己创造了自己的环境，通过创造的环境来生存、发展、享受，来培育下一代，又和下一代共同创造新的生活环境。家庭不像其他组织的互动带有种种刻板的规定性。家庭特定情境也是家庭个性的源头，每一个家庭都应有自己独特的风貌，从这些带有个性的家庭中才能走出有个性的新人。故家庭教育并无特定的模式，但家庭互动具有特定的情境性，是在特定的情境性中完成的特定的家庭教育。

（三）对完整的个人的反应

家庭作为一个互动群体，不同于一般的社会群体，家庭中的成员是以一个独特的、完整的个人参与互动的。家庭中的完整个人包含了个人生命成长的许多方面的特征：个性、态度、行为、品德、情感、个体生命历程等。这些特征均为互动对方有所认识，即互动者之间有全面而深入的了解。互动也是独特的，它是对某一特定个人的反应，不能转用于他人身上，互动是随机的、有感情参与的，每一次互动都涉及互动者的许多方面。

因此，家庭教育对孩子的影响是全方位的，孩子的知、情、意、行各个方面在与父母互动的过程中，都会发生或多或少的变化。比如，孩子做错了事情怕父母责备而撒谎，不光父母的言辞批评让孩子意识到自己的错误，其失望痛心的表情也会让孩子感到深深的内疚。因此，父母不仅要注意自己的言语，还要意识到自身的行为也蕴含着巨大的教育力量。

（四）交流的深入性

家庭成员可以进行深入的交流，互动的范围、性质、形式常常没有明确的界限。家庭中的互动带有强烈的感情色彩，可以表达在公共情境中隐藏起来的感情。家庭内亲密、广泛的交流并不一定都能获得思想认识上的一致，但毫无疑问，家庭互动中的人际交流是较为深入的。长时间的互动会使得成员态度和感情的趋同，深层次的思想情感交流为相互影响提供了更多的机会。

父母对孩子的教育，尤其是幼年时代的教育，往往具有深刻的影响。德国著名教育家福禄培尔曾直白地指出："使家庭与学校生活一致起来，乃是这一时期里人的教育所绝对不可缺少的要求。"[①]我国著名学者梁漱溟在一些回忆文字中，也曾反复申明过其父梁济对他的影响。他说："由于先父对子女采取信任与放宽态度，只以表明自己意见为止，从不加干涉，同时又时刻关心国家前途，与我议论国家大事，这既成全了我的自学，又使我隐然萌露对国家社会的责任感，而鄙视只谋一人一家衣食的'自了汉'生活。这种向上心，促使我自中学起即对人生问题和社会问题追求不已。"[②]

（五）亲缘性质

家庭互动是受法律和习俗保护的，是在血缘和婚姻基础上进行的。它不同于一般社会组织内的互动，家庭互动要求成员有大量的心理上的投入。有时家人并不在场，互动仍可发生，如微信、电话等建立的直接联系，个人影响作用下的潜在互动等。共同生活并相互依赖的人们能够更好地相互了解，更能对相互的权利和要求做出自己的理解与解释。正是亲缘关系决定了家庭互动的高强度、高依赖性。与此相伴生的是高义务性，家庭赋予个人以权利，同时也要求其承担一定的义务。高义务承担者，其家庭关系密切，且互动较多也较深入，低义务承担者则相反。

家庭教育客观上要求教育者具有大量心理上的投入，这是家庭教育的本质要求。然而，事实上，现实中不少作为父母的"教育者"，在教育自己的子女上，并未投入足够的感情力量，粗暴专制、压服时有发生。父母只有充满爱，对孩子满怀激情与希望，才能在儿童成长的进程中不断注入新的生命力量。

---

① 福禄培尔．人的教育［M］．2 版．孙祖复，译．北京：人民教育出版社，2001：186.

② 梁漱溟．梁漱溟自述：我是怎样一个人［M］．北京：当代中国出版社，2012：23–24.

第二节　家庭互动中的教育要素

家庭互动不存在理想的模式，家庭生活丰富多彩，又充满变化。我们试图探明的是一般家庭在其互动过程中的要素与功能，这些要素与功能是如何制约人的成长，从而影响家庭教育的？家庭是互动的群体，互动过程中孕育了社会的精英，也输送了社会的“逆子”，其中的差别到底是什么？什么样的家庭互动能充满活力？什么样的互动阻碍人格发展、扼杀智慧、压抑人性？

影响家庭互动机制的原因十分复杂，但最为核心的原因是内隐的权力分配与外显的沟通方式，一个家庭权力的分配运行状况影响了家庭的互动结构。同时，一个家庭的沟通方式也表征了家庭的互动状况，直接影响了家庭教育的开展。不同权力结构和沟通方式的家庭显示出不同的互动特征，从而导致了家庭教育效果的差异。

一、权力结构

家庭互动中存在着家庭权力的运行。何谓家庭权力？克伦威尔和奥尔森对家庭权力进行了概括总结，认为家庭权力即是家庭成员对所面临的纠纷和矛盾的处理，家庭成员之间的互相影响间接体现了家庭权力。[①]在中国家庭中，权力往往意味着日常事务的处理权和重大问题的决策权。家庭权力的分配不同影响着家庭互动的性质。

社会学家巴希·伯恩斯坦根据家庭权力的行使情况将家庭分为定位结构家庭和个人定向结构家庭。[②]在定位结构家庭中，权力结构按等级划分，父母是家庭权力的主要行使者。定位结构家庭的实质就是家庭权力的等级分布。这类家庭中大量使用限定性的语言符号，孩子们表达自己意见的机会十分有限。“不准”“不能”“不允许”“如果……就再也不……”等是这类家庭亲子互动中常使用的语言。于是家庭教育就充满了等级化的色彩，显示出专制的特征，家长制是这类家庭中最明显的权力运作方式。于是，在教育中就充满限定性的语言，孩子的行为举止相对刻板。在个人定向结构家庭中，以沟通作为重要的互动手段，家庭成员可以充分发表自己的意见和看法，面对家庭规则等问题进行自己的讨论。个人定向结构家庭的实质是个人权利在家庭中得以充分体现，每一成员的个人权利都得到尊重。这类家庭通常能教会孩子使用复杂的语言符号，帮助他们体验复杂的社会生活，在家庭

---

① 埃什尔曼．家庭导论［M］．潘允康，等译．北京：中国社会科学出版社，1991：6.

② BERNSTEIN B. Theoretical studies towards a sociology of language［M］. London：Routledge，2005.

教育上民主色彩浓厚，个人得以健康和谐发展，家庭成员平等相处，家庭教育良性循环。

两种结构的家庭在亲子互动方面差别较大。定位结构家庭中强调服从和尊重权威，重视外部控制，他们坚信家庭是由一系列规则组成的，人必须无条件地服从这些规则；强调角色权威，常使用惩戒手段，重视物质奖励；沟通方式上多体现为命令式沟通，不太重视语言沟通；父母为互动中心，孩子多服从，孩子要不断猜测父母的心思。在这类家庭中，互动是自上而下的，父母可能十分娇惯孩子，也可能常常惩罚、羞辱孩子。他们意识深处坚信自己有足够的权力支配自己的孩子，孩子必须看父母的脸色行事。不少孩子自幼学会了从父母的表情中体会“住嘴”“放下”“睡觉”之类的含义。个人定向结构家庭中强调相互作用，他们坚信家庭是由相互作用下的个人组成的单位，家庭是亲密合作的伙伴互动的场所，个人的成长有赖于良好的家庭互动。这类家庭强调个人独立性，惩罚是象征性的，父母对孩子以鼓励为主，孩子自我控制力较强。在这类家庭中，互动是平等的，父母重视对话与沟通，除了适应成人的希望与要求外，鼓励孩子表达自己的愿望与想法；孩子是互动的中心，父母渴望认识孩子，努力理解孩子，不刻意要求孩子按照大人的意愿做事；家庭的整体风格是合作，规则是相对的，孩子有参与讨论的权利，对一般的规则有自己的理解，而不是一味地服从。

伯恩斯坦的双重结构说揭示了家庭权力结构的两种极端状况，但家庭绝不仅仅是以上两种情况，许多家庭恰恰介乎两者之间，甚至处于更为复杂的境地。然而，伯恩斯坦关注家庭权力分布对家庭互动的影响的研究为我们认识家庭、认识家庭与个人成长，从而更好地认识家庭教育问题提供了较好的视角。家庭中确实存在着某种权力的运作，它影响着家庭互动的方向，支配着家庭互动的方式。

二、沟通方式

人际互动离不开沟通，可以肯定沟通情形能较好地反映互动的状态。通常家庭沟通结构体现为谁最常与谁沟通。不同的家庭有不同的交流的风格，成员间交流的频率存在着显著的差异，有的家庭整天欢声笑语，有的家庭则常常悄然无声。在同一个家庭内部，成员间交流的广度与深度亦存在差异，有的家庭父子交谈较多，而母子间总感到无话可说；有的家庭夫妻总有说不完的话，而与子女交流甚少；有的家庭中子女交往密切，沟通很多，而夫妻间沟通趋于平淡。

角色分化与界限是家庭互动中的两个重要概念。前者意味着家庭成员相互联系地执行互不相同的任务时角色能够互补，任何一个角色的运行离不开另一个角色的参照，例如，在教育儿童时，父亲可以在批判母亲的教育方式中进行实际的育儿工作。后者指家庭成员之间以及家庭与外界之间必须建立和保持清晰分明的界限，例如，在家庭内部，孩子有自己相对独立的空间。又如，孩子争吵时成人表示“自己解决自己的问题”，这就为孩子设置了明确的界限，成人不得介入。有的家庭强调内聚性而牺牲成员的自主性，成员之间十分亲近，家庭没有划定个人身份的清晰界限，削弱了个人隐私权和独立思考的能力，越俎代庖是这类家庭的典型特征，如替代孩子做家庭作业、父母私拆孩子的信件；孩子依赖父母为自己拿主意。这类家庭，表面看一团和气、家人和睦，一人有难、众人相帮，表现出特别强烈的“家气”，但也容易造成角色模糊、责任不清、独立人格缺失的问题。还有的家庭则完全相反，十分鼓励成员的独立性，成员间甚至不能相帮。这类家庭常常表现为孩子建立了自己的沟通渠道而父母却一无所知，父母双方或亲子双方沟通削弱，而个人与外界沟通频繁，个体的独立性强。比较理想的沟通方式是父母可以相互接纳，界限是半透明的，且富有弹性，彼此保持适当的距离，彼此尊重，和睦相处。这类家庭互动状况良好，家庭教育可以发挥最佳的育人功能，父母能自我约束，率先垂范，既自律又能教导孩子，管教孩子更多地采用示范、协商、讨论、鼓励等方式，而少有批评、攻击、指责、专制等方式。

根据沟通状况的不同，大卫·坎特和威廉·里尔提出了三种家庭的划分方法：（1）开放家庭，鼓励成员投身社会，与家人分享自己的经验，常为家庭提供新观念，送孩子参与各类课外辅导班和特长班学习，家庭生活与其他生活界限灵活，可以互相变通。这类家庭教育观念常常更新，父母坚信灵活的沟通会带来无数有用的信息，从而赋予家庭教育新的生命力量。（2）封闭家庭，对外界反应冷漠，总是怀疑外人，限制成员参与外界活动，即使参与也总是受成人的监控。家庭内外界限分明，成员遵循不同的规则体系。这类家庭专制色彩浓厚，家庭教育刻板，孩子缺乏打破常规的意识与能力，孩子在学校，老师和同学也难以与其沟通。（3）偶和家庭，成员间可能长期无多少接触，而突然聚到一起，共度一段时光，如现代化进程中不少流动人口家庭（外出打工者）就是典型的偶和家庭，这类家庭的特征是独立性及难以预见性，计划常常要更改，界限并不十分明确，争执与误解在所难免。这类家庭的教育显示出灵活性和多边性的特征，孩子的成长在许多无法确定的背景中进行，故孩子常常缺乏安全感，但有强烈的变迁意识，父母与孩子均坚信变化会改变他们的生存状况，不稳定是暂时的，故他们总能对未来充满希望。

［微视频］
有效沟通的要素

事实上，亲子间的沟通并不都是能有效进行的，而常常是出现这样那样的障碍。生活中常常发生这样的情形：父母和孩子沟通，一旦孩子感到不自在，一定采取不理不睬的态度；而孩子和父母沟通，即使父母心情烦躁，缺乏交流意向，孩子也会兴致勃勃，对父母的反应全然不顾，一味地沉浸在自我表现的世界中。有三种沟通障碍常常发生于亲子之间：[①]一是性格差异，父母与子女缺乏认同，如母亲急性子的气质与孩子慢吞吞的气质不合，导致母亲常常责骂孩子，孩子变得退缩，对自我失去信心；二是文化差异，父母与子女成长于不同的文化背景之中，受到不同的价值信念的熏陶，造成沟通上的障碍；三是代沟差异，不同年龄的成员间沟通困难。

那么，亲子有效沟通的要素是什么？它包括理解、积极倾听、鼓励、培养自尊等诸多方面。

（1）理解。它要求了解孩子的行为与内心世界，并能够解释孩子的所见、所感、所闻。常能反躬自问“我的孩子在想什么？”“他对该事物的印象如何？”从而，以平等的心态去感受孩子的想法、感觉与行为。

（2）积极倾听。清楚地表达自己接纳的意思，主动参与沟通过程，不随便加入自己的分析、判断、劝告和意见。真诚地对待沟通过程，对孩子的谈话发自内心地感兴趣。放下自己的判断与批评，感受非语言的沟通线索，从语调、表情、速度、姿势等角度捕捉沟通信息。静待孩子把话说完，勿随便插话或打断。反馈自己的感受和理解。

（3）鼓励。对信心不足的孩子应给予适当的鼓励，为此必须充分信任孩子、完全接受孩子，能鼓励孩子以明确的语言表明自己的想法与感受。学会称赞与欣赏孩子的技巧。

（4）培养自尊。在有效亲子沟通中自尊与尊重意义重大。例如，常见的低自尊的孩子，就是长期被拒绝的结果。因此，只有处处尊重孩子才能真正培养起孩子的自尊。为此，父母应借助语言和非语言的行为与态度，经常传达孩子是有价值的人的信息，孩子从与大人及同伴的交往中了解、感受别人对自己的反应，学会表达自己的想法与评价，从而形成自己的自尊意识。

综上所述，首先，我国当代家庭定位色彩仍较浓厚。但当前的家庭权力结构正在发生微妙的变化，体现为女性在家庭中权力地位的上升，这与传统的男性、老人为权力象征的家庭不同。当代中国家庭中的权力主要掌握在父母手里，与老人相比他们有智力、体力和年龄上的优势。然而，在这场空前的变革中，他们在家庭互动中也往往容易失去方向，家庭暴力、家庭裂变时有发生。在亲子互动中，父母权威仍以显性和隐性的方式存在于父母的意识中，潜移默化地影响着家庭教育的效果。孩子在家庭互动中的地位与作用远未受到重视，在教育孩子的问题上基本上是父母主观地说了算，其行为既无科学的依据，又无成功的经验，完全是自己的想当然。在教育子女的问题上，不少父母教育孩子是“依据自己的想法”和“夫妻间商量的结果”，很少依据科学原理和孩子自己的想法。因而，改变家庭权力的定位状况、

① HOROWITZ J A，PERDUE B J, HUGHES C B. Parenting reassessed：A nursing perspective.［M］. Englewood Cliffs，NJ：Prentice-Hall，1982：107.

倡导家庭的平权化、培养家庭的民主之风是改善家庭教育的重要步骤。

其次，当代中国家庭内部沟通多于外部沟通，平衡式沟通的家庭是少数。内部沟通是封闭式沟通，在落后的农村地区家庭中封闭式沟通是典型的家庭沟通形式。这样的沟通不利于儿童的成长，无助于人的发展，主要体现为角色的替代，父母充当老师、保姆，担负了一切日常起居、衣食住行的安排任务。父母代替孩子去思考，去面对整个外部世界，孩子的人格就在这种角色的替代中日益萎缩。界限的模糊体现为在家庭内部一切行为均是可为的，孩子的自我不能分化，在家庭沟通中孩子发出的信息不被重视，长期处于焦虑之中，与父母之间界限不清，过分依赖。不少家庭的沟通对象主要是家庭内部成员，亲戚间的沟通正在减少，邻里间的沟通即便在农村也在减少，而夫妻间的沟通、亲子间的沟通依然是家庭沟通的主要形式。在沟通的主题上，亲子问题成为家庭沟通的重要话题，沟通往往围绕孩子学习、成绩、升学等重大话题展开。沟通过程主要以成人发布信息为主，在整个沟通流程中，父母语言占一大半，孩子在沟通中完全是被动的应对。

令人欣慰的是，近些年党和政府高度重视家庭教育事业的发展，习近平总书记在不同场合多次强调家庭、家教和家风的重要性，各级各类组织开展了诸多家庭教育指导实践。越来越多的父母认识到自身在家庭教育上的问题，他们有强烈的学习和改善需求，自身的家庭教育知识和能力也在不断提升，这将有助于儿童更加健康全面地成长。

拓展阅读 4－1

支持家长参与 增加亲子互动①

现在很多孩子是独生子女，父母视孩子如掌上明珠，孩子在家享受着“小皇帝”“小公主”的待遇，有些家长更是事无巨细完全一手包办，生活中很少让孩子亲自动手。孩子长大以后，缺乏自理能力，每逢大学新生报到就会出现“生活不能自理，衣服不能自洗”的新闻报道。

这些新生之所以生活上缺乏“自理”能力，归根到底还是从小缺少动手锻炼的机会，常言道“自己动手，丰衣足食”，从小培养孩子自己动手能力就是孩子走向独立的一个重要过程。而其实，从小培养孩子独立思维、动脑想象跟实际动手能力，这也是学校布置手工作业的一个初衷。比如自然课老师简单讲解灯泡发光工作原理后，布置学生做一个简易南瓜灯笼手工作业。一方面可以丰富孩子的知识结构，让孩子学以致用，将课程知识“运用”到实际中来，锻炼孩子的实际动手能力；另外还鼓励孩子多试错，锻炼孩子碰到问题时候的解决能力，像南瓜灯笼，从学习简易

① 逸飞．支持家长参与，增加亲子互动［N］．广州日报，2015-10-17 （F2）．

原理到准备材料，到之后多次尝试的失败，再到最后灯亮起时候的成功喜悦，这样亲子互动的成就感就是对其动手能力的一种肯定，这些都是孩子成长过程的一笔重要财富。

家长跟孩子共同完成手工作业，还有更特殊的意义，那就是增加亲子互动。现代社会竞争激烈，很多年轻家长此时正值事业上升期，精力时间有限，平时跟孩子一起参加亲子活动机会也是少之又少，于是很多时候家长就给孩子买一堆玩具，比如各种拼图、可拆装电动玩具等，家长寄"希望"于玩具中：想让孩子在捣鼓、自娱自乐过程中，"顺便"把动手能力也锻炼了，但这只是家长的一厢情愿。孩子的手工作业可以作为一种亲子活动载体，比如对一些有"难度"的家庭手工作业，如果家长能陪着孩子一起完成，通过家长与孩子的互动，共同探索如何操作，共同提出问题解决问题，不但可以增进家长跟孩子的感情，还有利于家长进一步了解孩子，发掘孩子的兴趣特长爱好。

第三节　家庭互动中的教育机制

家庭是一个相互作用的复杂系统，家庭中的所有成员均可能对其他成员产生这样那样的影响，在同一种社会环境中不同的家庭有不同的互动特色，不同的社会条件下相同的家庭也会产生不同的互动特点。家庭互动是一个十分复杂的过程，其中包括夫妻互动、亲子互动等。与家庭教育较多关联的是亲子互动，故此处侧重分析亲子互动的机制与类型，从而对家庭互动过程与家庭教育问题做进一步的探索。

一、亲子互动的机制

亲子互动的机制分为暗示、模仿、感染、撤回爱护、体验结果等几个方面。

（一）暗示

暗示是在无对抗条件下，人们对接收的某种信息迅速加以接受，并以此而做出行为反应的过程。暗示是一种刺激，但并非任何刺激都能成为暗示，只有那些能够引起被暗示者反应的刺激才是暗示。暗示不是说服，无须讲道理。暗示也不同于感染和模仿。感染的主要内容是感受者接受他人的情绪，模仿主要是产生与他人一样的动作、行为，但并不包括对他人心境的体验与仿效。暗示与二者不同，它是让对方接受某种观念，并按这种观念行事。

［微视频］
暗示

家庭教育中的许多过程是通过暗示发生的。

1. 直接暗示

直接暗示是由暗示者把某一事物的意义直接提供给被暗示者，使人迅速而有意识地加以接受的一种暗示。这种暗示可能会导致接受者心理上的抗拒和逆反，而许多父母往往忽略这一点，他们几乎是在无意识的状态下，做着直接伤害自己孩子自信心的事。例如，“把自己的房间收拾好，写好作文，我带你去麦当劳。”“你作文总写不好，从未得过 90 分，下次如果得了优，奖励你 100 元。”“数学题做了 2 小时还做不完，真急人！”“这孩子怎么这么不上进，明年就要考高中了他还若无其事。”这些话常从父母嘴边自然地流出，这些皆是直接暗示。从这些暗示中孩子得到的答案只能是“我是被动的”“我不被信任”“我的价值就是成绩好”，等等。

2. 间接暗示

间接暗示是暗示者凭借其他事物或行为为中介，将某一事物的意义间接提供给受暗示者，使人迅速而无意识地加以接受的一种暗示。由于它一般不会使被暗示者产生心理抗拒或其他问题，所以效果往往大于直接暗示。比如，父母希望孩子养成爱读书的习惯，并不直接说教，直言读书的好处，而是以身作则，常常读书看报、讨论书中的有趣内容，用自身的言行来启发孩子，使孩子从小就在心里埋下爱读书的种子。

3. 暗示在家庭教育中的运用必须满足的条件

（1）暗示的适宜性

暗示的适宜性即暗示性刺激刚好能够较好地符合被暗示者的个人愿望。过强的刺激适得其反，达不到暗示的效果。过弱的刺激引不起反应，同样达不到暗示的效果。

（2）暗示的新颖性

广告现象中常见的情形是，人们对老调重弹的广告不屑一顾，甚至十分反感和排斥，对新颖的刺激却十分留意。在家庭教育中，父母同孩子产生对立的一个重要原因往往是老生常谈。比如，有的父母总是谈学习成绩如何重要，别的孩子考了多少分之类的话，这不仅难以让孩子努力奋发学习，反而极容易引起孩子内心的反感。

（3）暗示的活动性

活动过程中的暗示能较好地起到教育的效果，也最顺乎自然。这也符合活动和交往是教育的基础这一规律。例如，父母都希望孩子能养成遵守社会规则的习惯，除了采用讲道理的老方法，一些父母还巧妙地运用了游戏的价值，在同孩子做游戏的过程中，设置许多必须遵守的游戏规则，让孩子在游戏中认识和习得了很多规则。

拓展阅读 4－2

莫做“变脸式”家长①

这天，我刚进小区，就看见小刘在花坛旁教训6岁的儿子阳阳。小刘大声训斥着，还打了阳阳一巴掌，阳阳坐在地上大哭起来。小刘随即把阳阳搂在怀里，又是哄又是亲：“宝贝儿乖啊，不哭了！”可是好言劝慰了半天，阳阳还是哭闹不止。小刘没了耐心，又甩给阳阳一巴掌：“好话说了半天，你怎么还没完没了啦？”阳阳顿时又撕心裂肺地大哭起来。小刘只好又无奈地俯身去哄。如此几番折腾之后，最终以小刘给阳阳10块钱去买零食收场。

小刘这样的家长，是典型的“变脸式”家长：一会儿暴风骤雨，气势汹汹，转眼间和颜悦色，绵掌化柔。我认为，这种教育方式对孩子危害很大，而且收不到预期的教育效果。

首先，教育达不到深度。家长批评孩子的初衷，是让孩子认识到所犯的错误并加以改正。比如，小刘是因为阳阳没写完作业就出去玩而教训他。小刘一会儿打、一会儿哄，就会混淆孩子头脑中的对错观念，孩子不能真正认识到自己的错误在哪儿，当然也就谈不上以后如何正确地去做了。

其次，孩子容易养成偷巧心理：“我一哭一闹，你们就得马上哄我。”当变脸式的套路逐渐被孩子所熟悉，那么孩子在以后再挨打时，就有可能会通过哭闹甚至撒泼的方式逼家长就范，令家长无计可施。更为严重的是，家长在孩子心目中的威信也会逐渐降低。久之，不但家长无法再教育孩子，孩子也会更加有恃无恐。

另外，这种教育方式还会使家庭教育出现夹生现象。家长教育孩子时的态度阴晴不定、反复无常，就会令缺乏判断力的孩子感到迷茫无措，无所适从。看似家长尽到了教育孩子的责任，实际效果却微乎其微。

教育孩子要讲究方式方法，遵循科学性和前瞻性，切不可做变脸式家长。否则，不但会弱化教育效果，还会事与愿违，甚至功亏一篑。

（二）模仿

［微视频］
模仿

模仿是有意或无意地对某种刺激做出类似反应的行为方式。模仿的内容是极为广泛的，不仅限于行为举止，而且包括思维方式、情感取向、风俗习惯及个人性格等。模仿分自发的模仿（无意识地模仿他人）和自觉的模仿（有意识地模仿他人）。当代中国家庭教育领域存在着一些模仿规律：一是对经济发达地区的家庭教养方式

① 马静．莫做“变脸式”家长［N］．中国教育报，2018-9-13（11）．

的模仿，如送孩子上私立学校、请家教等；二是对富裕家庭教养子女行为的模仿，送孩子上各类辅导班，不惜重金择校，加大物质和精神投入。社会在无形中似乎形成了一种趋同的现象，上重点学校、进重点班等往往成为人们追求的时尚。三是孩子总是从最亲近的人身上获得模仿行为，爸爸妈妈、爷爷奶奶、外公外婆很容易成为他们的模仿对象。

（三）感染

感染是人们相互影响的一种互动方式，是人们通过某种方式引起他们相同的情绪和行为。感染实质上是通过情绪的传递和交涉发生行为的改变。感染的条件包括：情境的相似性；态度、价值观的相似性；社会地位的相同。

家庭往往具备以上特性，家庭互动中充满了感染的现象，家庭教育也正是通过感染而有效发生的。例如，父母讲睡前故事就可以很好地感染孩子，通过感染，孩子的心灵受到熏陶，智慧得以成长。

［微视频］
撤回爱护

（四）撤回爱护

撤回爱护是父母常用的方法，它是一种较为隐蔽的控制孩子行为的方法。我们常听到的“再这样，妈妈就不爱你了”就是撤回爱护的表现，这时候孩子往往能遵从父母的要求。

（五）体验结果

体验结果是让孩子体验到自身行为的后果，这也是父母常用的方法。例如，康康 3 岁了，还是不喜欢自己吃饭，总要妈妈或爸爸喂饭，不喜欢自己动手，有一天，爸爸说：“你不自己吃饭，我们谁也不会再喂你了，你会受到饥饿的惩罚，你自己决定吧。”一个小时后，康康终于挺不住了，自己拿起了调羹。

情绪的感染有时要通过对结果的体验来完成，家庭中情绪的经历是一个复杂的过程，强烈的情绪体验会给孩子和成人留下深刻的印象，故家庭教育中情绪的运用总比逻辑的运用更为频繁，尤其在孩子年幼时期。对于体验结果，多数父母是无法或不愿做到的，他们不愿看到自己的孩子去体验痛苦，孩子也就永远缺少对这类“痛苦”的体验。

二、家庭互动的类型

家庭互动的类型分为控制性互动、支持性互动、引导性互动和干预性互动。

（一）控制性互动

控制性互动体现为一方始终控制着互动的方向与进程，另一方则依据对方的行为作出反应。在一些家庭中，控制性互动十分常见，比如父母强迫孩子做自己不愿做的事，以自己的感受去替代孩子的感受，过分重视自己的权力而忽略孩子的权利。在孩子的教育问题上，常常暴露出潜在的家长意识，频繁运用惩罚手段来教训孩子，或过分地纵容孩子、过度地保护孩子。不少父母错误地认为孩子尚幼，毫无经验，父母对孩子负有全部的责任，也就必须全面地安排孩子的生活，决定孩子的一切。

（二）支持性互动

支持性互动较好地体现了民主平等、伙伴关系的特征，父母站在平等的立场上看待孩子的行为，支持鼓励孩子成长，重奖励、尊重、交谈等。支持性互动在家庭教育中体现为对孩子的尊重与信任，着眼于孩子是成长中的个人，侧重孩子的自信心这一能力支柱的培养。父母在理解孩子的基础上鼓励孩子的正向行为，制止孩子的负向行为，让孩子在宽松、自由的氛围中自然成长。

（三）引导性互动

引导性互动是通过交谈、讨论、解释来完成的互动。引导性互动是以沟通作为主要手段的互动，父母通过信息的交流完成对孩子引导之职责。由于父母与孩子永远存在着角色上的差异，故父母对孩子始终具有引导的义务。

（四）干预性互动

干预性互动是互动中比较极端的形式，如武断、强权、家长意识等。如果说控制性互动主要体现的是父母潜在的家长意识的话，那么干预性互动则体现了父母显性的家长意识。干预性互动是专制教养行为的集中体现，其行为常表现为偏见、一意孤行、强权、暴力等。干预性互动常常带来严重的不良后果。

拓展阅读 4－3

别逼孩子关上亲子沟通之门[①]

“警察叔叔，我妈妈经常乱翻我的书包，我觉得这是不好的行为，希望警察叔叔跟我妈妈讲讲，让她以后别再翻我书包了！”近日，南京中华门派出所接到了一个小学男生的求救电话，请警察叔叔帮忙管教一下妈妈。尽管啼笑皆非，警察还是

① 刘大山．别逼孩子关上亲子沟通之门［N］．南京日报，2014-5-30（F2）．

满足了孩子的要求。电话沟通中，孩子妈妈觉得自己的举动完全是为了孩子好，可防止孩子贪玩影响学习。

孩子的书包，能翻还是不能？这还真成了个问题。

在讨论这条新闻时，我的两位同事持理解的态度，因为他们也干过这样的事情：当孩子走进浴室，水声响起，他们立即如鳖脚特工般，手忙脚乱地打开书包浏览一遍，再匆匆恢复原貌。多年翻查，屡有斩获，比如孩子冒充爸爸签名的考卷、写给女生的纸条……不过，两位同事虽然觉得翻书包是了解孩子状态的“快捷”方式，但同时又认为，孩子的书包能不翻还是不翻为好，因为这毕竟事涉孩子的隐私。

实际上，翻书包几乎是众多中国家长关爱孩子的本能。书包中除了成绩单和作业本，其他杂七杂八的小东西反映着孩子的兴趣、爱好和思想，经常翻看可以有针对性地教育孩子。这样做，似乎合情合理。几千年来，长幼尊卑有序等传统观念根深蒂固，现代家庭中虽然有所改观，但潜意识里，许多家长或多或少仍将自己定位于管理者、统治者，而不是孩子平等交流的对象，他们认为自己有责任，也有权力去干预孩子的一切——当然包括翻书包。

抛开法律上的隐私权不谈，中小学正是孩子独立意识萌发、叛逆心理形成的时期。他们渴望有独立的空间，有属于自己的世界，很多烦恼和困惑他们会和同学说、和朋友说，却不愿和父母说。但这时也恰恰是他们需要关注和指引的时候，在社会日益开放、社交网络发达的当下，诱惑与陷阱无处不在。如果父母方法不当，仅依靠翻书包看日记来把握孩子的身心状态，势必会引起孩子的反感，产生抵触情绪，最终堵住沟通之路，失去帮助和引导孩子的机会。

因此，关爱孩子，应先做到尊重孩子，既尊重孩子人格上的独立，也尊重孩子保有秘密的自由。如果父母以诚相待，如朋友般与孩子交流，让孩子感受到发自内心的尊重，孩子自然会把父母当作倾吐的对象；如果在生活中细心观察，多从言谈举止上感受和收集，不用翻书包也会对孩子的成长情况了如指掌；至于那些青涩的小秘密，就让孩子自己珍藏又何妨呢。

值得赞赏的是，从书包中翻出考卷和纸条后，那两位同事并未就此大动干戈，而是侧面了解消化于无形。他们自嘲与被报警的妈妈比，只是五十步笑百步，经常翻书包，迟早要“暴露”，还是就此金盆洗手最好。毕竟，钥匙在孩子的手上，可别逼他关上亲子沟通的大门。

总的来说，控制性互动是当前家庭教育中的常见现象，这显然隐藏着极大的危机，孩子的成长需要的是支持而非控制。支持性互动是家庭教育的较好形式，良好的家庭教育借助支持性互动而展开，支持性互动为家庭教育注入了生机与活力。引导性互动是家庭教育不可缺少的环节，家庭教育的根本取向是引导孩子健康成长。

干预性互动是家庭教育的极大障碍，是封建家长制的直接产物，当前的家庭教育中仍可以发现干预性互动的踪影。良好的家庭教育实践是父母巧用互动环节、理智实施教育影响的过程。

要点重述

1. 互动是人类社会的重要现象，个人在家庭互动中得以成长，家庭互动的性质、特征、结构、过程等影响了家庭教育的过程与结果。

2. 家庭互动具有以下特征：互动形式的复杂性、对情境界定的特殊性、对完整的个人的反应、交流的深入性和亲缘性质。

3. 家庭互动中的教育要素包括权力结构、沟通方式等。

4. 家庭互动是家庭教育的实践机制。亲子互动的机制分为暗示、模仿、感染、撤回爱护、体验结果等几个方面。家庭互动的类型分为控制性互动、支持性互动、引导性互动和干预性互动。

反思与探究

1. 家庭互动中的教育要素是什么？

2. 家庭互动中的教育机制是什么？

推荐阅读文献

1. 贝克. 儿童发展：第 5 版［M］. 吴颖，等译. 南京：江苏教育出版社，2002.

简介：该书从儿童发展的理论和研究、发展的基础、认知和语言的发展、个性和社会发展、发展的背景几方面全面论述了儿童发展问题，对超越国界的各类儿童发展问题进行探讨和研究，揭示难点所在，探索走向与趋势，引导着儿童发展研究领域中最前卫的思想、理论、观点和方法。

2. 张贵勇. 给孩子的童年书［M］. 桂林：广西师范大学出版社，2017.

简介：该书按照儿童阅读的发展规律，分别涉及文学、科普、历史、传统文化、自然科学、侦探小说、地理、艺术、哲学等当下热门的儿童图书阅读领域，并分析了这些领域的图书特点以及小学生阅读兴趣的培养路径。

第五章　家庭文化：家庭教育的价值内核

[学习目标]

1. 理解中国人的家庭观、家庭人际关系范型与家庭行为模式。
2. 了解中国家庭教育价值观、主体观和功能观的内涵特点。
3. 掌握中西方家庭文化交流的动力、方式与基本目标。

[微视频]
家庭文化与家风

家庭是具有文化特色的社会单位，不同的家庭有不同的文化。中国家庭具有中国文化特征，在某种程度上，一部中国的家庭史就是一部中国的文化史。在中国家庭中，家庭教育扮演着极其重要的角色，中国的家庭教育在世界民族文化之林中独树一帜，在中国家庭教育文化熏陶下成长起来了一代又一代优秀的青少年儿童。

第一节　中国家庭文化的特征

在中国，家就是国，国就是家，此谓“国家”也。家庭文化是中国文化的集中体现，中国文化某种程度上又体现了家的文化。梁漱溟先生说：“任何一处文化，都自具个性，惟个性之强度则不等耳。中国文化的个性特强……中国人的家之特见重要，正是中国文化特强的个性之一种表现。”[①]在此，梁先生指出了中国文化中家文化的核心地位。家文化与家庭文化是两个不同的概念，家文化既包括整个大家族系统内部的文化又包括个体的家庭内部的文化。家庭文化则特指个体家庭的文化，指的是一个家庭世代承续过程中形成和发展起来的，较为稳定的生活方式、生活作风、传统习惯、家庭道德规范以及为人处事之道等。中国家庭文化的特色较为鲜明，集中体现于中国人的家庭观、中国家庭人际关系的范型、中国家庭的行为模式等几方面。

一、中国人的家庭观

（一）终极关怀

中国人对于自己的家有着自己独特的看法，对待家庭的态度具有某种终极关怀的性质。终极关怀必须具备三个特征：第一，一种至高无上的价值观。第二，毫无保留地献身、忠顺和忠诚。第三，一个涵盖一切的视角或生活取向。终极关怀与生活的所有方面相连，并且涉及完整的人，它是世界观的核心，也是人格系统的重要

① 梁漱溟．中国文化要义［M］．2 版．上海：上海人民出版社，2011：39.

组成部分。

在中国人的价值系统中，家的意识占据核心价值的地位。它与种族的繁衍、人之永生相联系，因此具有至高无上的价值。家庭是家族的一部分，家与族的关系是部分与整体的关系。《礼记》上说：“昏礼者，将合二姓之好，上以事宗庙，而下以继后世也，故君子重之。”结婚在过去是为了传宗接代，继承家业。男子结婚是为家族娶妇，女子结婚是嫁给丈夫的家族为妇。婚姻首先是家族的“大事”，是漫长的家族链上的环节之一，其次才是个人的感情的“小事”。故“家”的含义远远超出了今天一夫一妻制的小家庭，而是家族意义上的大家庭，即同一祖先的靠祠堂、家谱、族田等因素联系起来的，聚集在一起居住的多个以夫妻为核心的小家庭。家族是中国传统社会家庭的组织形式与生活方式。中国人的家族，是一个空间与时间的连续体：在空间上，家族是家庭的扩大，如费孝通所说家族是从家庭基础上推出来的。[①]所以，个人的存在，既是为小家庭而生存又是大家庭延续的重要体现。中国人对家庭承担了许多责任与义务，在某种程度上，既要负担家庭的生存又要顾及家族的延续。对于家庭，中国人倾注着自己的情感。中国人的价值系统中家的观念占据着举足轻重的地位，在中国人的心目中，家的观念具备终极关怀的性质。首先，对于家，人们可以毫无保留地献出自己的一切。家国同构，家是浓缩的国，国是放大的家，家被放到与国同等的地位，甚至高于国的地位。“保家卫国”等口号正是激发出人们对家的情感，动员起人们内心的力量去与自己的命运抗争。其次，家在中国人的心中是至高无上的，是个人价值结构所依靠的基础。个人在紧要关头，需要做出抉择时总会想起自己的家庭。妻儿老小在中国人的心目中是至关重要的，每一个人似乎都在为一组人（家庭）、一群人（家族）而活着，逆境中的人们只要想起还有一个家在为其支撑着时，就会平添战胜困境的勇气。在中国人的精神世界里，家几乎是最重要的寄托，“家和万事兴”“家门不幸则万事休”。个人意识的觉醒、个人的幸福、个人的追求与家庭的兴衰紧密相连。个体的存在就是家庭、家族的象征，一位有威望的家长只要他活着，对其家庭成员就是某种鼓舞，就会产生一定的精神力量。同时，个人的任何闪失均可视为家庭的耻辱，家庭成员间的关联牢不可破。

（二）重视家教

子女教育是家族生命延续的一部分。中国人心目中家族的繁衍与延续不仅表现于肉体生命之中，表现为“不孝有三，无后为大”的层次上，而且还表现在家族永远富贵兴旺的社会性发展中。这一家的含义既非个体的情爱张扬，亦非制度化的婚

① 费孝通．乡土中国　生育制度　乡土重建［M］．北京：商务印书馆，2017：43.

姻约束，其本源乃是家族“香火”的兴盛。家庭成员普遍希望子女兴旺发达，故子女养育就演变成中国人终极关怀得以实现的直接途径。家和唯孝友，养性在读书。家庭要得兴旺必借助子女养育，于是中国人的生命意识中融进了教育意识。受教育是年轻人晋升社会等级的重要阶梯，教养子女与后代是每一个中国人的责任与义务，这种意识渗透到中国人生活的所有方面，随着生命的历程而展开。人们坚信教育将会为每一个中国人、每一个中国家庭拓展生存发展的空间。《张氏家集》中说：“人家的富贵，子孙未必不幸，得贤子孙，乃为幸事。”①《课子随笔节抄》中说：“语云，有好子孙方是福，无多田产不是贫。好与不好，只争个教与不教。世上哪个生来就是贤人？都是不教育坏的。也有大姓人家子孙，辱门败户。也有贫贱人家的子孙，立身扬名。可见全在教训。”②在古人看来，贤能的子孙是家族的无价之宝，是一个家族最吉祥的象征，中国人的内心深处认识到子女教育的意义重大。子女教育在中国人心目中的地位十分突出，这是所有中国人共同关心的问题。

（三）孝悌伦理

［微视频］
孝悌与家庭伦理文化

中国家庭人际关系的核心是孝与悌，而在孝与悌中又以孝为大、为先、为要。《说文解字》云：“孝，善事父母者也。”“孝”作为一种情感，源于人类的自然本性，即父母子女之间纵向的“亲亲之情”。但自然的“亲亲之情”并不必然地形成孝道伦理，更不必然形成以父子关系为主干，包括善事尊亲的众多礼仪、原则与行为规范的孝道体系。孝道体系的形成，是社会文化长期发展的结果，并有其独特的历史过程和经历。③孟子相信孝悌伦理是尧舜时代的创造，《孟子·滕文公上》称：“人之有道也，饱食、暖衣、逸居而无教，则近于禽兽。圣人有忧之，使契为司徒，教以人伦：父子有亲，君臣有义，夫妇有别，长幼有序，朋友有信。”④“尧舜之道，孝弟而已矣。”⑤《孝经·开宗明义章》也说：“夫孝，德之本也，教之所由生也。”在漫长的中国历史上，孝道成为伦理之本与家国一体的政治结构密不可分。在家国同构的社会中，处处弥漫着差序分明的“亲亲之情”。“《诗》云：夙夜匪懈，以事一人。”“资于事父以事母，而爱同；资于事父以事君，而敬同。故母取其爱，而君取其敬，兼之者父也。故以孝事君则忠，以敬事长则顺。忠顺不失，以事其上，然后能保其禄位，而守其祭祀。盖士之孝也。”⑥一个合格的社会成员首先是一个合格

① 丁晓山．家运：第 10 卷［M］．北京：中华工商联合出版社，1997：13．
② 丁晓山．家运：第 10 卷［M］．北京：中华工商联合出版社，1997：13．
③ 王利华．中国家庭史［M］．广州：广东人民出版社，2007：189，190．
④ 朱熹．四书章句集注［M］．北京：中华书局，2011：242．
⑤ 朱熹．四书章句集注［M］．北京：中华书局，2011：317．
⑥ 王利华．中国家庭史［M］．广州：广东人民出版社，2007：189，197．

的家庭成员，反之，一个合格的家庭成员才有资格进入社会。而所谓悌道则是家庭内部兄弟之间横向的伦理规范，悌是由弟引申出来的，强调对兄弟的恭顺。《论语·学而》中“子曰：弟子入则孝，出则弟，谨而信，泛爱众，而亲仁。行有余力，则以学文。”①

中华民族素有尊老爱幼的传统，它构成了中华民族绵延不断的精神要素。要让中华民族屹立于世界民族之林，就不能不考虑弘扬民族文化优良传统。在弘扬孝道的同时应赋予新的时代内容，当代社会提倡的孝道是强调孝敬父母与热爱国家的统一，反对“自古忠孝难双全”的落后道德，要求从尊敬父母开始，学会礼貌待人，自尊自强；强调孝敬父母与追求真理的统一，反对唯父母之命是从的唯上思想，要求子女追求真理，勤奋刻苦，不盲目听命于父母；强调尽孝事亲与修身立德的统一，反对知行分离、厚己薄人、口是心非的丑恶行径。通过弘扬孝道，提高个体的道德修养，提升全社会的文明水准。

（四）道统、学统、血统同一

在中国的家庭文化中，社会生活的方方面面都是家庭生活的外延，每种社会角色均可以是家庭角色的延伸与扩大。政治人物可以用家国同构的最高理想安邦治国，军事人物可以用家长意志统领三军，企业家更是将家的原则运用得淋漓尽致，家的意识常常对人们起到难以想象的激励作用。道统、学统、血统在中国人的心目中是同一的。德配天地、道贯天下、政教合一，以吏为师历来是中国人的传统。百姓甚至认为教师上可替代君，下可替代亲，教师即是家长的延伸。在某种意义上，师生关系就是父子关系的复制，文以载道，教师一贯正确，父母认为教育子女教师担负重要职责。作为教师本人在这种独特的历史文化中也塑造了自己高高在上的权威意识，其整个人格似乎都应起到教化的作用。所谓学高为师，身正为范。为此，教师被权威化的同时也被神圣化了，其形象往往游离于我们的生活之外，而不是生活于我们之中。

从社会人际交往的模式看，“以家人相称，以家庭生活外推的人际交往模式，从某种意义上说，正是‘内亲其亲’的人伦秩序向‘外睦其友’的人际交往准则泛化”②。在中国社会中常见的“拜兄弟”“认干亲”等本身也说明了社会成员对亲情的看重。这种由“外人”到“家人”的象征性置换，充分显示了家庭文化的力量。正如学者高力克所言，在古老的中国文化中，家具有尤为独特的重要意义，家是古典中国社会秩序与文化结构的枢纽。③

① 朱熹．四书章句集注［M］．北京：中华书局，2011：51.

② 谭学纯．“穷家难舍，熟地难离”的文化诠释［J］．齐鲁学刊，1996（1）：43–46.

③ 高力克．中国人的家：梁漱溟论中国文化之特质［J］．华东师范大学学报（哲学社会科学版），2020（4）：30–37，185.

二、中国家庭人际关系的范型

中国家庭人际关系范型体现为统治关系、情感越界、差序格局等几个方面。

（一）统治关系

统治关系相对于伙伴关系。家庭中的统治关系指的是家庭内部人际关系的不平等的状况。中国家庭统治关系集中体现为家长意识，它渗透到夫妻关系、亲子关系、长幼关系等诸多层面，是中国家庭人际关系的重要特征。

中国的方块字，每个字都有自己独特的含义，早在甲骨文中，就出现了“家”字，“宀”代表房子，“豕”与“豖”相通，意为猪、牛、羊等，后来演变成财富。根据许慎《说文解字》的解释“古文亥为豕，与豕（豖）同”。而亥字就是一男一女合而生子的意思。故房子底下一男一女则是家的原始含义。

中国由于家国同构的基本特征，形成了家和国之间的独特关系。金字塔形组织结构、集权性权力配置、宗法式行为规范和家族至上、德孝为先的价值观念，构成了中国家文化的主要内容，其中隐含的政治遗传密码，至今仍在一定程度上影响着国家的政治生活。[①]其主要原因是儒家学说有了新的进展，统治阶级利用它建立封建君主专制和等级森严的社会的技巧已经成熟。家天下理论成为统治术的一个重要方面。家庭伦理成为政治伦理的浓缩，政治关系成为家庭伦理的放大，家庭温馨的氛围由冰冷的社会律令所笼罩。从此，在漫长的历史道路上，统治与被统治的关系一直是中国古代家庭文化的主旋律。

近代中国社会家庭发生了巨大变化，尤其是 18 世纪末的人口过剩危机和随后的农民运动造成了大量农民向城市的迁移。其结果是人们更加强调个人的生存，而不是家庭的生存。人口流动真正从现实的社会生活中对传统的家的观念产生了冲击，及至后来对男女平等的呼唤、对中国家长制的批判愈演愈烈。人们越来越认识到要变革中国社会必须变革传统中国家庭。“由于家庭制度的原因，中国的社会变革往往很难进行。这种制度是权利主义的源泉，是压制青年和妇女的牢笼，是保守主义的土壤，我们认为它也是反对国家主义和爱国主义的。在革命的紧要关头，家庭被认为是社会变革的重要因素。在这一点上，中国也许是世界上唯一的国家。”[②]陈独秀认为，西方文明是强调个人奋斗的、民主的和尊重个人权利的，而东方文明要求个人服从家庭的利益，剥夺了他们在法律面前人人平等的权利，妨碍了创造性的思维，养成了依赖他人的习惯。因此，必须用个人主义取代家庭主义。

① 王春福，韩东飞．论中国家文化的政治遗传密码［J］．学术交流，2014（4）：40–46.

② 李小江，等．性别与中国［M］．北京：生活·读书·新知三联书店，1994：43.

与此同时，吴虞也在《新青年》上发表文章（《旧式家庭和宗族制度是专制政治的基石》），认为家长制是专制政治的根源。家长作风增加了妇女受压迫的程度，一系列荒唐的性戒律遏制了人们的冒险和创造意识。鲁迅则借助于辛辣的笔触，抨击了传统贞洁观的愚昧、残酷和虚伪，“皇帝要求他的臣民越忠诚，男人要求女人越贞洁。”[①]傅尚林则认为中国家庭是家长制社会的典范。在家庭中，每个成员都有明确的分工，具有一定的地位和应尽的义务，所有这些使人失去了创造性和个性[②]。以上学者的论述从社会变革的宏观视野上剖析了中国家庭制度文化的特征，提出变革家庭对于变革社会的意义。中国家庭文化对社会生活的影响更重要的是体现在观念层面上，它几乎渗透到个人生活的所有方面。从微观层面上看，主要是对依附型人格（妇女与儿童）的培养与复制。

对于女性培养其依附型人格，对于儿童则塑造其逆来顺受的怯懦个性，对于男性则是权利的盲目扩张，是家长意识的代代传承者。在漫长的封建社会，统治关系一直是中国家庭文化的主旋律，其对后来的中国家庭及家庭文化的发展起到了支配性的影响。随着社会的发展和人们的观念不断更新进步，如今我国家庭内部不平等的状况已经有了较大的改观。我国家庭文化已经发生了较大变迁，未来家庭内部的统治关系将越来越弱化，独立、平等将成为家庭文化演变的方向。

（二）情感越界

情感越界主要指家庭内部情感的失衡和边界的模糊状态。夫妻一方或双方均在子女身上倾注了过多的感情，而忽视了家庭情感的重心——夫妻情感的建构。在以纵向伦理为主轴的中国家庭文化中，家庭情感越界是其典型的特征。

在统治关系社会中，个人处处受阻又处处阻碍他人，男性高于女性，少数男人高居于所有人之上。而伙伴关系的社会中要求人人都学会去爱、个人充满创造和发展的机会，人们不断抛弃旧的方式，重新学习爱的艺术。“我们与我们的养育者之间的关系将严重影响我们今后的亲昵关系，它甚至会影响我们与自身的沟通。新的教育方式教会我们建立伙伴关系而不是统治关系，这种新的教育方式现在已经开始有了立足之地，它会帮助我们接受并爱我们自己的身体。”[③]历史形成的中国家庭文化是一种典型的统治关系式的家庭文化，由于男女缺乏形成伙伴关系的基础——性的平等意识，故中国家庭的性别统治格局并未得到彻底改观。因此，亲子关系就更难以产生伙伴式的关系了。统治关系从根本上讲是一种失衡的关系，这种关系表面

---

① 李小江，等．性别与中国［M］．北京：生活・读书・新知三联书店，1994：45–46.

② 傅尚林．中国家庭现存的复杂性的研究［J］．清华学报，1931（10）：71–82.

③ 艾斯勒．新的夏娃和新的亚当：勇于质疑、用于选择、善于爱［J］．黄觉，译．国外社会科学，1996（3）：48–56.

上看是趋于稳定的，实质上隐含着深刻的矛盾与危机。由于男女被极为严格的外在规范约束于条件极为有限的时空范围——家、户、室之内，两性自由活动的物质、心理空间十分狭小，故家长们多少远离男欢女爱的刻意追求，而从亲子关爱中达成自己价值的实现。不少中国人则从哺育自己的后代身上寻找到自己人生的乐趣，在许多中国人的心目中，亲子关系比夫妻关系要重要得多。

于是，家庭维护的主旋律从夫妻关系演变成亲子关系。在不少中国人的心目中宁可放弃婚姻，也要力保亲子，这是他们生命的根，是唯一可以寄托感情的地方。情感的越界是中国家庭文化的一大特征。在中国农村，不少村民宁可向子女讲述自己的心思，也不愿向配偶吐露半句心声。不少家长瞒着配偶悄悄用自己的私房钱资助已独立成家的子女。在城市，不少家庭亲子间每天对话的次数远远多于夫妻间对话的次数。历史无可辩驳地向人们昭示了这样的“真理”：生养子女、哺育后代是人生的至乐境界，儿孙绕膝、共享天伦是中国人生活的美好图景。重亲子之爱、轻夫妻之爱是中国人身上体现出来的一大特色，不少中国人将自己生命的能量有效地释放到教育子女身上。中国社会的亲子关系体现为界限的模糊（以父辈意志取代子辈意志）和感情的越界（父母在子女身上倾注了过多的爱，消解甚至取代了夫妻之间的爱）。一方面夫妻间平等意识缺失，两性在文化心理层面的平衡被打破；另一方面，亲子间情感超重，血浓于情，血缘重于姻缘。人们在亲子间倾注了所有的生命力量，这是纵向社会人际关系的典型特征。

（三）差序格局

早在20世纪40年代著名社会学家费孝通就指出了中国文化的典型特征是差序格局。西方社会人际关系特征是团体格局。他形象地说：“西洋的社会有些像我们在田里捆柴，几根稻草束成一把，几把束成一扎，几扎束成一捆，几捆束成一挑。每一根柴在整个挑里都属于一定的捆、扎、把。每一根柴也可以找到同把、同扎、同捆的柴，分扎得清楚不会乱的。在社会中，这些单位就是团体。我说西洋社会组织像捆柴就是想指明，他们常常由若干人组成一个团体。团体是有一定界限的，谁是团体里的人，谁是团体外的人，不能模糊，一定分得清楚。在团体里的人是一伙，对于团体的关系是相同的。我们的格局不是一捆一捆扎清楚的柴，而是像把一块石头丢在水面上所发生的一圈圈推出去的波纹。每个人都是他社会影响所推出去的圈子的中心。被圈子的波纹所推及的就发生联系。我们社会中最重要的亲属关系就是这种丢石头形成的同心圆波纹的性质。亲属关系是根据生育和婚姻事实所发生的社会关系。从生育和婚姻所结成的网络可以一直推出去包括无穷的人，过去的、现在

[微视频]
差序格局与
家庭关系文化

的和未来的人物……这个网络像个蜘蛛的网，有一个中心，就是自己。”①中国文化对人的影响十分复杂，它是一种连续的、扩展的过程，个人永远是一种特定的、历史的存在，中国社会特定的人际关系可谓波涌涟漪，一环扣一环。就对人的影响作用范围看，所有与自己生活圈相联系的人均对人的成长发生影响，可谓纵横交错。就影响作用时间看，在父母眼里孩子永远是长不大的，父母对孩子的教导可以持续到孩子长大成人以后许多年，中国社会的家庭教育是终身教育。此外，中国人的逻辑中有这么一条，即长者恒为师。在同一个家庭圈子中，年长者一定可以教育年幼者，长者是道之所存的象征，故中国家庭教育又是一种“全人的教育”，人人都是教育者，受教育者似乎只剩下了儿童。

差序格局对于儿童成长的意义还体现于创造出人际关系的复杂性，儿童由此学会对不同的人说不同的话，儿童懂得了父母比朋友重要，长者是权威的象征。最靠近自己的人最亲近，因而孩子慢慢习得在多重规则下生活，故会不会称呼大人、有无礼貌是评判孩子第一印象的重要标准。在中国，很小的孩子就懂得看父母的脸色行事，比如客人在场时，一些孩子想吃水果，会先从父母的眼神中了解是否同意。差序格局对于儿童而言还会形成某种特殊意义的价值观，儿童在亲属与非亲属、同性与异性之间划出一道清晰的界限。界限之外与本人无关，界限之内哪怕是违法乱纪，也家丑不可外扬，“父为子隐，子为父隐”，大事化小，小事化了。以家规、家范作为家庭内部人际处事的准则，这是中国人千百年来的习俗。在中国人的心目中，家人、熟人、生人是有严格界限的，对不同关系人的对待原则、对待方式、互动形态、互动效果是不同的。

三、中国家庭的行为模式

文化的集中体现是行为模式。本尼迪克特认为，作为一种文化的人类的行为方式是多种多样的，但一种族类只能体现其中的一部分，体现为表现在特定的风俗、礼仪、生产、生活方式中的行为模式，而这一系列的行为选择，便构成这一族群的文化模式。各种文化模式是不相同的，甚至有完全相反的价值观，但每种模式的存在总有其合理之处。同时，她认为每种文化中都有一个起支配作用的行为规范、价值取向，大家都称它为模式，都照着它判断事物，从而形成一种民风。②行为模式是文化模式的典型体现。中国文化是中国人创造的，中国人又是中国文化的产物，中国儿童是在中国文化的土壤中诞生的。中国家庭中的行为模式对儿童的成长影响作用巨大。

① 费孝通．乡土中国［M］．北京：商务印书馆，2019：24–25.

② 本尼迪克特．文化模式［M］．王炜，等译，北京：社会科学文献出版社，1988：163.

社会文化塑造了行为模式。米德总结了阿拉佩什和蒙杜古马两部落的男人和女人的行为方式，从事实的角度证明了社会文化影响力的强大。每一个阿拉佩什儿童几乎都一致地造就了被动、温良的人格，而每一个蒙杜古马儿童几乎都造就了性格残暴，带有攻击性的人格。这一点仅靠种族、地域、饮食、自然选择等理论解释是不够的。而每一特定的、整合一体的文化，对发育中的孩子行为有塑造作用，给我们提供了若干可供比较的例子。米德进而提出了理想的模式是："在这个模式中具有不同禀赋的人都会找到自己恰当的位置，而不是被迫嵌套进一个不适合他天资发挥的模子里。如果我们创造了一个丰富多彩的文化，富有不同的价值观念，我们必须清醒地认识赋予人类全部潜能的多样性，因此，我们需要缔造一个具有较少专断性的社会结构，在这种结构中，每一种人类的天赋都会得到一个恰当的位置。"①米德的上述见解揭示了以下几层意思：(1）人格是后天塑造的，而决定人格塑造的首要前提是社会文化，文化具有多样性；(2）人类具有无限发展的潜力，每一个人的智慧与潜能都有待开发与利用，其潜力发挥的程度取决于文化为人们提供选择机会的多少；(3）专断社会结构下个人的天资发展被同一的模式所模塑，人格发展受到影响。由此，人类的重要使命是开创文化的新天地，以使得人类向多样性、创造性的方向发展。米德的思想为我们思考文化范型问题提供了一个较好的框架，虽不乏理想主义的色彩，但她为我们思考如何对待传统文化、如何建构今天和未来的文化、如何厘清文化发展与人的成长之间的关系、如何培养下一代与构建和谐社会提供了较为理想的启迪。

中国家庭的行为模式众多，以下两种模式较为突出。

（一）支配与顺从

鲁迅曾说："中国人的官瘾实在深，汉重孝廉而有埋儿刻木，宋重理学而有高帽破靴，清重帖括而有'且夫''然则'。总而言之：那魂灵就在做官——行官势、摆官腔、打官话。"②在中国文化中，有官比有钱更为重要，有钱无官是无地位的，人们管那些没见过世面的有钱人叫"土财主"，而官（哪怕是七品小官）则要载入家谱成为永久的荣耀。源于官本位的文化渗透到社会生活的所有方面。当官对于一般人来说绝不是什么无关紧要的点缀和修饰，而是保持家族兴盛和家族社会政治地位居高不下的重要条件。然而能够跻入官场的毕竟是少数，绝大多数中国人只能从心理文化的层面来满足自己的欲望，于是家庭便构成其天然的社会心理场，家庭就是小社会，在家庭之外当不了官，在家庭中无论如何也要达成自己的价值实现。于

① 米德．三个原始部落的性别与气质［M］．宋践，等译，杭州：浙江人民出版社，1988：307.

② 鲁迅．鲁迅全集：第3卷［M］．北京：人民文学出版社，1981：179.

是家庭成为最基本、最微妙的“官场”，是社会文化结构的基本单位。故此，家庭行为模式就蒙上了强烈的支配与服从的色彩。不少父母在孩子身上无情地实现着自己的长官意志。

（二）规矩与控制

中国的父母十分看重“规矩”二字，并以此作为评判孩子优劣的价值标准，“没有规矩”是对一个孩子很差的评价，而“有规矩”则被认为是好孩子。例如，在某学校，有家长对学校的教育大体满意，唯一令她感到不安的是：“这里的孩子似乎不太规矩、乱哄哄的，真不知会不会将我的孩子也带坏。这孩子原先在家可是规规矩矩的，尤其是他爸爸在家时更是如此。”家长的担心不无道理，但她忘记了孩子的天性是活泼的，因此对“规矩”二字要做现代的理解，让它注入新的内容，孩子应掌握一定的规矩，但必须是合理的约束、调教和教导，而不是限制和强求。

在何时开始对孩子强调“规矩”为宜的问题上，中国人独特的地方是往往以上学作为年龄分期。父母对学龄前儿童往往是非常宽松的，甚至是娇纵的。在孩子上学后，他们则对孩子施加严厉甚至粗暴的纪律。而且，他们提出的“规矩”要求相当突然，上学前后多数孩子会感到父母态度的突然变化。许多父母认为孩子年幼无知，因而这一年龄段的一切行为都不具有是非意义。孩子被视为被动的、依赖的生物，理应得到照顾爱护，丰衣足食，全面保护，孩子主动探索的需求往往受到阻挠。

对于“规矩”的理解，多数中国人认为是懂礼貌、少攻击性行为。“礼貌”是父母较为重视的“规矩”内容。好动、争吵、打架在中国父母眼里是不正常的儿童行为。在中国人的精神世界里，身体发肤受之父母，不能随便侵害。孩子如果过于好动，父母常为此“大伤脑筋”，教师也常告诫家长要注意教导自己的孩子克服好动的“恶习”。一位家长说，老师总是认为她的孩子特别好动，常常“惹是生非”，她热切地希望能咨询到一些良方以有效控制或改变其孩子的行为，为此她十分苦恼和焦虑。事实上，这也是许多中国家长在家庭教育上最为闹心和困惑的事情。

第二节　中国家庭教育文化

家庭文化内容十分丰富，家庭教育文化在家庭文化中独树一帜，扮演着独特的角色与功能。家庭教育文化铸就了家庭的文化品位，孕育了家庭的教育行为，决定着人的发展方向与进程。对家庭教育的研究离不开对家庭教育文化的探讨。研究家庭教育文化应关注家庭教育的价值观、家庭教育的主体观、家庭教育的功能观等几个方面。

一、家庭教育的价值观

中国人对家庭教育倾注了相当多的情感，寄予了十分厚重的期望。其历史逻辑是望子成龙，诗书传家，光宗耀祖，中国人对家庭教育价值的重视程度是世界上任何一个民族所难以企及的。其产生的原因是多方面的，既有现实的原因，也有历史的原因。它的思想根源于中国传统文化的土壤之中，不少文化学、社会学、历史学的研究都得出一个共同的结论：中国传统文化是以家庭（家族）为本位的。当代中国的父母自然受到传统文化的影响，在他们身上烙下了家本位文化遗传基因，中国人家庭教育的价值观是很具中国文化特色的。以家为本位的中国传统文化，在教育价值取向上呈现以下三方面的特点。

［微视频］
家庭价值取向与家庭文化

（一）强化家庭的教育价值

正是因为中国传统文化所体认的“国之本在家”“积家而成国”，因此，在中国传统社会中，家庭（家族）作为一种社会机构具有十分重要的地位，它肩负多种社会职能：经济的、政治的、文化的、教育的，等等。就教育而言，可以说，在各个国家、各种社会中都赋予家庭以一定的教育子女的职责。但是，中国家庭的教育职能受到中国传统文化的强化，具有鲜明特性。

首先，中国几千年来的儒家文化，强调“修身、齐家、治国、平天下”。修身、齐家即是一种以教育为社会化手段而达成家庭成员间思想、行为规范的一致，它被视作治国、平天下的前提。在这种“家国同构”的思维定向中，家庭教育被赋予的是直接的、重要的社会意义。

其次，中国传统文化将父母的教育跟孩子的个体成长直接关联。“子不教，父之过”，这是启蒙读物《三字经》的训诫，它已代代相传，家喻户晓，深深烙入了中国人的文化心理结构之中。它把人一生的是非、善恶、成败直接地，乃至全部地归因于父母的教育，这是中国人的逻辑。“教子有方”“家教不严”等词语是中国人对父母的褒贬，中国父母十分看重人们对他们在教子方面的评价，他们认为教子成材是人生的一大成就，教子不善让他们无颜见人。

最后，家庭教育价值的强化，更重要的原因可能还在于它涉及中国人观念中的生命延续问题。与西方人不同，中国儒家文化并不将人的生命的延续寄希望于天国之中的灵魂不灭，而是将子女生命的存在与发展视作自己生命的继续存在。正是这种观念导致中国人的家庭关系是以父子之间的纵向关系为轴心的，也是“不孝有三，无后为大”的由来。中国人十分重视子女的繁衍、养育。然而，这种生命延续观在儒家的精致文化中还不仅限于它的生物学意义，“在儒家传统中，个体生命的延续，或者说个体的永生，并不仅限于血脉传承，或者说血脉传承并不是个体永生的终极形式”[①]。正是因为中国人十分重视作为文化、社会等生命的延续，才使得其特别强调家庭教育的功能。家庭教育的重要作用就在于达到“家道长久”的目的，家庭教育是兴旺家族、维护家风、维持发展家庭社会地位和保存弘扬家族文化的重要工具。

（二）教育以家庭利益为主要取向

中国传统文化的重要价值取向是以家庭为本的，家庭、家族的利益是最基本的价值。中国传统教育也具有这种鲜明的以家庭为本的价值追求。“光宗耀祖”“光耀门第”是中国读书人的追求与目标，教子是为家庭之荣耀。有学者指出，宋代出身下层平民通过读书科举而跻身仕途，呈现向上社会流动之人，多为两宋士大夫中的佼佼者，即便多次应举不第，也可以以“乡贡进士”的身份在地域社会中占有一席之地，应该说这也是一种具有向上倾向的社会流动。而他们所积蓄的文化知识，往往可为子孙后代参加科举考试奠定文化方面的基础，从而实现自己未能实现的夙愿。[②]

在中国传统的以家为本位的文化中，几乎不存在什么独立的个人利益，个人利益是与家庭、家族利益紧紧捆绑在一起的，家庭、家族的一切成员都是不可分割统一体的部分，“一荣俱荣，一败俱败”。父母的生命与子女成长融为一体，中国父母从他们望子成龙的教育中寻找自身的生存价值。

从最深层意义来说，这种以家庭为主要价值取向的教育观和教育行为，与中国传统文化中的“永生观”相联系，通过子女繁衍、教育而达到生命的“永生”，这应是中国人的终极关怀和价值追求。恰如有学者所言：“亲代对子代教育义务的过度履行，父母仍是子女结婚所需物质条件的主要提供者，父母的负担不减反增，甚至会透支其养老资源。”[③]因为这里存在着人的生存的终极意义，也存在着一种为此而做出一切自我牺牲的、类似本能的根本力量。

中国的父母将哺育后代、化育苍生、造福桑梓、憧憬未来与自己的生命紧密联系起来，体现了一种绵延不断、生生不息的生命意识，在他们身上闪烁着强韧深厚

① 傅晓微，王毅．名垂不朽：儒家与早期犹太教的永生观［J］．孔子研究，2016（3）：137–146.

② 何忠礼．贫富无定势：宋代科举制度下的社会流动［J］．学术月刊，2012（1）：136–143.

③ 王跃生．社会变革中的家庭代际关系变动、问题与调适［J］．中国特色社会主义研究，2019（3）：79–87.

的人格之光。在中国，父母的愿望通过子女得以实现，父母的感情在子女身上得以延伸，通过家庭教育这一强大的教育力量，推进着社会的发展与时代的进步。当今社会，大众传媒对象征意义的张扬和对欲望的刺激，这种需求与商品的使用价值并无多大的关联，民众不断地从媒介上寻找消费对象，这种没有前提、没有结果的购买狂热潮流，已成为消费社会的“物欲症”[①]，成年人缺失了对自我的负责和对高品质的追求。与此相反，中国的父母却从教育子女身上找到了那种无限提高人、使人向上的精神推动力量，他们衷心地寄希望于自己的子女，默默地为他们祈祷，盼望他们早日成材，并将自己的生命融入子女成长的过程之中，他们在教育子女问题上的崇高的责任意识，既是中国教育的民族精神之光的闪耀，也是中华民族生命意识的顽强体现。

从对古代人物家谱、家训的考证中得知，家庭教育是改变家庭命运、维护家庭形象的重要手段。有学者基于清代浙江科举人物朱卷履历的考察，指出教育对科举成功的重要性是使人们重视家庭乃至家族的文化资本积累，特别是那些已经通过科举制度获得过代际流动机会的家族，希望家族中更多聪慧子弟能够经由读书仕进，以提升其家族地位。[②]中国人自古以来认为“万般皆下品，唯有读书高”，子女教育可保家族的声望步步上升，家中高朋满座，往来无白丁是门庭的荣耀，而要达成此目的，必须从教育子女发奋读书开始。

（三）学习至上

中国父母对孩子教育普遍抱有学习至上的价值观，误认为学习是孩子教育生命的全部内容，而学习又更多地被理解为知识的掌握与运用，对态度和情感系统等方面的发展则视而不见。一些中国父母错误地认为孩子具有无限的学习潜力，于是以开发儿童智慧为目的的各类社会营利机构应运而生，父母不惜重金投资于孩子的学习，认为只要孩子感兴趣，父母就有义务去提供保障。学习成了孩子生活的主要内容，学习焦虑、学习压力、学习厌倦成为不少孩子身上存在的突出问题。

二、家庭教育的主体观

家庭教育主体观体现在，在家庭教育过程中仅仅看到了父母单方面的教育影响作用，不适当地高估了父母在家庭教育中的地位，忽视了孩子的能动反应，忽视了

① 蒋建国．消费时代的大众传媒与物欲症传播［J］．马克思主义研究，2010（11）：102–108，160.

② 林上洪．科举家族联姻与教育机会获得：基于清代浙江科举人物朱卷履历的考察［J］．大学教育科学，2019（1）：101–107.

父母与孩子间的交互作用和相互构建的意义。

从育儿理念上看，多数中国父母将孩子成长视为“塑造”的结果。我国许多家庭在育儿理念上认为孩子一定是父母“教育”的结果，而父母对孩子的“管教”程度直接决定着孩子的发展方向，似乎中国的孩子完全是由父母“捏造”或“形塑”的，而不是自主生长的。这种父母至上的思想正是中国家庭教育文化的集中体现，其结果是夸大了显性的家庭教育的力量，忽视了隐性的家庭教育的潜在作用。我们强调孩子的发展是一系列连续不断的变化过程，同时也应是一个不断自主选择的过程。人的成长是不断选择的结果，选择才是发展的本质。只有选择才谈得上发展，而变化是万事万物的规律。中国孩子在家庭内部可以选择的余地实在太小了，父母无情地剥夺了孩子选择的权利。不少父母认为自己在知识、理性、经验上远远优于孩子，习惯从自己的价值体系出发去规划孩子的生活，尽量减少孩子自由尝试的机会，想先验地建立孩子的未来生活。因此，父母给孩子的生活时间作了极为严格的规定。在中国家庭教育过程中，使用得最多的词语是“不准”。不少父母对孩子的营养也坚持自己独到的见解，认为孩子应吃得最好，于是家中所有有营养的、高蛋白、高脂肪类食品一股脑儿地推向了孩子，唯恐其食欲不振，完全忽视了营养需要均衡这一基本的常识。不少父母对孩子的交往也习惯于插手干预。“无友不如己者”这句古训自宋以来就被家长们理解为“不要交不如自己的朋友”，这完全违背了孔子的本意（普天之下没有不如自己的人），这位伟大的思想家正是要求人们虚怀若谷，广交朋友，从交往中学习。故不少父母常常担心自己的孩子会交上“坏”朋友，从而染上不良的行为习惯。此外，还有不少父母对孩子的未来也做了极为详尽的规划，从上什么小学到报哪个兴趣班，甚至规划到上哪所大学、哪个专业。

从使用家庭教育语言看，家庭语言暴力在不少亲子对话中都存在，有研究者发现我国父母对孩子的语言暴力主要有五种，即侮辱型、贬低型、威胁恐吓型、嫌弃厌恶型和抱怨哀求型。[①]这些语言的使用，表明中国父母具有强烈而主观的单方向的育儿意识。首先，中国家庭中反复出现的字眼是“不”“不行”“不能”……“不要三心二意”“不要读太多的课外书”“不要跟学习差的同学玩”“不能虚度光阴”“不能见异思迁”“不能走马观花”“不要惹是生非”“不要轻信人”“不要乱花钱”。“在中国人的意识里有这样一种意识，那就是非此即彼，用‘不’字给孩子划出行为界限，只要指出不可去的地方，不该做的事，不能说的话，孩子自然就能找到该去的地方，知道该做什么样的事以及说什么样的话和怎样说话。这种意识支配着每个家长的言行。有研究机构对多个平台上搜集到的

① 孙明洁．家庭语言暴力的类型、成因及应对策略［J］．中国校外教育，2019（33）：8–9.

5 000 多条有关家庭语言暴力的内容分析发现，家庭语言暴力的施暴者中，父母对孩子习惯性否定是“惯用手法”。[①]其次，中国父母习惯对孩子说“应该怎样”“不应该那样”，这是极具主观色彩的词汇，强调的是父母个人的意志而不是反映孩子的愿望，“应该”比“不”更为生硬，它的使用完全抹杀了孩子选择的空间，使得孩子被动地进入了某种强行的规定状态，孩子只能在不知所措中盲目地满足父母的要求。“应该”的使用是父母权力色彩在家庭领域的又一体现。最后，中国父母似乎并不乐于当面夸奖孩子，担心这样做会使孩子产生骄傲自满的情绪。太笨、太差、太无能、太不中用、太丢人等词是中国父母经常使用的挑剔词汇，不少中国孩子就是在这样的语言环境中成长的，有的孩子由于习惯了被挑剔、被否定甚至于麻木。挑剔可能将孩子刚刚建立的点滴自信打击殆尽，它严重影响了孩子的思维方式和思考习惯，强化了孩子对弱点的注意力，进而使得孩子出现了不自觉重复某种毛病的现象，就是某些父母常常苦恼的“越说越不改”“说的越多错的越多”。

三、家庭教育的功能观

（一）家庭教育与学校教育功能的错位

不可否认，家庭教育是学校教育的重要辅助与补充，但家庭教育的长期性、连续性以及全面性使其具有学校教育不可替代的功能。但随着社会的发展以及应试教育的影响，家庭教育的功能正悄悄发生着异化。家庭教育成为学校教育的延伸，家长奉学校之命办事，家庭成为第二学校，家庭教育的独特功能丧失，家长被教师牵着鼻子走，家长强烈的、独立自主的教育子女的意识受到压制。家庭教育以学校教育学的理论为基础，家庭教育的内容、方式、语言和思维等都成了学校教育模式的翻版。许多家长现在最头痛的是孩子作业的批改与辅导，每天花两个小时甚至更多的时间，家长常常代学校的教师承担了许多责任。学生在学校学习成绩不佳，不是家长归咎于教师之失责，反而是这些家长经常要遭到教师的训斥，责怪家长不尽职责。一般的家长学校也多强调家长如何配合学校教育，并且更多的是就事论事，缺乏长远性和实效性、对家庭教育所具有的独特规律与方法，所应发挥的特有功能缺乏理论和实践的探索。

① 莫洁．家庭语言暴力危害不容忽视［N］．光明日报，2020-7-17（2）．

拓展阅读 5-1

家庭作业不能成“家长作业”①

每逢暑假，教育部都会给中小学下发专门的工作通知。在教育部《关于做好2019年中小学生暑假有关工作的通知》里，“严禁布置要求家长完成或需要家长代劳的作业”，最受关注。这一要求在不少家长中间引发共鸣，也引起我们对学校教育和家庭教育之间关系的思考。

对广大家长来说，在面对孩子的家庭作业时，一方面要克服为孩子“包办一切”的思维，督促孩子独立完成作业，养成良好学习习惯；另一方面，“减负”不意味着“减责”，家长不必为孩子代劳，并不是说对孩子的作业和学习可以不管不问，恰恰相反，只有花足够的时间、精力、心思陪伴并辅导孩子，深度参与孩子的成长过程，才能使家庭教育真正发挥作用。教育部在此次通知中还明确要求，学校要“指导家长针对学生的年龄特点和个性差异安排适量的家务劳动，培养劳动节约习惯，提高劳动能力”。只有确保家庭教育与学校教育相互配合、相互补充，两者才能相得益彰，为孩子提供健康成长的空间。

教育是培养人和塑造人的活动，切忌走向形式主义。无论是家庭作业，还是课堂教学，抑或是课外实践，都是培养孩子、教育孩子的重要手段，而非最终目的。只有让这些手段充分契合孩子的成长、认知规律，以孩子有没有进步、能不能成长作为衡量标准，才能真正发挥教育的功用，培育出全面发展的人。近年来，加强素质教育已经成为不少中小学校和学生家长的共识，新的教学手段、培养方式层出不穷。在此背景下，我们尤须把握好教育的本质和规律，让一切教育手段和方式都围绕孩子成长这个中心展开。

教育学家陶行知有句名言，“真教育是心心相印的活动。唯独从心里发出来，才能打到心灵的深处”。无论是家长还是老师，只有齐心协力、真心付出，才能感染孩子、教育孩子、带动孩子，为他们营造茁壮成长的良好环境。

（二）家庭教育中父母角色的越位

家庭教育功能正常发挥的基础是家庭成员各安其位、各司其职，父母与孩子都承担起自己的责任。而现实生活中父母角色越位的现象时有发生。不少父母承担了许多本不该由他们承担的职责与义务，对孩子极为溺爱。有学者深刻指出，溺爱在本质上就是一种绝对的、单一的、孤立的情感表现，实际上就是对呵护对象无条件

---

① 彭飞．家庭作业不能成“家长作业”［N］．人民日报，2019-7-12（5）．

地提供一切可能条件的完全而单一的付出行为。[①]现实中“代劳”现象普遍存在，代孩子完成生活劳动、代孩子完成学校作业、代孩子完成社会交往等。这种做法看似减轻了孩子的负担，但也剥夺了孩子更多的接受教育和学习的机会，孩子非常珍贵的发展机会被父母有意无意地剥夺了，有些父母甚至认为自己对孩子具有无尽的义务，在孩子成年后这些义务仍然存在下去，永远充当孩子的保护伞，父母情愿孩子永远在自己的保护下成长。在这种文化影响下，孩子的独立意识、责任意识、创新意识日渐萎缩，而父母却倍感压力。

中国父母的角色越位造成了亲子之间的剥离困难，不少父母将自身未达成的愿望施加于孩子身上，期望孩子能够实现自己的夙愿。中国人民大学中国调查与数据中心设计与实施的中国教育追踪调查项目2013—2014学年基线调查发现，父母对孩子的教育期望中，期望孩子的最高学历为本科的比重最高，占到了总人数的40.4%以上，其次是博士、硕士，三个选项的个案数占总人数的77.4%[②]，即绝大多数父母希望子女能够接受本科以上的高等教育，表明中国父母对子女的教育期待还是十分高的。中国父母非常重视孩子的学习，他们将学习成绩与孩子的美好未来相联系。在家庭教育咨询中，父母最为关心的是“如何提高孩子的学习成绩”“如何克服孩子成绩不稳定的状况”“如何保证孩子考上重点学校”“如何帮助孩子做作业时不分心”等。

适当的教育期待能让孩子感知到父母重视，是一种有益的外部情感支持，对孩子克服学业困境、树立学业信心、增强学业动力有积极作用。但是，过高的期待可能导致孩子学业压力巨大，亲子关系紧张，不利于孩子身心的健康发展。有研究者指出，中国父母对孩子的期待并非结合孩子的实际情况，多数超过孩子客观能力的限制，成为孩子无法达到的目标，表现为一种过高的期待。这种过高期待带给孩子很大的压力，产生的负面影响会涉及孩子的情绪、自我评价、学习、人际交往、亲子关系、行为偏差等各方面。[③]近些年，连续发生了不少因过高的升学学习期望而酿成的悲剧，这充分说明了父母不切实际的高期望所带来的恶性后果。

除了期待过高，许多父母对孩子的期待局限于学业，帮助孩子全面发展的意识淡薄、认识不足，孩子诸多方面品质的发展与提高，得不到父母应有的关注，如孩子的劳动能力、动手能力、创造能力、交往能力、活泼开朗的性格和良好品德等素质的发展。能促进孩子身心健康的多种生活经历的创设，往往也都不曾被父母列入他们的职责任务的范围之内，还常在升学、学习压力下被忽视。一项针对全国10

① 黄爱国. 当代大学生心理危机的家庭根源［J］. 西北民族大学学报（哲学社会科学版），2006（6）：141–144.

② 魏勇，马欣. 家长教育期望的影响因素研究：基于CEPS的实证分析［J］. 教育学术月刊，2018（7）：55–62.

③ 赵芳，赵烨烨. 父母的过高期待与中学生的压力关系的研究［J］. 青年研究，2005（8）：11–19.

个省市近 6 000 人的调查发现，目前绝大多数父母对孩子的学业期望值很高，“望子成龙，望女成凤”仍然是教育孩子的主要目标。虽然选择为了孩子“将来能够生活幸福”的比例占了接近三分之一（32.34%），但选择“将来成为优秀人才”“能在激烈竞争中不被淘汰”“考上好大学”“为父母增光”的人数加起来则达到了63.69%，体现为过度关注孩子“成才”而非“成人”的家庭教育目标的偏离。[①]整体来看，中国父母的教育意识“偏重”于升学，而对子女除升学以外的其他各方面的发展所应负的责任则较为忽视，责任意识比较淡漠，两者相比较呈严重失衡现象。

拓展阅读 5-2

家庭教育离不开家庭文化[②]

说到家庭文化，有家长说这是个很虚的概念，也有的理解为家庭娱乐或者看书学习，与家庭教育连在一起总觉得有点牵强。对此，新东方教育集团董事长俞敏洪是这样阐释的：“我从父亲那里学到了宽厚，学到了退一步海阔天高的态度，我从母亲那里继承了坚忍不拔，决不放弃的精神”，他认为，父母个性以及家庭环境对孩子成长教育有着很大的影响。如果父母脾气暴躁，那么孩子的性格容易形成两种极端，要么懦弱，要么更加暴躁，绝不会形成温和、谦让的个性。

俞敏洪回忆说，自己考上北大，无不与母亲的教育有关。在头两次高考落榜的时候，本来已打算放弃高考，但母亲听说县里正在办一个外语高考补习班，硬是找到了根本不认识的补习班任老师家里。见老师的孩子瘦黄瘦黄的，于是自告奋勇帮他带孩子，前提条件就是让老师收下我。是母亲的坚持告诉俞敏洪没有退路，终于如愿以偿地走进了北京大学。

俞敏洪的母亲自己不识字，却知道只有上大学才能改变命运，有着对知识的向往。她身上所体现的正是一种家庭文化，以此激励儿子奋进，并在儿子的生命中得到了传承，这就是家庭教育离不开家庭文化的道理。

就文化来说，内容十分广泛，是人类在社会发展中所创造的物质财富和精神财富的总和。而家庭文化是由家庭的各种要素组成的，从不同的角度来看可分为三个层面：一是表层文化，指可供家庭成员衣食住行的物化环境，比如家庭美化、室内装饰、语言、服饰等，也称为“器物文化”；二是中层文化，比如家庭制度、家庭生活方式等。这里所说的家庭制度，不仅指见诸法律的家庭成员间的权利义务关系，还指家庭日常生活的一些规范。家庭生活方式包括的

---

① 张琳，陈延斌．当前我国家风家教现状的实证调查与思考［J］．中州学刊，2016（8）：98–104.

② 关颖．家庭教育离不开家庭文化［N］．中国妇女报，2013–11–28（B1）.

范围很广，比如闲暇时间的利用、家庭消费方式、家务劳动方式、家庭生活管理等都属于这一范畴；三是深层文化，包括精神文化和心理文化，是指凝聚家庭群体的内在情感机制，比如家庭成员的思想、情操、价值观念，以及爱情心理、道德心理等。

从这几个层面来认识家庭文化就不难得出结论，其中每一个点都与家庭教育有着密切的联系，家庭文化的表层、中层、深层结构互相联系、互相制约，共同作用于家庭教育，孩子则是通过成年人在家庭中营造的物质的、行为的、精神的氛围传承家庭文化、体现家庭文化。这样看来，家庭教育其实就是家庭文化对孩子的潜移默化的影响，而且承担着社会文化传承的责任。

在物质文化方面，一般说来，经济条件好的家庭，对家庭的物质环境投入更多，家庭成员生活得更舒适，更有利于孩子发展。但是不同的家庭物质投入指向会有很大差异，比如有的家庭装饰得富丽堂皇，有的家庭布置清新淡雅。这种家庭中的表层文化反映了人们在器物选择上的价值观和审美不同，在孩子身上的烙印也是不同的。奢华并不意味着文化品位高，对孩子的影响未必是积极的。

家庭生活方式、家庭关系是构成家庭文化氛围的主要成分。在现实生活中我们不难看到，父母积极向上、崇尚科学、热爱学习、爱好广泛对孩子是一种潜移默化的影响，在这样的家庭文化氛围的熏陶中孩子所表现的也会是高尚的情趣。那些父母生活态度消极、懒散懈怠的家庭，孩子往往也是缺少生活的正能量。在家庭关系方面，夫妻关系是影响孩子对人与人之间关系最基本的认识，夫妻和睦是良好家庭教育的开端。美国心理治疗专家帕克说："生长在温馨而充满爱的家庭中，孩子容易把世界看作一个充满爱的地方；而在冷漠和无爱家庭中长大的孩子，往往把世界看作一个充满敌意的地方。"夫妻关系是对孩子最真实的教育，父母是在以自己的行为告诉孩子如何对待父母、对待他人。

家庭的精神文化和心理文化蕴藏在家庭成员的言谈话语、举手投足之中。比如抱有"人不为己，天诛地灭"的极端个人主义价值观的父母，常常不顾他人利益而追求个人利益，甚至做出损人利己的事来；过于看重金钱，把"一切为了钱"当作生活信条和行为准则的人，会经不起金钱的诱惑或以金钱作为取得更多既得利益"敲门砖"……父母价值观的倾斜对孩子的影响更为深刻，往往成为孩子观察社会现象的依据，形成辨别是与非、荣与辱的尺度。

总之，家庭文化与社会文化相融合，在不同层面浸润在孩子日常生活的点点滴滴之中，用心营造良好的家庭文化环境对孩子是一种无声的教育。

第三节 中西方家庭教育文化对话与融合

［微视频］中西方家庭教育文化的融合

现代社会的转型将中国传统的家庭教育推上了变革的浪尖，而西方崇尚儒家的某些思想理念，也在呼吁本国的家庭教育改革。可以说，中西方家庭教育的改造已经成了亟须解决的问题，而家庭教育的改造最终要落实到家庭文化的改造上去。如何看待中西方家庭的文化选择和文化交流问题对于当代人来说变得更加尖锐了。这不仅是因为中西家庭文化客观上存在某些差异，而且主要是因为中西方家庭文化各自蕴藏着许多真知灼见，也各自存在着自身无法解决的问题。我们需要充分认识中西方家庭文化的合理内核及其糟粕之处，并结合中西方教育实践进行创造性的学术融通，以期为中西方家庭教育和家庭文化的建设提供一个必要的精神资源。文化是多元的，即世界上存在着许多不同的文化，文化间存在着一定的乃至很大的差异。各文化都有其存在的理由和独特的存在方式或表现形式，都可以在一定程度上促进人的发展。如果家庭文化的选择不能充分反映文化的多样性，也不能充分考虑到儿童主体需求的差异性，必然使得儿童在获得一种文化价值的同时又放弃了其他文化价值，从而失去其他发展的可能。无论是中国家庭教育文化还是西方家庭教育文化，都不应该停滞在一成不变的落后状态，而应该在文化选择、文化交流过程中实现发展。

家庭文化交流需要充分调动家庭文化的参与力量，同时强化家庭教育文化的主体意识。正如有学者认为，文化意味着让人的生存状态更自由，文化的向度之一就是外向扩张，即人按照“人”的需要和理想改变人以外的世界。[①]家庭文化的开发、组织过程，其实是一个既开放又相对独立的文化交流系统。在这个系统中，文化交流的诸要素之间充斥着强烈的文化理解诉求，结成了充满活力的动态组织结构。在这一组织中，交流的一方是家庭文化组织者的文化世界，主要包括组织者的意识、经验和当前行为方式。组织者主要是以中西方家长为主体的，而另一方则是文化对象世界，主要包括外来家庭文化（这里的外来家庭文化是相对的）。家庭文化组织者是文化交流的主体，他们充分调动自身的文化经验去探寻文化对象的生长意义，以实践的方式向文化对象提出各种各样的问题，在自身体验与客观文化信息之间建立联系，试图将文化对象所呈现的功能价值融入本土家庭文化当中，得以生成新的家庭文化。文化对象——外来的家庭文化是主体需要理解的客体，但它们同时又是“活性”的东西，通过它丰富的文化意义和鲜明的现实教育价值，吸引着文化交流

① 孙美堂，杜中臣．文化即“人化”：文化概念的一种诠释及其意义［J］．中国人民大学学报，2004（6）：35–40.

的主体。

在中西方家庭文化交流过程中，存在着不断的冲突、对话与融合，文化交流始于文化的冲突，终于文化的融合。冲突与融合是文化交流活动的两端。

一、文化冲突是中西方家庭文化交流产生的动力

家庭文化生长的过程就是原有的家庭文化与外来的家庭文化不断冲突最终达到融合、实现文化均衡的过程，文化冲突是常态，均衡则是暂时的。中西方家庭文化有明显的差异和冲突。首先在关于人的不同观念上，中西方就分别持有群体本位意识和个体本位意识，从而导致两种不同的教育观的形成。中国文化主要把人理解为类的存在物，注重人的社会价值，把人看作群体的一分子，是他所属社会关系的派生物，个体的价值因群体而存在并借此体现。而西方文化强调人作为有理智、尊严和自由意志的独立个体的地位，个人是人性和社会教育的核心，教育的本质是“学习者了解自己”，对自己的命运负责。中国的家庭教育体制几千年来受儒家思想的影响，儒家强调对权威及其规则的服从以及在考试中取得成功，通过对经典的学习和反思，并将其贯彻于道德与社会实践，人必须付出终身的主观努力。[①]西方教育的目的是寻求高层认知能力的学习成果，认为高学习成就是归因于能力而不是努力。中国学生的学习动机深受多个因素的影响，如个人抱负、家族荣耀、获得尊重、物质回报、满足父母或长辈的期望等。西方学生的学习动机基本不会是为了父母的期望，而是来自内在的兴趣，内在动机是强烈的深层学习策略的前身，他们追求愉快学习。这显然与中国传统文化中的“悬梁刺股”形成鲜明对比。

中西方家庭文化冲突的本质是由家庭文化的组织和生成的特点所决定的。家庭文化是由持不同文化价值取向的组织者，在一定的文化环境中，并深受文化环境的影响而组织和生成的，需要重建和再组织的一个重要条件是外来因素的干扰。在没有受到干扰的时候，家庭文化处于一种相对稳定的状态，当其受到外来家庭文化的影响时，就呈现出未定状态。任何符号系统是一定时代和社会文化的产物，离开了既有的文化土壤，进入一种新的文化环境中去的时候，初始的反应往往是在文化上出现巨大的震撼、抵触和抗拒等不适应状态，产生文化冲突。冲突的背后是家庭文化诸要素之间矛盾关系的存在，如家庭文化组织者与外来家庭文化的矛盾、外来家庭文化的生产环境与本土家庭文化的生产环境的矛盾、中西方父母之间文化理解力的矛盾等。显然，中国父母盲目地崇

① 李鑫，谭杰. 先秦儒家“学以成人”思想及其当代意义［J］. 现代大学教育，2020（3）：99–104.

尚西方的文化并将其拿来全盘吸收，西方父母一味地欣赏中国传统文化而不加鉴别，这都是不可取的。

二、对话是解决冲突、促进交流的较好方式

对话是交流双方了解对方观点和传达信息的重要方式。平等、真诚、愉悦是对话建立的基础，在围绕中西方家庭文化重建和再组织的对话活动中，只有消除话语霸权、文化自大和自卑感，悬置先前文化成见，才能形成多元的观点，有效理解文化对象的确定意义，从他者的理解中获得有价值的信息。

对话的过程分为三步：第一步是家庭文化的组织者，即家长与文化对象——外来家庭文化的对话。家长在家庭文化再组织的过程中与外来的家庭文化对象相遇，文化对象以它特有的方式如符号、活动、组织结构等，向组织者倾诉自身的价值与内在的真理追求，理解就是从组织者倾听这种文化内在性开始的。在倾听的过程中，组织者站在自身的文化立场上，与这种外在要求产生碰撞，这一过程启发了组织者进一步的思考，这样，真正的理解就发生了。第二步是中西方家庭文化组织者之间的对话，他们作为家庭文化组织活动中的成员，有着相同或相似的任务，都有着需要理解的文化对象。他们把第一轮对话中获得的理解毫无保留地呈现出来，通过相互提问与讨论，寻找共同意义，探讨差异所在，在这种对话中相互启发，并在一定程度上克服主观倾向，不断地扩大并修正自己原有的理解视域，提升对文化对象本体意义的把握水平。第三步要进行的是组织者内部的对话。在前两轮对话中，由于获得了多元信息，不同的人在对文化对象理解时，赋予了不同的意义。于是，他们自身的文化理解与获得的他人的理解之间产生分歧，需要组织者在其精神世界产生对话，进一步更新并超越自己在前两轮中的理解视域，以最终确定主体对文化对象理解。

三、文化融合是中西家庭文化交流的基本目标

中西方家庭的文化融合，是发生在家庭文化的组织者对文化对象的理解基础上的。组织者对文化对象的理解不是“照相”和“复印”，不是单纯地将外来家庭文化的内在要求同化到自身文化之中，也不是将自身文化硬性输入到外来家庭文化中去。需要将外来家庭文化的要求作为自身文化建构的媒介，赋予它新的意义，使之适用于新的环境。通过反思、综合、推理和判断，组织者达到了对外来家庭文化意义的融通，充分肯定自我对文化对象意义的把握，在自身精神世界形成文

化对象意义的确定性，并把所把握的文化对象的意义进行经验还原。在生活实践中应用并进行验证，最终在家庭文化意义以及文化对象本体意义互动的基础上，融合生成一种新的家庭文化意义。所谓互动，就是指组织者在自身文化经验的基础上，一边接受现有的家庭文化，一边提取外来家庭文化对象的本来意义，使文化对象的真理要求“适用”于现有的状况，从而产生新的意义。意义的生成就意味着实现了“文化融合”。一种文化越是融合了不同的文化特质，它就越丰富、越有生命力；而一种文化越丰富、越有生命力，文化融合能力就越强、生命力就越强。世界上不存在完美无缺的事物，文化也是如此。中西方文化尽管都有数千年的发展完善史，形成了自己独特的优长，但也仍有各自的不足。文化之间存在民族性差异，但差异之中不乏共通之处。由文化间的共相，便可抽象提炼为共享之文明样态与成果，进而为“人类命运共同体”的构建奠定坚实的理念基础。①就此意义而论，21 世纪是中西文化教育进一步交融与汇通的世纪，中西方在认真考虑各自的文化背景基础上，在家庭教育和家庭文化方面互相学习、扬长避短，是很有必要的。

拓展阅读 5–3

始于餐桌的英国家庭教育②

英国家庭素有“把餐桌当成课堂”的传统——从孩子上餐桌的第一天起，家长就开始对其进行有形或无形的“进餐教育”了。目的是帮助孩子养成良好的用餐习惯、学会良好的进餐礼仪、具备种种值得称道的素质或性格。

鼓励孩子自己进餐。孩子长到一周岁至一周岁半时，开始喜欢自己用汤匙喝汤吃菜。绝大多数英国家长认为，孩子想自己进食，标志着对“人格独立”的向往，应给予积极鼓励。

杜绝偏食、挑食。英国人普遍认为，一个人偏食、挑食的坏习惯多是幼儿时期家长迁就造成的，因而他们特别重视幼儿期的偏食、挑食，当幼儿一个劲地只吃某种菜而对其他菜不屑一顾时，家长往往会把这种菜收起来。他们还认为，餐桌上对孩子的迁就，不仅会影响孩子全面、充分地摄入营养，而且会使孩子养成任性、自私、难以自控等性格。

学习用餐礼仪。英国孩子一般两岁时就开始系统地学习用餐礼仪。

让孩子帮忙做事。稍大一些（5 岁左右）的孩子都乐于做一些力所能及的杂事，

---

① 刘京希．中西文化互鉴与“人类命运共同体”的构建：以政治生态学为视角［J］．华东师范大学学报（哲学社会科学版），2020（4）：19–29，184–185．

② 奇奇．始于餐桌的英国家庭教育［N］．中国教育资讯报，2002–5–30（7）．

如餐前摆好餐具、餐后收拾餐具等。这一方面可以减轻家长的负担，另一方面也让孩子有一种参与感。

重视环保教育。五六岁的孩子应知道哪些是经再生制造的“环保餐具”，哪些塑料袋可能成为污染环境的“永久垃圾”。外出郊游前，他们会在家长的指导下自制饮料，尽量少买易拉罐等现成食品，并注意节约用水、用电，因为他们懂得“滥用资源即意味着对环境保护的侵害”。

要点重述

1. 家庭文化指的是一个家庭世代承续过程中形成和发展起来的，较为稳定的生活方式、生活作风、传统习惯、家庭道德规范以及为人处事之道等。

2. 中国家庭文化的特色较为鲜明，集中体现于中国人的家庭观、中国家庭人际关系的范型、中国家庭的行为模式等方面。

3. 中国家庭教育文化体现为家庭教育的价值观、家庭教育的主体观、家庭教育的功能观等方面。

4. 文化冲突是中西方家庭文化交流产生的动力，通过对话能实现中西方家庭文化的交流。

反思与探究

1. 中国家庭文化的特征是什么？

2. 当前中国家庭教育文化如何在传承中创新？

3. 怎样才能达成中西方家庭教育文化的对话和融合？

推荐阅读文献

1. 翟博. 中国人的教育智慧：经典家训版［M］. 北京：教育科学出版社，2007.

简介：该书集历代家训之大成，取历代家训之精华，凝结着历代家庭教育的经验，汇集着数千年来家教的至理名言。它是历代家长智慧的结晶，是现代家庭教育的宝鉴。

2. 严虎. 家长心理学入门［M］. 长沙：湖南教育出版社，2018.

简介：该书是写给为孩子教育问题所困扰的广大家长的一本入门级心理学通俗读物，旨在帮助家长掌握专业的心理学知识，真正走出家庭教育的困惑，更好地了解、关爱、教育孩子，扮演好父母的角色。

3. 周国平，等. 很高兴能陪你一起长大［M］. 北京：北京理工大学出版社，

2019.

简介：书中收录了周国平、郝景芳、于丹、丰子恺等名家写给孩子的书信、随笔。数十位名家达人，数十篇写给孩子的家书或是随笔，囊括了对孩子的成长期待、对好的亲子关系的新思考、父亲的角色定位、个人成长与亲子陪伴的平衡、给儿童的阅读建议等内容。

第六章　家庭教育的规律与原则

[学习目标]

1. 掌握家庭教育的内在规律，包括：家庭教育途径的生活化规律、家庭教育方式的示范化规律、家庭教育影响的深刻性规律和家庭教育成效的双边性规律。

2. 掌握家庭教育的循序渐进原则、因材施教原则和严慈相济原则。

万事万物都有规律，家庭教育也不例外，家庭教育的内在规律，是由家庭教育主体的特殊性、家庭教育场所的独特性以及家庭教育影响的深刻性等因素共同决定的，它不同于学校教育与社会教育的一般规律。因此，在家庭教育中，既要遵循教育的普遍规律，又要把握家庭教育的独特规律，遵循家庭教育的原则，发挥家庭的独特育人作用。

第一节　家庭教育的内在规律

家庭教育不是把学校教育或社会教育简单地搬到家里，相较于后两者，家庭教育更加凸显生活化、示范化、深刻性和双边性。举个简单的例子，即使父母都是深谙教育规律和方法的学校教师，但在自身的家庭教育中，也不见得能够完全轻松应对。在家庭中，父母不仅仅是“孩子的第一任老师”，他们所承担的也不仅仅是教育的职能。

一、家庭教育途径的生活化规律

家庭教育并不像学校教育那样有着严格的教学计划与目标，而是在生活中实施的。家庭教育途径的生活化规律意味着家庭教育活动寓于日常家庭生活之中。教育语言的口语化、教育场景的日常化以及教育主体双方关系的亲密化，都使得家庭教育有着更加温和的色彩，更具有生活气息。例如，妈妈在陪伴孩子玩积木游戏的过程中，帮助孩子养成整理东西的好习惯；父母在一次家庭旅行中，培养孩子独立生活的能力；一次饭后长谈，爸爸和儿子就“一周能玩几次游戏”的问题达成共识；晚上睡觉前，女儿向妈妈吐露在学校里的一些烦心事，得到妈妈的理解和贴心建议。家庭教育从来不是硬邦邦地、教条式地呈现在孩子面前，而是以一种柔和的、亲切的姿态，通过一声叮咛、一个眼神、一个拥抱，或者一声叹息、一句提醒、一记惩罚，来实现家庭教育的目的。

在生活化的教育场景中，父母与孩子的全领域、生活化接触，使得父母对于孩子而言，缺少了“神秘感”。很多孩子在学校教师面前很懂事听话，教师让做什么就做什么。可是一回到家，立马变身小恶魔，调皮捣蛋，让父母头疼不已。孩子在学校和家庭的“两副面孔”，反映了在孩子眼中“老师”和“父母”两个角色的权威性差异。“老师”的角色是孩子进入学校后才出现的，孩子在陌生人面前通常都是渴望被表扬的，因此会倾向于好好表现，赢得教师的青睐。而且，在学校教育中，教师始终保持着职业形象，具有一定的权威性，不仅能够制订班级规范，还能对学生的行为进行有效奖惩。所有这些，都在孩子的心中树立起一种无形的威信。而在家庭中，情况就明显不同了，“父母”的角色对孩子而言具有复杂性，父母不仅承担着对孩子的教育职责，还伴随着养育、陪伴等多重任务，父母并不是以一种职业化的形象出现在孩子的生活世界里，缺少学校教育中教师的权威性，因此，孩子对于父母的命令、意见、态度，往往没有那么“当真”。这对于家庭教育而言是一个非常大的挑战。所以，要想在家庭教育生活化的场景中取得良好的教育效果，就要努力建立起父母的人格魅力和威信，可以从以下几个方面着手。

第一，父母要改变粗暴的、命令式的家庭教育方式。在这种方式下，父母企图通过重压和高压获得威信，常常事倍功半。一些父母为了一点无关紧要的小事或非原则性的问题，对孩子大发雷霆，甚至是训斥谩骂、拳脚相加；有的父母以物质刺激为诱饵，诱导孩子听话和顺从；还有的父母通过打击、贬低或训斥配偶的方式，树立自己的威信。这些做法均不可取，不仅提高不了自己的威信，反而会让孩子反感。

第二，父母要注重在细节处为孩子做好表率。在细节处为孩子做好表率，是指父母为孩子做表率不是体现在“大是大非”的问题上和“高谈阔论”上，而是体现在生活和交往的方方面面，在细微处见人格，在细节处树威信。因为孩子和父母的感情最深厚、最真挚，他们相信、尊重、仰慕自己的父母，所以父母在日常生活中要处处严格要求自己，事事起表率作用，要求孩子做到的，自己首先做好，这样孩子就会更加相信、尊重、仰慕和崇拜自己的父母，就乐意按照父母的指引行事。父母支持的事情，孩子就乐意做、自觉做，父母反对的事情，孩子就会抵触和反对，并坚决拒绝去做，这就是父母人格魅力和崇高威信的力量所在。

第三，父母必须和孩子建立民主平等的关系。父母和孩子虽是不同的辈分，但在人格上并不分高低，都是平等的。父母不要以为对孩子居高临下，高出一等，才算有威信，也不要以为事事独断专行，才算有权威。孩子只有感到父母讲民主、平等，没有摆架子，尊重孩子，他们才会亲近父母，才会相信父母，有话愿意跟父母讲，有事愿意跟父母商量。教育孩子最好的方式是平等对话，共同讨论，共同协商，努力做到使教育内容和教育方式都能为孩子所接受。孩子自己的事，尽量听取孩子的意见，让他们自己做主。家里的事情也尽可能争取孩子参与，给他们说话的机会，并注意倾听他们的意见。父母可以对孩子提出要求和建议，孩子也可以向父母提出建议，父母犯了错误也要向孩子表示歉意，这样不但不会降低父母的威信，反而给孩子以真诚的印象，提高父母的威信。

二、家庭教育方式的示范化规律

父母是孩子成长过程中的重要他人，父母的一言一行对孩子的成长发展都有着示范化的影响作用。家庭教育方式的示范化规律是指，父母对孩子的教育不仅体现在言语的说教方面，更体现在行为表率等无声的生活细节方面，体现在父母自身的人格魅力与基本素养上。这就要求父母能够以身作则、给孩子做出好的榜样，用自己的言行举止感染孩子、激励孩子。

家庭教育既包括父母或其他年长者在家庭内自觉地、有意识地对孩子进行的教育；同时也包括不自觉地、无意识地对孩子进行的教育。前者是家长有目的地对孩子施加的影响，后者是指孩子在家庭环境中受到家庭成员的潜移默化的影响。家庭是孩子接受教育的第一所“学校”，这使得家庭教育对人的发展具有不同于学校教育和社会教育的独特优势，从这个意义上说，父母就是孩子的第一任老师。父母与孩子接触最早，时间最长，孩子的大部分时间都在父母的抚养和家庭成员的影响之中。因此，家庭成员特别是父母的道德品质、生活方式、语言行动等无不影响着孩子。此外，父母对孩子的心理发展有着不可低估的影响。父母身上的优点、长处或弱点、短处，直接影响孩子的行为方式、心理发展和个性形成。不管父母是否意识到，他们的言行每时每刻都对孩子产生着影响，孩子将无法选择地、无意识地加以模仿、甚至是接受。斯宾塞说过：“野蛮产生野蛮，仁爱产生仁爱，这就是真理。待孩子没有同情心，他就变得没有同情心；而以应有的友情对待他们，就是培养他们友情的最好手段。”①

社会学习理论的奠基人美国著名心理学家班杜拉揭示了榜样作用的学习心理机制。他认为，人类的行为除少数属于无条件反射以外，绝大多数行为是后天通过对榜样的观察习得的。对孩子而言，父母是天然的榜样，其一言一行、一举一动，都是孩子的一面镜子。俗话说，有什么样的父母就会有什么样的孩子，父母自身的生活态度、生活方式、品位情调，都是孩子无形的榜样。实际上，许多孩子问题的根源不在孩子，而在父母。因为问题儿童多是由问题家庭培养出来的，每一个问题儿童的背后，都会有一个问题家庭或问题父母。因此，如果形成问题的环境没有改变，

---

① 斯宾塞．教育论：智育、德育和体育［M］．胡毅，译．北京：人民教育出版社，1962：107.

父母自身的生活态度、生活方式，父母的教养态度、教育理念、教养方式不去改变，那问题孩子的问题解决也会非常困难。父母自身的审美素质，影响着孩子的审美眼光；父母的价值取向，引领着孩子的价值追求；父母的胸怀，决定着孩子的心胸气度。智慧只能由智慧来培育，人格只能由人格来培养，良心要靠良心来熏陶。父母的智慧集中体现于父母的人格、人品、教养、思想、生活态度等方面。要取得理想的教育效果，父母以身作则是最为要紧的事，绝不能只是寄希望于某些具体的教育方法，而是要考虑如何最大限度地发挥父母以身作则的作用。正如马卡连柯所说："父母对自己的要求，父母对自己家庭的尊敬，父母对自己一举一动的检点，这是首要的和最基本的教育方法。"

父母的身教不但是提高家庭教育效果的前提，从某种意义上来说，父母以身作则也是一种教育目的。这是因为，父母自身做到以身作则，不但实现了父母提高自我素养的目的，也通过这种自我发展影响着孩子的成长和进步，从而实现了家庭教育的目的。

有些父母，不在加强自身修养上下功夫，不注意以身作则，却单纯地指望能找到一种"巧妙"的方法，设想只要一使用这种方法，就可以把懒汉教成热爱劳动的人，把恶棍管教成诚实的公民。针对这种想法，马卡连柯指出："所谓教育上的奇术，根本上是不存在的。"他断言："如果教育者个人有很多的缺点，那么，任何的方法都是没有用的。"卢梭也指出："我不能不反复地指出，为了做孩子的老师，你自己就要严格地管束你自己。"

许多事实证明，父母做某一件事，说某一句话，本不是有意做给孩子看的，也不是说给孩子听的，可孩子偏偏学了你的样子。日常生活中，这种现象常常发生。有时候，父母有意做给孩子看的，孩子偏不看；父母有意说给孩子听的，孩子偏不听，所谓"视而不见，充耳不闻"。而父母不希望孩子看的、听的，他们往往都注意看、注意听了。这是什么原因呢？我们平时欣赏文艺作品和文艺节目时，往往有这样一种体验：越是真实的东西，对人的吸引力、感染力越强。这是因为这种作品和节目真实地反映了现实，有真情实感，容易引起读者和观众的共鸣。这和教育的道理是相通的，在日常生活中，父母无意的言行，是父母人格的自然流露，自然对孩子的吸引力和感染力要大。

父母的以身作则，并不是说在平时"注意一点"就行了，而是要求父母时时、处处、事事都要严格要求自己，给孩子做出好榜样，呈现给孩子一个有真情实感的、以身作则的父母。要做到这点，父母必须从根本上加强自身修养。父母还必须明白，以身作则并不是说父母像演员那样是给孩子"表演"。从根本上说，就是要求父母用自己的人格教育和影响孩子。

拓展阅读 6—1

“熊孩子”的背后是“熊家长”的教育缺位①

“熊孩子”频频出现在社会公共议题当中是近几年的事，与“坏人变老”同在最容易震荡舆论情绪的议题之列。日前中国青年报社社会调查中心联合问卷网一项最新调查结果又将“熊孩子”问题推到了公众面前。

这项有 2009 人参与的调查涉及“熊孩子”数量的个体感受、成因及反感点。调查显示，82.4%的受访者感觉现在“熊孩子”多。89.4%的受访者认为是家庭教育出了问题，69.5%的受访者归因为父母无原则的宽纵和溺爱；88.5%的受访者反对以“他还是个孩子”为“熊孩子”犯错推脱。这不禁令人想起，知乎上有一个提问“你遭遇过哪些‘熊孩子’？是如何处理的”，第二高票回答相当直接：“‘熊孩子’必有‘熊父母’。”

绝大部分受访者将“熊”之根源的矛头直指家长并非主观臆断，而是确有事实支撑。2017 年 6 月，《法制日报》记者在调查中发现，“熊孩子”的背后，往往都站着素养缺失或教育错位的“熊家长”：有的孩子辱骂长辈时，父母在旁边微笑；有的幼教老师教育孩子几句，家长就上门来大闹。更有甚者，有媒体报道，深圳某舞蹈培训机构的一名孩子将老鼠药分给小朋友们吃，导致一名小朋友被送医。而该名孩子的家长事先知道他将老鼠药放进了书包，事后竟然还称“无毒无害”。今年 3 月底，河南一名 11 岁的孩子一脚蹬坏电梯门，面对物业的索赔，妈妈却如此回应：电梯有质量问题，“物业该感谢我儿子”。

“熊孩子”出没，孩子本身固然有错，但根源不在孩子，而在于家庭教育。家长以自己的孩子为中心可以理解，但不能要求全世界都以你的孩子为中心；你惯着孩子，不能要求全世界都惯着孩子。孩子不可能永远躲在家长的羽翼之下，他（她）总要承担自己的人生。你不教育孩子，总有人替你教育他（她）；你不教会孩子恪守规则，他（她）就要为违背规则付出代价；你放任孩子在错误的道路上越滑越远，总有一天错误会将他（她）反噬。

要避免培养出“熊孩子”，家长首先不要当“熊家长”。作为孩子的第一任老师及监护人，父母不只是孩子的奶瓶，还身兼精神食粮提供者、性情品格塑造者的重任，365 天×24 小时的言传身教对孩子的影响极其深远。苏联教育家马卡连柯曾经这样告诫父母们：“不要以为只有你们同儿童谈话、教训他、命令他的时候，才是进行教育。你们是在生活的每时每刻，甚至你们不在场的时候，也在教育着儿童。你们怎样穿戴，怎么同别人谈话，怎样谈论别人，怎样欢乐或发愁，怎样对待朋友

① 莫兰.“熊孩子”的背后是“熊家长”的教育缺位［N］. 中国妇女报，2018-5-14（4）.

和敌人，怎样笑，怎样读报——这一切对儿童都有着重要意义。”正人先正己，正己先正心，唯有先端正自己的三观，培养健康的教育观，时刻谨言慎行，才能教出品格优秀的好孩子。

三、家庭教育影响的深刻性规律

很多孩子身上的问题都能从家庭教育中找到原因，甚至，很多人成家立业之后，身上依然带有其原生家庭的影子。家庭教育影响的深刻性规律不仅体现在对当下家庭的影响，也体现在对子女未来家庭的影响上。

2013年，“南京饿死女童案”受到社会的广泛关注，当事人乐燕因外出吸毒导致两个女儿饿死，被判处无期徒刑。而在对乐燕的行为进行剖析的同时，人们也意识到，乐燕从小生活在一个缺乏关爱的非正常家庭中，正如乐燕在法庭上最后陈述中所说的那样：“一个自己从来没有得到过爱的人，怎么给别人爱？”一个在“无爱”的环境中成长起来的孩子，只能将“无爱”代际传承下去。

在一个幸福的家庭中，“爱”是应有之义，夫妻恩爱，长者慈爱，幼者敬爱，兄弟姐妹互爱，家庭中洋溢着爱，家庭成员生活在爱与被爱之中，家庭才有真正的幸福。家庭教育的一个重要任务，就是让孩子感受爱、表达爱，在爱的环境中长大成人，并在未来的新生家庭中营造爱的氛围，把家庭的温度和爱意传递下去。可以说，家庭教育对当下家庭幸福和未来家庭幸福都起着深刻的影响作用。

（一）家庭教育对当下家庭幸福的促进作用

众所周知，夫妻互敬互爱，生活和谐，是家庭幸福的主要标志。而夫妻和谐的生活，带来了新的生命，又形成了家庭稳定的“三角”，把家庭生活推向一个新的阶段，使家庭幸福有了更为丰富的内涵。让孩子有个幸福的童年，仍然是普天之下为人父母者的共同心愿。在人们的心目中，为自己的幸福而不顾孩子的父母不是好父母，为事业而不顾孩子的父母也不是好父母，更为重要的是，从某种程度上讲，对于父母而言，没有孩子的幸福，就没有父母的幸福，因此，孩子的快乐成长和幸福生活是家庭幸福的重要标志。

从教育的观点来看，孩子的幸福与父母的幸福应当是统一的。因为，只有父母幸福、家庭幸福，孩子才会有真正幸福的童年。如果父母生活得美满幸福，那他们的生活本身就必将成为对孩子进行和谐教育的条件，因为在和谐幸福的家庭生活中，亲子关系更为融洽、孩子的心理发展更为完善。因此，父母为了追求自己的幸福而忽视孩子的幸福固然不对，但父母以牺牲自己的幸福作为代价让孩子幸福也是不可取的。

父母的幸福与孩子的幸福，不仅体现在家庭教育的结果上，也体现在家庭教育的过程中。教育孩子是一项无比丰富、极为复杂的工作，需要父母花费大量的心血，付出艰苦的劳动；而同时，也可能使父母品德更高尚、知识更丰富、生活更充实，给父母带来无限的乐趣。它给孩子带来真正的幸福，同时也会给父母增添无穷的幸福，家庭幸福就寓于家庭教育之中。

孩子从婴儿、幼儿到童年、少年、青年，从无知、幼稚走向成熟，每一步无不牵动着父母的心。孩子每前进一步，每取得一次成功，都会使父母兴奋不已，感到自豪；而每遇到一个困难，遭受一次失败，又会令父母感到忧虑，增添一份操心。如何针对孩子的特点，爱孩子，教育孩子，为孩子营造一个良好的育人环境，其中大有学问。既要懂得科学，又要讲究艺术。父母和其他家庭成员为了实现共同目标而共同学习、共同研究、共同努力，并取得预期的效果，其乐无穷，这体现了家庭教育中蕴含的家庭幸福和快乐。

（二）家庭教育对孩子未来家庭幸福的支持作用

孩子真正的幸福，既包括未成年期与父母在一起生活的家庭幸福，也包括他们将来自己小家庭的幸福。从某种意义上讲，孩子将来能否建立幸福的家庭，在一定程度上取决于今天的家庭教育。

苏联教育家苏霍姆林斯基曾对200个年轻家庭离婚案进行研究，发现其中184个家庭离婚的原因在于夫妻彼此不善于了解对方。这些青年男女对相互之间应该善于培植复杂和微妙的感情一无所知。这些不善于做丈夫和妻子的人，一旦成为年轻的父母，又常常表现得像孩子似的无能力、无经验、束手无策。他认为，这对于社会、家庭和他们的孩子都是不幸的。

每个孩子将来都要做妻子或丈夫，成为自己孩子的妈妈或者爸爸。他们不可能自然而然地就懂什么是真正的幸福，愿意和善于用劳动去挖掘幸福之井，并从中发现新的幸福的源泉。这就使家庭教育面临着一个极为重要的课题：教育孩子为将来的家庭生活做好精神上的准备。实际上，在这个问题上，每个父母都自觉不自觉地通过言传身教、环境熏染等形式，给自己的孩子施加这样或那样的影响。区别只在于：由于家长的素质不同，价值观念和生活方式不同，给孩子以后爱情、婚姻、生活等可能造成的影响也各不相同。从这个意义上讲，家庭是人们学习家庭生活的第一所学校。

家庭作为帮助孩子学会过家庭幸福生活的第一所学校，在子女的成长和未来家庭生活中扮演着十分重要的角色。营造幸福的家庭生活环境，既是家庭教育的目的，也是家庭教育的手段。从目的的意义上讲，家庭教育和家庭生活中，除了家庭的幸福而言，没有更重要的目的；从手段的角度而言，家庭生活的幸福，对于孩子的快乐健康成长，对于孩子观察、体会和获得建设、经营和维护自己家庭的经验具有独特价值。因此，作为家长，应该在建设好现有家庭的同时，有针对性地进行有关家庭生活的情感、知识和技能的陶冶和培养。

拓展阅读 6-2

原生家庭不该是成长的原罪①

最近，北大毕业生王猛（化名）发表万字长文痛诉父母“罪行”的新闻在网上被热议。

看过新闻的人想必“心里颇不宁静”，或者感同身受王猛从小到大所受到的种种委屈，报以深深的同情；或者站在父母的角度，觉得王猛“拉黑”父母十多年不回家，做得过于决绝；或者由之联想起自己父母的家庭即原生家庭，产生倾诉家庭“原罪”的冲动。

的确，新闻中提及的种种细节，诸如王猛说母亲一直倾向于把他关在家里，不理解他；王猛的父母“爱儿子，我们希望跟他重新联系起来”“王猛从小到大的所有物品，哪怕是一个小小的手工，都在家里放着”等，都让人看到每个普通中国家庭的缩影，展示了 80 后、90 后的成长侧面。

换而言之，王猛的成长经历及其所受原生家庭的影响，自带大多数中国原生家庭的影子，具有相当强的共性和普遍性。因此，与其扩大化王猛的“悲剧”，吐槽父母的种种不是，痛责王猛的偏执、冷漠，抑或将矛头都指向王猛的父母，不如将原生家庭作为反思成长的镜子，直面长期困扰自己的心理问题，找到症结所在。

从心理学角度讲，人的性格从一出生就逐渐形成，而对性格形成起关键性作用的，就是原生家庭。从父母对婴儿哭闹的反应、与孩子的交流方式，到对孩子的道德教育、童年成长的每个环节，都对一个人的自我认同产生深远影响。这种影响有时是有意识的，但更多时候是无意识的，如果没有主动检视的意识，就像有人所说的，“一个人永远走不出自己的童年”，只会让心结伴随终身，乃至一生都不快乐。

原生家庭对个人性格、心理认知等的确有影响，但有研究表明，这种影响不是决定性或压倒性的。因此，将自己所有的心理问题都归咎于原生家庭，或者将之作为推卸自我责任的挡箭牌，历数父母教育的种种不是，不能真正解决问题，甚至走向了问题的反面，只能说是一种逃避。只有将原生家庭作为一种参照、一面镜子，才有望真正实现自我成长，才是正确解读原生家庭的方式。

之于孩子，要明白天底下的父母多是爱自己的，父母的心态或习惯既然很难改变，那就改变自我心态，即明白父母也是普通人，他们内心也有挣扎，多一些理解，

① 张贵勇．原生家庭不该是成长的原罪［N］．中国教育报，2018-2-5（2）．

也便多了回旋的空间。之于父母，并不意味着自己天生就是孩子的主宰，为人父母的过程中也是反思的过程，不能拿自己的成长经验来教条地掌控孩子的成长。有了自我检视的意识，就不会不解“如果前半程我们在掌控他，可问题出在这后面啊”，毕竟凡事有因果，没有对孩子前半程的掌控，就不会有后半程彼此的心理挣扎。每一代孩子各有自己的精神世界和成长轨迹，鼓励孩子去探索和顺利完成自我同一性，才是家庭教育的关键。

理想的家庭教育需要父母与孩子双方的反思，是一场开诚布公的双向互动，经过不断调适，在彼此真诚互见、相互尊重的基础上，不断反思教育观，梳理教育方法，才有可能收获良好的亲子关系。离开了这一前提，成见只会越来越深，最终形同陌路。

如果说一个人的童年与成年互为因果，那么很显然，父母从孩子的童年就多反思自己的教育观，让孩子有一个舒展而充实的童年，比单纯将原生家庭归为成长的“原罪”更有意义。做到这一点，需要亲子之间共同面对困扰彼此的心结，坐下来找到问题所在，尽力去化解它，将之转化为向上生长的动力。真正卓越、优秀的人应该具有这种“属性”，即在事业上取得他人难以超越的成就，在家庭中更多的是一名建设者、分享者，做到了自我与家人的和谐共处，让父母更幸福，让家庭更有爱，而不是扮演着受害者、分裂者的角色。

成长的心结，尤其是来自亲人的误解或伤害，终究是要解开的。一个人最无法接受或释怀的，往往是来自至亲至爱之人的不解或攻讦，会留下一生都无法愈合的伤口。而回到童年，回到原生家庭，直面这些疼痛、伤口乃至内心的黑暗角落、恐惧之所，找到问题所在，一个人才不至于背上“情感的孤儿”之标签终其一生，也才有可能破茧成蝶，重获新生。

四、家庭教育成效的双边性规律

我们常常用“教学相长”一词来形容师生双方相互启发、相互补充，使教和学两方面互相影响和促进。其实，家庭教育中也存在这种互相影响促进的“教学相长”现象。家庭教育成效的双边性规律，揭示的就是父母和孩子之间彼此影响、共同成长的互动关系。

父母与孩子之间的关系是家庭教育的各种关系中最基本的一种关系。父母的教是为了孩子的学，为了孩子的发展和成长；孩子的学又影响父母的教，两者相互依存，互为条件。父母是家庭教育活动的组织者、协调者和指导者。孩子在家庭教育活动中也是教育的主体，任何对孩子的影响和要求，必须通过孩子的认可、理解和接受才能转化成他的发展。因此，家庭教育要顺利开展，就要求在父母与孩子之间，在教与学之间建立起相互协调、相互配合、相互促进的关系。

很多时候，父母喜欢抱怨“现在的孩子不好管”“个个都是人精”，孩子对父母问题的抗议，对父母缺点的指正，都被父母视为是一种无奈和负担。但事实上，孩子的抗议和指正，正是父母对自身家庭教育理念进行反思的良好契机——孩子为什么会抗议？他有没有道理？自己的教育方式是不是有问题？如果是孩子的问题，继续耐心地用孩子能够理解的方式让他明白父母的心思；如果是父母自身的问题，也应大大方方地向孩子承认错误。

有这样一则故事：一天，小女孩妈妈的一个朋友带孩子来家里做客。那孩子临走时拿起一本女孩爸爸刚给她买的新书问女孩妈妈：“阿姨我可以把这本书带回去看吗？”女孩妈妈随即答道：“可以可以，送给你了。”而女孩妈妈的这位朋友竟然也说：“这孩子，真是的，赶紧谢谢阿姨。”客人走后，女孩开始哭。女孩妈妈特别不以为然地说：“你哭什么，你不是还有那么多本，给她一本怎么了，她都跟我开口了。”女孩转身去了阳台，把妈妈最爱的那盆花搬起来扔楼下去了，然后边哭边说：“你不是还有那么多盆花，扔一盆怎么了？现在你知道是什么滋味了。”结果女孩挨揍了。后来女孩好几天没跟妈妈说话，三四天后她放学没回家，拿着一本新本子，径直去了那位阿姨家抄书。阿姨反复要把书还给女孩，但是女孩就是很镇定地坐在那里抄书，边抄边说：“已经送给妹妹了我不要，我没看完，我就想知道后面还有什么，我想抄了回去看。”阿姨只好给女孩妈妈打电话，女孩被妈妈领回去的路上又挨了一顿打。但是以后有人想要女孩的东西，不论她在不在家，女孩妈妈都会说：“这是璐璐的，你要问她。”

读过这则故事的人，或许会忍俊不禁，或许会哭笑不得，也或许会为女孩的勇气和“抗争”意识所折服。这就是孩子的方式：妈妈让她失去了心爱的图书，她用哭声抗议，妈妈不以为然，所以她就用类似的方式，让妈妈失去心爱的花，继而去抄书，让两个大人感到难堪。虽然挨了两次打，但最终还是“抗议”成功了。故事里这位母亲的改变，是孩子抗议的结果，也是其自身反思与进步的表现，通过孩子的一连串行为，这位母亲认识到孩子也是一个独立的个体，不能将自己的意志强加给孩子，更不能事事替孩子做主。可见，在家庭教育中，受影响、被改变的不仅是孩子，也有可能是父母，父母与孩子之间甚至与其他家庭成员之间的互动影响，其实都是家庭教育的重要体现。

当然，除了在孩子的抗议声中被动改变，身为父母，也应该主动挖掘孩子身上的固有优势，虚心向孩子学习。尤其是在当今的互联网时代，父母在很多新事物的学习和接受方面已经远远赶不上孩子。如今的中小学生被称为互联网时代的“原住民”，他们投身网络就像鱼儿遇到水那般游刃有余，而只能称得上“网络移民”的父母遇到网络时则显得有些“水土不服”。

一位多年关注儿童媒介素养的专家举了一个例子：成年人因为以往学习习惯的固化使他们在网络的使用上遭遇了瓶颈，比如同样是学习制作 PPT，成年人的学习方式可能是找一本教材，而小孩子很可能在第一次做 PPT 的时候把页面上的每一个“菜单”都拉下来试着使用一下，这样做完了第一次 PPT 之后，他们就几乎完全掌握了要领，而成年人则很可能要经过很多次才能学会。所以，父母要摒弃身为大人的傲慢与自大，不要再说“我吃的盐比你吃的米都多”，正在快速成长的孩子，在某些方面，可能懂得比你更多。虚心地向孩子请教，适时地向孩子示弱，把孩子当成自己的“小老师”，一方面能够激发孩子学习某些新知识的积极性，另一方面，在构建良好亲子关系方面，也有很大益处。例如，一次家庭旅行，妈妈把查询旅游攻略的任务交给正在上初中的儿子，“妈妈上网查东西不如你厉害，你好好查查资料，给咱们规划一个详细的旅游路线吧！”儿子听到妈妈这样的夸赞和信任，非常高兴，对这项任务投入了大量的时间和精力。平时对外出旅行并不太感兴趣的他，仔细研究了很多旅游达人分享的攻略，并上网查了一些景点和酒店的评价，最终制订出了一份非常详尽、完善的旅游路线图，并根据自己了解的信息，给出了食宿的相关建议。很小的一件事情，不仅鼓励和认可了孩子的优势，锻炼了孩子查阅和整理资料的能力，同时也能让孩子感受到作为家庭主人翁的责任感，可谓“一举多得”。

拓展阅读 6–3

家庭教育也要“与时俱进”[①]

家长们总有这样的感觉，现在的孩子与自己小时候大不一样了，有时候大人给他讲的很多事根本听不进去，评判一件事往往也不是是与非、对与错那么简单了。

有个妈妈带孩子去看舞剧《白毛女》，妈妈给孩子讲黄世仁剥削杨白劳，孩子却说：“杨白劳为什么借钱不还，他不讲诚信！”

孩子提出的类似问题，往往令大人无言以对，也有家长会指责孩子“不懂事”。仔细想想，其实这类问题对我们思考当今的家庭教育也有很多启示：

一是孩子是感性的、现实的，他们缺少社会生活经验和对历史的了解，是站在孩子的立场、以自己的视角观察社会的，与成年人的认识存在差异很正常。家长和老师大可不必站在成年人的立场去指责孩子。

二是对孩子进行教育，只是出于良好的愿望、单向地灌输很难达到预期的效果，需要以多元思维进行分析，做出符合孩子认知特点和接受能力的解释。

三是要解释当下孩子提出的五花八门的问题，对家长来说也需要自我学习和提升，最好是与孩子一起学习，寻找适合孩子的答案。

---

① 关颖．家庭教育也要“与时俱进”[N]．中国妇女报，2018–4–15（1）．

这类问题，也提出了家庭教育如何“与时俱进”的问题。“与时俱进”就是要适应时代发展，适应外界的变化，适时并且及时地改变自己的思想、观念，用“以儿童为本”的理念为指导应对家庭教育问题，并使自己从中得到发展。

其中的“时”，可以理解为时代、时间和时机。时代是变化的，只有在继承优秀传统文化基础上创新发展才有牢固的基础；时间，是一个动态的、连续的过程，所以我们的教育观念也不能是静止的，必须随着时间的变化而变化；时机，就是在恰当的时间充分利用客观条件，抓住教育的机会。

第二节 家庭教育的指导原则

家庭教育的指导原则，是指根据家庭教育的目的与任务，遵循儿童身心发展的规律和家庭教育的内在规律，在总结成功家庭教育经验的基础上而提出的家庭教育必须遵循的基本要求和指导原理。一方面，它具有很强的实践性，另一方面，它又具有坚实的理论依据。因此，它对家庭教育工作具有重要的指导作用，在一定程度上决定着家庭教育内容的安排、家庭教育方法的选择、家庭活动的安排。现阶段，我国家庭教育应该遵循的基本原则可以概括为：家庭教育的循序渐进原则、家庭教育的因材施教原则和家庭教育的严慈相济原则。

一、家庭教育的循序渐进原则

［微视频］
家庭教育的
循序渐进原则

家庭教育的循序渐进原则，是指家庭教育要遵循儿童的身心发展实际，有次序、有步骤地进行，以期在儿童身上形成家长所期望的特征和品质。这一原则是儿童身心发展的规律在家庭教育中的反映，也是由儿童成长的年龄阶段决定的。

（一）遵循年龄发展阶段的循序渐进

在日常的家庭教育过程中，父母往往有两种违背儿童年龄阶段的表现。一种是落后于孩子身心发展的水平，就是在应该实施某种教育的时候，父母却没有及时进行；另一种是超越孩子的身心发展水平，对孩子进行教育和训练的内容难度超过了孩子的身体和心理发展水平。后一种倾向在家庭教育中较为普遍。

所谓遵循年龄特征，就是要求父母既要根据孩子不同年龄段的认知特点，给予相应的教育，不要错过最佳发展期；又要在教育中不能超越孩子的心理发展阶段，安排孩子无法接受的教育内容和教育方式。心理学研究表明，在儿童心理发展的过程中，各种心理现象的发展并不平衡，每一心理现象在各个发展阶段的发展速度也并不相等。儿童在某一发展阶段对某种外界影响特别敏感，心理学上称为最佳发展期，或最佳年龄、关键年龄期。因此，要根据儿童年龄发展顺序，合理安排教育内容。

一般认为，孩子从出生时的生理、心理柔弱，到生理、心理发展成熟大体分为六个时期，亦称六个年龄阶段。每一个不同的年龄阶段，在生理上和心理上都表现出区别于其他年龄阶段的一般的、典型的特征。

第一阶段是乳儿期，从出生到出生后第一年。这一阶段，孩子软弱无能，各种器官稚嫩而脆弱，功能不发达，适应环境的能力很差，经不住强刺激，缺乏抵抗能力，不能自由活动和行动。生活不能自理，处处需要成人的关怀和照顾。但是，乳儿期是人身心发展最快的时期，是人生中的第一个生长高峰。在出生后的第一年，孩子的身高、体重都会快速增加，脑重量也增加很快，各种感觉器官的机能也迅速发展。

第二阶段是婴儿期，从一岁到三岁。这一阶段孩子的身心发展速度比较快，学会站立、行走，具备一定的独立活动的能力，接触的事物也有所增加，语言也得到发展，能与人交往，各种感觉器官进一步发达，情感也变得日益丰富。

第三阶段是幼儿期，即三岁到六七岁，亦称“学前期”，指的是幼儿园阶段。这一阶段孩子的身心进一步发展，骨骼、肌肉的机能增强，活动能力提高，活动范围扩大，眼界更加开阔；兴趣广泛，求知欲增强，以游戏活动为主，是进入学校学习的最后准备阶段。

第四阶段是儿童期，从六七岁到十一二岁，亦称“学龄初期”，大致相当于小学阶段。这一阶段，孩子进入学校，其活动内容由以游戏为主转为以学习为主，开始了系统的学习。生活环境和生活内容的巨大变化，使他们的身心得到迅速发展。他们的骨骼进一步坚硬，肌肉力量进一步增强，大脑质量接近成年人，有强烈的求知欲望，其思维形式仍以形象思维为主。

第五阶段是少年期，从十一二岁到十四五岁，亦称为“学龄中期”，大致相当于初中阶段。这一阶段是人身心发展的第二个高峰，身高、体重迅速发展，男女孩都出现第二性征。其思维形式逐步由形象思维向抽象思维过渡，理解、接受知识的能力大大增强。这一时期的孩子有强烈的成人感，强烈要求独立自主，自己支配自己的言行，对成年人不像以前那样依恋和依赖了，进入“心理的断乳期”(或叫“第二次断乳”)。但是，他们的自我意识、自我约束、自我控制能力还比较弱，思维比较偏激，好走极端，不愿意接受成年人的管束。

第六阶段是青年初期，从十四五岁到十七八岁，大体相当于高中阶段，进入学龄晚期。这一阶段孩子的身心发展基本成熟。

人的身心发展是一个渐进的过程。特别是学习知识、发展智力，不是任意增加学习内容、加大学习难度、加快学习进程、大搞突击便可以奏效的。历来教育家都主张对孩子进行教育不能操之过急，要量力而行，循序渐进。“欲速则不达”是说违背事物发展的客观规律，单凭主观意志想加速事物的发展，那是不可能的。我国著名儿童教育家陈鹤琴在其著作中多次告诫家长，要遵循儿童的年龄特征实施教育。“小孩子究竟怎样学习的？他如何从无知无识到有知有识呢？明了这种学习的性质，我们就知道我们应当怎样教小孩子了。”

这就是说，家庭教育要遵循儿童的年龄特征进行。根据孩子的实际理解能力，教以相应的知识。如果教给孩子的知识符合他们的年龄特征，他们就能理解、消化和吸收，学习的积极性就高、兴趣就浓。当他们通过自己的努力、掌握了知识，就会增强自信心，提高求知欲望，希望学习更新、更多的知识，形成学习的良性循环。俗话说“胜任愉快”，就是这个道理。孩子学习轻松自如，就会“以学为乐”，把学习当成一种乐趣。

“循序渐进”是一个普遍的教育原则。特别是在当前家庭教育中，这个原则显得尤为重要。即要求我们按照儿童身心发展的年龄特征，遵循科学知识本身的发展顺序，按照由浅入深、由简入繁、由易到难、由少到多、逐步提高的要求安排家庭教育内容。

（二）遵循心理发展阶段的循序渐进

心理学研究表明，儿童的心理发展经历了从直观动作思维到具体形象思维，再到抽象逻辑思维的过程。这一过程是一个连续不断的矛盾运动过程。随着矛盾一个一个地产生和解决，心理不断产生量的变化，在量变基础上产生质的变化，家庭教育必须遵循这一发展特征循序渐进地进行。

家庭教育要遵循儿童的身心发展水平，就是教育学中的“量力性原则”或“可接受性原则”。它所指的就是，家庭教育的内容、方法等要从儿童的实际情况出发，关注儿童学习的“最近发展区”，使儿童能够掌握家长所教的知识、技能等。

有的家长为了使自己的孩子早成才、快成才、成大才，对孩子盲目地进行“过度教育”，强制孩子实行“早餐”“多餐”。所谓“早餐”，就是不顾孩子的身心发展水平，不考虑孩子的实际理解能力和接受能力，任意提前进行智力开发。在孩子刚刚会说话时就教他们识字，算算术、背古诗、学外语；孩子还未上学就教孩子学习小学课本上的知识；未进中学就提前学习中学课本的知识。所谓“多餐”，就是任意给孩子补充练习题；学完了学校的功课，回家后还要吃“小灶”、吃“偏饭”，由家长或家庭教师给孩子教更深、更难的知识；在孩子上学的同时，还要孩子参加许多其他的课外学习，如学习书法、绘画、音乐等，把孩子每天的日程安排得满满的，没有一点娱乐、休息、体育活动的时间，不给孩子喘息机会，恨不得一下子就把孩子培养成为一个“神童”，或一个无所不知、无所不晓的“全才”。

这样做的结果肯定是事与愿违的。因为这脱离了孩子的实际，违背了孩子身心发展的客观规律。就拿实行“早餐”的做法来说，如果处理不当，不但不能促进孩子发展，反而对孩子发展造成不利影响。孩子小时候是进行智力开发的大好时机，他们的感受能力和可塑性相当强，早期教育如果遵循发展规律，是会有利于孩子的智力发展的，将来孩子进入小学学习有一个较高的起点，对孩子也是有好处的。但是，有一些家长，对孩子实际理解能力和接受能力估计过高，总想把孩子造就成一个“神童”，过早地让孩子学习一些抽象深奥的知识。其实，在理解力、记忆力方面有特殊才能的“神童”，是极少数、极个别的，绝大多数孩子不可能有那么强的理解力和记忆力。

不顾孩子的理解能力和接受能力硬给孩子灌输他们根本不理解的知识，孩子全靠死记硬背，只能学到一些一知半解、似是而非的东西。孩子小时候学到的知识，往往是“先入为主”，头脑里形成了一些不正确、不完全的知识概念，不仅不会有利于以后学习新知识，还会干扰以后的学习。过早地强迫孩子学习理解不了的抽象知识，他们会感到枯燥、厌烦，结果不但学不到什么知识，还会影响孩子学习知识的兴趣和积极性。我们还要注意到，学龄前儿童的大脑还未成熟，过早地给大脑加重负担，会使大脑产生疲劳和惰性，反而影响孩子智力的发展。

从总体上看，人的心理发展存在着规律性的阶段特征。但就具体的孩子而言，也常常存在着个体差异。有的孩子心理发展适当早一些；有的孩子心理发展适当迟缓一些。这就要求家长对此保持理性的态度。不能看到自己孩子心理发展比其他孩子早一些，就好高骛远、急不可待，实施远远超出其心理发展水平的教育方式，甚至为了智力的发展而放弃对孩子个性、品德等素质的培养。也不能因为看到自己的孩子比其他孩子发展迟缓一些，就心灰意冷，甚至失去对孩子发展的信心和期望。前者实施了对孩子发展的不恰当干预，后者放弃了对孩子的干预和帮助。两种做法都是有害的。

还应当指出的是，有的孩子在小时候即或是很聪明，很有天赋，但长大以后不一定学习出色。中国古代曾经出现过许多“神童”，史书有记载的大约就有一百多人，然而学有所成的却寥若晨星，大多数人在事业上并没有什么突出建树。宋朝王安石在《伤仲永》一文中所讲的“神童”方仲永就是一个典型的例子。

这些事实都表明，家长对孩子实施智力开发必须遵循孩子心理发展的差异性和特殊性。对于心理发展水平适当超前的孩子，家长实施的教育只能是适当超前，这种适当超前，也正是体现了“家庭教育要遵循孩子身心接受能力”的要求。家庭教育的过分超前，甚至是为了实施超前教育而忽视孩子其他方面品质的培育，必然产生相反的教育效果。而同时，对于心理发展水平稍微迟缓的孩子，家长也要保有足够的信心和耐心，实施与这类孩子接受能力相适应的教育措施。只有这样，才能促进不同心理发展水平孩子的全面发展与成长。

二、家庭教育的因材施教原则

[微视频]
家庭教育的
因材施教原则

家庭教育的因材施教原则，是指父母要从孩子的年龄特征、个体差异出发，有的放矢地进行教育，使孩子能够扬长避短，在原有的基础上有所提高，尽可能获得最佳发展。所谓“材”，就是孩子心理的个体差异，其中主要是他们的性格、能力、兴趣、气质等心理特点。了解和掌握孩子的心理个体差异，既可为“因材施教”提供心理学依据，还可以防止家庭教育中的成人化、“平均主义”等错误做法。

（一）根据孩子的个性特征因材施教

所谓个性，就是一个人在其生活、实践活动中经常表现出来的，比较稳定的带有一定倾向性的个体心理特征。个性心理是由性格、能力、兴趣和气质多个方面组成，以及这些方面彼此有机联系在一起的复杂的完整体。个性包括一个人的倾向性（需要、动机、理想、信念及世界观等心理成分），个性心理特征（性格和能力是个性的主要表现），以及个性的自我调节系统（包括自我认识、自我评价、自信心、自尊心和自我检查、自我控制等）。简言之，个性就是指一个人稳定的不同于别人的心理特征。

在同一年龄阶段的儿童中，我们可以发现有的聪明伶俐，有的比较迟钝；有的活泼好动，有的文静寡言；有的比较坚强，跌倒了自己爬起来，有的比较脆弱，动不动就哭；有的能歌善舞、喜爱绘画等。所有这些，都是人的个性差异。那些在各种不同的情境和各种不同的活动中经常表现出来的，带有一定倾向的，比较稳定的个性心理特征，称为个性。在家庭教育中，只有针对儿童不同的特点采取不同的教育措施，才能取得好的教育效果。

首先，要避免家庭教育中的“平均主义”和“片面发展”两种极端倾向。有些家长，一提到因材施教、培养个性，就想到尖子主义、精英主义。培养孩子在某个领域成为尖子、以后做社会的精英，无论在动机上，还是在结果上都没有问题。问题是，为了培养尖子、精英，而忽视儿童各个方面的基本素质，就会造成尖子主义、精英主义，最终导致儿童的片面发展。有些父母，一提到全面发展，就理解为齐头并进、忽视儿童需求、不顾孩子个性，实施平均发展，最终走向“平均主义”。这两个“极端”，都是家庭教育应当努力避免的。

个性发展和全面发展是统一的。培养儿童健全的个性，是贯彻家庭教育的因材施教原则的根本目的。良好的性格、能力、兴趣、气质等非智力因素的和谐发展，能有效地促进个人、社会和国家的发展，也就是智力因素和非智力因素都能获得全面发展。我们讲全面发展，是指德、智、体、美、劳诸方面的发展，但不是平均发展。一个人在学识和能力上总有所长、有所短，否认个性，强调全面发展（主要指知识能力上），要求各个方面都达到优秀，不但不可能，而且最终易导致无个性、无特长的平均发展。平均发展，不是家庭教育追求的目标。因此，我们所要培养的新一代，既要具有远大的理想，高尚的道德情操，有知识，有纪律的共性，又要具有坚强的意志品质，善于独立思考，富于创造的鲜明个性。只有共性和个性的完美统一，才能成为具有健全人格的人。

家庭教育的因材施教，就是要做到全面发展与个性发展的和谐统一。一方面，要顺应当今市场经济的大潮和科技发展的社会需要，培养孩子形成与未来社会发展相适应的各个方面的基本素养，掌握未来社会需要的基本知识和技能；另一方面，对孩子的兴趣、爱好、气质、性格和能力等个性品质，不要加以人为干涉和扭曲，要顺其自然，因势利导，使其得到充分发展。允许孩子按自己的兴趣爱好去选择参加活动，不要不顾孩子的兴趣爱好，光凭父母的主观意志强制做事，更不可让孩子去完成一些完全不适合自身个性特征的任务。尊重儿童的权利，给他们表现自己的自由，这是现代教育的一条重要原则。孩子的好奇心、想象力和兴趣爱好应该受到称赞，孩子的选择、探索和尝试应该受到鼓励。

反对家庭教育中的“平均主义”和“片面发展”，还要求在家庭教育中促进孩子智力和非智力因素和谐地发展。智力和非智力因素的发展，一般说来是一致的。但这种一致性不是绝对的、自发的。这就要求每个教育工作者和家长加强引导和培养，既要重视开发他们的智力，又要重视培养他们的非智力因素，使两者相互促进，协调发展。加强对孩子的非智力因素和健全个性的培养，积极为孩子的智力开发和非智力因素的发展创造条件，坚决克服片面强调分数和单纯追求考试成绩的现象。

其次，要善于发现儿童的个性特征，实施因材施教。古今中外的成才者差不多都是遵循因材施教的教育原则，才走上成功之路的。这样的实例不胜枚举。有过 1 000 多项发明的发明家爱迪生，他的成就是与他母亲对他的教育分不开的。爱迪生的母亲懂得孩子心理，深知儿子好问是求知欲强的表现。因此，对小爱迪生提的各种问题，她总是耐心地给予深入浅出的回答，她发现自己的孩子对物理、化学特别喜欢，就到街上买来有关物理、化学的科学书籍给儿子读，对儿子的一次次奇想和实践，她都给予精心的引导和指点，因而使爱迪生能成为举世瞩目的发明家。

还有许多成才者，是在克服“家长提出的违背孩子特长的要求”的困难后取得了成就。意大利的物理学家、天文学家伽利略自幼喜欢数学，可他父亲却认为学习数学无论如何也不能维持生计，迫切希望儿子当医生。伽利略 17 岁时按照父亲的愿望进入比萨大学学医，但他并不喜欢医学，根本学不进去。两年后，他毅然放弃学医而转攻数学，最终成为世界近代实验科学的奠基人。德国作曲家亨德尔，在尚未学会说话时便开始学习演奏乐器，10 岁时就创作了六首乐曲。表现出了非凡的音乐天才。亨德尔的父亲是宫廷理发师，希望儿子将来成为一名律师，他看到儿子如此迷恋音乐，十分担忧，就采取了严厉禁止儿子演奏乐器的措施，甚至不让儿子去上小学，因为小学里都有音乐课。可亨德尔根本就不理解父母的一片“苦心”。白天不行，他就在夜深人静时起来练琴。为了不被人发觉，只好不出声地练，终于成为与德国著名音乐家巴赫齐名的音乐巨匠。我国伟大的文学家茅盾，其父是清末的一位富有爱国心的“维新派”人物，他很希望茅盾学数学或搞工业，认为只有实业才能救国。而茅盾小时候对实业不感兴趣，对文学写作却非常感兴趣，父亲怎么劝说都不成，他还是坚持要学文。在母亲的支持下，茅盾走上了文学道路，终于成为我国文学史上的一位巨匠。

为儿童的个性发展创造条件，还要求家长根据两类特殊儿童的个性特征采取有针对性的家庭教育策略。在家庭中，我们经常会看到这样两类孩子：一类孩子性格倔强，很难管教；一类孩子性格柔弱，缺少自主性。有些家长总是喜爱听话的孩子，看到犟头倔脑的孩子就头痛。其实，从成才的角度来讲，犟头倔脑的孩子倒是可能更有前途一些，因为他们容易形成和发展独立的、创造性的思维能力。瑞典有位心理学家曾在3—5岁的幼儿中挑选了100名反抗性程度较强的和100名几乎看不出有反抗性的幼儿，进行了一直到青年时期的追踪调查。结果发现，在反抗性程度较强的100名幼儿中，有84人意志比较坚强，有主见和决断力，能独立分析和判断事物。而在另100名幼儿中，只有26人意志比较坚强，其余的人都缺乏当机立断的能力，遇事常常畏首畏尾，不能独立决断。

现实社会中，也不乏有性格过于软弱的孩子，尽管他们思维能力和才华同其他孩子一样，但由于性格的缺陷，常常是能力得不到充分体现、才华得不到完整发挥。孩子性格软弱，既与孩子先天的个性特征有关，也与家长对孩子过于保护、支配、不放手分不开。对于个性柔弱的孩子，家长更应该应因势利导、扬长避短，采取有针对性的教育方式。不但要积极创造条件支持软弱儿童大胆地去做事；还要引导这类孩子去从事和承担一些与他们个性相匹配的学习内容和活动。

（二）根据孩子的特长因材施教

发展孩子的特长，不仅对孩子的成长有好处，对于国家、社会也是一件好事。家长创造条件满足孩子的兴趣爱好，使之发展一技之长，不但可以使孩子的个性得到充分发展，也可以为国家、社会造就具有特殊才能的专门人才。

有些专门人才的培养，的确是从年幼开始就下了功夫。不仅从小下了苦功夫，而且更重要的是，孩子很小就表现出了对某一技艺的极大兴趣。这种对某一技艺所表现出来的专门的兴趣是成功的必要条件。这都启示我们，家长必须重视儿童在先天素质中表现出的特长和后天活动中表现出的爱好，因势利导，帮助其成才。

从这个意义上讲，一个人长大以后的人生道路、精神追求、成就大小，与家长在儿童小的时候有针对性地施加的教育和影响密不可分。这里有一个典型的例子：安徒生的父亲是一位鞋匠，家里很穷，只有一间小屋子且非常简陋。然而安徒生的父亲却把这间小屋布置得像一个小博物馆：墙上挂满了图画，橱拒里摆了很多自制的玩具，书架上放满了收集来的各种书籍。父亲还常给安徒生讲故事，或者给他讲《一千零一夜》，或者给他念一段丹麦戏剧作家的剧本。为了扩大孩子的眼界，丰富孩子的精神世界，父亲鼓励安徒生到街头去看油嘴滑舌的生意人、弯腰驼背的老乞丐、坐着马车横冲直撞的贵族和伪善的市长牧师等人的生活，并由此获得各种人生体验。安徒生在他以后的写作生涯中，能够写出《卖火柴的小女孩》《丑小鸭》《看门人的儿子》等脍炙人口的童话故事，与父亲为他提供的成长环境和他小时候的生活经历有着密切联系。然而，这并不意味着家长要不顾儿童的天赋、特点和爱好，生硬地对儿童实施特长教育。根据孩子特长实施因材施教，应注意以下两个方面。

首先，要尊重孩子的兴趣和个人选择。一些家长想把孩子培养造就成专门人才，不是从孩子的实际出发，不管孩子有没有某个方面的兴趣，而是根据家长的主观愿望，强迫孩子学习某个方面的技艺。尽管孩子对某种技艺根本不感兴趣，家长仍强迫他去学、去练，孩子是不得已而为之，那是无论如何也不能成功的。更有甚者，有的家长为了孩子早日成为有一技之长的人才，在孩子很小的时候就给他确定了发展方向，让孩子专攻某一方面的技艺，如音乐、绘画、书法等，其他方面的知识和能力的发展则弃之不顾。

发展孩子的特长没有错，但究竟发展孩子哪个方面的特长，不能完全凭家长的主观愿望和意志，不能把家长的兴趣爱好强加给孩子，也不要受社会上某种风气的左右，赶时髦；更不要刚刚看到孩子对某方面的活动发生了一点兴趣，就过早地给孩子定向。梁启超在这方面的家庭教育观念可以给我们以很深的启发。他曾经将自己的次女思庄送到美国攻读生物学，当得知思庄没有学生物的兴趣时，赶紧写信说："庄庄，听见你二哥说你不大喜欢学生物，既然如此，为何不早同我说，凡学问最好因自己性之所近，往往事半功倍，你离开我很久，你的思想近来发展方向我不知道，我推荐的学科未必适合你，你应该自己体察做主，不必要听爹爹的话。"这充分体现了梁启超对孩子个人选择的重视。

家长正确的态度应当是，从孩子年幼起，就要大力支持孩子参加各种兴趣活动，使他们的兴趣得到充分的发展。随着年龄的增加，当他们逐渐对某方面的活动产生了较为稳定的兴趣爱好，并有了较为强烈的追求以后，再将孩子的特长发展方向确定下来。只有这样，才能使孩子的兴趣爱好发展为特长。而不能过早地确定方向，造成孩子特长发展的盲目性。

其次，是在全面发展的基础上发展孩子的特长。要发展孩子的特长，培养造就专门人才，还必须以全面发展为基础。一个造诣很深的专门人才，除了具有专门的知识和技能技巧以外，还必须有十分广博的知识基础。这就有如建高楼大厦一样，房子盖得越高，地基就要打得越牢、越宽。一个知识贫乏、孤陋寡闻的人，在专门业务上的发展是有很大局限性的。就以搞艺术来说，一个电影演员缺乏深厚的文学修养和对生活的深刻体验，只凭一些表演技巧，最多只能成为一名“影星”，而成不了电影表演艺术家。一个歌唱演员，只有一副好嗓子和一些演唱技巧，而没有较广博的音乐艺术修养，也只能成为一名“歌星”，成不了音乐家。以学弹钢琴为例，如果不从小打下扎实的文化基础，连中学生、小学生该学的知识都没有学好，要成为一名钢琴家，那是根本不可能的。有些家长为了使孩子的特长得到发展，将来成为专门人才，不惜将孩子在小学、中学应学好的基础知识弃之不顾，根本不注重孩子的普通文化基础知识的学习，只要求孩子学习某一专门知识，练习其专门技能技巧，孩子的文化知识学习如何，一点也不关心。这种做法的结果是，孩子不但成不了专业人才，甚至连普通劳动者的素质都不具备。

家长必须明白，各门知识之间是有内在联系的。普通文化知识学好了，文化素质提高了，可以加深对专业知识的理解，可以促进专门知识的学习；普通文化知识学不好，反过来也会影响专门知识的学习。

拓展阅读 6－4

想不焦虑，就别太关注“别人家孩子”[①]

不怕同学是学霸，就怕学霸放寒假。临近寒假，部分家长又开始不淡定了。这几天，家长微信群里炸开了锅：后杯赛时代，寒假培训报哪些班好？建微信群本是为了方便师生、家长沟通，可到底怎样的微信群、朋友圈让家长放不下手机，整天莫名焦虑。

鸡血家长群助推焦虑

最近，虹口区某小学四年级学生强强的妈妈坐立不安，自从加入一个牛娃家长微信群后，这位妈妈晚上失眠了。在自己学校班级里，强强各方面表现不错，成绩稳居中上，但进入牛娃家长微信群后，妈妈发现，自己孩子比别人差距不小。群里一位二年级鸡血家长说，每天帮孩子补习到 22 时；还有家长已经为孩子排满寒假培训班……还有一年多就要小升初的强强妈担心：自家娃还是个熊孩子。

记者调查发现，在学校班级家长微信群之外，还有更易引发焦虑的牛娃家长群。这些微信群，往往需要家长先向群主报出学生所在学校、年级等信息，才可被批准进入。有的群，不是一般孩子家长都能进，必须报名参加过某次机构组织的考试，

① 许沁．想不焦虑，就别太关注“别人家孩子”［N］．解放日报，2018-1-15（6）．

或曾在某类竞赛中获得过等级证书。牛娃家长、鸡血妈妈，对子女期望不低，挤爆微信群，难免更焦虑。

不过，在这样两三百人的大群里，群员无需实名认证，冒充家长的“托儿”推波助澜，一会儿推荐培训班，一会儿推销教辅书，加剧家长们的焦虑情绪。一位家长坦言，微信群让人既爱又恨——很想退出，但又不能，否则意味着主动放弃孩子前程。

家长比较心理在作祟

一位理科见长的高学历爸爸在朋友圈晒出一道难解的奥数题，另一位家长顿时心生内疚：人家爸爸是高材生，孩子本身遗传基因就好，还在补数学，我怎么能闲着？双休日，一位等候在某教学机构外的陪读妈妈在朋友圈发送照片——一杯咖啡，并附上一段文字说明“陪读的日子里”，其他家长立刻不安了：我们家娃双休日在打球，是不是报的培训班太少了？

让孩子寒暑假参加海外夏令营、冬令营，乃至出国留学游学等，各种与孩子相关的事，年轻家长都热衷发朋友圈。在比较心理，甚至攀比心态的影响下，一些家长担忧：别人家为孩子创造了这么好的条件，我们怎么可以输在起跑线上？微信群、朋友圈由此成了焦虑群、烦恼圈。

去年，静安区、浦东新区教育局曾针对班级家长微信群出台相关管理规定，在中小学班级微信群建设公约，提出具体规定，如：杜绝群内通报点名、批评学生、公布成绩或排名，杜绝拉票、红包、集赞等。长宁区绿苑小学连续3年开展“玩转地球”课程，鼓励家长带孩子行走学习，在微信朋友圈展示的不只是旅游照片，更包括沿途中感悟的点滴成长。校长王晶说，作为家长，首先要用好微信，可以在朋友圈经常发布孩子的进步，如：在攀岩中练了胆子、参加志愿活动、在养老院帮助老人做了力所能及的事。

教育最忌横向比较

闵行中学校长、市特级教师何美龙认为，“不输”的心态是当下家长最主要的心理症结。如何打开家长焦虑的心结？首先要纠正心态，不要太关注“别人家孩子”学了什么、有什么特长，关键要看到自己孩子的成长，鼓励孩子个性发展，健康、阳光、快乐地成长。“条条大路通罗马”，只要孩子和家长尽力了，幸福就在平常日子里。

家长并非只是陪伴孩子升学，眼光要放长远，不能仅仅“微观育儿”，只看孩子短期发展。世界外国语小学校长、市特级校长张悦颖说，学校里有个男孩养花养得非常好，就给了“护花使者”的奖励。养花要坚持浇水、施肥、晒太阳，需要有爱心、耐心，在琐碎的小事里，培养孩子的责任心，未来道路才能走得长远。

家长要尊重孩子的成长规律，注重孩子的纵向进步，不能只进行横向比较。教育中，最忌讳的就是横向比较。每个孩子的成长都有自身规律，发现兴趣和特长，在自己身上找到进步。健康、良好的微信家长群、朋友圈氛围，既有小伙伴之间的适度比较，又能促进大家共同进步，还需要靠社会、学校、家长、机构等共同营造。

三、家庭教育的严慈相济原则

［微视频］家庭教育的严慈相济原则

严慈相济广泛地存在于古今中外一切成功的家庭教育中，是成功的家庭教育之所以能成功的基本奥秘，也是对一切家庭教育的基本要求。

严、慈在我国历史上是分别对父、母的省称和尊称。人们在与外人讲话时，对自己的父亲一般可称为家严、严父或简称为严；对自己的母亲一般可称为家慈、慈母或简称为慈。严，即严厉、严格、威严之意。慈，即仁爱、慈祥，含恻隐之心。家庭教育中的严慈相济，既指父母的相互配合，又指对父母的任何一方而言，都要做到严格要求与慈爱关怀相结合。一切成功的家庭教育必须做到父与母相配合，严与慈相结合。

（一）严格要求，持之以恒

所谓父母应该“严格要求”子女，就是说，在家庭教育中，父母要切实担负起对子女发展和成长的责任，提出并落实一系列适当的教育要求，帮助孩子形成良好的生活习惯和坚强的意志品质，促进孩子全面发展。

没有要求就没有教育，父母对子女的严格要求是家庭教育的题中应有之义。在家庭教育中贯彻严格要求的教育原则，是由青少年身心发展的特点和未来社会发展的需要决定的。就身心发展的特点看，青少年身心发展具有不稳定性、不成熟性，自觉遵守道德原则和规范的能力较差等特点。无论在知识能力方面，还是在道德情感方面，他们都离不开成人的引导和帮助。从未来社会发展的需要看，作为未来社会共同体生活的参与者和特定职业的岗位工作者，都需要遵守各种规则和要求，这些规则和要求的遵守，必须从儿童时期抓起。此外，在社会竞争日益激烈、生活节奏日益加快、个人生活、职业不确定性因素日益增多的现代社会，良好的意志品质和较强的抵抗挫折能力，日益成为个体发展的重要品质。在家庭生活中对孩子提出严格的、一以贯之的要求，是养成这些品质的重要途径。

一是在日常生活中培养孩子顽强的意志品质。优良的意志品质不是天生的，而是在实践活动中，在克服困难的过程中逐渐发展起来的。青少年时期正处在意志品质发展的重要时期，而家庭生活则是训练孩子意志品质的有效途径。

我们经常看到，许多父母为孩子提供了过于宽松的生活环境，不忍心看到孩子受一点委屈。这种做法看起来是爱护孩子，实质上是害了孩子。苏联教育家马卡连柯对此做过精辟的论述，他说：“意志——这不单纯是欲望和欲望的满足，同时也是欲望和制止、欲望和放弃。假如你们的孩子仅仅受到实现自己愿望的训练，而没有受到克制那种愿望的训练，他是不会有最大的意志的。”他运用一个非常通俗而又十分形象的比喻说：“没有制动器就不可能有汽车，而没有克制也不可能有任何的意志。”一辆汽车，如果只有动力系统，而没有灵敏有效的刹车系统，这种汽车就不能开到马路上去的，否则肯定会出事故的。同样的道理，如果一个人只有想得到什么就必须得到什么的精神，而不能在必要的时候克制自己的欲望，放弃不恰当、不实际的愿望，那么，这种人是不能适应复杂的社会生活的。他就会像没有制动器的汽车一样，胡乱冲撞，碰得头破血流。

英国教育家洛克认为，为了造就资产阶级绅士，要有意识地让孩子从小吃一些苦头，经受一些锻炼，不能完全满足他们自然的和生理上的种种需要。冬天，孩子希望穿得暖一点，他主张不要穿得过暖。孩子的脚冬天也要用冷水洗；鞋子要薄，到有水的地方，水要能渗得进去。饮食要清淡、简单。卧床应是坚硬的，宁可用棉絮，不可用羽绒。床铺的铺法不妨时时加以改变，有时让他头睡得高一点，有时让他头睡得低一点。他认为这样做很有好处，当孩子将来外出旅行的时候，不至于因为床铺不软或枕头没放好而有失眠之苦，因为任何人“不能永远睡在家里的床上”。卢梭更是指出：“人们只想到怎样保护他们的孩子，这是不够的。应该教他成人后怎样保护他自己，教他经受得住命运的打击，教他不要把豪华和贫困看在眼里，教他在必要的时候，在冰岛的冰天雪地里或者马耳他岛的灼热的岩石上也能够生存。”洛克、卢梭的这些具体建议不见得都很妥当，但这种严格要求、不迁就放任孩子的教育思想却是很有道理的。

二是在物质需求的严格控制中培养孩子的节俭意识。作为年幼的孩子，不具备独立的生存和生活的能力，需要父母在生活上给予精心的照料，诸如衣、食、住、行等物质生活方面的需要都要由父母给予满足。在精神生活上，孩子也有多方面的需求，如爱抚、温存、体贴，需要有人陪他们玩耍、游戏，带他们到户外活动等，这一切需要都应该尽可能地给予满足。父母只有对孩子照顾得周到，物质生活优越、舒适、充足，精神生活充实、愉快，孩子才能健康成长。否则，在物质生活和精神生活上得不到应有的满足，他们的正常生活难以维持，身心健康就会受影响。父母通过自己的努力，满足孩子物质上和精神上的种种需要，既是父母之爱的体现，也是父母应尽的责任和义务。

但是，对于孩子的种种要求，不能一味地满足。有时候，对于孩子物质上和精神上的需求，父母不但不能完全给予满足，反而要予以限制，这也是父母爱子女的一种表现。“不能够因为你的孩子要什么就给他什么，而要看他对那个东西是不是有所需要。”因为孩子向父母提的要求不见得都正确、合理。而且，对孩子的要求一味地满足，直接受害的是孩子本身。久而久之，就会大大助长孩子的贪欲，养成不良习惯，甚至会走上邪路。

比如：有的孩子自己会独自游戏，也非要父母总陪他玩不可；有的孩子只爱听表扬，不爱听批评；有的玩具已经有了，还非要买不可；孩子上学了，自己能独立回家，还要父母接送；写完作业，自己懒得检查，非要父母检查；书籍文具自己不收拾，每次都要家长代劳等。孩子的这些要求都是不正确的、不合理的，但在现实生活中，却常常存在。作为孩子，年龄尚小，缺少对生活的深刻体验，不懂得哪些要求是合理的，哪些需要是有益的，往往提出一些不合理、不正确的要求，这是情有可原的。但父母却应当对孩子的要求和需要有分析和判断。正确的、合理的，应当予以满足；不正确的、不合理的，哪怕是再强烈、再迫切，也要予以拒绝。

卢梭特别反对父母对孩子百依百顺的做法。他谆谆告诫父母："你们知道造成你们儿童不幸的最可靠的方法是什么吗？那就是他要什么便给他什么。"他举例说："儿童先是要你的手杖，然后要你的表，再要飞翔于空中的鸟，甚至要闪耀于天上的星，凡是他所看到的都要得到，你不是上帝，怎么能够使他满足呢？"这样做对孩子的将来是很有害的。他说："惯见一切事物都屈从于自己的儿童，一旦投身社会，到处碰到的尽是违逆自己意思的事情，从前以为世界上的事可以从心所欲，现在这个世界竟沉重地压倒了自己。"像这样在百依百顺的环境中长大的人，当步入社会生活以后，或是在复杂而又正常的社会生活中失去生活的勇气，或是走上反抗社会、铤而走险的道路。

正确的做法是，父母对孩子的需求要做具体分析，对于基本的日常需求，按照"够用、节俭"的原则给予满足；对于合理的丰富性需求，采取延迟给予的方式予以满足；对于不合理的需求坚决予以拒绝。因此，在家庭生活中，应自觉贯彻"再富不能富孩子"的基本原则，培养孩子的节俭意识和节俭能力。

（二）理智施爱，爱而不溺

父母爱孩子是人的天性，也是人之常情。爱是一种内心体验，是一种积极而强烈的感情，表现为一种倾向，一种态度，从而形成一种积极的推动力量。

父母之爱给孩子以亲切感、幸福感。然而，爱孩子也是有学问、有讲究的，不是怎样爱都有积极的促进作用。战国时期的思想家韩非子说道："人之情性莫先于父母。"同时，他又说："皆见爱而未必治也。"这两句话的意思是说，父母对于孩子的爱是其他任何人的爱都不能比拟的。虽然父母都特别爱自己的孩子，但不见得都能教育好孩子。事实就是如此。要使自己的爱对孩子的成长发育有积极作用，必须对孩子施以正确的爱。

首先是爱孩子的动机和效果要统一。父母爱孩子，究竟是为了什么？人们会说，当然是为了孩子好，使孩子过得更幸福。然而，在实际生活中，许多父母对孩子的爱，并没有使孩子过得幸福，反而害了孩子，给孩子造成了痛苦。有的父母为了让孩子生活得舒服，对孩子的穿戴、吃喝照顾得无微不至。在秋季，担心孩子受寒生病，给孩子加衣服比别的孩子早一个季节；春夏给孩子减衣服，则比其他孩子晚一个季节。孩子突然咳嗽几声，父母就特别紧张，担心孩子生病，过分小心，甚至一趟一趟地跑医院，看大夫、吃药、打针。饮食方面，父母生怕孩子营养不足，孩子吃饱了，还要硬往嘴里塞。父母以为这样对待孩子就是爱，对孩子有好处。其实效果恰恰与此相反。对孩子的身体健康越是担心，越是娇生惯养，孩子的身体状况就会越糟。例如，父母怕孩子生病，不让孩子出门进行户外活动，整天关在屋子里，风天怕吹着，雨天怕淋着，晴天怕晒着，不让孩子经受锻炼，那么他的身体抵抗能力必然很差，天气稍有变化就容易得病。父母越怕孩子营养不良，每天填鸭似地给孩子补充营养品，孩子反而越会产生厌食、挑食、营养不良等问题。

同样，对孩子的教育，如果只讲动机，而不考虑后果如何，也是有害的。比如，孩子上学了，父母每天帮孩子收拾书包、文具，担忧孩子丢三落四，学习受影响；孩子做完了作业，由他自己检查不放心，父母每天代替孩子检查。这种做法，父母的动机是好的，想让孩子学习成绩好，但父母没有想到，这样包办代替就会养成孩子的依赖思想，很难养成良好的学习习惯，对孩子的学习最终是有害的。有的父母看到孩子学习上有了进步，就给孩子发“奖金”，这种做法体现了父母对孩子的鼓励、表扬，也体现了父母对孩子不断进步的肯定。但父母应该认识到，若总是用物质奖励来刺激孩子的积极性，久而久之，就会把孩子引导到单纯为了追求物质利益而学习的道路上去，而且物质刺激使用得太多，“物质”也就发挥不了“刺激”作用。

因此，父母对孩子的爱，要把动机和效果统一起来。根据自己对生活的体验，借鉴别人的生活经验，做父母的应当而且必须懂得，对孩子施以什么样的爱、怎样去爱，会得到什么样的后果。绝不能只是一味地盲目地去爱孩子，要给孩子施以科学的理智的爱，不仅有好的动机，还必须考虑爱的效果。

其次是要从孩子的长远利益出发去施爱。做父母的爱孩子，是为了孩子好，为孩子谋利益，这是人们都可以理解的。然而，究竟是为了孩子眼前的利益和幸福，还是为了孩子长远的利益和幸福？大多数父母当然明白个中的道理，但在现实中做起来就比较困难了。

人们眼前的利益和幸福与长远的利益和幸福，有时是统一的，有时却是不统一的。在现实生活中，常常出现不统一的情况。有时是眼前得到了利益和幸福，从长远看，得到的却是害处和痛苦；有时，眼前看来是苛求孩子，可从长远看却是有益的。例如，年幼时让孩子参加一些力所能及的劳动，对孩子来说，可能觉得是辛苦的事，但孩子长大了，离开父母走上社会，他的生活自理能力很强，在生活上没有什么困难，他受益了，他的生活将是幸福的。像这样从小让孩子参加一些力所能及的劳动，似乎让孩子受苦，其实恰恰相反，这才是对孩子真正的爱。反之，如果父母不让孩子从小做一些力所能及的劳动，怕孩子累着，什么事都是父母包办代替，这样做表面看是很爱孩子，但从长远看，对孩子是有害的。一个从小缺乏劳动锻炼的人，长大以后生活自理能力差，将来一旦离开父母、家庭，在独立生活的道路上将会十分艰难。溺爱，还容易让儿童产生自私自利的心理，不利于孩子心理的健康发展。

父母为孩子长远的根本利益着想，才算是真正的爱，只是为了孩子眼前的利益，无论对孩子怎样关心、爱护、体贴，都是不正确的，而是娇惯溺爱。因此，严慈相济要求在家庭教育中父母对孩子既不可无严，又不可严而无度；既不可无慈，又不可慈而无限。二者应该相互配合，即严中有慈，慈中有严，二者舍弃任何一个方面，或使二者配合不好，都不能搞好家庭教育。如果仅有严而无慈，一味地严厉要求，就会使孩子体会不到父母的爱心。如果仅有慈而无严，一味地爱而陷入溺爱，就失去了应有的约束和教育。二者配合不当，失之偏严或失之偏慈，都会使家庭教育出现种种不良现象。

要点重述

1. 家庭教育途径的生活化规律，体现在教育语言的口语化、教育场景的日常化以及教育主体双方关系的亲密化等方面，这使得家庭教育有着更加温和的色彩，更具有生活的气息。

2. 家庭教育方式的示范化规律，要求父母能够以身作则，给孩子做出好的榜样，用自己的言行举止感染孩子、激励孩子。

3. 家庭教育的一个重要任务，就是让孩子感受爱、表达爱，在爱的环境中长大成人，并在未来的再生家庭中营造爱的氛围，把家庭的温度和爱意传递下去。家庭教育影响的深刻性规律，不仅体现在对当下家庭幸福的影响，也体现在对孩子未来家庭幸福的影响上。

4. 家庭教育成效的双边性规律，揭示了父母和孩子之间彼此影响、共同成长的互动关系。孩子是家庭教育的主体之一，任何对孩子的影响和要求，必须通过孩子的认可、理解和接受才能转化成他的发展。

5. 家庭教育的循序渐进原则是指家庭教育要遵循儿童的身心发展实际，有次序、有步骤地进行，以期在儿童身上形成家长所期望的特征和品质。

6. 家庭教育的因材施教原则是指父母要从孩子的年龄特征、个别差异出发，有的放矢地进行教育，使孩子能够扬长避短，在原有的基础上有所提高，尽可能获得最佳发展。

7. 家庭教育中的严慈相济原则既指父母的相互配合，又指对父母的任何一方而言，都要做到严格要求与慈爱关怀相配合。一切成功的家庭教育必须做到父与母相配合，严与慈相结合。

反思与探究

1. 如何理解家庭教育途径的生活化规律。
2. 家庭教育成效的双边性规律要求父母如何转变教育观念。
3. 如何根据孩子的特长实施家庭教育的因材施教。
4. 结合实际谈谈如何在家庭教育中始终做到严慈相济。
5. 结合实际谈谈家长以身作则的教育学意义。

推荐阅读文献

1. 魏书生. 好父母　好家教：魏书生谈家庭教育［M］. 桂林：漓江出版社，2017.

简介：该书通过呈现典型鲜活的家教实例，进行透彻入理的分析，展示了中国家庭教育中的诸多方面，提供了有针对性的家庭教育原则。

2. 陈建翔. 他们影响了全世界家庭：国外最著名的十大家教主张［M］. 北京：北京出版社，2004.

简介：该书介绍了卢梭、卡尔·威特、斯宾塞、蒙台梭利、斯特娜、夏洛特·梅森、铃木镇一、井深大、苏霍姆林斯基、多湖辉十位外国教育家的家教主张。

第七章　家庭教育的方法与艺术

[学习目标]

1. 掌握家庭教育的基本方法：说服教育法、环境陶冶法、榜样示范法、艺术感染法和实践锻炼法。

2. 理解如何从家庭和孩子的实际出发，恰当运用沟通与交流、表扬与奖励、批评与惩罚的教育艺术，促进孩子认识上的愉快接受、情感上的愉快认同和行为上的愉快服从。

做父母的一般都十分重视孩子的教育和培养工作。然而，不同的家庭，教育孩子的效果却相差很大。有些父母每时每刻都在严格管教自己的孩子，为孩子的成长"呕心沥血"，可孩子的品学并不是很好；有些父母，在别人看来，平时似乎没有怎么费口舌、花力气去管教，可是孩子却品学兼优，进步明显。这主要是因为在教育孩子的过程中，有些父母不懂得、不会运用家庭教育的方法和艺术，有些父母却"深谙家教之道"，这就是家庭教育的方法和艺术在家庭教育中的作用。

第一节　家庭教育的基本方法

家庭教育的基本方法是指在家庭教育过程中，为促进孩子健康发展，父母和孩子相互作用的活动方式的总称。在现代家庭教育中，我们提倡以平等民主的方式与孩子建立亲子关系，并通过说服教育、环境陶冶、榜样示范、艺术感染、实践锻炼等方法，培育孩子良好的心境与行为习惯。

一、说服教育法：以平等民主的方式与孩子沟通

[微视频]
交流与沟通的方法

交流与沟通是父母了解孩子的前提，也是孩子理解和接受父母建议的前提。父母每天都在看着自己的孩子成长和变化，似乎是最了解孩子的。但事实上，如果父母没有与孩子进行很好的交流，那么父母与孩子的心理距离会很遥远，这就失去了家庭教育的基础，不利于家庭教育的针对性。

家庭教育中的说服教育，是通过摆事实、讲道理的方式，启发孩子的自觉性，提高孩子的思想认识，培养孩子良好的道德品质，使孩子形成正确的行为规范。这种教育方法是建立在父母对孩子充分信任和尊重的基础之上的。因此，父母要避免以势压人、强制命令等令孩子抵触的教育方式，父母应俯下身来，以平等民主的姿态与孩子进行沟通交流。

所谓民主的沟通方式，就是父母不是将孩子作为教诲与听话的对象，而是给孩子预留出说话和提问，甚至是反驳的空间，通过双方对话、交谈和讨论的方式摆事实、讲道理。民主的沟通方式体现了民主、平等、友爱的新型家庭关系。在沟通的过程中，孩子可以认识自身的价值，培养追求民主的精神，这对于他们适应社会生活、在社会生活中发挥主人翁的责任感也是极为有利的。这种教育方式的运用，不仅讨论问题的结论对孩子有益，而且讨论的过程本身也是有益的。

首先，在父母与孩子的民主沟通中，父母要做的是放下架子，持真诚、平等、民主的态度，要让孩子充分发表意见，阐述观点。孩子讲话，父母要认真地听，即使父母认为是不正确的观点，也要让孩子讲完、讲清楚，然后耐心地加以解释。当孩子不同意父母的观点时孩子可以反驳，可以批评；如果不能说服父母，也允许他们保留自己的看法。父母千万不能一听到不同意见，就无理压制，简单粗暴地去训斥。

其次，在沟通过程中，父母要善于捕捉孩子的思维，用孩子乐于接受的方式去启发引导，发展孩子的思维能力，丰富孩子的知识和思想，让孩子在良好的家庭氛围内感受到爱的教育。例如，父母都望子成龙，甚至会出现恨铁不成钢的心理。有的父母会挑剔孩子，甚至会不断地唠叨孩子的不足之处。明智的父母不会去责难孩子，发现孩子有欠缺时，会进行委婉的建议，用启发式的语言去说，例如，使用“如果、不妨、试一试、或者”等词汇启发孩子自己尝试发现与改正不足。

拓展阅读 7-1

亲子沟通遭遇屏幕“参与”[①]

“以前家长认为只有坏孩子才会上网，而今天几乎每个人都离不开社交网络，屏幕社交时代已然来临。”近日，在北大附中举行的“屏幕社交时代家长如何与孩子交流”发展峰会上，中国教育技术协会中学教育信息化专委会常务副理事长姚炜，提醒与会者思考屏幕社交时代给学校教育、家庭教育带来的变化。

“屏幕时代是一个巨变而伟大的时代，是真正的学习革命的时代，是个性化发展的黄金时代，也是对家庭教育最具挑战性的时代。”中国教育学会家庭教育专业委员会常务副理事长、中国青少年研究中心家庭教育首席专家孙云晓认为，尤其要关注家长该如何顺应信息时代潮流，与孩子保持良好沟通。

孩子与屏幕对话的能力与生俱来

姚炜认为今天手机和平板电脑等电子产品早已成为孩子生活的一部分，他们与屏幕对话的能力似乎与生俱来，不需要培养，也隔离不断。“家长担心孩子把时间

① 余闯．亲子沟通遭遇屏幕“参与”［N］．中国教育报，2018-1-28（3）．

浪费在手机上，影响学习和健康，但有时又搞不懂他们在玩的游戏、斗图等，彼此间似乎存在沟通上的鸿沟。”姚炜说。

“信息时代在改变人们的生产方式、生活方式、思维方式的同时，也深刻影响着青少年的成长。”国家总督学顾问陶西平说，信息化不仅意味着学校教育要发生相应改变，社会教育、家庭教育也不能延续传统的模式。信息化给青少年的成长创造了空间，也影响着他们的成长之路，给教育带来一定的挑战。

陶西平提到信息时代的两种现象，一种是“天涯若比邻”，人们有了顺畅的交流渠道，拉近了彼此的距离；另一种是“比邻若天涯”，容易滋生情感淡薄，即使相邻而坐，也是各自面对屏幕，交流的速度越快，内容越肤浅，容易造成思维肤浅。

孙云晓认为，家长特别担心孩子受到不良网络信息的影响。这些担忧不是没有道理，但简单粗暴地禁止孩子使用网络，会导致亲子关系紧张。

和孩子一起探索屏幕世界

对于孩子的屏幕社交行为，家长仿佛陷入了两难境地。孙云晓很理解家长们的无奈，但建议“不要对网络的发展妖魔化”“要认识到家长总是比孩子落伍”。孙云晓提到全国妇联的一项调查，调查显示近八成家长会上网，但其中六成认为在上网方面孩子比自己强。“这说明没有任何一个时代的家长像今天这样需要学习，需要与孩子一起成长。”

一些家长回到家就成了“手机控”，当着孩子也“机不离手”。中国少年儿童新闻出版总社首席家庭教育专家卢勤讲了一个故事：一个小朋友说他的妈妈每天抱着手机看，有一天他好不容易得到一个好成绩，特别高兴地回去跟妈妈说，“妈妈你看，我得了这么好的成绩”。妈妈一边看着手机，一边说“很好很好很好”，眼睛根本都没看过来。爸爸也这样，每天回到家就玩手机。手机成了家长的最爱，孩子感到被冷落了。

“信息时代的亲子沟通有两点特别重要，一是父母要为孩子做出好榜样；二是父母无论再忙、手机再重要，也不要忘了和孩子亲密接触。”卢勤说。

三好网首席执行官何强表示，家长要合理使用屏幕，科学地走进孩子的屏幕世界，建立教育信任关系，帮孩子保持好奇心、成为更好的自己。

二、环境陶冶法：培育儿童良好的心境和情绪

良好的情绪和心境是孩子形成良好的生活习惯和思想品德的基础，对孩子在德、智、体、美、劳诸方面发展都有促进作用。父母有意识地创造一个和谐、良好、优美的家庭生活环境，使孩子置身其中并在日常生活中受到潜移默化的影响，这对于帮助孩子形成良好的心境和情绪具有重要作用。

［微视频］
积极情感培育的方法

家庭是人们连续生活时间最长的空间。家庭是儿童青少年主要的生活场所，即使孩子成人后走上社会独立生活，家庭依然是他们重要的生活场所。家庭生活环境时时刻刻都在对他们发挥着潜移默化的影响。再加上儿童有较强的可塑性，家庭生活环境对他们的生活习惯、思想品德、道德情操、行为规范等方面的影响极为深刻，并打上深深的烙印，久久不能消失。从这个意义上讲，家庭生活环境对儿童的影响作用是自然而然地产生的，他们接受这种影响也是在不知不觉中进行的。这种教育方法表面看起来是无意识的，而恰恰由于无意识，才更易于为儿童所接受，教育的效果更为明显，也更为深刻。

我国著名儿童教育家陈鹤琴十分重视家庭生活环境对孩子的影响作用。他认为，孩子的一举一动一方面受遗传的影响，另一方面受环境的约束和教育的支配。在孩子小的时候，环境中最重要的因素就是父母，教养中最重要的因素也是父母。就是说，父母是孩子的第一任老师，家庭是人生的第一所学校，因此，孩子的个性最初是在家庭中形成的，家庭教育能够对孩子一生的成长与发展产生影响。要发挥好家庭环境的教育作用，父母可以在以下三个方面努力。

首先，父母要根据家庭条件，注意美化家庭生活环境。家庭是全家人每天饮食起居、生活、休息、团聚的场所，家具的选购、摆放和房间的布置体现家庭的审美情趣。房间的陈设和布置风格优雅、色彩协调、美观大方、舒适宜人，每天都整理得清洁卫生、井井有条，有利于陶冶孩子的情操，也能促使孩子养成良好的生活习惯。陈鹤琴也曾指出："假使房间里的装饰布置，都是杂乱无章，小孩子不知不觉也会犯这种毛病。反过来说，家庭里有较好的布置，小孩子不知不觉受到审美的影响，也会养成一种审美的习惯。"布置房间最好也让孩子参与意见，让孩子动手。特别是孩子自己的起居室、生活学习用具，父母最好不要包办代替，应让孩子自己去整理。

其次，父母要提高文化素养，创造和谐的家庭生活。家庭中每个人的自尊、自爱、自重、互敬互爱，有利于在家庭成员中相互影响；有利于创造幸福、愉快、温暖、轻松、和谐的家庭环境；还有利于让孩子从中学会如何做人、如何爱人、如何处理好人与人之间的关系。在这种家庭环境中生活的孩子，一般都性格开朗、活泼，心地善良，富有同情心，朝气蓬勃，积极向上，具有优良的道德品质和行为习惯。父母要不断提高自己的文化素养，追求高尚的精神情趣。许多事实表明，父母的文化素养决定一个家庭的精神情趣。有的家庭，平日的生活既严肃又活泼，人人讲究文明礼貌，精神生活丰富、充实、高雅，在这样的家庭里生活的孩子肯定容易受到良好的影响与教育。

最后，建设好家庭文化，提高孩子的审美能力。建设家庭文化，培养积极情感，提高审美能力，这方面的途径很多，如欣赏音乐、设置高雅的家庭环境等。建设家庭文化，就要用书香气息、艺术氛围来占领家庭教育阵地。家庭高雅文化氛围的生成，有利于促进父母和孩子生活情趣的共同提升。当一个人的内心充满着美与善、光明与向上、乐观和憧憬的时候；当一个人有健康多彩的兴趣爱好的时候，他是充实的，他对假恶丑是有足够的抵抗力的。因此，建设家庭文化，让家庭充满文化、艺术气息，既是家庭教育的方法，也是家庭教育的艺术。

三、榜样示范法：激活和培育儿童的爱心

人类的生存，依赖人与人之间的互助。爱是一种对他人不计报酬的付出与帮助，这是人类幸福的源泉，也是人类得以发展和进步的基础，而这种品质起源于家庭教育，起源于父母对孩子潜移默化的影响。苏霍姆林斯基说过："谁的童年被爱的阳光照耀着，那他就会创造幸福，就会对父母的言语，对他们善意的心意，对他们的劝导和赠言，对他们的温存和征兆有着特殊的敏感和接受能力。"在爱的环境里长大的孩子，对来自父母的教育有着很强的接受能力，对不良行为的诱惑，有着强烈的抵触和免疫能力。

在家庭教育中，榜样示范的作用体现在各个方面，父母温文尔雅、品格高尚，孩子往往就会彬彬有礼、落落大方；父母生活规律、井井有条，孩子一般也会养成良好的生活习惯。在激活和培植儿童"被爱"与"爱他人"的心理需要方面，父母需要做好以下两点。

首先是要让孩子在父母恩爱的情境中获得陶冶。爱心意味着用心灵去体会别人最细微的精神需要。孩子心中这种最敏感的感受力来自父母，来自父母的相互给予、理解和彼此包容。在家教诸多因素中，父母的人格因素是施教的核心力量，对孩子的人格形成起着巨大的潜移默化的影响。因此，父母要努力提高自身素质，营造良好的家庭教育环境，把言传与身教统一起来，使孩子从小养成高尚的思想品德和良好的行为习惯，把孩子培养成德才兼备的社会人才。当孩子从父母间细微的情感关爱中体会到幸福、温暖、关爱和包容时，其内心深处也容易培育出对他人关爱、体贴和热情的嫩枝。

父母对孩子的爱是无私而又深刻的，但如何让孩子学会去爱他人，这不但是一种要求，也是一门艺术，并且也是在家庭教育中随时都可以创设条件去努力做好的。例如，当爸爸辛苦加班的时候，妈妈当着孩子的面打一个电话问候，可能会让孩子产生最原初的"关爱他人"的意识自觉；当妈妈身体不舒服的时候，爸爸主动承担家务，在生活上对妈妈细微照顾，也能够给孩子以关爱的启发、引导和力量。

其次，要激活和培植孩子爱别人的心理需要。孩子不仅有被关爱的需要，也有爱他人、关心他人的心理需要。这种需要正是在父母的相互关爱与彼此的关心中被

唤醒和激活，并在父母的引导中发展和生长的。例如，一位父亲经常出差，每次出差临行前，他都会把 8 岁的儿子拉到身边，对孩子充满期待地嘱托道："儿子，爸爸出差一段时间，照顾妈妈的任务就交给你了。你是家中的男子汉，可要担起重任呀。"爸爸出差后，孩子格外懂事，非常关心妈妈。妈妈下班后刚进厨房，孩子便跟进来问："妈妈，我能帮您做什么？"妈妈微笑说："剥葱吧！"孩子高兴地拿起葱开始剥了起来。晚饭后，当妈妈刚掂起垃圾桶时，儿子主动跑上前去帮妈妈去倒垃圾。当妈妈向孩子表示感谢时，儿子骄傲地说："因为我是家中的男子汉。"这样的案例告诉我们，经常对孩子进行关爱他人的教育，不但有利于培养孩子良好的道德品质，而且有利于完善和发展孩子关心他人、关心社会的心理需要，形成和丰富完善的人格特征。

教育孩子关爱他人的机会是随处可得的。例如，妈妈身体不舒服了，爸爸说："孩子，你给妈妈倒杯水好吗？"当妈妈做家务的时候，也可以善意地提醒孩子："孩子帮妈妈做件事情好吗？"正是在一次次的关爱教育中，孩子所做的许多不经意的小事会逐渐内化为一种自觉的行动。在细微和自然的教育过程中，夫妻间的默契配合就显得十分重要，这既体现了夫妻间的相互体贴与关爱，又教育了孩子。

拓展阅读 7—2

父母才是孩子的"起跑线"①

很多家长把不让孩子输在"起跑线"作为育儿的起点，却不明白父母才是孩子的"起跑线"，父母的言行、教养方式、调节情绪的能力、婚姻质量等，都会对孩子的发展产生直接的影响。

每个孩子都有"爱的饥渴症"

很多家长都认可对孩子的爱应该是无条件的，但他们的很多做法却让孩子感觉到爱是有条件的。比如考试第一名就有奖品，把玩具收拾好爸爸就喜欢，再不去写作业妈妈就不爱你了……实际上，每个孩子都有"爱的饥渴症"，担心父母会随时收回对他们的爱。孩子会从父母的言行表情判断父母的爱是不是有条件的。

孩子犯了错误，家长可以批评，也可以处罚，但一定要明确地表达，"我批评的是你的不良行为，而不是你这个人。"一定不要把孩子行为的错误扩大和延伸到整个人，惩罚完毕一定要和孩子说明为什么要惩罚他，一定要给孩子一个拥抱，或者说："爸爸妈妈还是爱你的，但要批评你今天的行为"，这一点尤其重要。

每个孩子都是"心理学家"，他们本能就知道你的爱是不是由衷的。孩子如何解读父母的爱非常重要，所以父母要让孩子感觉到，无论任何时候他都是被爱的，

① 边玉芳. 父母才是孩子的"起跑线"[N]. 中国妇女报，2017-2-12（A2）.

父母的爱是无条件的。当然，无条件地爱孩子不是溺爱，不是他想要什么都得答应。父母要全然接纳的是孩子这个人，而不是孩子的所有行为。爱孩子，就要明确地告诉成长中的他，哪些行为是好的，哪些是不对的，帮助他更好地社会化。

孩子不是家长的“成绩单”

什么叫溺爱？溺爱会对孩子产生什么影响？在家庭大环境下，包办代替、过分注意、轻易满足、大惊小怪、剥夺独立、害怕哭闹、当面袒护等都是溺爱，孩子到了学校就会表现为不服从管理、不遵守规则、不喜欢被约束、与同学相处时多争吵、不愿意分享、受挫折时难以接受……错误的家庭教育方法，不但会影响孩子的发展，还会影响家长和学校的教育合作。

有些家长在教育理念上和学校不一致，不仅造成学校教育的难度，也会对孩子造成困惑。比如学校要减负，但家长说作业太少不行，擅自给孩子增加家庭作业；学校鼓励孩子自己的事情自己做，但家长说不行，“只要好好学习，其他的你都不用管了”；学校鼓励孩子多尝试、多展示，家长会抱怨孩子“什么都不如别人”……弄得孩子无所适从。

很多家庭教育误区，都源于家长觉得孩子是自己的面子，是自己的“成绩单”。中国的父母会有“孩子是我的”“我是你爸你妈，你必须听我的”“将来你就会明白我是对你好”等种种说法，说明我们没把孩子当成一个独立的个体，给孩子的爱其实是有条件的。

家长的坏情绪会传染给孩子

情绪是会感染和传递的，坏情绪传递得比好情绪快，父母的焦虑与孩子焦虑成高度正相关。一个美国的家庭研究证明，如果父亲或母亲有焦虑症，孩子患焦虑症的风险是正常孩子的 7 倍。对于正常人来说负面情绪不可避免，每种情绪的存在都是合理的，但主流的情绪应该是愉快、乐观的。

《头脑特工队》是一部非常好的情绪心理学电影，由美国加州大学的两位心理学教授担任学术指导，对家长怎样正确控制和调节情绪以及让孩子怎样注意自己的情绪都很有帮助。父母表达情绪要有艺术性，比如发脾气前暂时离开孩子一分钟，要让孩子明白你不高兴的缘由，不要无缘无故迁怒于孩子。

当孩子进入叛逆期时，父母尤其要学会控制情绪。孩子的青春期很特殊，心理学上称为“危险期”“狂风暴雨期”，这个时期的孩子非常令人头痛。其实，恰当的叛逆是孩子建立自我同一性、自我探索的过程，对孩子的成长有很重要的意义，叛逆是一个好的开始。怎样能让叛逆既有好的开始，又有好的结束？父母作为孩子最直接的观察和学习对象，一定要意识到自己的情绪对孩子的影响。

孩子天天和父母在一起，他们的学习方式不只是课堂上和语言上的直接学习，也包括观察式学习和模仿式学习。父母是孩子成长的“教材”，是孩子最直接的榜样，我们千万不要像笨鸟那样，生了蛋以后说："我是笨鸟，你替我飞吧！"把孩子变成自己圆梦的工具。

四、艺术感染法：培育儿童高雅的精神境界

道德感、理智感、美感等属于人类的高级情感。人类高级情感的存在既是人区别于动物的标志，也是人类自身生存和发展的需要。正是人类高级情感的存在，才使得人成为有理想、有情怀、有价值的存在，才激励着人精神生命的充盈、人生意义的丰富，才使得人成为名副其实的"符号性"存在和"意义性"存在。人类的高级情感的培育和发展离不开文本阅读和艺术陶冶。因此，艺术感染法在家庭教育中具有重要作用。

所谓艺术感染法，是指通过引导和指导孩子阅读各类书籍、欣赏音乐、观看电视、使用网络等各类媒体信息，让孩子掌握丰富的知识、发展积极的情感、提升审美情趣，并养成良好的阅读和欣赏习惯。艺术感染的特点是，既强调孩子的参与，又强调父母的指导，根本目的是通过文本与媒体内容的感染和熏陶，帮助孩子掌握基本的知识，发展积极的情感、态度与价值观。

（一）引导孩子享受阅读，在文本中陶冶和提升境界

书籍、杂志、报刊是孩子的朋友。课外阅读可以增长知识，开阔眼界，活跃思维，发展智力，陶冶情操，提高分析问题的能力，养成勤于学习的好习惯。优秀的文学艺术作品充溢着人文精神和人文关怀，所以能震撼人、感化人。对于在校读书的孩子来说，多阅读课外读物，可以激发学习文化知识的兴趣，提高学习成绩。父母不能限制孩子进行课外阅读，不能把阅读课外书籍和校内文化学习对立起来。实践证明，二者是相互促进、相得益彰的。

首先，父母应当帮助、指导孩子选择适合他们年龄特点的有益的课外读物，不可放任自流，任其随意去读。因为当前社会上出版的各种读物数量迅猛增长，不排除有一些荒诞的、不健康的书刊出现。这类书刊对于孩子来说危害很大，要绝对禁止孩子接触和阅读这类书刊。因此，父母必须帮助孩子选择有利于他们身心健康发展的书籍和读物。

其次，要加强阅读的具体指导。父母帮助孩子理解书刊的内容，引导他们从中汲取有益的精神营养。当孩子读完某一部书或某一本杂志、某一篇文章后，父母最好能同孩子一起交谈、讨论，以便使孩子掌握其中的科学知识，更深刻地体会、理解读物的思想内容。父母还要指导孩子勤写读书笔记、读后感。俗话说，不动笔墨不读书。结合读书写体会，孩子不仅可以加深理解，积累知识，还可以锻

炼写作能力。

（二）引导孩子合理使用电视、网络等媒体

当前，电视已经成为家庭中对孩子影响最重要的媒体之一。网络也成为相当一批家庭信息获取与交流的方式。即使在农村，不少家庭和学校也能为孩子提供网络等交流媒介。电视、网络是传递知识和信息的重要手段和途径，丰富着人们的精神生活。一个不争的事实是，在现代社会，电视和网络对孩子尤其具有魅力，并常常成为他们非常亲密的“伙伴”。通过电视、网络，孩子们可以增长许多知识，获取大量的信息，极大地开阔他们的眼界。上下五千年，纵横数万里，天文地理，人文历史，各种各样的知识和见闻，只要一打开电视和网络，一切便可一目了然。“秀才不出门，全知天下事”，这在交通、信息不发达的古代，只是一种幻想。而在电视、网络日益普及的现代社会，已经成为现实。电视、网络进入家庭，使得家庭生活日益信息化，让人们的精神生活更加丰富、活跃和充实。

电视、网络进入家庭以后，如何使用它，一般有两种倾向：一种倾向是父母怕电视、网络影响孩子学习，虽然家里添置了电视机、电脑，却对孩子百般封锁，根本不让孩子看电视，禁止孩子上网。另一种倾向恰恰与此相反，就是无任何节制地让孩子看电视、上网，想看什么节目就看什么节目，想看多长时间就看多长时间。甚至把电视和电脑当成孩子的“保姆”或“伙伴”，对孩子上网与看电视的时间不加控制或控制得很少。虽然这种说法有点夸张，而且在主观上，很少有父母愿意这样做；但从现实情况看，这种现象却在相当一些家庭中出现。这种倾向对孩子的危害更大。孩子看电视、上网不加限制，或连续看电视、上网时间过长，次数过多，不仅对孩子的身体健康有害，而且容易对孩子的心理造成负面影响。

鉴于电视、网络的积极与消极作用并存的特点，父母应该积极引导，加强管理，帮助孩子学会面对媒体、选择媒体、利用媒体。一方面，父母要帮助孩子合理利用电视、电脑等媒体资源，引导他们通过这些资源获取各种知识信息，拓宽自己的知识面，增长自己的能力和才干。使孩子认识到在现代社会，电视、媒体是一种想回避也回避不了的信息知识获取方式；认识到电视、网络是他们参与社会交往、了解现代信息、融入现代生活的基本工具。另一方面，父母要告诉他们，不恰当地使用电视、网络的危害和问题；还要教给他们抵制网络消极信息的基本方法。同时，鉴于未成年孩子的心理特点和行为特征，父母应该做出必要的限制和约束，尤其是对他们收看电视、上网的时间安排、时间长短等做出严格的规定。

拓展阅读 7—3

直播平台，是否该让孩子走开？[①]

1 月 20 日，13 岁的王梓涵掏出手机，把身体埋进客厅软和的沙发里，老练地打开了斗鱼 TV app，进入某位知名游戏主播的直播间。

“看直播是为了学习游戏技术。”他现正痴迷于一款名为“绝地求生”的电脑游戏，平时放学回家要看 2～3 个小时的直播。

伴随着屏幕内主播亮眼的游戏操作，直播间弹幕刷出一连串“666”，他告诉记者，这代表“牛牛牛”的意思。观看直播仅一年，刚读初一的王梓涵俨然成了见多识广的“社会人”。“老子”“骚操作”等诸多不雅词汇从他口中接连蹦出，这些词汇多是从主播或直播间弹幕中习得的。有时候“爆粗口”甚至被他当成了“幽默感”：“这些都是‘梗’，说起来显得十分‘酷’。”

与王梓涵不同，16 岁的赵馨茹更喜欢观看娱乐区的歌舞主播。“有时候偶像受到喷子们的弹幕侮辱，我们就会还击。”一来二去就沾染上了骂人的坏习惯。“如今这毛病形成了习惯，想改改不掉。”这让她十分痛苦。

“爆粗口并不是游戏主播们的特权，主播素质不高，但粉丝却动辄百万，很容易造成不良影响。”中国政法大学知识产权特约研究员赵占领担忧，主播们作为榜样的示范效应，会让不雅文化成为孩子眼中的流行趋势。

他的担心并非多余。在王梓涵经常浏览的视频弹幕网站中，一则内容为两位知名主播互骂的视频成为爆款。该视频点击量现已超过 188 万，收藏量高达 4.2 万。这两位主播各自所拥有的粉丝均超千万，粉丝中不乏像王梓涵这样的孩子。

记者在“斗鱼”“快手”等多家主流直播平台体验多天发现，主播爆粗口、讲荤段子、当众抽烟、情色诱惑等诸多不雅行为亦屡见不鲜。如斗鱼 TV 的游戏区、颜值区都存在“少儿不宜”的内容，而户外直播更是多家直播平台的重灾区。

“如今，直播平台上适合孩子的内容太少了。”已为人父的赵占领止不住叹息。

五、实践锻炼法：培养儿童的良好习惯与意志力

［微视频］良好习惯与意志力培养的方法

实践锻炼法是通过指导孩子身体力行、亲自去做，让孩子形成父母期望的品德、知识和能力的教育方法。一个人的技能技巧、实际才干、良好习惯和品德不是先天就有的，也不是自然而然形成的；不管是多么简单的技能、技巧和才干，也不管是什么样的品德和习惯，不经过亲身实践是不行的。从社会发展的趋势看，未来的社

① 赵航．直播平台，是否该让孩子走开？［N］．工人日报，2018-1-26（5）．

会生活特别需要的是独立生活的能力、适应社会环境的能力、工作劳动的能力和社会交往的能力。缺乏这些基本能力，将来不可能有什么作为，甚至都不能在社会上站得住脚。积极引导、支持并放手让孩子进行各方面的实际锻炼，是家庭教育的重要方法。

实践锻炼的内容是多种多样的，而且在孩子小时候就应该进行。例如，小时候学站立、走路、说话；大一点进行游戏、文娱体育活动，社会交往，生活自理，参加家务劳动，帮父母做事情，待人接物，参加社会公益劳动，等等。搞好实践锻炼，父母要在两个方面做出努力。

一是要鼓励孩子不怕挫折、持之以恒。父母要鼓励孩子克服困难，不怕挫折和失败，坚持到底。参加任何实践活动，都不是一帆风顺的，完成一项任务，都不是轻而易举的，总要遇到这样或那样的困难和障碍；而孩子往往缺乏毅力，意志不够坚强，父母的鼓励是孩子战胜困难、取得成功的巨大动力。父母要给予孩子更多的鼓励、更少的批评，不能轻易指责孩子笨拙、懒惰。父母还要有恒心，舍得让孩子吃苦。父母要明白，如果孩子要学会某种技能技巧、养成某种习惯和品质，吃苦头、受磨难是难免的。小孩子学习走路都还要摔跟头，更何况学习做人。有些父母心疼孩子，孩子刚一叫苦喊累，就做出让步，半途而废。这不仅不能使孩子学到什么技能技巧，反而会使孩子养成怕苦怕累，做事虎头蛇尾的毛病。例如，孩子学走路，刚摔了一个跟头，父母就心疼得不得了，把孩子抱在怀里，再也不让孩子下地走路，那就会影响孩子尽早学会走路。孩子上学了，自己动手洗红领巾、袜子，一喊累，父母就接过来替他们洗，这都不利于培养他们生活自理的能力。孩子小时候，父母舍不得让他们吃一点点苦，受一点点磨难，结果是应该学会的技能技巧不会，应该具备的能力不具备，等孩子长大离开父母独立生活后，会吃更大的苦头，受更大的磨难。

二是要及时给予孩子鼓励和激励。首先是父母要正确对待孩子在实践锻炼中出现的失误。孩子参加实践活动，完成父母交给的任务，由于缺乏经验和能力，难免出现这样或那样的失误，父母应该正确对待。父母不可能指望孩子一开始学什么就会，做什么就做得很好，每次实践都成功。任何技能技巧的掌握，都要经历一个由不会到会，由不熟练到熟练的过程。成年人尚且如此，未成年的孩子更是如此。当孩子在实践锻炼中出现失误，甚至造成一些损失时，父母不要过多责怪，更不能因噎废食，不许孩子再做，而应当帮助他们分析失误的原因，从中总结经验教训，鼓励他们勇于实践。这对培养孩子坚忍不拔、不怕挫折的精神是很有好处的。

父母还要从孩子的实际能力出发，循序渐进地安排适当难度的实践内容。安排给孩子实践锻炼的内容和任务既不要过难，也不能过易。过难容易使孩子产生畏难情绪；过易又不能引起孩子的兴趣。实践锻炼的难易程度应当是经过孩子的努力可以胜任的，即“让孩子跳起来摘到桃子”。实践锻炼应当遵循由易到难，由简单到复杂，量力而行，循序渐进，逐步提高的原则，既不能操之过急，也不能放任自流。在实践锻炼之前，父母要提出具体要求，进行具体指导。父母指导孩子实践锻炼，还要注意孩子的年龄特征。对年龄较小的孩子，指导工作要尽量具体一些。如有可能，父母还可以先示范、演示一下。对于年龄较大的孩子，父母则不必指导得过于具体，要给孩子的自我尝试留有余地，让他们去创造性地实践，以便锻炼他们独立生活的能力，发挥他们的创造性。父母指导得过于具体、会使孩子产生厌烦情绪。

第二节 家庭教育的策略艺术

家庭教育的基本方法揭示的是家庭教育中的基本教育规律，是父母与孩子进行亲子互动的基本价值指向。即使是同样的方法，在不同的情况下运用，针对不同的孩子运用，也可能会产生截然不同的结果。这就要求父母在思考家庭教育的问题时讲究策略艺术，从家庭和孩子的实际出发，用更加轻松、灵活和机智的方式，促进孩子认识上的愉快接受、情感上的愉快认同和行为上的愉快服从。

一、沟通与交流的艺术：巧用幽默与比喻

幽默是影响家庭沟通和交流有效性的重要因素。沟通和交流中父母幽默的语言不仅是谈话的调料，而且是智慧的火花，是心态开放、豁达和乐观的表现，也是一种调节家庭关系的润滑剂。这样做既可以保持父母与孩子之间的有效沟通和交流，又能引导孩子养成一种幽默的思维方式和表达习惯，有助于培养孩子与人交往的艺术。

要使得沟通更加幽默，父母应该从小处着眼，于生活细节之处创造轻松愉悦的气氛。有一对父母，他们善于针对家庭成员的不良习惯或缺点，给每位家庭成员起一个善意的“绰号”，并且，根据缺点的改正程度或新缺点的出现情况，变换绰号的内容，将善意的褒贬通过幽默的形式表达出来。例如，女儿自小动作不紧不慢，性格不温不火，有时做事不够麻利，父母就形象地叫她“树懒”。因为树懒这种小动物，动作反应慢，终日趴在树上，甚至是周一给它打一针，周四它才叫疼。因此，父母一招呼“树懒”，女儿就笑着加快了动作，比烦躁的催促更有效果。这样的幽默案例启示我们，幽默作为一种重要的家庭教育艺术，只要运用得当，可以起到较好的教育效果。

家庭沟通中的幽默体现在家庭生活的各个领域和方面，无须刻意营造、故意创

设，需要父母在生活中善于运用自己的智慧和艺术。例如，家庭成员经常在餐桌上讲一些笑话，或将白天见到听到的有趣的事情与大家分享，既可以使整个家庭充满欢笑，洋溢着快乐的气氛，也起到了教育家人的作用。家庭生活中无处不在的幽默还可以起到意味深长的说理效果。例如，一位富有幽默口才的父亲，有一次看书很困，眼镜未摘就睡了。醒来后小女孩问怎么睡觉还戴眼镜，他诙谐地说："爸爸做梦也看书，不戴看不清啊！"孩子笑了。这样的家庭幽默不但风趣诙谐，也寓理于趣，起到了激励孩子潜心学习的效果。

除了语言幽默风趣，在父母与孩子的沟通中，"寓教于喻"也是一种重要的教育技巧。父母是孩子的第一任老师，孩子对世界的很多好奇都要从父母那里寻求答案和解释，而把复杂深奥的道理给孩子说明白，并不是一件容易的事，不是人人都可以做好的。孩子的思维特点是以形象思维为主，他们对事物特点的认识，对某种道理的理解，往往要通过对具体事物形象的概括而实现。要使孩子理解较为深奥的道理，最好的做法是运用通俗恰当的比喻，用某些有类似特点的事物来比拟想要说的某一事物或某一道理，以便表达得更加生动鲜明，便于学懂弄通，这就叫"寓教于喻"。这种教育交流方法运用得好，往往会产生预想不到的教育效果。"寓教于喻"的例子并不少见，我国古代的孟母用断织来教育孟子好好读书，既生动形象又能打动人、感染人和鼓舞人，取得了非常好的教育效果。

要做到"寓教于喻"，需要父母做好以下几点：首先要充分了解孩子，掌握他们的年龄特征和思维特点，采用孩子乐于接受的方式开展说服教育；其次，父母要有丰富的生活经验和社会文化知识，并能加强学习，不断充实自己的头脑；最后，父母对孩子要有极大的耐心，不要一遇到教育难题就动辄发怒。

拓展阅读 7-4

20 年后，哪些孩子仍有竞争力？[①]

家庭教育要承载传承知识、传授技能和传承文明的功能，但是家庭教育甚至教育的本质应是，把眼光放到未来的 20 年后，为 20 年后培养孩子。

对于一个家庭来说，20 年是将一个婴儿培养成社会人的时期，20 年后也是对家庭教育成果进行考核、验收的节点。最近，在"京津冀家庭教育大家谈——推进早期家庭教育的思考与路径"论坛上，发展中国家科学院院士、中国心理学会原理事长张侃提醒家长，要做对三件事，让 20 年后的孩子面对世界的万千变化仍保持一定的竞争力。

① 吴颖．20 年后，哪些孩子仍有竞争力［N］．中国妇女报，2017-12-10（A2）．

保持好奇心和浓厚兴趣

"孩子和青少年是天然的科学家",科学精神就是带着浓厚兴趣探索未知世界的精神。张侃说，这种精神孩子天生就有，只是在成长的过程中容易被父母扼杀——"别乱问""别乱动"等，很可能是儿童好奇心和探索精神的"杀手"。

孔子讲，"学而不厌，诲人不倦"。可见，学习本身虽然是一件比较艰苦的事，但就是有一些人热爱学习。奥秘就在于他对新的东西永远保持着好奇心，有浓厚的兴趣和意愿去探索，并因在探索的过程中不断收到良好反馈而更加主动。可见,"学而不厌"是建立在孩子对新鲜事物有浓厚兴趣基础上的。

如果总是不等孩子好奇和探索，就早早将各种知识强行"灌输"给他们，孩子的好奇心就得不到滋养，兴趣很容易被磨灭。等孩子长大后，可能最讨厌的就是学习，也讨厌接触新的东西，真的变成了"厌"。这样的孩子在未知和变化的世界中也可能会最早被淘汰。

张侃强调，推进早期家庭教育，是希望父母早点意识到要保护好孩子的好奇心和兴趣，而不是让孩子早早会数数、多认字。

和一切所学的知识比起来，只有好奇心和浓厚的兴趣，才能和 20 年后的未来衔接起来，才是保证孩子在巨变中仍有不断的探索精神，依然具备竞争力的核心素养。

培养延迟满足能力

心理学上有一个著名的关于延迟满足的实验：20 世纪 60 年代，美国斯坦福大学心理学教授沃尔特•米歇尔和研究人员找来数十名儿童，让他们每个人单独待在一个只有一张桌子和一把椅子的小房间里，桌子上的托盘里有孩子们爱吃的食物——棉花糖、曲奇或是饼干棒。研究人员告诉孩子们，可以马上吃掉棉花糖，但是如果等研究人员回来时再吃，就可以得到更多棉花糖作为奖励。大约三分之一的孩子成功地克制了自己吃棉花糖的欲望，差不多坚持了 15 分钟左右的时间，等到研究人员回来兑现了奖励。

1981 年，离实验开始的 20 世纪 60 年代过去了差不多 20 年，米歇尔通过对参加过实验的孩子的追踪调查发现，凡是能实现延迟满足的孩子，成绩更好，成年后更加成功。在张侃看来，延迟满足能力不仅是一种纯粹的忍耐力，还是一种权衡能力和判断能力的体现：懂得并能判断出通过付出一定的代价能获取更大的利益，由延迟满足能力延展出来的选择力、判断力和权衡能力更重要。

这个世界虽然变化很快，但给每个人的选择也越来越多，如何权衡和判断，如何取舍，如何正确地预见未来，对每个人来讲才是更大、更新的挑战，也是未来时代要拼的竞争力。所以，培养孩子延迟满足的能力，不要将孩子放在被动的位置上去管控和学会忍耐，而是要让孩子逐渐发展出掌控自我的能力，依靠自己不断提升的判断力去实现自控。

增强心理弹性

心理健康其实不是内心无限度的强大，而是让内心富有弹性。这样才能保证一个人在遇到挫折时转向另一个方向和策略，想办法解决问题，而不是硬碰硬或者一下子崩盘。

增强心理弹性，可以先从情绪管理开始。没有孩子不哭不闹的，但是如何在情绪爆发时越来越懂得平复心情，则需要父母进行引导。正确的引导不是压制孩子的情绪，而是让孩子在宣泄情绪之后，了解什么样的宣泄方式无效，怎样做更好，自己学会渐渐改进。

在学会处理情绪的过程中，孩子也就学会了抗压——因为人处在逆境时，主要需要抗衡和转化的是情绪带来的巨大波动和伤害。能够抗压，心理弹性指数就会不断提升。能够消化掉不良情绪的侵入，人格才会保持完整。

对个体而言，未来时代会是逆境多于顺境。谁的心理更有弹性，谁就能坚持到最后不被淘汰，并且勇于创新、勇于尝试。家庭教育要承载传承知识、传授技能和传承文明的功能，但是家庭教育甚至教育的本质应是，把眼光放到未来的20年后，为20年后培养孩子。

二、表扬与奖励的艺术

表扬和奖励是家庭教育中一种常见的激励措施，主要是父母针对儿童各个方面的进步和成绩，给予各种恰当的激励，以有效增强儿童的成就感、自信心，提高儿童的自我评价能力。

表扬奖励的具体方式有三种：一是赞许，就是对于孩子的好思想、好品德、好行为表示赞同或给予肯定。赞许可以运用口头语言，例如“对”“好”“是”“可以”等；也可以用目光、点头、微笑、手势、亲热等体态语言来表示。二是表扬，就是对孩子的好思想、好品德、好行为给予较为正式的好评。表扬可以是口头表扬，也可以是书面（信件）表扬。表扬可以单独进行，也可以当众表扬，如当着家人、亲戚、朋友或者老师的面表扬，当众表扬效果更好。三是奖赏，就是对孩子较为突出的好思想、好品德、好行为和明显的进步给予充分的肯定和高度的评价。奖赏又分为物质奖赏和精神奖赏。物质奖赏是满足孩子物质上的需要，精神奖赏是满足孩子精神上的需要。我们常常过于看重精神奖赏，轻视物质奖赏，甚至反对物质奖赏，这种看法是片面的。虽然在家庭教育中，精神奖赏非常重要，但适当的物质奖赏不但符合孩子的心理需求，事实上也能起到激励作用。正确的做法是以精神奖赏为主，将两者结合起来使用，激励孩子不断上进。家庭教育中做好表扬与奖励，应遵循以下原则。

一是要实事求是，恰如其分。表扬与奖励要根据孩子好思想、好品德、好行为的实际程度进行。一般的程度可以用赞许，稍高一点用表扬，明显突出的可用奖赏。因为表扬与奖励不仅是对孩子的一种激励，也是一种评价，让孩子在父母的评价中正确认识、评估自己。表扬奖励过低，达不到激励的目的，起不到进一步调动积极性的作用；表扬奖励过高，容易使孩子满足现状，降低要求，故步自封，停滞不前。对于年龄较小的孩子，表扬与奖励适当高一些是可以的。孩子年龄稍大一些，表扬与奖励过高了，孩子就会对表扬与奖励持无所谓的态度。如果对孩子的优点评价太高，对进步估计得太过分，孩子会认为父母的表扬与奖励不是真心实意的，弄不好会引起孩子的反感。表扬与奖励还要根据孩子个性的不同有所不同。对容易骄傲自满的孩子，要特别注意掌握尺度分寸；而对于比较自卑的孩子，则要适当加重表扬奖励。

二是要做到及时表扬与奖励。孩子表现出较好的思想品德，有了好的行为、进步后，父母应及时给予适当的表扬奖励。因为孩子的思想情绪有不稳定的特点，容易动摇、反复，及时的表扬与奖励可以对他们上进的愿望给予强化，使之得到巩固。如果事过很久才表扬与奖励，孩子上进的表现得不到及时的肯定，上进的愿望得不到及时的支持，那么表扬与奖励的激励作用就会大大削弱。要做到及时表扬与奖励，就要求父母平时注意观察，了解孩子的实际表现，随时掌握孩子的思想情况。

三是要以精神奖赏为主，物质奖赏为辅。奖赏是一种高层次的表扬与奖励，对孩子的激励作用较赞许、表扬更强烈。尽管如此，也不能滥用。物质奖赏在家庭教育中是必要的，也是可行的，因为孩子经济上未独立，物质生活条件是依靠家庭创造、提供的。给予物质的奖励，也是满足孩子物质生活需要的一个途径。但应当坚持以精神奖赏为主，物质奖赏为辅的原则。因为一味地给予物质奖赏，会促使孩子只图物质上的满足与享受，不利于激励孩子在思想、行为上的进步。精神奖赏的方式是多种多样的，可以根据孩子的年龄特征和个性特征加以选择，例如，带孩子逛公园、走访亲友、旅游、举行庆祝会等，也可以买食品、衣物等，但一般不要给孩子现金，尤其是对年龄较小的孩子。

给予物质奖赏要结合说服教育进行。父母要明确，当孩子有突出的明显的进步时，给予一定的物质奖赏是给他们以肯定、好评、鼓励的一种教育方式。但满足孩子的物质需求，给予一定的物质享受不是目的，只是一种手段，其根本目的还是以此激励孩子上进。因此，父母要增强物质奖赏的教育作用，在给予物质奖赏的同时，伴随说服教育，指出为什么要给予物质奖赏，说明孩子好在哪里、哪些方面有进步和今后应当怎样去做，使孩子得到物质上的满足能够转化为精神的动力，明确前进的方向，争取更大的进步。给予物质奖赏尽量不要事先许诺。父母给不给物质奖赏，给什么物质奖赏，给多少物质奖赏，最好不要事先许诺，要视当时情况而定，在孩子思想、行为确该奖赏的时候给予。事先许诺是用物质利益、享受诱使孩子进步，容易导致他们单纯为追求物质利益、享受而学习进步，不利于从根本上帮助他们形成良好的行为方式。事先许诺可能会在一时一事上发挥积极作用，但用得多了，就会失去刺激作用，还会使孩子讨价还价，养成斤斤计较的庸俗习气，那就完全失去了物质奖赏的教育意义。

四是要针对不同的孩子有针对性地使用表扬与奖励。表扬与奖励对所有孩子都有积极作用，尤其是对那些表现不太好的孩子显得更为重要。因为表现不太好的孩子身上的消极因素较多，平时很少能得到肯定、好评，受批评、训斥较多，使得他们常常缺乏自尊心、自信心和上进心，尤其需要正面鼓励。对于这样的孩子，父母应首先扭转对他们的厌烦情绪和态度，不能“恨铁不成钢”，父母越恨，他们就越消极。其次，要全面发展地看待孩子。虽然他们缺点、毛病比较多，身上有许多消极因素，但他们身上也有诸多积极因素。只不过是对于缺点、毛病比较多的孩子，父母往往感情用事、产生偏见，对缺点、毛病看得清楚，看得过多、过重；而对优点、长处和进步则又往往视而不见，即使看见了也不以为然。父母只是抓住孩子的毛病、缺点不放，常常批评、训斥，孩子就会越来越消极，还会加深对立情绪，以致完全丧失上进的信心。父母要端正教育思想，努力发现“问题孩子”身上的优点、长处和进步，哪怕是微不足道的，对别的孩子来说是不值得一提的，可对这些孩子来说是极其可贵的，应及时抓住，给予适当的表扬奖励。父母还要注意，表扬与奖励应当是诚心诚意的，千万不能虚情假意。虚情假意的表扬与奖励，比不表扬与奖励效果更差。

总之，表扬与奖励是针对孩子的进步，对他们表现出的好思想、好品德、好行为给予的积极评价，这种积极评价能达到使孩子精神愉快、心理满足的教育效果，从而有利于调动他们自我发展的积极性，实现家庭教育的目的。

拓展阅读 7－5

肯定孩子努力比肯定孩子聪明更重要[①]

河南省郑州市9岁的小奕（化名）最近很让父母发愁，这个四年级的孩子是家族小辈中唯一的男孩，深受父母和家中老人的疼爱。据小奕的父亲介绍，儿子从小就乖巧懂事，多才多艺，上小学后学习成绩一直名列前茅，常常受到老师的表扬，家人也每每夸他聪明。

上四年级后，小奕的学习成绩略有下滑。没过多久，小奕对学习就表现出无兴

① 陈若葵. 肯定孩子努力比肯定孩子聪明更重要［N］. 中国妇女报，2014-4-24（B2）.

趣和厌倦等消极情绪，甚至说自己不愿去上学了。父母大吃一惊，仔细询问才得知，老师曾经找小奕谈话，指出他因为骄傲、不认真才导致成绩下降。而小奕一直以来认为自己聪明过人，不能理解自己为什么突然变"笨"了，他更难接受成绩稍稍落后的现实。

小奕的母亲说，儿子一直生活在掌声和赞扬声中，几乎没遭遇过挫折。在家里，小奕被所有人捧在掌心里，听到的全是赞扬、肯定、夸奖，孩子是担心从此在人们的心中自己不再聪明可爱。

近年来，赏识教育颇为流行。人们普遍认为，赞美孩子、夸孩子聪明，有利于提高他们的自尊、自信，在学知识方面进步更快。这个理念使家长倾向于在儿童和少年取得好成绩或有出色表现时给予他们表扬，以此来建立其自信心。

然而，一些家长也发现，频繁地告诉孩子："你真聪明"，有可能使孩子陷入一个误区，即不能准确、客观地评价自我。

近日，记者随机采访了一些小学生，当他们被要求对自己作出简单的评价时，多数孩子都说自己很棒、很聪明，当被问及："你们的聪明表现在哪些方面"时，不少孩子都不能明确说出。

有一个孩子说："我说不出自己哪里聪明，但我知道我很聪明。"猛一听，会让人觉得这孩子挺自信的，仔细一品不难发现其中的问题，由于孩子缺乏恰当的自我认知，这同样会给他带来困扰。孩子会在自信与自卑间游走，情绪也容易随之波动。

经常夸孩子聪明或赞美他们智力超群，并不能使他们越来越好，反而会让他们习惯性地努力维持自己聪明形象，因此他们会做最保险的选择，逃避那些复杂而有困难的任务。他们不希望在人面前犯任何错误，害怕自己的"聪明"因一次失败蒙上污点，而证明自己不再是天才。

当我们称赞孩子的智力时，不知不觉给孩子传递了一个信号：聪明点，别犯错！以至于他们将好的分数看得比什么都重要，一遇挫折就灰心丧气，不愿再努力选择新的和富有挑战性的学习任务。

而表扬孩子努力，则容易激发他们持久的上进心和学习兴趣，使他们懂得自己的聪慧并不是与生俱来的，而是通过不断学习新的知识逐渐积累起来的，智力及能力是可以通过学习来提高的，从而更愿意承担风险，选择具有挑战性的学习任务。因之，父母在评价孩子时，后天努力应重于先天智力，引导孩子明白，肯努力是可贵的品质，这是家庭教育的主要内容之一。

三、批评与惩罚的艺术

批评与惩罚是对孩子的不良思想、行为、品德给予否定的评价，其教育作用在于使孩子认识自己思想、行为、品德上的错误，促使孩子克服、纠正和根除不良的思想和行为。批评与惩罚两种教育方法都是对孩子不良思想、行为的否定，但在程度上有所不同。批评是运用在一般性的缺点、错误和过失上；而惩罚则是运用于性质和后果较为严重的缺点、错误和过失上。批评与惩罚对于孩子之所以有教育意义，是因为对孩子的不良思想、行为、品德给予了否定性评价，能引起他们不愉快的情感体验，使之内疚、悔恨，甚至是痛苦，从而使其从缺点、错误和过失中吸取教训、不再重犯。批评与惩罚的教育方法运用得好，不仅可以使孩子明辨是非善恶，还可以促使其学会用意志努力去克服自己的缺点、错误，纠正自己行为上的过失。那么，如何运用批评惩罚效果才会好呢？

一是必须明确批评与惩罚孩子的目的。批评与惩罚是一种教育手段，不是父母“出气”的方法。孩子的缺点、错误和过失表现出不良的思想、行为、品德，会引起父母生气是可以理解的。父母疾恶如仇，不容忍、不袒护、不姑息、不纵容是对的，给孩子施以必要的批评与惩罚也是应该的。但是必须明确，之所以要批评与惩罚，不是因为孩子的缺点、错误和过失伤害了父母的感情和面子，而是因为孩子违背了正确的思想原则和行为规范，如若不及时指出，促使其纠正，对孩子的成长是不利的。那种把批评与惩罚孩子当成父母“出气”的办法，以“出气为快”是对批评与惩罚方法的错误理解和运用，而且往往由于父母的过度使用，不但起不到应该有的教育效果，反而走向愿望的反面。因此，在批评与惩罚孩子时，父母一定要保持头脑冷静，用理智克制自己的感情冲动，绝不能只是为了“出气”，在“一气之下”采取过火的行动。

二是要做到批评与惩罚公正合理，恰如其分。孩子有了缺点、错误、过失，是批评还是惩罚？批评与惩罚的程度如何把握？这些都要从实际出发，视情节的轻重程度及其所造成的后果而定，努力做到公正合理、恰如其分。批评与惩罚孩子是对孩子的严格要求，体现了父母的爱护、期望，但绝不是批评与惩罚得越厉害，效果就越好，不能简单地认为严厉程度和教育效果完全成正比。批评与惩罚的目的是促使孩子克服缺点，改正错误，纠正过失。而要达到目的，父母给予的批评与惩罚就必须为孩子所理解、接受，使之认为是理所应当的。只有批评与惩罚是出于公正合理、恰如其分的，孩子才会心服口服，才会正确对待、认真思考，并从缺点、错误和过失中吸取教训。也只有真正做到公正合理、恰如其分，孩子才会感到父母的批评与惩罚是出于关心和爱护，才能克服缺点，改正错误，纠正过失。批评与惩罚如果太过分、太过火，那就会有“出气”之嫌，孩子就不会服气，势必产生对立、反抗情绪，必然达不到预期的目的。所以，在批评与惩罚孩子时，父母要认真、全面地了解情况、弄清缘由，恰当地估计其严重程度。不能在情况不明时鲁莽行事，任意批评与惩罚孩子。

三是要注意批评的场合，适当为孩子“遮丑”。批评要注意时间、地点、场合，最好不要当着外人的面，以免给孩子难堪。著名教育家陈鹤琴指出：“所以做父母的不应当在客人面前去骂小孩子，应当等客人去了以后，方才慢慢去教训他；教训他不听，然后去责备他，那么小孩子因为不丢面子，就很高兴去改他的过失。”为孩子“遮丑”不是袒护孩子，更不是纵容孩子，而是保护孩子自尊的重要手段。此外，也不要在睡前或吃饭过程中批评孩子。睡觉前批评孩子一顿，孩子郁闷而寝，心情不好，影响睡眠。在饭桌上批评孩子危害更严重，有一些父母平时见不到孩子，往往一端起碗就开始批评训斥孩子，这几乎成了一种习惯。这样做影响孩子进餐时的情绪，不利于消化，影响身体健康，也很容易引起孩子的反感情绪。

四是要适当使用“自然后果惩罚法”。自然后果惩罚法是一种在家庭教育中经常使用的教育方法。在理论上最早做出阐述的应该是卢梭，斯宾塞也做过专门的论述。所谓自然后果惩罚法，简单地说，就是孩子犯了错误以后，不对其进行直接惩罚，而是让其从犯错误的后果中接受惩罚和教育。卢梭举例说：“他打破了他所用的东西，莫要急于添补，让他自己感受到需要它们。他打破了自己房间的玻璃窗，让风尽日夜吹向他，也不怕他因此而伤风；伤风比起漫不经心还要好些。”他又说：“儿童所受到的惩罚，只应是他的过失所招来的自然后果。” 英国教育家斯宾塞也有同样的主张，他认为这种方法可以提供正确和错误行为的合理后果知识，而这些知识来自儿童的亲身经验；儿童所受到的痛苦，既然是他的错误行为的自然后果，他必然会多少清楚地认识到这种惩罚是公正的。

除以上四点外，父母还要注意到，孩子认识错误、克服缺点、纠正过失，会有一个过程，不一定是“立竿见影”，不见得一批评，孩子立即就深刻地认识错误、完全彻底地克服缺点。作为孩子，他们即使认识到了缺点，在行动上也完全可能出现反复。孩子行为出现反复是不可避免的，特别是对那些已经形成了不良习惯的孩子来说，不可能希冀他们一天就克服纠正过来。父母不能操之过急，要允许有一个过程。在批评孩子时，父母也应对孩子有一个全面认识。孩子有缺点、错误和过失并不等于一无是处，有优点、长处还要给予肯定，有进步、有变化应及时表扬。有时孩子在行为上出现过失，不见得其出发点也是错误的，有时是为了做好事，只是由于经验不足、能力不强、办事不稳妥等原因才出现过失。在这种情况下，要首先肯定孩子的动机和出发点，然后再批评其行为上的过失，这样孩子就会心悦诚服。

教育子女既需要方法，更需要艺术，教育子女的方法与艺术是多种多样的。要选择、运用得好并不是一件轻而易举的事。这就要求我们要尊重科学、尊重规律，我们在认真学习家庭教育理论，虚心向专家和有经验的父母请教的同时，在日常的家庭教育实践中要大胆探索、积极创造。做好这些，就一定能够形成更多、更科学、更有效的家庭教育方法和艺术。

要点重述

1. 家庭教育中的说服教育，是建立在父母对孩子充分信任和尊重的基础之上的，需要避免以势压人、强制命令等令孩子抵触的教育方式，以平等民主的方式与孩子沟通。

2. 父母有意识地创造一个和谐、良好、优美的家庭生活环境，使孩子置身其中并在日常生活中受到潜移默化的影响，这对于帮助孩子形成良好的心境和情绪具有重要作用。

3. 爱的品质起源于家庭教育，要激活和培植儿童“被爱”与“爱他人”的心理需要，需要家长起到榜样示范作用。

4. 道德感、理智感、美感等人类的高级情感，使得人成为有理想、有情怀、有价值的存在。人类的高级情感的培育和发展离不开文本阅读和艺术陶冶。

5. 实践锻炼法是通过指导孩子身体力行、亲自去做，让孩子形成父母期望的品德、知识和能力的教育方法。积极引导、支持并放手让孩子进行各方面的实践锻炼，是家庭教育的重要方法。

6. 沟通与交流中父母幽默的语言不仅是谈话的调料，而且是智慧的火花，是心态开放、豁达和乐观的表现，也是一种调节家庭关系的润滑剂。

7. 表扬与奖励是家庭教育中一种常见的激励措施。针对孩子各个方面的进步和成绩，给予各种恰当的激励，能起到使孩子精神愉快、心理满足的教育效果，从而有利于调动他们自我发展的积极性。

8. 批评与惩罚是对孩子的不良思想、行为、品德给予否定的评价，其教育作用在于使孩子认识自己思想、行为、品德上的错误，促使孩子克服、纠正和根除不良的思想和行为。

反思与探究

1. 如何理解“沟通与交流是父母了解孩子的前提”这句话。

2. 如何在家庭中营造良好的物质和文化环境，培育孩子良好的心境和情绪。

3. 结合实际谈谈如何引导孩子利用好电视、网络等媒体。

4. 结合实际谈谈如何在家庭教育中贯彻“寓教于喻”的教育技巧。

推荐阅读文献

1. 吴奇程，袁元. 家庭教育学［M］. 3版. 广州：广东高等教育出版社，2011.

简介：该书从家庭教育的功能、家庭教育的环境优化、家庭教育的亲子关系、儿童身心健康、特殊家庭教育等多个方面论述了家庭教育问题。

2. 柯云路. 家教现场：今天我们怎样做父母［M］. 海口：南海出版公司，2002.

简介：该书针对家庭教育中的诸多问题，呈现了大量成功的家教案例，并系统介绍了20种简便有效的家教方法。

3. 曾知寒. 世界名人家教智慧［M］. 北京：新世界出版社，2005.

简介：该书从家庭教育的各个侧面，介绍了世界几十位名人的家庭教育案例。

第八章　家庭教育、学校教育与社会教育的协同

[学习目标]

1. 理解家庭教育、学校教育与社会教育各自在育人上的基本特征。
2. 了解家庭教育、学校教育与社会教育之间的关系及其历史变迁。
3. 掌握家庭教育、学校教育与社会教育之间的协同原则。

儿童的成长受家庭教育、学校教育和社会教育三方面的综合影响，三育单方面都无法完成育人这一艰巨任务，在教育实践中，只有系统地对教育现象加以分析才能找到问题的解决之道。因此，三方教育的协同就显得尤为重要，也成为深化教育改革的新方向。

2020 年 10 月 29 日，中国共产党第十九届中央委员会第五次全体会议通过的《中共中央关于制定国民经济和社会发展第十四个五年计划和二〇三五年远景目标的建议》中明确提出要“建设高质量教育体系”需要“健全学校家庭社会协同育人机制”。2021 年 5 月 21 日，习近平主持召开中央全面深化改革委员会第十九次会议，审议通过了《关于进一步减轻义务教育阶段学生作业负担和校外培训负担的意见》，其中工作原则要求“明确家校社协同责任”。2021 年 10 月 23 日，第十三届全国人民代表大会常务委员会第三十一次会议通过的《中华人民共和国家庭教育促进法》中明确指出家庭教育、学校教育、社会教育紧密结合，协调一致。三育协同正在成为改革热点，也是改革难点。

第一节 家庭教育、学校教育与社会教育的基本特征及其对儿童发展的功能

完整的教育是在家庭、学校与社会三者的协同作用中完成的，对三者关系的不同认识与处理会产生不同的教育效果。因此，教育者正确认识三者对个体成长的教育影响，学会正确平衡好三者的关系，这对于优化儿童成长的生态环境至关重要。

一、家庭教育的基础性和终身性为孩子一生发展护航

（一）家庭教育的基础性

随着经济的发展和社会服务与保障水平的提升，家庭的功能在不同方面正表现出强化或弱化的趋势，例如家庭的教育功能和生产功能趋于弱化，这些功能被公共

教育的学校和社会化大生产的企业等日趋成熟的社会组织所取代，而家庭的情感功能日渐强化。但是只要家庭还承担繁衍抚育下一代的功能，家庭的教育功能就不会完全消失，且会和社会发展发生与时俱进的变化。

随着家庭教育研究与实践的迅速发展，特别是在最新一轮的世界教育改革浪潮中，如何系统化地整合教育资源促进儿童健康全面地发展，调动家庭参与到学校教育，从而提高学校教育的质量成为各国教育改革关注的课题。

家庭是人生的第一所学校，家长是孩子的第一任老师，要给孩子讲好“人生第一课”，帮助孩子扣好人生的第一粒扣子。家庭教育通常被理解为学校教育的基础，是对学校教育的配合和补充，其最终目的是与学校教育形成合力，将儿童培养成符合特定社会所需要的人才。在新时代，就是要培养实现中华民族伟大复兴中国梦的建设者。

婴幼儿在家庭中诞生首先接受到的就是以父母为代表的家庭成员的抚养和教化，这个过程正如陈鹤琴先生所述：“幼稚期（自生至七岁）是人生最重要的一个时期，什么习惯、言语、技能、思想、态度、情绪都要在此时期打了一个基础，若基础打得不稳固，那健全的人格就不容易建造了。”[①]但是家庭教育的基础性不仅因为它是人生最初阶段接受的教育及其生物遗传的基础性，更为重要的是它对个体产生的影响和塑造的品质是个体将来学习和生活的基础，如上面提到的习惯、态度、情绪为人生发展奠定基础的品质将会在家庭教育的过程中得以形成和巩固，具体表现如下。

1. 家庭教育为儿童掌握基本社会规范奠定基础

所谓社会规范，是指人们在相互交往和长期共同生活中确立的、为多数成员所承认和期望的行为方式，如风俗、习惯、礼节、禁忌、社会基本道德、法律等。一个人从呱呱坠地起就生活在一定的社会中，社会也对他提出各种各样的规范和要求。儿童获得这些社会规范，主要通过社会成员无意识的影响和有意识的教育教导，家庭是儿童首先生活的社会组织，也是儿童接受教育的“启蒙学校”。

（1）儿童基本的生活规范、生活习惯是在家庭中形成的。儿童的社会性行为始于模仿，家庭成员是他们赖以模仿的主要对象。家人的饮食方式、衣着风格、语言行为习惯等都直接影响着儿童。很多儿童的行为、情绪、价值观等都与其家人极为相像，这说明家人的行为活动模式对儿童有着潜移默化的影响。同时，家人对儿童良好行为习惯的日常培养也是必不可少的。儿童的生活经验有限，一些基本的生活规范和程序又不能靠遗传获得，只有在后天模仿的基础上，接受家人的影响而获得。

① 陈鹤琴．家庭教育［M］．北京：商务印书馆，2019：3.

（2）儿童伦理道德规范的习得也依赖家庭。伦理道德规范是社会规范的重要内容，儿童伦理道德规范的习得是儿童社会化的重要方面。特别是在多子女家庭或有祖父母共同生活的家庭中，儿童更有利于学习兄弟姐妹之间、长辈与晚辈之间甚至夫妻之间的礼仪规范。另外，在父母与亲友的交往中，儿童也可以学习一些待人接物、为人处事的社会规范。儿童学习伦理道德规范的效果与家长的文化素养有着密切的联系。如果家长文化素养良好、家庭生活方式比较健康、家庭关系融洽、成员之间平等相处，儿童往往能习得一些文明进步的规范；相反，如果家长文化素养欠佳、家庭生活方式保守、伦理观念比较陈旧，儿童接受的规范也往往比较落后。

2. 家庭教育为儿童个性的形成和发展奠定基础

家庭是儿童实现社会化的主要场所，因为儿童个性的形成、社会行为的养成最关键的几年是在家庭中度过的。儿童早期与家人的互动，对儿童个性的发展有着重要的意义。社会意识、价值观念等社会化目标都首先通过家人的过滤，以高度个体化的、有选择的形式传递给儿童。父母本身的个性特征、社会地位、教育水平、宗教信仰、成就动机、性别意识等，都会强烈地影响他们的后代。

每位儿童最初的个性特征或气质类型各不相同，从互动的角度分析，儿童不只是被动的接受影响者，他们也会影响家人对他们的态度，正如“龙生九子，各不相同”，不同个性的儿童会影响家人与他们的互动模式，进而影响他们的身心状态。另外，儿童的性别、家庭规模大小、家庭社会经济地位也会影响家人对待儿童的态度。父母的教养方式不同，对儿童的影响也不同。儿童之间原先存在的先天差别，随着后天家庭教育的质量的不同会进一步放大。

3. 家庭教育为儿童良好的思想道德品质和独立自主能力的形成奠定基础

（1）儿童良好的思想道德品质的塑造来源于儿童的家庭生活质量。儿童的人际道德植根于家庭成员的互动品质，如儿童与家人之间的互动、家人彼此之间的互动是否建立在平等、民主的基础上，这会影响儿童对人的尊重态度；家人对邻居、亲人、朋友的态度影响儿童的人际价值观；家人对工作和国家的态度影响儿童最初的敬业爱国的价值观。家庭劳动教育有助于培养儿童正确的劳动价值观念。儿童只有经常参加一定的家务劳动和社会公益劳动，才能形成良好的劳动观念和劳动习惯，形成热爱劳动、珍惜劳动成果、勤俭节约、艰苦朴素的好习惯；才能锻炼他们吃苦耐劳、克服困难的坚强意志，形成良好的社会适应能力，促进其身心健康；才能培养他们勤快、主动的工作态度，形成对集体、对国家的义务感和责任心；也才能使他们真正体验到人生的意义和价值，树立自觉投身于社会和服务于社会的理想，从而促进其社会化的进一步发展。2020 年 3 月 20 日，中共中央、国务院发布《关于全面加强新时代大中小学劳动教育的意见》指出，“劳动教育直接决定社会主义建设者和接班人的劳动精神面貌、劳动价值取向和劳动技能水平”，“促进学生形成正确的世界观、人生观、价值观”。

（2）有效的家庭生活教育有助于锻炼和提高儿童的独立性和自主能力。西方发达国家很重视孩子的家务劳动。德国法律规定，孩子必须帮助父母做家务：6—12岁的孩子可以帮助父母洗餐具，给全家人擦皮鞋；14—16 岁可以擦汽车和在菜园里翻地；16—18 岁可以完成每周一次的房间大扫除。相比之下，目前中国的孩子最缺乏的正是这种必要的家务劳动及相应的独立自主能力。《中国教育报》记者对某重点小学和某普通小学进行的抽样调查结果表明，家长不让孩子做家务和孩子不愿做家务的比例高达 40%，由父母给叠被子的达 55%，20%的孩子不会或不洗自己的手绢、袜子，还有少数孩子连穿衣服都要家长帮忙。

父母的包办代替给儿童带来了什么呢？美国 20 世纪中叶对波士顿市区 456 名少年进行了一项“马拉松”式的研究，其结果表明从小接受“爱劳动”教育的“勤快人”比起那些“饭来张口、衣来伸手”的“懒骨头”，事业成功的概率要高出至少 3 倍。研究结果还表明，童年时代是否养成了勤劳习惯竟然与成年是否幸福、收入是否丰厚最为息息相关。和童年最勤劳者相比，在童年“四体不勤”者中，中年时“失业风险”平均要高 15 倍，被捕入狱者的比例要高 9 倍，罹患精神疾病者的比例要高 8 倍，英年早逝的比例要高 3 倍，退休时财富总额只有对照组的 25%，自感幸福者的比例则只有对照组的 10%。①

造成这种结局的原因很多，但父母对孩子的家庭劳动教育意识不强、方法欠妥是主要原因。父母常常包办代替，事无巨细地为孩子服务，致使孩子失去锻炼的机会，养成依赖心理和好逸恶劳的习惯，缺乏必要的独立自主能力。

儿童教育专家格兰在美国各地开设了专门培养孩子劳动习惯的“儿童车间”。格兰指出：喜欢把孩子的一切包办下来的家长必将“培养”出一个“窝囊废”。家长对孩子只需记住三点——别打得太多，别骂得太多，也别为他们做得太多。在培养孩子劳动习惯时他们的一些原则值得借鉴。

目的明确。让孩子干点家务，不是为了给父母减轻负担，甚至也不是为了让孩子学会一些实用本领增强动手能力，更重要的是培养孩子的责任感、自信、自尊和独立自主能力。

早早开始。只要孩子有了参与家务的意愿，父母就可以适当地安排。如两岁的孩子帮妈妈递东西、取东西等。

要求不宜太高。在孩子尝试参与家务劳动时，可能看起来比较笨拙，这个时候父母不要图省事，不耐烦地取而代之。否则，会挫伤孩子的自尊心和积极性。

① 唐若水．美国家庭加强对孩子的“爱劳动”教育［N］．光明日报，2007-1-4（12）．

不谈金钱。对孩子参与家务劳动最好的报酬是微笑、拥抱和说声“谢谢”，引导孩子享受劳动所带来的干净温馨的环境。

走出家庭。随着孩子年龄的增长，可以逐步引导孩子走上社会参与实践，如卖报纸、做义工等，从中可以培养孩子服务社会的意识和责任感。

（二）家庭教育的终身性

家庭教育除了上述的在时间维度和内容维度上的基础性以外，在这两个维度上还表现出终身性。在时间维度上，家庭教育的终身性表现在它不是一项一劳永逸的工作，也不会因为儿童长大就宣告结束，而是进入一个新的阶段，需要完成新的任务。每个家庭在时间维度上都会经历从诞生到扩展、收缩直至衰亡的过程，在每个发展阶段家庭教育会面临不同的发展任务，如婴幼儿时期的安全卫生教育、少年时期的习惯养成教育、青春期的性健康教育、成年后的职业与休闲教育以及老年教育等。

根据毕生发展心理学的思想，人的发展是终身性的，它不是在人生的前一阶段处于吸收丰富期而到了后一阶段就处于衰退消耗期。人的一生应该是不断丰富从而走向美满的人生境界，只是不同阶段的发展任务与侧重内容各不相同。正如家庭的发展周期所表明的，家庭在发展周期的每个阶段都有其主要的家庭教育任务和内容。这部分的具体内容将会在下一章中系统介绍。

家庭教育内容的终身性主要是指在家庭中所获得的知识、经验和能力将会对其一生产生影响。例如精神分析理论的创始人弗洛伊德就强调个体疾病的根源在于童年的创伤，他认为早期的家庭关系对个体的症状行为有重大影响。弗洛伊德曾经写道：“精神分析师需要关注病人纯粹的人文和社会情境，应该把他们的兴趣指向病人的家庭环境。”[①]这样的经验贯穿在儿童成长的各个方面，例如父母情感经验和亲子情感经验会影响孩子未来的情感处理方式和能力；家庭中的亲子交往经验以及兄弟姐妹的交往经验也会对儿童未来的人际交往产生影响。

二、学校教育的规范性和系统性为孩子的终身发展助力

随着生产力的发展和社会分工的细化，教育与日常生产生活逐步分离，成为一种专门的活动，需要在专门的场所进行，这就出现了规范意义的学校。现代学校诞生在工业化和社会化大生产的背景下，人类需要高效率地向下一代传播知识，而传统的学徒制不能满足社会大分工对劳动力的需求，探寻适应社会生产力发展的教育

---

① 李彩娜，赵然．家庭治疗［M］．北京：中国轻工业出版社，2009：46.

制度就成为历史必然。

建立在班级授课制基础上的现代学校教育制度顺应了这一社会发展需要，把学生按一定的年龄层次和智力水平及受教育程度编班上课，最大化地整合教育资源，高效地传递人类文明，提升劳动者的素质，满足工业化生产对人力资源的需求。最早提出这样设想的是捷克教育家夸美纽斯，后来德国教育家赫尔巴特对其进一步发展，最终由苏联教育家凯洛夫完善了这一理论，目前全世界几乎所有的中小学都是根据这一思想组织学校的集体教育教学。

（一）学校教育的规范性

学校教育的规范性是和家庭教育、社会教育的最大区别所在，学校从诞生之日起就作为专门的教育人的场所，其主要任务就是围绕着培养人来实现的，通过制度化的方式对人进行培养，而制度化的集体教育需要各种维持性的规范才能得到实现，例如教育形式的规范、师资的规范以及教育资源的规范等。

1. 学校教育形式的规范性

学校以集体的方式开展教学，为了保证教育的效益必须具有严密的组织结构和管理制度。从宏观上说，学校有各级各类、多种多样的体系结构；从中观上说，学校内又有专设的领导岗位和教育教学组织，有专门进行思想、政治、教学、总务后勤、文体活动等的组织机构，还有一系列严密的教育教学制度；从微观上看，作为教学单位的班级更是在每个细节上作了规范，如时间、秩序等，这些都是社会教育和家庭教育所不具备的。

2. 学校教育师资的规范性

学校教育有专门的教育者——教师，他们的角色和职责与家长或社区工作人员不同，他们的主要职责就是教育教学，为了扮演好这样的角色，每位教师首先经过专门训练培养并严格选拔出来，进入教育岗位后，又进行系统的职后培训，从而逐步达到专业化的要求。这样的教育者不仅具备一定的学科知识，同时懂得儿童发展与教育教学基本规律，掌握有效的教育方法。

没有规范专业的教师就不会有规范专业的教育，教师是教育工作的灵魂，他们通过教育教学活动不仅传递知识，还为儿童未来的终身可持续学习与发展培养学习能力奠定基础。

3. 学校教育资源的规范性

学校拥有专用的教育教学设备，用专业的教育手段提升教育的有效性，如声像影视等直观教具、实验实习基地等，这些都是学校教育的规范性手段。为了达到教育效果，学校用规范的教育资源保证教学的顺利进行，这是社会教育和家庭教育所无法提供的。

（二）学校教育的系统性

1. 教育目标的系统性

学校教育关注人的全面发展，不仅要关心学生的知识和智力的增长，也要关心学生的心理健康与道德法治意识的形成，还要保护并增进学生的身体健康。培养塑造全面完整的社会人，是每种社会形态的学校教育所努力的方向。

学校教育除了具有外在于人的社会价值和功能外，另一个方面就是让每一个个体在现实社会中融入社会，成为特定的社会人，并在其中获得幸福感，学校教育由此促进个体进一步的社会化。学校的固有职能应该是促进受教育者的发展。然而，学校之所以具备社会认可的职能，似乎不在于个体的发展，而在于个体的社会化。①当儿童离开家庭走进学校，学校的影响将逐渐上升到首要位置，并成为最重要的社会化机构。学校为个体的发展提供了各种机会，在学习新知识和新技能，参加运动、娱乐等活动的过程中，儿童完善着自己的人格，在处理师生关系和生生关系的过程中发展着人际交往的能力。他们在社会化方式上也发生着转变，即从根据自我本性或自身心理特点进行的社会化，向根据社会要求进行的社会化发展。②

社会教育和家庭教育对人的成长目标多少带有一定的主观色彩和个性偏向，其影响也带有局部性和一定的偶然性，影响的范围也往往只侧重在某些方面。因此，学校教育是具有系统教育目标的专门机构，各级各类的学校所追求的教育目标有机组合，形成了相互关联的目标系统。

2. 教育内容的系统性

现代学校从诞生的第一天开始就以知识的高效率传递为出发点，现代学校教育制度通过标准的课程和受过训练的教育者对新生一代进行人类文明的传承，为特定社会的发展造就合格的成员，为受教育者的可持续发展和终身学习提供充分训练与教养熏陶。

现代学校制度通过精练的课程设置为新生一代高效地传承人类文明提供了可能。通过对人类文明的分类，纷繁复杂的人类文明成果被设计成门类清晰、进展有序的课程呈现在儿童面前。通过这些课程的学习，儿童能经济有效地把握人类文明发展的历程，并将人类文明推向前进。

为了造就全面完整的社会人，学校教育内容特别注重内的在连续性和系统性。社会教育和家庭教育在教育内容上一般具有片段性。即使是有计划性的社会教育，也往往是阶段性的，所获得的知识和经验总体来说也具有片段性。学校教育既考虑到了人类文明的知识体系，又符合了儿童的认知规律，其内容是系统的、完整的。

---

① 陈桂生．教育原理［M］．上海：华东师范大学出版社，2000：243．

② 方建移，张英萍．学校教育与儿童社会性发展［M］．杭州：浙江教育出版社，2005：66．

随着终身教育理念深入传播，信息化社会知识爆炸的现实促使学校对受教育者的训练不能仅仅停留在人类已有文明的传承上。学校学习的“准备说”受到严峻的挑战，因为再精巧的课程也不可能把人类文明悉数传承给下一代。因此，人们开始将眼光和教育的重点转移到知识的发展和创新上来，随之而来就是学校通过课程的学习和在学习已有文明的过程中培养学生的学习能力和创新能力，这样的训练并不是否定学校系统的知识学习，而是希望通过系统的知识学习与能力训练促使儿童达到不仅接受知识，还能创造知识的目标。

三、社会教育的实践性和多样性促进孩子全面发展

现代社会教育从 19 世纪初逐渐发展起来，并被视为与学校教育一样重要的教育事业。但是到目前为止，对社会教育的内涵和外延尚未形成统一的认识。国外学者多用非正规教育、学校外教育、继续教育、回归教育、平民教育、大众教育、推广教育、补习教育、成人教育、终身教育等概念来表达对社会教育的理解。

社会教育同学校教育、家庭教育一样，是教育系统中的子系统之一。按其形态可有广义和狭义两种理解。广义的社会教育是指除了学校教育和家庭教育之外所有的有意识的教育活动。狭义的社会教育仅指那些由社会文化机构和社会团体或组织有目的地对社会成员进行的教育活动。

也有的学者按照学校教育的定义方式将广义的社会教育定义为对人的身心发展产生影响的各种社会活动，包括经济、政治、文化活动等，它的内涵等同于社会环境。狭义的社会教育指学校和家庭以外的社会文化机构以及有关的社会团体或组织对社会成员所进行的教育。①

从上述对社会教育的定义和描述可以看出，社会教育的对象既包括成年人也包括未成年人。我们这里探讨的社会教育的对象主要指的是未成年人。社会教育是指学校和家庭以外的社会文化机构、有关的社会团体、组织以及各类媒体对未成年人所进行的各类教育活动。社会有组织、有计划、有目的的教育活动包括各种博物馆、青少年宫、社会实践基地等课外学习组织形式，这些都是由特定的组织所承担的，每个组织对未成年人的影响都是有计划、有目的的。那些由社会环境所构成的对未成年人的广义的社会教育包括自然环境和文化环境，文化环境又包括特定时代社会下的政治、经济环境，特定的社区人文环境以及社会的媒体环境等。下面将围绕社会教育的实践性和多样性对青少年的影响展开讨论。

① 方建移，胡芸，程昉．社会教育与儿童社会性发展［M］．杭州：浙江教育出版社，2005：2.

（一）社会教育的实践性

1. 教育场域的现场性

社会教育的场域具有现场性，它和学校教育不同，学校教育的生活性只是停留在对生活的模拟上，如杜威的“学校即社会”“教育即生活”的理念。而社会教育是在真实的生活现场中的教育与活动，超越了教育为了未来生活，而是让生活场所就成为教育的场所，在现实的教育场所中，未成年人真实地了解社会的运行规则，在与社会的互动中提升个体对社会的感悟能力与适应能力，同时全面了解社会发展中的问题全景，增强分析社会问题的全面性和完善社会的信心。陶行知的“生活即教育”“社会即学校”的理念反映了社会教育的某些特征。

社会教育的现场性还让学校教育的间接经验转变成直接经验，文字符号变得更加鲜活，原理规则变成丰富具体的程序。在社会现场的学习中，被简化和抽象化的原理定律呈现出丰富多彩的复杂性。

2. 教育内容的实践性

社会教育的实践性主要是针对教育的方式而言，家庭教育和学校教育虽说也有一定的实践性，但是这样的实践具有一定的模拟性和间接性，是通过专门设置的活动或者课程对未来的社会生活进行一定的复制，而未成年人社会教育活动的实施场所本身就在社会中，如参与社区管理与建设、到福利院做义工、参与环保宣传等。

教育内容的实践性还体现为教育活动结果的即时性和可视性，学校学习的内容大多数是需要在日后的生活中应用和检验的，而社会教育的内容马上就能看到效果，马上就能得到检验，当下就有价值。

社会教育内容的即时性对学校学习的延时性起到了较好的补充，我国进行的基础教育课程改革正是吸收了社会教育的很多理念，弥补了传统学校教育的不足，促进学校教育向更开放、更多元的方向发展。

（二）社会教育的多样性

丰富的社会，多样的教育。教育为了儿童发展，为了社会进步。只注重儿童的个体发展和潜能开发是狭隘的主智主义倾向，因为教育除了儿童个体发展的功能外还有社会发展的任务，没有脱离特定社会的儿童成长，培养儿童就是培养适应并创造理想社会的公民。

1. 社会教育的多样性突破了家庭教育与学校教育的局限性

施教者的多样性。在家庭教育和学校教育中的施教者通常是知识和年龄均高于儿童的长者，如父母和教师。他们拥有知识和经验，承担着向儿童传授生活经验和技能的任务。而社会教育中的施教者就丰富得多了，他们可能是图书馆管理员、商场销售人员、社区工作人员、政府公务人员等。理论上，根据社会教育活动的不同设计，社会上的任何人都有可能成为社会教育的施教者，特别在信息技术快速发展的今天，“人人都是教育者，人人都是受教育者”的趋势更明显。

教育内容的多样性。社会教育的内容是丰富多样的，它涉及社会生活的方方面面，有学校和家庭能够模拟的内容，也有学校和家庭无法模拟的方面，学校能够模拟的可以在学校中获得间接经验，学校因为规模、成本等无法模拟的就只能到社会中去学习去了解。因此，在广阔的社会生活中，儿童可以学习法律允许的任何他们想学习的内容，了解食品的制作，了解社会组织的运转，了解各种职业的内涵等。在社会教育中“事事皆是可学之事，处处都是学习之所”，丰富的社会生活造就了多样的社会教育。

2. 社会教育方式的多样性满足了不同学习风格的儿童的需要

教育方式的多样性。家庭教育和学校教育因多种原因的限制，教育方式多为讲授式的，尽管家庭教育具有一定的生活性，但是受制于父母育儿能力和家庭视野与活动范围的限制，更多还是采取说教的方式；学校教育为了快速高效地传授知识，最常采用的也是讲授式，这让不同学习风格的儿童感到困惑和不适应，从而出现了一批不适应集体学习的所谓“差生”，当人们在这些儿童身上寻找问题的突破口时，常常忽略反思学校教学方式对儿童的影响，因为缺少对儿童的了解，一批不适应集体学习或者在学习方式上视听觉学习不占优势的儿童就会被误解，被当作问题儿童看待。

社会教育因其多样性的学习方式满足了不同学习风格的儿童的学习需要，例如社会教育更多地采取参与式、行动式和实践性的方式展开教学活动，那些倾向于通过操作、交流或者身体运动方式来学习的儿童在社会教育中如鱼得水，从而取得良好的学习效果。另外，听一遍不如说一遍，说一遍不如做一遍，实践性的社会教育方式让符号化的知识在社会活动中被具体化和深化，提高了学校教育的效益。

第二节　家庭教育、学校教育与社会教育的历史关系及其当代误区

在现代社会，对绝大多数人来说，在接受了家庭教育、初步实现了社会化、初步成为社会人后，还必须同时接受不同层次的学校教育以及越来越广阔的社会教育。个人总是在家庭、学校、社会互动中完成个性成长的，因而必须正确处理家庭、学校与社会的关系。要想客观分析当代三育之间的关系，就需要了解它们之间关系发展的历史变迁。本书因为是家庭教育学，限于篇幅，这里主要讨论家庭教育与学

校教育和家庭教育与社会教育的关系，学校教育与社会教育之间的关系，暂且不作讨论。

一、家庭教育与学校教育的历史关系及其当代误区

（一）家庭教育与学校教育的历史关系

1. 以家庭为主体的教育发展阶段

家庭从诞生之日起就发挥着教育子女的功能，通过家庭成员的互动促进儿童社会化和个性化发展，在前工业革命时代，家庭承担着教育的主要责任，这个时期的家庭既是经济单位又是教育单位，家庭教育的过程也是儿童参与家庭生活或生产的过程。

前工业革命时代主要包括旧石器时代、新石器时代、青铜器时代和铁器时代，这个时期社会生产力的发展水平有限，如铁器时代中国的主要经济形式为小农经济，以自给自足的农业经济为主是这一时代的主要特征。

这个时期教育的重要场所是家庭，儿童通过参与家庭劳动接受生活技能的传授。这个时期在中国民间有学徒制的技能教育，在欧洲有教会进行辅助的教育，这些更像是家庭教育的延续，只是家庭成员不能完全掌握所有的技能，儿童被送到另一个家庭或作坊中去，或者像中国封建时代可以请先生到家族中来或把子弟送到先生家进行经典学习。

2. 以学校为主导的教育发展阶段

随着工业革命的发展，生产力水平的提高使得社会劳动产品得以极大丰富，除了满足日常生存需要外，生活资料有了剩余，满足于一部分从事非体力劳动人员的需要，同时也造就了一批有闲阶级，这就为教师职业的诞生提供了物质基础。

文字是人类书写语言的符号和交流信息的工具，是最伟大的发明之一。文字的诞生是人类进入文明社会的重要标志，是精神文明的重大成果，是人类由蒙昧走向文明的分水岭，对文明的传承和交流具有深远意义。文字的出现，教育内容有了文字记载和史料参考，这为教育者传授知识的活动提供了有利条件，并促使教育者的从教活动向着职业化方向发展。[①]

在工业革命的推动下，家庭也发生了改变，稳定性逐渐丧失，对儿童的观念也发生了变化，儿童成为一个独立的个体登上历史舞台，“小大人”的儿童观被一批思想家所批判，把他们从劳动中解放出来，接受专门的教育逐渐成为共识。在夸美

① 袁锐锷. 教师专业化与高素质教师：经验、理论与改革实践［M］. 广州：广东高等教育出版社，2007：4.

纽斯、洛克、卢梭等欧洲思想家关于社会契约和功利教育思想的影响下，基于日益膨胀的国家主义与民族主义的利益考虑，民族国家政府开始对国家的教育产生浓厚的兴趣，开始大规模建立、管理与控制正规学校教育，颁布义务教育法等学校教育政策法令，要求家长将儿童送到当地学校接受教育。[①]

学校成为儿童接受教育的主导性机构是在19世纪前后，西方主要国家都建立了以政府为主导的公共教育制度与学校体系，儿童入学率得到提高，至此，儿童教育权从父母手中不可避免地被转移到政府手中，打破了父母对儿童的教育权的垄断，制度化的学校承担了儿童的主要教育责任。

专门学校和教师职业的诞生使得教育从家庭或家族中走出来，教育下一代的工作逐步成为一种社会独立的形态。教育不仅是家庭的私事，更是政府的公共事务，政府兴办学校对教师进行挑选和任免，对他们的工作进行规定，为他们提供生活和教学保障，对他们的工作进行管理，教师进入专职化的阶段。

（二）家庭教育与学校教育关系的误区

1. 家庭教育与学校教育的界限过分僵化

作为孩子成长必不可少的两个重要子系统——家庭教育和学校教育——都应该具备自身发展的界限，有效的协同是建立在清晰的界限基础之上的。现代学校自诞生之日起就主要承担着人类知识传播的职能，而家庭教育的功能是对个体生命的保全和延续以及爱的能力的习得和发展，并在此基础上形成道德的萌芽和根基。当然，目前的教育实践和理论都不简单地满足已有的角色规定性，而是在各自的“职责”以外相互协同，例如学校除了传播文明以外还越来越多地承担着家庭的保全、监护以及社会的规则、意识形态教化等功能；家庭也越来越积极地介入个体的知识、技能发展和训练中来。

家庭教育和学校教育的协同问题首要表现为界限和关系的僵化。这一类的问题主要表现在对孩子教育责任的推卸上。不少家长把孩子送到保育院、幼儿园或学校后，就有种释放的感觉，觉得孩子的教育问题从此有了着落和责任主体。这是一种错觉，家庭试图把孩子的教育责任一股脑儿地推给学校，这是一种界限僵化的意识和做法，主要还是因为父母不明确家庭和学校在孩子成长过程中各自承担的角色和使命。

以学校为代表的集体教育将和以家庭为代表的个别教育从不同的角度促进孩子的成长。学校教育对家庭教育确实存在着弥补的功能，特别是在今天的中国，在以独生子女为主的家庭里，兄弟姊妹系统无法形成。这一子系统缺失所带来的问题

① 杨启光，陈明选．家庭与学校教育改革的关系：西方的经验与中国的问题［J］．华东师范大学学报（教育科学版），2011（4）：30–39.

也是显而易见的。父母在这样的家庭里承担了双重的职责——既要承担作为父母的成人角色又要承担作为兄弟姐妹和朋友的同辈角色。双重角色的扮演需要父母有良好的关系把握能力和转换弹性，度的把握是关键。否则，在转换的过程中会出现规则意识的丧失或者同辈群体经验的丧失两种极端。

解决这两种极端比较妥当的方法就是把孩子送到学校这样制度化的集体中，在这样的集体中孩子能体会到一以贯之的刚性的规则感，形成尊崇权威和规则的意识；同时，孩子也能在其中获得更多的同辈群体交往的体验，并在群体中渐渐懂得社会生活不可或缺的秩序，培养孩子的基本性格，使其成为身心健康、情感丰富的人。

当然，学校也不可能将培养孩子的工作全部包揽下来。特别是在孩子幼年和童年阶段，培养孩子的中心仍然是在孩子的身心发源地——父母和家庭，因为这个阶段对孩子精神世界影响最深的是孩子最依恋的父母和其他家庭成员。随着孩子年龄的增长、心理的发展以及社会性的提高，对孩子的影响源将进一步拓展，但无论如何家庭对孩子的教育和影响都是不可忽视的。家庭教育对孩子的影响是终身的、深刻的。

家庭教育和学校教育关系的僵化还表现在彼此不了解和关系隔绝上。这主要是推卸责任问题的延续，推卸责任的意识致使教育主体在需要各负其责协同育人的时候采取各自为政的做法。学校和家庭在孩子的教育过程中互相不了解对方的教育优势、教育功能以及教育内容。由于彼此的不了解和相互关系的隔绝致使教育无法形成合力，削弱了教育应有的整合力量。家庭由于对教育认识的局限性——教育孩子是学校的事情而很少了解学校的教育内容和教育要求，这样家庭就无法在知识传承和创造上主动配合学校教育，更谈不到拓展学校教育。当前教育实践中，学校教育存在偏重智力开发或者说片面获取纯粹知识的倾向，而不能充分激发家庭教育个性化的能量，或者只是要求家庭简单地配合学校教育完成应试任务。

当然也有部分教育主体自以为是地唯我独尊，对其他的教育主体的功能和作用认识不够而采取保守的教育态度。这种状态在当代中国主要出现在学校教育中。学校特别是近现代的学校是知识和文明的集中地，学校在传承文明和传播文化中居于权威地位。家庭作为人类社会生产生活的组织在知识传承和文化传播中呈现出不平衡性和片面性，特别在知识信息快速发展的时代，家庭的知识传播和文化传承功能越来越显得薄弱，学校就成了系统高效地传承与创造文明的准垄断组织。这样一个准垄断组织在心态和行为方式上都显示出一定的自以为是的唯我独尊。在家庭和学校的关系中，学校普遍认为家庭在知识储备以及在教育观念、教育知识和教育能力等方面整体水平不高，在心态上就会不自觉地对家庭的教育功能和作用采取保守、居高临下的态度。

还有部分教育主体已经意识到教育中整合资源协同育人的重要性，但是苦于制度安排不合理，协同通道不通畅以及各主体协同能力的缺乏，致使彼此不了解和隔绝。当然，在文明程度高度发达的当代社会，仅仅说家庭和学校没有意识到协同、合作的重要性，恐怕有些不符合实际。目前，很多学校和家庭已经逐步意识到协同在教育中的作用和重要性，并有意识地开始进行这方面有益的尝试，但是由于历史的原因，我们在制度安排上没有能够形成一整套合理的家校合作体系，致使合作无门、协同无道。

既然任何一方教育都不可能单方面地承担起培养人的任务，那么高效的、理想的教育就应该是多方教育因素的协同与合作，而不应该是界限僵化、各行其是。

2. 家庭教育与学校教育的界限过分模糊

家庭教育和学校教育界限模糊现象主要集中在那些对教育比较重视的家庭、学校和地区。从表面上看，家长十分关心教育，学校也渴望家长的配合和支持。但细究起来，目前很多教育的热闹场面暴露了两者的界限模糊不清的倾向。

首先，以学校为代表的教育专业机构的专业性丧失导致家庭教育与学校教育界限的模糊。学校教育本应保留着教育的独立性并对家庭教育和社会教育承担起一定的指导职能。但目前的学校在很多的情况下并没有体现出基本的专业性，而是在服从“民意”的名义下，将教育应有的专业话语权交给了以家长为代表的教育需求市场。例如很多幼儿园园长抱怨不是自己在办教育而是作为“上帝”的家长在左右教育，他们承受了很多来自家长的压力。有不少焦虑的家长要求幼儿园提前教授拼音、英语、算术，不希望幼儿园总是带着孩子“玩游戏浪费时间”，否则，就威胁把孩子转送到其他幼儿园。迫于压力，很多幼儿园就会开设迎合家长需要的课程和兴趣班，这是在市场压力下的无奈之举。还有的情况是以学校和教育主管部门为代表的教育专业机构在面对民意时不能体现足够的专业性。例如 2008 年国家体育总局和教育部推行了一套中学生交谊舞作为课间操，在听取民意的过程中受到了来自家长的质疑。质疑最多的就是中学生本身就处于男女情感的朦胧时期，为了防止中学生早恋，家长避之唯恐不及，怎么能让他们有机会手拉着手跳舞呢？面对这样的质疑，有的学校竟然不能对家长进行应有的专业解释，而是在跳舞的时候让学生隔着一层面纸手拉着手跳舞，甚至有些干脆就停止新式的课间操。这些都表明了学校在教育过程中没能争取家长方的理解、配合和支持，而是把教育的话语权拱手让给了家长，还美其名曰：尊重民意。

其次，家庭教育和学校教育协同内容的片面和形式的单向导致了它们之间关系的模糊性。正如下面的案例所描述的：

一位小学生回家让父母为他的作业签字，因为老师有要求，作业不签字就说明父母没有参与教育，也说明孩子的父母对孩子教育不负责。家长觉得对孩子的作业应该关注，但是不一定需要签字，而且签字会把孩子作业的责任意识推给家长，不利于孩子学习自主性的发展。出于以上考虑，这位家长就没有签字。不料，第二天下午孩子回家说："老师说你们是最不负责任的家长，因为你们没有签字，我的名字在黑板上挂了一天，全班就我一个人。"

这位父亲担心孩子年龄小理解不了他的用心，只好退一步签了名。但是，他和孩子说得明白，作业是你自己的事情，你不要依赖父母，父母可以签字，但是对错是你自己的事情，你要认真检查。就这样，他没有认真检查孩子作业的对错就签上了大名。第二天下午孩子回到家还是冲着父母嚷着："老师说了，你们还是最不负责任的家长，连错题都没有认真看出来就签字了，我的名字又在黑板上挂了一天。"孩子伤心得哭了起来。看着孩子的愤怒和委屈，无奈的父亲只能苦笑着搂着自己的孩子答应下次一定认真检查，争取做个合格的、有责任心的父母。

从以上的例子可以看出，在各种压力之下，学校为了提高教学效率以及弥补集体教育所带来的弊端，便千方百计地把家长纳入学校教育的轨道中来，试图让家长成为学校教学的帮手。

当家庭教育的内容逐步学校化，家庭开始逐步演变成准学校，同时，学校也在不同程度上侵占了应由家庭来完成的某些职责。这样学校不仅要承担其固有的职责，还要代替家庭承担起照管等其他私德培育的职能。因为从一般意义上来说，学校教育主要承担的是知识传递和集体环境中的公德教化；家庭主要承担的是生活习惯、健康保健、生活规范等道德教化中的私德成分。美国教育家范斯科德在《美国教育基础——社会展望》中指出，"今天美国从幼儿园直到大学的各级学校都提供了广泛的而且是高价的照管"，这就意味着"使童年从12岁延长到25岁"。瑞典当代教育家托斯顿·胡森在《教育的目前趋势》中也指出："青年人在校学年数的增加已开始扩大了学校需要承担的职责范围。学校不再是获得某些认知技能的地方，学校的责任已扩大到社会的和管理的方面。在十年以前就有迹象表明，学校将承担越来越多的原由家庭承担的责任，学校作为一种组织机构需要负起培养学生个性的责任。"

案例中的协同从内容上看具有一定的片面性，即学校要求家庭所配合的内容在升学压力和评价导向中很容易就偏向于应试教育的内容和容易考量的内容。至于如何调整教育评估体系，减少应试教育的痕迹不是本章节需要阐述和解决的问题。这里主要讨论的是以学校为主体的家校合作不能顾此失彼，只是着眼于可考量的知识，使那些不容易考量的知识和能力成为家校合作的盲区。实践中，很多协同看似家庭和学校的力量往一处使了，但是它模糊了两者之间教育内容的侧重和区别，极易误导家庭进入学校教育的轨道，而忽视了家庭本身极具丰富个性的教育内容。

从协同形式上来看，上述案例中父母和教师签字过程的博弈存在着单向性的问题，即家庭在家校合作的过程中只是单向性地接受来自学校的指令、要求和任务，而学校很少有机会能够倾听来自家庭的声音。学校在合作的过程中处于强势地位，甚至有种让家长、孩子成为学校教育的“人质”之嫌。很多家长面对铺天盖地的学校任务和要求的时候，苦于没有一个顺畅的渠道表达自己的愿望，要么简单地接受学校指令被动地配合学校，要么采取极端的方式表示不满，有的甚至出现替孩子写作业、向教师谎报孩子健康状况从而争取可以少做作业的现象。随着科技的进步与发展，信息技术越来越发达，很多学校会通过网络与家庭交流，但是由于教师的日常教育教学的任务繁重，常常出现换汤不换药的现象，只是多了一个通道向家长布置任务，致使不少家长发出了“手机一响，心中发慌”“手机成了孩子家庭作业的接收器”的抱怨。

3. 家庭与学校的不信任感和对立感越来越强烈

家庭与学校既是促进学生成长发展的教育组织，同时又是拥有自身独立利益和目标的社会组织。既然各有其组织目标就避免不了按照自己的实际需要行事，也就免不了会出现各行其是的现象，进而彼此容易产生不信任感和对立感。

由于对教育和学校的评价制度被市场化和行政化，致使现代的学校教育存在着一些非教育的现象。如为了落实学校属区行政领导的指示而采取简单化、数字化的学校评价策略，导致学校主要围绕着行政领导的要求开展教育活动，如名目繁多的优秀率、升学率、一本率、高分段、名牌大学录取率等。在完成任务的过程中，不能说没有益处，但是这些益处却建立在大多数的学生失败感和教学双方焦虑的基础上。学校管理者为了经营好学校千方百计地争取更多的政府支持和社会美誉度，在某些方面甚至不惜牺牲学生的利益。如为了提升高分率，一些学校不惜动员学生测定智商，把一部分学生归入智力落后的范围，以降低评价时的分母，或者临近考试把升学无望的学生劝退，甚至为了打造某些明星学校把部分学业一般的学生转到薄弱学校，以提高名校的升学率。在市场经济的冲击下，一些地方政府不能清晰地认识学校教育的公益性，加之教育经费投入不足，而把教育推向市场，致使家长成为客户，学校成为服务机构。由于目前我国市场经济体制还处于不断完善之中，在市场经济活动中也存在缺乏诚信的现象，致使家庭对学校教育的公益性产生了怀疑，教育关系中掺杂了太多的商业利益和利害关系。

中国自古有“一日为师，终身为父”的类比。父母对教师总是格外地敬重，甚至把具备知识的教师当作神进行崇拜。但是当教育世俗化后，情况却发生着变化。家庭与学校之间关系在当代的中国普遍呈现紧张状态，在一些突发事情的处理过程中，这样的紧张状态可能还会更加突出。

从家长方面说，因为家庭与学校之间存在着消费关系，有时候教师工作中出现的失误会成为家长手中的“辫子”，可能会引发家庭和学校之间的矛盾甚至冲突。

从学校方面说，一些教师常常把学生的缺点或者发展过程中的不足作为“召见”

家长的把柄，个别教师会打着合作的旗号对家长进行训话，更有甚者用迫使学生转学、退学等问题向家长施加压力。在教师面前，家长总是担心过多的辩解会对自己的孩子不利，只好委曲求全代子受过，但是教育并没有因此向着良性的方向发展，被教师批评训斥过后的家长会迁怒于孩子，难免对孩子情绪激动甚至辱骂殴打，这样不仅伤害了孩子的身心健康，更滋生并蔓延了孩子的厌学情绪。如此只能导致亲师关系不和谐、家校关系紧张、孩子学校适应不良等恶性循环。

二、家庭教育与社会教育的历史关系及其当代误区

（一）家庭教育与社会教育的历史关系

社会教育是一个宽泛的概念，在儿童的幼年和童年期，主要是通过家庭和学校的中介对个体起着作用。随着儿童一步步成长，他们的脚步逐渐扩大到家庭和学校以外更广阔的社会空间。由此，各种社会机构、场所以及社区环境就会通过多种途径对个体施加影响和作用。一个家庭对社会各方面的教育影响因素的控制和利用的程度、向社会开放的程度，正是衡量教育自觉性的重要标准。[①]家庭的这种教育自觉一般从以下两个方面来体现。

首先，家庭教育要有效地筛选、调节、控制社会对儿童身心发展的影响。家庭处于特定的时代中，受特定的意识形态影响。任何社会都是一个复杂的统一体，对个体影响的因素也很繁杂。社会中的组织和媒介应该考虑到儿童的存在而有意识地对信息进行有选择性的发布，从而确保儿童的健康成长。但因为社会的复杂性，在众多影响儿童成长的因素中，积极的因素和消极的因素常会并存。例如，由于社会发展的不平衡性和不充分性，致使大量的对儿童身心发展具有消极因素的影响源得不到应有的消解和清除。面对纷繁复杂的社会环境，家长不可能因为害怕社会负面影响而裹足不前、紧闭门户，从而切断儿童和社会的联系，更不可能放任自流地任由社会对儿童产生影响。作为以个性化教育为主要特征的家庭教育，积极面对这些负面的社会影响就显得尤为重要。家庭教育可以通过家庭规范、父母榜样等方法有选择性地对社会影响进行筛选和过滤，对于相对成熟的儿童，也可以通过对话、讨论等方式逐步建立起其自身防御的能力。对社会中的积极因素，家庭教育也可通过主动接近和参与的方式，让儿童浸润其中，从而形成健康的人格和积极向上的人生态度。

其次，家长要积极地、有智慧地参与营造良好的社会环境，促进社会教育环境

① 杨宝忠．大教育视野中的家庭教育［M］．北京：社会科学文献出版社，2003：181.

的优化。家庭除了对社会教育被动地筛选、控制以外，还可以主动地参与到营造一个良好社会环境的行动中来。这样的主动参与有两个方面，一方面是作为教育者的家长要在社会生活中主动地与不良的社会现象做斗争。例如，当发现有不良网吧接纳未成年人进入时，可以向有关部门举报，以增加社会的监督力度。社会的恶势力和不良现象就像一个“弹簧”，当外界的压力增大后，它就会收缩。另一方面是作为教育者的家长要主动营造良好的社会教育环境。社会不是虚无缥缈的，每一个家庭皆存在于其中，每一个人皆生活于其中。以社区为例，儿童在其中活动，除了他们的父母和家人外，周围的成人也在关注着儿童的生活和活动。当看到社区里的儿童违反社会公德或者有可能出现危险时，所有的成人都应该加以制止或伸出援助之手，也就是说，儿童周围的成人都必须发挥“青少年指导员”的作用。通过“叫一声活动”关心处于潜在危险中的近邻的孩子，这样社区就形成了所有人都在关心所有孩子的局面，其教育的力量将会得到几何级数的增加。家长在营造社会教育氛围的过程中要摒弃“我只管好我自己的孩子”的各人自扫门前雪式的封闭式教育心态，树立“当所有的孩子都好起来了，我的孩子的成长氛围才能好起来”的大教育观念。

（二）家庭教育与社会教育关系的误区

1. 家庭教育过程中忽视社会教育的影响力

广义的社会教育不仅包括各种针对儿童学习的专门教育培训机构，还包括日常生活中的电视报刊媒介、博物馆、纪念馆、图书馆以及生活中的各类公共服务设施。这些非正式的教育组织对儿童的发展起着潜移默化的影响，这些不经意的社会影响正在影响着儿童发展的方向与教育质量。

家庭在忽视社会教育的过程中通常有两种倾向，一种是漠视，看不到社会教育的影响，对儿童在社会生活中发生的一切采取漠视的态度；另一种是高度紧张，完全消极看待社会教育的影响，甚至试图隔绝社会的影响，将儿童圈养起来。

漠视一方面是指自从家庭的教育功能在家庭中慢慢下降后，人们逐渐将教育看成学校的专有功能，而慢慢忽视家庭与社会的教育功能。一些人在分析儿童出现行为与道德问题时，通常都会从学校找原因，对家庭和社会的归因在减少。这就导致不少家长对儿童受社会的影响没能引起足够的重视，如有些家长不对儿童使用电子产品进行节制；或者对儿童所看的电视节目与图书不加关注。这样的漠视直接导致儿童产生家长意想不到的认识与行为问题。

漠视另一方面是对社会教育的积极影响没有足够的认识，例如很多家长只重视与学校学习的知识有直接关系的社会教育机构进行培训，如奥数培训、英语培训等，而对拓展儿童视野，培养儿童人文与社会情怀的博物馆、纪念馆不予重视。这就导致了现在很多儿童精神世界的营养不良。我们通常会把儿童素质不高、素养不强归结为学校应试教育的危害，其实换个角度看，如果有良好的社会教育，即使学校教育存在一些不尽如人意的方面，家长也能通过良好的家庭教育与社会教育进行一定的弥补。

如果不重视社会教育，那么家庭教育与学校教育将会受到影响，甚至会阻碍儿童的发展。

漠视的反面就是重视，重视社会教育从大的范围看有两种方向，一是积极的，二是消极的。积极的重视很好理解，那就是家长能够重视社会教育资源，引导儿童接触社会、了解社会，接受社会资源，主动接受社会教育。消极的重视是指家长只看到社会资源的危害，不能积极面对挑战，用简单的方式隔绝不良的社会影响。最显著的例子就是电子产品，这是信息化社会发展最快的工具，推动着教育的发展与变革，同时也为儿童成长带来了挑战。

为了应对挑战，不少家长会因噎废食地一刀切，禁止儿童接触电子产品，有将网线剪断断网的；有家庭不买各种电子产品，让儿童没有机会接触的。各种为了上网、玩游戏等斗智斗勇的亲子故事层出不穷，甚至有些家庭为此闹出亲子反目、离家出走甚至跳楼寻短见的极端事件。

新的时代，新的工具，需要新的教育思维和教育方法，简单隔绝禁止不能带来儿童的成长，只会让教育走入歧途。

2. 社会教育过程中漠视家庭教育的个性化需求

随着时代的进步，经济的发展，人们越来越意识到社会教育的价值，不少文化场馆也有了专门针对儿童发展的部门与制度，例如公共图书馆开设了儿童馆，为儿童和父母提供教育指导与阅读指导；不少博物馆有了专门为儿童举办的策展，或者创造体验性的儿童教育项目。

但是在发展过程中还有一些方面需要进一步的重视与改进。突出的问题是，目前的文化场馆与社会教育相对比较被动，各类场馆资源分散，家长获取信息较为零散，许多还没有摆脱场馆本位观，所策划的活动也很多不是从家庭需要的角度出发，而是从场馆需要做活动的角度展开，针对性与适切性都有待提升。

大众媒介最大的问题是缺乏教育的意识，一些电视台所制作的节目或者一些电影产品的用词与镜头的处理都对儿童造成负面影响，例如过多的性暗示，不加节制的抽烟镜头，价值观偏差，甚至偏激等。这些都需要文化部门能够有所担当，同时教育部门也应该从专业的角度给予更多的关注、交流与推动。

第三节　以学校教育为主导的家庭、学校与社会的协同

本书的主要适用对象是师范院校的师范生和关注家庭教育的一线学校教师与家庭教育指导工作者，在本节中，我们主要讨论以学校为主导的三育协同，而以家庭和社区为主导的三育协同就不作专门的讨论。

一、家庭教育、学校教育与社会教育的协同趋势

自从学校担负了教育儿童的主要职责后，围绕家庭对儿童教育权的争议始终没有停止，并深刻影响着学校发展和改革的进程。随着生产力的进一步发展，进入信息化时代后，新工具解放了工业化生产中的劳动力，人们受教育的程度进一步提高，闲暇时间也在增多。这个时候以互联网技术为基础的各种新工具让知识变得更亲民，笼罩在学校身上的知识权威光环正在退却，人们能够通过各种途径获得所需要的各种信息和知识。再加上社会的变动加剧，儿童未来发展的不确定性在增加，父母愈加重视儿童的教育，有意识地提高教育子女的技能，并通过家长委员会、家长教师协会、家长志愿者等组织介入学校的教育，希望能够全方位参与到学校教育中，希望自己的教育主张能够得到学校的尊重并在学校中得到实现。

20 世纪 60 年代的西方社会掀起了以教育机会平等为基本内容的平权运动，强调对处境不利的儿童和家庭的教育机会给予关注。英国通过布莱登报告开展对家长的教育，鼓励家长参与到儿童的教育中。20 世纪 70 年代，西方教育开始进入大的调整期，学校重数量轻质量的发展问题开始显现，学校受到来自社会各方面的压力，如美国的有效学校运动提出了一系列提高家长参与的政策，迫使学校改变过去与家庭相互隔离的方式。20 世纪 80 年代的西方由于过度膨胀的社会福利主义与激进的新自由主义思想的影响，私有化与市场化政策引入到教育领域，家庭被赋予参与子女学校教育的管理权利，父母的择校权成为家庭与学校关系的重要表现形式，父母成为学校教育的消费者，不同学校面临着新的竞争，家庭与学校之间的关系发生了重要转变，家庭与学校正在努力建立一种互生的伙伴关系模式，家长不再被视为附加物，而被看作是学校教育改革不可或缺的部分，其目的在于促使学校与家庭共同合作，通过双向沟通与共同解决问题的方式来重塑学校环境，以达成所有学生的成

功。[①]当然，也有一些对学校教育彻底放弃而回归家庭的教育形式，如“家庭学校”，美国称为“在家上学”（homeschooling），一些欧洲国家称为“家庭教育”（home education）。如今的家庭学校是一种以家庭为基础、儿童为受教育者、家长为主要教育者的教育形式，它意味着“以家为本”而非“以校为本”的教育。

中国在20世纪80年代后开始重建学校教育，学校主导的模式一直延续到高等教育大众化的开端，国民的受教育程度越来越高，学校渐渐失去了知识垄断者和权威者的角色，一批受过高等教育的父母对学校教育的不满情绪日益增强，出现了一些“在家上学”的试水者，他们试图借鉴美国的“在家上学”的经验，通过家庭教育的努力，探索自己认为理想的教育。

为了应对父母对教育的期望，教育主管部门也开始谋划学校教育的改革，如2012年教育部发布了《教育部关于建立中小学幼儿园家长委员会的指导意见》，充分认识到建立家长委员会的重要意义。“把家长委员会作为建设依法办学、自主管理、民主监督、社会参与的现代学校制度的重要内容，作为发挥家长在教育改革发展中积极作用的有效途径，作为构建学校、家庭、社会密切配合的育人体系的重大举措。”

家庭教育与学校教育在大目标上都是要培养合格的社会成员。因为内部规律不同，家庭教育和学校教育的客观关系为前者是后者的基础、起点，后者是前者合理的拓展、深化和系统化。[②]家庭教育和学校教育的关系在更多的情况下是相互适应、相互矛盾、相互配合、相互促进的复杂关系。因此，在双方交互作用的过程中家庭教育需要不断调整思路，努力从接受走向配合直至合作的状态；同时学校教育也需要深入研究不同阶段家校合作的规律，引导家长积极有效地配合学校教育的开展。

家庭教育和学校教育应该相互配合和促进。对于每一个儿童来说，从入幼儿园、上小学到从学校毕业，直至走上社会，这期间都离不开学校教育与家庭教育的配合和相互促进。二者配合得好，则有利于新一代的成长，否则会有碍于新一代的发展。

接受学前教育、小学教育以及中学教育阶段的儿童，一般都处在3—18岁，他们离开家庭走进学校，对家庭有较强依赖性。特别是幼儿园及小学阶段的儿童，虽已离开了家庭，开始以学习为基本任务的生活方式，但是，他们还都是社会化程度较低的、发展中的人，就其生理、心理以及个性形成来说，都处在急速发育、逐步完善的阶段。这一阶段的儿童变化最大、最快，可塑性也最强，是接受教育的黄金阶段。

为此，家庭教育与学校教育应该密切配合、相互促进。为了教育好儿童，家长

① 杨启光，陈明选．家庭与学校教育改革的关系：西方的经验与中国的问题［J］．华东师范大学学报（教育科学版），2011（4）：30–39.

② 杨宝忠．大教育视野中的家庭教育［M］．北京：社会科学文献出版社，2003：173.

更应该主动地与学校配合。家长应该积极与教师交流情况，既关心儿童的学业，也关心其在学校及社会上的心理行为表现；既掌握其优点和进步，也掌握其缺点和错误。对于有特殊情况和问题的儿童，特别是学习不努力、表现差或屡犯错误的儿童，家长更应该对其家庭外的表现予以关心、弄清真相、与学校合作，做好解决问题和促使儿童转化的工作。家长不能认为把儿童送进学校就等于送进了“保险箱”，更不应以工作忙、事情多为借口，把儿童推给学校。

二、家庭教育、学校教育与社会教育的协同原则

（一）尊重性原则

为了确保家庭教育、学校教育和社会教育三方协同的顺利进行，首要的前提是相互尊重。因此，要彼此尊重对方的独立性，尊重对方的价值观，尊重对方的内在运行规律。没有尊重，所有的协同只能是口号或者是强硬制度的执行工具。要做到尊重就需要理解和宽容。

1. 理解

三方彼此尊重的第一要务就是要对除了自身以外的两个系统有充分的认识和理解。真正的尊重是建立在充分认识和理解的基础之上的。有了充分的认识和理解，尊重才不会成为无源之水、无本之木，也才不会显得苍白和无力。

作为儿童成长的起点的家庭除了需要充分了解自身运行的规律和重要性以外，在儿童发展的每个阶段，如进入幼儿园或者学校时，都需要充分了解学校教育的理想和现实、了解学校教育的困惑和无奈、了解学校教育的内容和方式、了解学校教育的运行规律、了解学校中教师的处境和角色等。只有对学校教育自身发展和运行规律有基本的了解，家长才能真正和教师及学校共同努力；也只有对学校有充分的了解，家长才能发自内心地尊重学校、配合学校教育。

除了认识、理解学校外，家庭还需要充分认识和理解社会教育。作为家庭教育的核心力量的家长，宏观上要客观理智地认识社会发展的要求，才能在与社会教育协同的过程中做出正确的判断从而引导儿童健康成长；从微观上来看，家长还要了解社会教育的具体机构及职能，明辨社会环境的积极与消极因素，最大限度地整合社会教育资源。

学校也需要对作为教育协同伙伴的家庭有深入的了解，深入了解家庭是对学校教育局限性的弥补。学校不是指导和影响儿童发展的垄断者，也不是高高站在教育圣坛上的指挥者。为了实现“一切为了孩子”的教育理想，学校必须得到家庭的支持和配合。认识并理解家庭的现状、问题以及教育优势，才能真正理解家庭教育的

重要性，做到尊重家长、尊重家庭教育。因为，学校和家庭不是简单的商品关系，也不是不信任和冲突的对立关系，而是互相尊重的伙伴关系。学校要认识和理解家庭的重要性，发挥联络家庭和社会的重要纽带作用。学校需要指导家庭教育，也需要利用社会教育资源拓展家庭教育和学校教育的深度和广度。因此，学校也需要了解和尊重社会教育，只有了解社会教育的内容，尊重社会教育的规律，才能整合社会教育的优质资源。

社会不像家庭和学校一样有着明确的、稳定的教育主体，它具有的组织分散性和影响弥散性决定了开展社会教育的难度。作为社会教育主要管理者和协调者——政府，更应该对家庭和学校有科学的认识和全面的理解。否则，在治理社会和组织社会教育资源时就会无视教育规律，从而削弱家庭教育和学校教育的教育效果。

2. 宽容

三方彼此尊重的另一个重要的心态是宽容。三方仅仅停留在彼此认识理解的基础上是不足以顺利协同的。彼此的尊重是建立在了解基础上的宽容，宽容彼此的失误、宽容彼此的发展阶段、宽容彼此的固有局限性等。当然，宽容不是无原则地退让和妥协，而是彼此客观地了解对方的困难、所受的制约以及特定的发展阶段。家庭、学校和社会要想协同顺利，宽容就显得尤为重要。

对于家庭来说，对学校教育和社会教育的局限和无奈要抱有宽容之心。第一，家长总希望自己的孩子成为教师和学校的关注点，希望得到更多的阳光雨露，但是在实际的教育过程中面对庞大的班集体，要做到关心每一个儿童的成长确实不是一件容易的事情。因此，家长需要对教师的繁忙和“疏忽”抱有宽容之心。第二，教师作为“人类灵魂的工程师”也有需要别人安慰和理解的时候。所以，家长在和教师相处的时候别用苛刻的眼光要求教师，要宽容他们暂时的失误。第三，家长在对学校和教师提出建议和意见的时候要理解学校教育和家庭教育之间的不同，别用家庭个体教育的经验和标准去要求学校。对社会教育同样要抱有宽容之心，任何社会都处在发展之中，不可能有一个让所有人都满意的、完善的静态社会，它总是从不成熟走向成熟，从不完善走向完善的动态过程。

学校一般是三方教育协同的枢纽和核心力量，学校整合教育资源力量的发挥决定了三方协同的成效。作为教育资源的集中地，学校在公众心目中具有一定的权威性。这种权威性很容易造成话语霸权，且所形成的话语霸权因家庭和社会对学校的信赖进而会影响家长对儿童的判断和心态。因为家庭中的成员未受过专业化的训练且每个家庭对教育的理解和关注度也是参差不齐，所以学校应该抱有宽容之心，尊重每名儿童所属家庭的文化背景，甚至还要宽容来自家庭的不解和误解。

学校对社会教育的宽容也是如此，对于社会中的教育机构和教育组织可能会出现的对学校教育的冲击，学校应抱有宽容之心，积极利用其有利的力量避免其消极的影响。有了这样的宽容，学校才能冷静地高瞻远瞩地尊重所有的教育因素，使三方协同更加有效和深入。

（二）主动性原则

家庭、学校和社会彼此理解、宽容的尊重心态为协同夯实了心理和情感的基础，但是，宽容尊重并不等于消极等待，等待其他方面的主动行动。在观念上还要注意协同和配合的区别。

配合有主和次的区分，一方主导其他诸方配合，它们之间不是平等的关系。配合一般都是没有经验的配合有经验的，不专业的配合专业的，在教育过程中一般都是家庭教育配合学校教育，学校一般为主动方，家庭为被动配合方。这样的配合在某种程度上可以最大限度地开发学校的教育潜能，但是家庭的教育优势并没有得到应有的发挥。

协同的关系是平等的，即在教育儿童的过程中三方间不存在程度的高低只有层面的不同，三方在不同的层面发挥不同类型的作用。任何一方都是教育的主体，任何一方都需要目标明确地、积极地发掘自身的教育优势，为了同一个目标协同开展教育。

1. 家庭方面的主动

从以往的经验来看，家庭教育在三方协同中一般都是处于次要的、配合的地位，很少有积极主动的协同，更多只是被动的参与。这主要源于在制度化的教育中，家庭教育往往是非专业的，自发的而非自觉的。

在三方协同的理念下，家庭应该主动地参与到教育儿童的互动中来，任何的妄自菲薄和回避责任都是对家庭教育资源的极大浪费。

首先，家长要发挥家庭教育的主动性。家庭是孩子的第一课堂，父母是孩子的第一任教师。不管家长愿意与否、水平高低，家长都在影响和教育着儿童。随着社会的进步和家长受教育程度的提高，家长只有主动地关注孩子的发展，思考孩子在家庭中成长，家庭教育才能逐步从教育的自发走向教育的自觉。当家长有了家庭教育的自觉后，才能成为教育儿童的主体，才能在教育儿童的过程中不推诿、不回避，从而主动地担起教育儿童的责任。当家长的教育主体意识形成后，才能在教育协同的过程中不迷失方向，也才能主动地发掘自身教育资源和优势，与学校教育和社会教育相得益彰。

其次，家庭也要发挥与学校教育积极协同的主动性。在与学校的关系中，家庭首先是参与者同时又应该是良好的协同者。家长要牢固树立起家庭教育和学校教育各有侧重、协调发展的观念。教育不是接力赛，儿童不是接力棒。当儿童进入学校后，家长要主动地把孩子的基本情况以及家庭教育的情况向老师做介绍，以便学校能够全面地了解儿童，形成教育对策。家长还应该主动地了解学校教育对儿童的具体要求，这样才能做到知此知彼，形成教育合力。在日常的学校教育过程中，家长更应主动地和教师及学校取得联系，不要总是等到学校和教师要求见面时才出现。当然，在与学校教师沟通和联系的过程中，要注意尊重教师的工作方式，避免影响教师正常工作秩序与生活。当学校组织开放日、家校联谊活动时，家长应尽量抽时间前往参加。

第三，家庭还要主动和社会教育协同。家庭最直接的社会教育协同对象是自己所在的社区，家长要带领孩子熟悉社区，融入社区的活动，参与社区的建设。这里的建设包括为儿童营造一个良好的环境，如抵制不良游戏机厅、地下色情行业等在社区生根，积极利用社会教育资源，如带领儿童参观展览馆、博物馆、少年宫等。

第四，家庭教育还应该主动创造机会争取协同教育的可能。例如，目前独生子女家庭在我国的家庭结构类型中还占较大比例，独生子女成长中的最大的挑战就是在家庭系统中缺少兄弟姐妹子系统的影响。为了弥补这样的系统缺陷，家长可以利用学校和社区资源，主动创造协同教育的机会，如在儿童所处的班级或者社区里形成一个家庭协同组，定期组织协同组的家庭开展一些有趣味性的联谊活动，通过家庭间的集体活动，儿童可以拥有一个固定的伙伴群体，家长也有了探讨教育、交流经验的机会。

2. 学校方面的主动

学校作为系统地教育人、培养人的规范机构，在教育观念、教育方法和教育途径上处于优势地位，这样的优势地位使得某些学校容易处于高高在上的教育圣坛，对应该成为合作伙伴的家庭和社会的作用认识不够，甚至浪费了宝贵的教育资源。学校教育功能的单一化是造成这种状况的又一原因。学校教育被自身窄化为知识传递的场所，即通过系统的、科学的方法把人类优秀的文明成果传递给下一代，这种方法只有学校所属的专业人员能够掌握，家长和社会的大多数成员都无法完成。这种学校功能的窄化现象，使得学校缺少与家庭和社会协同的需要，即使有协同，也是单纯地让家长配合学校完成教学任务。

在当代社会，学校的功能不仅是传递知识的工具，那种只见知识不见人的教学已经越来越不合时宜了。学校在以人为本的理念催生下越来越关注人的可持续发展和全面发展。因此，仅靠学校的单方面作用不足以完成这样的任务，这就需要学校以开放的心态充分重视家庭和社会在教育方面的功能，并积极主动地与它们协同。

首先，学校必须走下神坛，走近家庭，充分了解每位学生的个性特征和家庭特征，当学校主动地和家庭拉近距离，就会慢慢了解家庭教育在培养儿童中的作用，并逐步了解如何利用学校资源指导家庭教育，与家庭教育协同育人。学校与家庭的协同需要有制度保障，否则，与家庭的协同只能成为部分教师的自发行为，而无法成为所有教师自觉的教育工作准则，无法成为学校高质量提升的工作机制。

其次，学校在和家庭主动沟通的过程中，应该注意从中协助家长发掘家庭教育中的优势因素，指导家庭利用自身家庭教育资源组织好家庭教育。所以说，学校的主动协同还有主动指导家庭教育的意蕴。

最后，学校还要主动和社会保持协同。这里的社会教育主要是指有组织的社会教育。学校教育和有组织的社会教育之间有着天然的相似性，它们都有稳固的组织和良好的教育队伍，能够自觉地对儿童进行有组织、有计划的教育。在面对非组织化的社会教育时，学校同样承担着指导、协调、整合甚至是改造的功能，如在辖区的社区，学校可以有意义地引导儿童和家长参与其建设，以提升社区教育的水平。

3. 社会方面的主动

在三方协同的过程中，家庭和学校主动进行协同较容易理解，而社会教育如何主动和学校教育以及家庭教育开展协同，则难度更大、要求更高。

首先，组织化的社会教育机构，如图书馆、博物馆、少年宫等，在过去一般是开门等客人，很少主动服务家庭和学校。现在这样的情况发生了变化，这些社会教育组织开始有意识地面向公众主动进行服务，例如公共图书馆面向社会开设免费讲座、传播文化、教授知识。其次，非组织化的社会教育主要是指公众每天都会接触到的社区、媒体、城市或乡村文化等。面对这些非组织化的社会教育，公众在日常工作中要更新学习观念，主动参与到社会教育中，以营造人人做教育、人人受教育的良好氛围。

（三）全面性原则

家校社协同育人的目标是儿童发展，儿童发展是全面的，因此，协同育人也应该是全面的。协同育人的逻辑起点是各育对儿童发展作用的差异性。协同正是在尊重差异性基础上的整合，希望通过协同各育力量促进儿童全面发展。协同育人全面性原则包括协同内容的全面性和协同方式的全面性。

首先，协同内容的全面性。既然协同的总体目标是促进儿童的全面发展，就要全方位了解儿童的发展需求，这就需要三方进行全面的协同，如学校和家庭的协同不应该只是学习方面的协同，甚至只是应试教育的协同，而应该是面对全面发展的人，在做到智育不放松的同时，德育、美育、体育和劳动教育协调发展。如果三育协同只注重眼前利益而放弃长远的涉及儿童可持续发展的目标，得到的将是规律的惩罚。

其次，协同方式的全面性。在协同过程中为了提高协同的水平和效率，各方所采取的协同方式不应该仅限于传统的开会、访问等形式，而应该与时俱进地运用多种喜闻乐见的方式，使协同更易于被各方所接受，如根据家长习惯和能力的不同，通过多种方式进行及时有效的沟通，只有适合的方式才是最好的方式。

只有家庭、学校与社会协同才能为儿童的发展提供生态有序的成长环境，才能协调各方力量构建高质量的教育体系。

要点重述

1. 家庭教育、学校教育和社会教育对个体发展所产生的影响。三种教育各具特色，并存在着自身的规律。教育者应充分认识到三种教育的内涵和外延。

2. 家庭教育、学校教育和社会教育应该是相互协同的关系。三方协同是指家庭、学校和社会教育作为促进儿童发展的影响力量，三者各自发挥优势、相互补充，进而实现教育力量整合的过程。

3. 家庭教育、学校教育和社会教育三方协同应遵循以下原则：尊重性原则、主动性原则、全面性原则。

反思与探究

1. 家庭教育、学校教育和社会教育三方协同是各方从自己的角度出发，积极或消极地与另两方进行的配合，还是把三者统筹兼顾起来的整合式教育？如果是后者，各方在协同过程中扮演着什么角色？

2. 如果你是一位基础教育系统的班主任老师或学校管理者，从学校角度出发你将如何利用好学校、家庭和社会资源组织好班级管理、学科教学和学校经营管理？

3. 近几年，教育部门发出的“减负令”一个接着一个，特别是2021年7月中共中央办公厅、国务院办公厅发布的“双减”意见，“减负”力度和决心之大前所未有。然而，家长对“减负令”心存忧虑，以给孩子“增负”的方式应对。家长的“不领情”说明什么？又该如何看待？

推荐阅读文献

1. 洪明. 合育论：学校家庭社会合作共育的理论与实践［M］. 合肥：安徽教育出版社，2017.

简介：该书站在时代发展的高度，系统阐释了学校家庭社会合育的价值问题、本质问题、方法问题，回答了家校合育的基本模式，校社合育、家社合育的基本理论与方法，重点回答了家校合育过程中的沟通问题、家长教育与指导问题，家长参与学校问题。

2. 富勒，奥尔森. 家庭与学校的联系：如何成功地与家长合作［M］. 谭军华，等译. 北京：中国轻工业出版社，2003.

简介：该书追溯了家庭的历史，在分析当代家庭特征的基础上，比较现在与过去学校的区别，提出了当代学校与家庭建立有效关系的重要途径。该书专门论述了有关家庭暴力、家长权利、残障儿童权益、贫穷和父亲角色对儿童教育的影响，最后还在教育政策和法律的层面上提出了如何保障学校与家庭建立有效的联系。

第九章　父母发展、家庭发展与儿童发展

[学习目标]

1. 理解家庭教育要尊重儿童发展规律，帮助儿童积聚终身发展的身心力量。
2. 理解父母角色意识与扮演能力对儿童发展的影响。
3. 了解家庭发展的阶段性，掌握家庭在不同阶段的发展任务。
4. 掌握不同结构家庭的特点及其发展任务。

孩子的发展与父母的教育意识、家庭结构以及家庭发展阶段有内在的关联性。孩子和父母是一对共生性角色，他们相互成就、彼此影响。每个孩子又生活在特定的家庭结构中，不同的家庭发展阶段也必然影响孩子的发展。

第一节　儿童在家庭中的发展

家庭是一个人最初发展的人伦环境，家庭教育的基础和学校教育不同，它是以血缘关系和其他类血缘关系为伦理建立起来的，没有一个组织能像家庭一样对一个人的终身发展起着如此深刻而久远的影响。美好的家庭生活，对于儿童发展而言，是一种激发、一种浸润、一种滋养。在家庭教育领域，有丰厚的文化、无限的可能、广阔的舞台，良好的家风如春风化雨，滋润人的心灵，构筑儿童的美好生活。

一、尊重儿童发展规律，回归家庭教育本源

天下父母都希望自己的孩子能成为有素养、有风骨、有情义的人，那么家庭教育如何做才能达到或接近这些美好的愿望呢？陶行知说，好的家庭教育要有“科学的头脑和母亲的心肠”，“母亲的心肠”是人类的本能，“科学的头脑”就是要尊重儿童发展规律，回归家庭教育本源。

现在很多父母在教育孩子时，都是在摸着石头过河，过多地自我摸索和过多地照搬他人经验，很容易走弯路，浪费很多宝贵的时间和机会。如果我们能够从科学成果中、从历史经验中，尽早找到家庭教育的大道，让父母先想明白，再有意识地控制与设计自己的教育行为，专心地投入实践，并在实践中体会、揣摩，与朋友、与书本相互切磋，将能收到事半功倍的效果。

儿童发展有其共同、共通的规律特点与生长节奏，儿童智慧的演化是按规律进行的；同时，每个儿童又有其独一无二的天赋与个性，这些都需要家长要学习之、观察之、尊重之、爱护之、顺应之。正如陈鹤琴所言，只有了解儿童，才能

教好儿童。

中国传统文化认为，“天命之谓性；率性之谓道；修道之谓教”；近代西方教育家也提出“教育即生长”的命题，可见大道相通。孩子的生长是一个自然而然的过程，到了一定的时候自然会有各种奇妙的表现。作为父母，要耐心、要陪伴、要欣赏、要鼓励，要按照自然的生成规律，作为一个有心人去观察他们，在他们需要帮助的时候适时去推动。但是，有些父母对于孩子自然发生的生长现象视而不见，一定要人为规定一套方法强加在孩子身上，结果常常是南辕北辙、事倍功半。

好的家庭教育，是让孩子感受到“一切顺其自然”，而这背后，父母其实是用尽心思，在观察、发现、尊重孩子自然发展现象的基础上，在关键节点上、在长期营造的价值观环境上，行无言之教，因势利导，顺势而为，收四两拨千斤之效。就目前教育科学已经形成的研究成果来看，儿童的心理发展有顺序、有节奏、有规律，需要父母认真学习、细心观察、悉心指导，将共性与个性结合起来，因人而异、因事而异，运用之妙，存乎一心。

二、家庭要帮助孩子积聚终身发展的身心能量

儿童正处于“春生”时节，作为父母须遵循“生而勿杀，予而勿夺，赏而勿罚”的自然之道，不要轻易地打压儿童自然涌现出的生机，而是要由衷地尊重儿童、赞赏儿童、保护儿童、提携儿童，让他们自自然然、活活泼泼地生长、生发，舒展天性，积聚起向着更高目标前进的身心能量。

第一，保证孩子的身体健康。目前中国孩子的体质问题已经引起社会各界的重视，久坐、运动不足的生活方式是导致孩子体质下降的重要原因。毛泽东曾说过，“体者，载知识之车而寓道德之舍也”。的确，人首先诞生为实体，四肢健全，发肤完善，五官齐备，才称得上完整的人；人体完整，才能负载思想和精神。

一方面，身体活动本身对人的智力会提出较高要求；另一方面，在身体活动中也能促进智力发展，人的感知、注意、观察、记忆、想象及思维等方面的能力都可在身体活动中得到锻炼与提升。身体健康的理念源于中医的气血理论：“气足有力为健，经络通畅顺达为康。”一个健康人的状态是：人体既有足够的物质与能量，而且物质与能量所经过的经络也是通畅的，两者缺一都不能称为“健康”。对于家庭来说，首要的任务就是保证孩子拥有健康的身体，这就需要父母在孩子的饮食、睡眠、锻炼等方面下功夫。父母带着孩子去奔跑、去冲刺、去投篮……让全家人都成为健康的、有动力的、有雄心的人，将会引导孩子树立起正确的人生观和远大的理想。

第二，帮助孩子养成终身受益的好品德。人的一生很短，也很长。长就长在孩

子的发展需要一个慢慢积累、自然发酵的过程，成功来自综合的因素，那些“不要让孩子输在起跑线上”的宣传都是无稽之谈。说短呢，那就是价值观主要搭就于幼稚年少时，主要出自父母之手，正如梁启超所说，“人生百年，立于幼学”。为孩子建立起正确的人生观、价值观，就是为孩子一生的幸福奠定了第一块基石。

有些父母认为财富和权力可以囊括一切，只要承袭此二者便可保证孩子一生的幸福，这恰恰是最肤浅的想法。因为财富权力乃是外在的附着之物，父母也许可以给予，但不能保证孩子长久拥有，永不丧失。“富不过三代”不是神秘的魔咒，而是被验证了千百遍的事实。至于智慧、能力、体魄、胆识等这些能够立竿见影有助于成功的实用性特质被大多数父母所推崇。而于品德，似乎可有可无，在教育孩子时经常被轻描淡写，捎带而过。殊不知，没有品德为依傍的智慧只能是小聪明，没有品德奠基的能力也终成不了大器。所以做父母的如果真爱孩子，当首先给予他们品德，这才是世间第一珍宝。对于物欲的奢求必须严格地限制，对于品德的追求也要多加鼓励。

第三，培养孩子对知识的健康态度。陶行知曾做过这样的小诗作为校训：“观！静观大千世界。啄！啄开未知之门。飞！飞入神秘之宇宙。找！找出真理之夜明珠。”陶先生描绘的是，当一个孩子面对浩瀚的人类文明的海洋时，应具有的既好奇又敬畏、既热烈又冷静的理想状态，这正是学习的大意义、大方向。

作为父母，要具备这样的长远眼光，让孩子在刚刚进入学习的征途之初，就培养起他们对知识的渴望之心。这里的知识不局限于有限的课程知识，而是指浩瀚、深远的人类知识。所以，关键之处是要让孩子有一颗热爱学习的心，探索一些未来可能会让他们感兴趣的东西，在其中他们也能逐渐找到面对书本和知识的正确的学习态度。

瑞士发展心理学家皮亚杰研究发现，儿童智力发展规律是由具体到抽象，小学生正处于具体运算阶段，这一阶段思维的主要特征是，他们对于具体的事物或情境已经能够按照逻辑法则进行推理，但是这个过程仍然需要具体形象的支撑；这是一个具体思维和逻辑思维混合使用，并逐渐由具体思维向逻辑思维过渡的时期，小学生日益频繁、更加准确地用符号来代替外界事物。近代英国哲学家和教育学家斯宾塞持有相同的观点，“智慧的发展必须是从具体到抽象”；作为成人要明白，“儿童不停的观察不仅不应当被忽视或限制，反而应当努力提倡，使它尽量准确和完备”。

根据这一科学发现，父母需要让孩子尝试多样化的学习环境，给他们接触各类新事物的机会，增加其生活经验，以促使其多元智能的发展。而在现实生活中，有的父母为了孩子有一个好的成绩，会花费大量的时间和精力提前教授孩子一学期甚至一年的课本知识，其造成的问题有两个方面：一是孩子听懂了之后，在学校课堂中可能就会不集中精力听老师讲解，事实上是一种重复与浪费；二是违反了儿童心智发育的规律，将间接知识的重要性置于直接知识之前，减少了孩子与家庭、街市、田野等事物环境接触的机会，而直接认识这些事物才应当是孩子最适合、最省心、最高效的学习方法。

要让孩子喜欢上学习，成人（无论是教师还是父母）必须让孩子在最初学习阶段感觉良好、有自信，尤其是父母，要特别注意营造好小环境。即使孩子的学习表现在学校得不到认可，也要让孩子在家庭中得到来自父母的最坚定、最温暖的肯定，就像前面所说，来自父母的教育要具有春天的品质，赏而勿罚、予而勿夺；这不是溺爱，而是基于增强孩子自我效能感的科学做法。无数的例子说明，孩子在一件事上的成功所产生的自信及其带来的能量是不可估量的。

第二节　父母角色发展与儿童发展

父母是与孩子相伴而生的角色：在生物性上，父母诞生了孩子；在社会性上，孩子也同时成就了父母的角色。[①]作为社会性的角色，孩子和父母是相互影响、共同发展的。2022 年 1 月 1 日起实施的《中华人民共和国家庭教育促进法》中明确家庭教育是指父母或者其他监护人为促进未成年人全面健康成长，对其实施的道德品质、身体素质、生活技能、文化修养、行为习惯等方面的培育、引导和影响。父母是家庭教育的主要责任人，本部分不扩大家长的范围，更多从父母的教育角色进行分析。

一、父母是一种社会角色

（一）父母是一种社会身份

父母是什么呢？是因为有了孩子的一种相应称呼吗？

父母，首先是个生物学概念，是从受精卵形成的那一刻开始。其次，父母还是个社会学概念，是基于生物学基础上的社会属性，很多生物性的父母并没有履行社会学意义上的责任，也有很多父母并没有生物性上的关系，如养父母等，只是社会学意义上的父母。

因此，父母更多应该是社会学意义上的，只是生物学意义上的父母对孩子和家

① 殷飞．小学生父母教育者角色认知与实践的实证研究［D］．南京：南京师范大学，2020.

庭来说可能是灾难。例如，新闻媒体上报道的由于各种意外原因怀孕的青年男女对孩子采取不同程度的非人的、非法的做法，如弃婴甚至杀婴。这些都是生物学意义上的父母，但是他们并没有做好承担父母责任与义务的心理准备。还有一些生了孩子的父母，他们也爱孩子，但是并不知道如何承担父母的责任，把出生后的孩子完全丢给老人或者保姆，只是给抚养费，就认为自己已经承担了父母的责任。还有些父母认为给孩子吃饱穿暖，不断满足孩子的各种物质需要就是好父母了，而忽略了对孩子的爱抚、陪伴与引导教育。

生物性的父母带有自然属性，只要“播种”没有特别的意外，孩子就在母亲的身体里自然地生长，不需要父母有太多的刻意照料。也就是只要有开始，生命就会按照固定的程序发育生长，因此做生物学意义上的父母似乎不太难。

而社会学意义上的父母却不轻松，一旦决定做父母就需要劳心劳神，为孩子的成长创造良好的环境，引导孩子成为社会可以接受的新个体。

首先，社会学意义上的父母需要给孩子留出时间，如照料孩子、陪伴孩子以及更多花在孩子身上的不可控的时间。有人从投资收益的角度分析，人们越是珍惜什么就越会在什么方面投入时间和精力，相应的，在什么方面投入的精力越多就有可能在其中收获更多。因此，我们说要准备好做父母，就要准备为孩子付出时间。

其次，社会学意义上的父母需要为孩子付出精力。如为孩子创造适合成长的空间，为孩子打造婴儿房，为孩子处理协调家庭关系，为孩子购买适合安全与成长的玩具，为孩子的成长学习更多育儿知识，为孩子谋划更好的发展路径等。

最后，社会学意义上的父母需要对孩子的成长负责任。父母是孩子的第一监护人，在孩子还没有成人前，他们需要为孩子所做的一切负责任，这不是父母愿不愿意，而是必须，是法律对父母作为监护人的要求。《中华人民共和国家庭教育促进法》第 14 条明确指出，父母或者其他监护人应当树立家庭是第一个课堂、家长是第一任老师的责任意识。

那么，超越了生物性的父母应该是什么样的呢？

是中国人传统意识里对孩子有着绝对权力的“家长”？还是相对于学校教师来说是孩子成长的另一个责任人？父母是一种社会身份，是由父亲和母亲合作协调组成的与子女同步出现的身份，他在家庭中对孩子有一定权利和义务。根据社会学家的定义，身份是指整组由社会定义的位置——从最低到最高。父母是在家庭组织中的特定称呼，家庭作为社会的细胞，在整个社会大系统中，不同的家庭有着不同的位置，在家庭内部，不同的人有着不同的位置。

在学校，不少教师会抱怨现在的父母不负责任，对孩子起不到教导的作用，甚至还把责任推给学校和教师。如孩子不服从教师的教导，大部分教师会第一时间和孩子的父母联系，希望得到父母的理解和支持，或者把孩子交给父母，由父母来管教孩子。如果父母认为教育孩子的责任不在父母，而在教师，“教师都管教不了，父母能怎么办？”那么父母和教师在双方身份的认识上存在差异，从而出现观念冲突。有教师会失望地抱怨“他父母都不管，我们怎么办？”。

虽然，现在的国家和社会不强调一个人的等级身份，但是每个人同时拥有多种身份，如教师、子女、父母、心理咨询师、志愿者、邻居等，每个人对自己的多种身份重视程度不同，有些人特别重视自己的职业身份，有些人特别重视自己的家庭身份。重视父母的身份属性，是将父母从私人生活领域放大到社会领域去思考与分析，有利于促进父母责任，特别是社会责任的确立，体谅父母作为多元身份的冲突。

（二）父母是社会期待的角色

社会角色是对系于社会身份之上的权利与职责的规定。[①]是指社会对拥有某种社会地位或身份的人所持有的期望。[②]父母具有社会性的身份，不同的社会通过各种方式和途径赋予他们不同的责任与义务，也给予他们一定的权利。不同文化的社会对父母有着相应的期望，他们也敏感地感受到这样的期望，并用自己的方式回应着这样的期望，这就是父母拥有的对孩子的角色意识，以及对相应角色的扮演。

在一定的社会中父母做得怎么样，首先看他们是不是符合社会对父母这一身份的期待。例如在中国，好的父母重视教育子女，有“养不教，父之过”之说，如果批评一个孩子行为不良，人们会用“缺家教”来指责他的父母，因此，积极教导子女是社会对父母的角色期待。

其次，社会对父母的期望不是一成不变的，在不同的年代，社会对父母的期望不同，有时侧重于经济方面，有时侧重于精神层面，有时侧重于政治角度。例如在经济萧条凋敝的时代，抚养孩子的经济压力很大，整个社会很少关注孩子有没有接受好的教育，而把所有的精力都用来生存了，这时就会出现不少孩子辍学回家参与劳动、补贴家用，这在20世纪80年代以前的农村十分常见。学校需要动员父母送孩子去学校，如果这时孩子不能上学，很少有人去指责父母。如果时代发展到今天还有父母不让孩子上学，而让他们去打工，那么父母就会受到指责。

在20世纪90年代以前，如果一个孩子回来告状说其他同学欺负他了，父母去学校大吵大闹，要找欺负别人的孩子“算账”或者找这个孩子的家长说理，这样的父母会被认为不讲道理，会受到大众舆论的指责；如果事情发生在今天，这样的父母会得到更多的社会舆论支持，这和整个社会对父母的期待发生了变化有关。

在20世纪80年代，很少有父母每天去学校接送孩子，如果有哪位父母这么做

① 戈夫曼．日常生活中的自我呈现［M］．冯刚，译．北京：北京大学出版社，2008：12.

② 谢弗．社会学与生活：精要插图第11版［M］．赵旭东，等译．北京：世界图书出版公司北京公司，2011：67.

了，就会被认为是娇宠孩子；而在今天，如果哪位小学生的父母不能每天接送孩子上学放学，就会被其他父母看成“心大”“不负责任”“没吃过苦头”“确实有困难”，甚至会被认为没有尽到监护责任。

社会对父母的期待标准不是静止的，而是一直处于动态的变化中的，研究社会对父母身份的期待变迁能够把握社会发展的动脉。

二、不同层面的父母角色

父母既是生物层面的概念，也是精神层面和社会层面的概念。生物层面的父母是最容易被理解的，十月怀胎一朝分娩，孩子一出生，一对夫妇就拥有了父母的身份，其角色需要保护孩子，给予孩子安全和健康；精神层面的父母应该是让孩子可以依恋，并能成为孩子精神成长的引路人；社会层面的父母是指父母是孩子社会规则的代言人和特定社会文化的传承人。

以上这些角色需要父母能够做到平衡兼顾，家庭教育的误区很常见的一点就是父母角色扮演不能做到全面平衡。

（一）生物层面的父母角色是“保护者”

孩子来到这个世界，不仅认知和精神上是无知无识的，在自我保护与自我服务的能力上也是有限的，他们从吃喝拉撒到走出家门，都需要依赖以父母为主的成人才能实现。这时的父母角色是孩子的保护者、抚养者，通过父母的悉心照料，孩子才能够安全健康地成长。这是任何一个社会对父母角色最起码的期待，也是日后任何角色扮演的基础角色，保护孩子的身心不受伤害，是其他一切工作的基本条件。

当然，保护者的角色也需要引起父母的重视与反思，过分偏重于生物层面的父母很容易对孩子的身体健康过分紧张，甚至把身体发展片面地理解为对身体的保护，而缺少了对身体的锻炼和历练，不让孩子爬，不让孩子跑，不让孩子晒，不让孩子淋雨……过分保护的同时，父母不自觉地代劳各种本应该由孩子承担责任和事务的现象屡见不鲜。过分保护的父母忽略了其他两个角色的担当，当然也是对生物层面的父母角色的片面理解。

（二）精神层面的父母角色是“导师”

作为孩子精神世界的导师是不以父母的意志为转移的，无论他们愿不愿意、意识到还是没有意识到、能力强还是弱，父母都在精神层面上影响着孩子的精神世界，这是客观的。只要父母认真生活、认真做人就能给孩子恰当的“引导”，精神层面的导师角色也就是我们耳熟能详的潜移默化的影响，是父母可能没有意识到，但却是真真切切地发生作用的教育影响。

当然还有主动意义上的导师，父母应关注到孩子的精神世界，认为孩子不仅是生物性的，还有作为人更为重要的“精神”。这时的父母更像是一位心理咨询师或者具有宗教色彩的“牧师”，聆听来自孩子内心的声音，关注他们的精神发展，鼓励他们进入自己的内心。导师角色考验的是父母对世界的认识、对自我的认识和对价值和人生的思考。

（三）社会层面的父母角色是“人师”

一个人的成熟与成长不仅是生理和精神层面的，还有社会层面的。一个人是不是成熟主要看他是不是能够走出自我，开始关注身边的人，对社会感兴趣。这可以作为一个人是不是健康的重要指标，如果一个人只是关注自我，而对所生活的周围世界，特别是对社会不关心，那么他的成长将是有缺陷的，至少是不完整的。

让孩子对社会产生兴趣，鼓励孩子探索并理解这个社会以及学会在特定社会中生存的各种法则——显性和潜在的规则。在社会适应的过程中没有好不好，只有恰当不恰当。父母对于孩子的社会性教育首先不是批判，而是适应，否则孩子会在幼年对社会存在不安全感甚至敌意。随着孩子年龄的增长，父母可以与孩子讨论社会的进步与问题，相信只有对社会抱有安全感和善意的人将来才能给予社会的发展以建设性的推动力量。

三、父母角色与儿童发展

（一）父母角色影响儿童发展

父母角色影响儿童成长。角色是指特定社会对处于某个社会地位的人的责任与义务的期待。父母作为在家庭中居于一定地位的人，从家庭内部到社会舆论对其都有一定的期待，如要求他们能够尽责保护孩子的安全与健康，确保孩子能够受到好的影响，保证孩子能够接受应有的教育等。尽管不同阶层、不同的社会传统对父母有不同的要求与期待，但是任何一对父母都不会完全按照社会的期待去扮演父母的角色，或者说除了法律法规外特定的社会也不会有固定的、大家都能达成共识的对父母角色的理解。因此，不同的父母在扮演角色时有不同的取向。

父母对角色的不同理解将会决定他们在陪伴孩子时采取不同的行为取向。如果父母理解自己的角色只是局限在生理满足上，那么他们就会只关注孩子的吃喝拉撒，对孩子的精神需求不予关注。这样的父母就会把孩子简单地交给老人，认为自己只要给老人抚养孩子的费用就行，而不会主动陪伴孩子，不重视与孩子交流。甚至有些年轻父母在要不要生孩子或者生几个孩子的问题上，常常不是准备承担什么责任，而只是问谁能帮忙带孩子，有人帮忙带孩子就生，否则就不生。有句老话“养儿方知父母恩”，生了孩子自己带了才知道做父母的不易，而现在很多年轻父母生了孩子也不知道父母的恩情，因为他们根本就没有带孩子的真实体验，也没有在带孩子的过程中感受到辛劳，所以不能体会到父母的不易。也就是说，父母如何理解自己的角色，他们就会如何去扮演角色。不负责任的父母是因为他们没有将抚养孩子的责任纳入自己的角色扮演中。

1. 父母角色影响儿童的发展方向

儿童会往哪个方向发展，取决于他所受到的教导。过去看到一个孩子的表现，老百姓会用最简单的二分法，有家教或者缺家教来判断孩子所受到的教育质量。缺家教，批评的不是孩子，而是父母，是指父母没有尽到教导子女的责任，或者父母在教导子女的问题上存在偏差。

当然，没有任何一位父母会接受别人对他的孩子“缺家教”的评价，他们之间对父母角色的理解不同。有些父母认为父母只是满足者与支持者，而没有把修正孩子行为的角色与义务纳入其中，所以在陪伴孩子成长的过程中，他们比较重视孩子的生理与心理的满足，而很少主动引导孩子纠正惰性与任性，从而造就了一批缺规则意识、自我意识过分强烈的孩子，这样的孩子更多是从自己出发，而很少考虑别人的利益，很难做到换位思考。

另一些父母认为自己应该是孩子的“主宰”，他们遵循传统的亲子关系定位，将孩子看成自己的附庸，对孩子严加指导，甚至会出现不尊重孩子人格的情况。过分强调改造者角色的父母最常步入的教育误区是忽视孩子成长的主体性，过分强调孩子成长的外在塑造，很容易导致孩子主体性与个性的萎缩，甚至出现严重的亲子冲突。孩子会出现两种极端的发展方向，要么在父母的强制下形成退缩的人格，唯唯诺诺，没有主见；要么为了争取存在感而不断与外界抗争，形成斗争型的人格。

2. 父母角色影响儿童的成长氛围

父母不是单体，而是复合体，他们是由父亲和母亲组成的“搭档”，父母角色的扮演更多时候都是通过这一搭档表现出来，他们的合作状态影响着儿童成长的氛围，进而影响着儿童的成长。

竞争者的搭档关系形成的是紧张的成长氛围。竞争性的父母关系通常建立在教育就是指导的认识上，他们把谁说得对看成是教育的重要原则。因此父母做得最多的就是辩论，通过各种辩论，试图弄清楚彼此的观念和做法在教育上是对的还是错的，这还算理性。最糟糕的是不理性的竞争，他们常常是为了挑刺而挑刺，为了竞争而竞争，从对家庭的经济贡献，到为孩子的付出，处处时时都在竞争，试图一争高下。竞争性的父母角色扮演状态带来的是孩子生活氛围的紧张，在这样氛围中生存的孩子会感到压抑、无所适从，严重的会产生身心问题和情感行为障碍。

合作者的搭档关系形成的是温馨的成长氛围。如果父母对自己的角色理解是家庭良好氛围的创造者，那么他们最看重的不是某个人的对错，而是对孩子成长而言的优劣，也就是父母将自己的角色定义为好氛围的创设者，重视氛围对孩子成长的影响作用。在温馨氛围中成长起来的孩子，他们的应激反应不会太强，遇事能够在成人的协助下平稳情绪，积极面对现实。

（二）儿童发展影响父母角色

父母角色是相对于孩子角色而言的，父母角色的形成不是外在于孩子的，它也包括孩子对父母这一身份的期待。虽然因为孩子的年龄小，他们不容易进入父母的视野，父母看起来也很少考虑他们的看法。但实际上，与孩子互动最紧密的父母每时每刻都在受着孩子的影响而不断对自己的角色进行调整。

1. 父母角色因孩子的健康状况而调整

在孩子还没来到人世间，每对父母都先对如何做父母、什么是好父母有一定的看法，他们可能认为做父母很简单，只要给孩子吃喝穿衣、保护安全即可；可能认为孩子只要到了上学才需要他们多加管教等。但是，当一个真实的孩子来到父母面前时，这时孩子身上所发生的一切都会调整父母的预期。如果孩子出生后十分健康，在一段时间的新鲜、紧张和忙碌后，父母就会慢慢把重心转移到工作中去，而将孩子托付给老人或者保姆。如果孩子出生后健康状况不佳，甚至有些障碍，这时很多父母会重新调整自己的生活路径，重新评估自己作为父母在孩子成长中的影响。不少出现先天性问题的孩子的父母会坦言：孩子永远改变了他们的人生轨迹。

2. 父母角色因孩子的气质而调整

在家庭教育问题上，我们总是认为父母及其所创造的环境改变着孩子，而父母的改变是根据自己的心性主动发生的改变。其实不然，父母的很多改变也是被动的，如当孩子还没来到身边，很多父母立志要做个温柔的、有智慧的父母。可是当一个真实的孩子在身边时，孩子不同的气质类型让很多父母不断做着调整，原本理想中的“小天使”却是个“小霸王”，原本认为的“小精灵”却是个一问三不知的“温吞水”。这时，父母会根据孩子的气质类型改变先前认为的父母角色形象，从这个角度看，孩子也在改变着父母。

3. 父母角色因孩子的反馈而改变

孩子在不同的年龄段有着不同的表现，在孩子的自主意识还没有完全觉醒前，他们主要通过本能和近似于本能的状态和父母互动。如前面说的身体状况和先天为主的气质类型，这些都是孩子无法控制的。但是随着孩子年龄的增长，孩子的主体意识越来越强，他们会有意识地和父母互动，将自己的感受反馈给父母，这时敏感的父母会接收到孩子的信息而主动做出调整。如两三岁的孩子会对正在发脾气的妈妈说“妈妈，你不爱我了吗？”很多父母反映他们在第一次听到这样的话时，心头一震，开始反思。还有很多留守儿童的父母会在孩子表达思念的电话、短信或者信件中，感受到自己作为父母的陪伴欠缺，从而调整自己的工作状态。这样的互动在正常的家庭中会随着孩子的年龄增长而频繁和深入，但这是指“正常的”情况，而事实并非如此简单，大量的父母在孩子面前是不敏感的，或者是僵化的，他们不能接收孩子的成长信号而一成不变地扮演着父母的角色，这就导致很多家庭亲子关系越来越紧张，直至青春期达到一发不可收拾的状态。

四、父母角色是需要学习的

（一）角色变化的必然需求

在家庭生活中有顺理成章的父母却没有天然的合格教育者。母亲十月怀胎后，随着孩子的出生一对夫妇就自然多了一个和孩子相关联的角色——父母。做了父母是不是就一定具备了教育能力呢？父母的教育能力并不是伴随着孩子出生就自然而然地获得的，而是一个逐步习得的过程。从现代成人学习的角度分析，学习教养孩子不能纸上谈兵，需要在生活中边实践、边学习、边琢磨、边成长。英国教育家斯宾塞就强烈呼吁要对家长进行专门的教育，并反复强调千万不能忽视这个最主要的教育。我国现代教育家陈鹤琴主张，人们在做父母之前就要学习抚养教育子女的知识。他说：做父母的要想把孩子养得好，在未做父母之前，应该问问自己是否懂得养孩子的方法；有什么资格做孩子的父亲或母亲；怎样养育孩子才能使得孩子身心两方面都充分而又正当地发育。这些都弄明白了才配做孩子的父亲或母亲。

在强调怎样教育孩子和父母需要接受专门的教育时，也不要忽视教育子女是一件非常复杂的事情。苏联教育家苏霍姆林斯基曾说：“行业、专业、工作有数十种、上百种……但有一种包罗万象的、最复杂和最高尚的工作，对所有人来说都是一样的，而同时在每个家庭中又各自是独特的、不会重复的工作，那就是对人的养育和造就。”众所周知，在日益强调专业化的当代社会，从事一项职业之前一般都需经过专门的、系统的学习，而且只有在拿到资格证、得到社会的承认之后才能取得从业资格。不言而喻，传统的关于家长教育资格“不学而会”的观点显然是站不住脚的。而且随着人们观念的更新，这种观念逐渐得到扭转。在美国，以家庭为基础的父母教育计划得到了充分重视。美国有 47 个州开办了“从出生到 3 岁”培训班，专门培养“父母辅导者”，仅密苏里州就有 8 000 余名工作人员。他们的主要职责是每月对本州每一个家庭进行一小时的家访，帮助父母解决育儿过程中出现的各类问题。另外，美国还启动了一项学龄前儿童家庭指导计划，简称 Happy 计划，该计划直接把培训带入家庭，父母每周接受一次专业人员的访问，每半月参加一次与社区其他父母的聚会，在沟通与交流中提高家教水平。[①]

（二）家庭变化的必然需求

随着中国社会的发展，家庭代际数和家庭结构越来越趋向简单化，庞大的家族被更多的核心家庭所替代。根据贝克尔的分析，多代和多对夫妻同堂的家庭是一种古代社会的家庭模式，随着经济的发展、社会保障对家庭保障的替代、思想观念的变化，多代同堂的家庭不断减少，现代社会的家庭类型以核心家庭为主。与传统多代和多对夫妻同堂的家庭不同，现代核心家庭的生命周期通常包括三个阶段：从结婚成家到生育小孩的两人家庭，从小孩出生到结婚分立的两代人家庭，小孩分立以后的空巢家庭。目前中国的家庭类型主要以主干家庭和核心家庭为主，家庭的代际数以两代人和三代人为主。这一变化导致年轻父母从父辈和祖辈处获得抚养经验的机会和可能性在降低，原先年轻父母主动或被动地从长辈或有经验的同辈人处获得教养孩子的经验的途径减少，使得不少年轻的父母不得不求助于家庭以外的力量来获得教养孩子的知识和技能。

当年轻的父母把目光转向从家庭以外获得教育经验时却遇到了社会的变迁，当今社会已从以熟人社会的面对面人际交往逐渐地转变为非面对面的人际交往，人们通过新兴媒介获取信息寻求帮助。被称为三大媒介的报刊、广播、电视和第四媒介的互联网等大众媒介的产生与普及，极大地为人们获取和掌握信息提供了便利，丰富了人们的思维方式和娱乐方式，人们足不出户而知天下事。特别是互联网的普及，已深刻地影响到政治、经济和社会生活的方方面面。所以，人们也同样可以通过平面媒体、广播、电视以及互联网等方式获取家庭教育的知识，交流家庭教育经验，从而提高育儿技能。

（三）科学育儿的必然需求

越来越多的家庭教育案例冲击着人们的意识，只凭一腔热忱和对孩子的爱是不足以完成教育孩子这一艰巨任务的。人们逐步意识到父母教育孩子也是“专业工作”，需要进行相应的学习。过去父母凭借身份就能教导孩子已被家庭民主的亲子关系所替代，民主需要在平等的基础上学会交流、沟通与协商，这是更复杂的教育互动过程，又因为孩子的未成熟性特点，家庭民主对父母科学育儿提出了更高的要求。

---

① 焦彩丽，杨佳琪．家长教育资格及亲职教育［J］．教育导刊，2005（8）：53-54.

儿童医学、发展心理学、教育学等学科的飞速发展超越了多代人积累的经验，甚至在某些方面是颠覆性的超越。现代父母需要学习多方面的知识，比如，父母要学会基本的抚育知识，用现代儿保的研究成果科学养育孩子；父母要学会关心孩子的心理感受，学会积极倾听，与子女进行有效沟通；父母要学习引导孩子的艺术；父母要掌握电子产品有关知识，以预防子女沉迷网络等不良行为的发生。

科学育儿除了普遍的规律性知识外，不同孩子、不同父母、不同家庭还具有相当大的差异性。父母不仅要学习儿童身心发展的规律性知识，还要学会了解每个孩子的独特性，学会分析不同孩子的优势和不足，学会为不同能力特质、不同个性、不同兴趣爱好的孩子创造适合的成长路径，学会让每个孩子的潜能都得到发挥，让每个孩子都能得到应有的成长，成就幸福的人生。

第三节　家庭发展与儿童发展

个体生命周期是一个广为人知而且比较清晰的概念，从受孕开始人类的成长过程就必然经历一些共同的阶段：胎儿期、婴儿期、幼儿期、儿童期、青春期、成年早期、成年中期、成年晚期、老年期和死亡。[①]每个阶段，对个体发展而言都有独特的任务，有心理学家就列举出儿童在不同阶段发展需要掌握的任务（见表 9–1），该表列举了从婴儿期到青春期的一般发展任务。

表 9–1　发展任务举例[②]

年龄阶段	任务
婴儿期—学前期	对看护者的依恋
	学习语言
	将自我从环境中区分出来
	学会自我控制和遵从规范
儿童中期	适应学校生活（上学、行为适当）
	学业有成（如学会阅读、做数学题）
	学会与同伴相处（接受他人、交友）
	遵守规则（遵从社会道德行为和亲社会行为规则）

① 李彩娜，赵然．家庭治疗［M］．北京：中国轻工业出版社，2009：10.

② 戈登堡．家庭治疗概论［M］．李正云，等译．西安：陕西师范大学出版社，2005：17.

续表

年龄阶段	任务
青春期	成功地迈入中学
	学业有成（学习必需的技能为将来升学或工作做准备）
	参加课外活动（如体育运动、俱乐部）
	与同性和异性形成亲密关系
	形成一致的自我感；同一性

从表 9–1 中可以了解，儿童在每个成长阶段都有融入社会的具体任务，一个阶段的任务如果没能得到完成，就会影响下一阶段的发展。目前很多家庭在教育孩子中存在问题，导致儿童在生命周期的各个阶段不能很好地完成这个阶段的发展任务。如有些父母不能较好地承担起父母的责任，父母角色扮演存在问题，这样儿童在婴儿期不能与父母形成良好的依恋关系，安全感缺失，这将会妨碍孩子下一阶段的社会性发展；有些父母过分溺爱孩子并缺乏规则意识的培养，很多孩子在学前期不能学会自我控制，没有起码的规则意识，这些孩子在幼儿园很难适应，与同伴交往存在问题，到了儿童中期进入小学学习也很容易出现学业困难。

个体的生命周期是从家庭开始的，最初的人际关系、第一个团体、对世界最初的经验或是在家庭之中，或是借由家庭才产生的。个体在家庭环境中诞生、发育、成长，最终也希望能在其中步入死亡。个体的生命周期不断向前推进、发展，逐渐成形，同时也受社会政治文化的影响。家庭过去的发展轨迹与经历造成了当下所面临的问题，也试图传承某种解决问题的途径来应对我们现有的职责和任务，并且还影响着我们的未来。所以说，家庭生命周期是一个天然的环境，它限定了个体的自我认同与发展，同时也反映了社会系统所具有的影响力。①

类似于个体生命周期，家庭作为一个类生命系统的组织也同样具有不同的发展阶段，称为家庭生命周期。具体来说，家庭生命周期指的是核心家庭从产生到结束，即从夫妻组建家庭开始，到夫妻双方死亡为止的时间。美国学者格里克最早于 1947 年从人口学角度提出比较完整的家庭生命周期概念，并对一个家庭所经历的各个阶段做了划分。一般把家庭生命周期分为形成、扩展、稳定、收缩、空巢与解体六个阶段，标志是每一个阶段的起始与结束的人口事件。

随着研究的深入，不少学者主张用一个涵盖更多内容的新概念，即“家庭生命历程”来取代“家庭生命周期”。它应该包括核心家庭、扩大家庭、离婚与丧偶形成的单亲家庭，以及无孩家庭等多种现实生活中存在的家庭生活形式。比较细的划

① 卡特，麦戈德里克．成长中的家庭：家庭治疗师眼中的个人、家庭与社会：第 3 版［M］．高隽，汪智艳，张铁文，译．北京：世界图书出版公司北京公司，2007：1.

分是将家庭生命历程分为：只结过一次婚的初婚夫妇，夫妇双方均是再婚的，一方是初婚而另一方是再婚的夫妇，离婚或丧偶后再婚的，从未结婚的等。每一种又按孩子数（0、1、2、3、4）分为5类。还有人把再婚的夫妇进一步细分为有无前夫或前妻所生子女两类。各种不同的夫妇或单亲小家庭又可分为独立生活的核心家庭及生活中再扩大家庭等不同情况。

不论情况多么复杂，把家庭从诞生到消亡分成不同的阶段进行分析，有利于对家庭不同阶段发展任务进行有效把握与研究。生命周期就像一个校准的时钟，到点时家庭的内在功能和发展任务就要做出相应的调整，否则就容易出现问题。[①]大部分家庭，不论其结构、组成或文化传承如何，都是经过特定的、可预见的标志性事件或阶段得以发展的（如结婚、生子、离家自立、祖父母死亡等），都会由于某个特定的生活事件的出现而标志着家庭进入某个阶段。

拓展阅读

表9-2　家庭生命周期阶段间变迁的原则与所需的改变

家庭生命周期	情感变迁过程：关键原则	进一步发展所需的家庭次级改变
年轻人离开家庭	情感和经济自立的责任	a. 从原生家庭中分离出来 b. 发展亲密的同伴关系 c. 在工作和经济独立中建立自我
结婚组成新家庭	致力于新的家庭系统	a. 建立婚姻系统 b. 重新定位与大家庭、朋友的关系，并纳入夫妻关系中
孩子降生	接受新成员进入家庭系统	a. 调整婚姻系统以便为孩子腾出空间 b. 参与到照顾孩子、经济和家务等任务中 c. 重新定位与大家庭的关系，并纳入父母和祖父母的角色中
拥有青少年的家庭	增加家庭的弹性，以容纳孩子的独立和祖父母的衰老	a. 替换亲子关系，允许青少年自由地进出家庭系统 b. 重新关注中年的婚姻和事业 c. 开始考虑照顾老一代
孩子离家独立生活	接受其他人进入或离开家庭系统	a. 重新回到两个人的婚姻系统 b. 在长大的孩子与父母间发展成人与成人的关系 c. 重新定位关系并纳入女婿或媳妇和孙辈的关系中 d. 处理父母（祖父母）的衰老和死亡
步入晚年	接受代际间角色的转换	a. 面对身体机能的衰退，保持自我和夫妻功能——拓展新的家庭和社会角色选择 b. 支持中间一代的中心角色 c. 在家庭系统中为老人的经历和智慧留出空间，支持老人而不对他们有过分要求 d. 面对配偶、兄弟姐妹和其他同伴的离去，准备迎接死亡

① 李彩娜，赵然．家庭治疗［M］．北京：中国轻工业出版社，2009：10.

家庭社会学家 E.杜沃尔和 R.希尔在 20 世纪 40 年代为了研究家庭首次提出了家庭发展的框架，以说明家庭生活随时间而变化的规律，一个完整的美国中产阶级家庭经历典型的家庭转折事件时的临界期，这些事件发生在从结婚开始到夫妇两人都死亡结束的八个生命阶段中：

① 没有孩子的新婚夫妇；
② 养育孩子的家庭（最大的孩子 30 个月）；
③ 拥有学龄前儿童的家庭（最大的孩子 30 个月—6 岁）；
④ 拥有学龄儿童的家庭（最大的孩子 6—13 岁）；
⑤ 拥有青少年的家庭（最大的孩子 13—20 岁）；
⑥ 孩子纷纷离开的家庭（最大的孩子和最小的孩子分别离开家庭）；
⑦ 中年父母家庭（家庭空巢—夫妇退休）；
⑧ 老年家庭（退休—夫妇双双死亡）。

这些不同阶段的转折如果准备不充分就会出现压力，后续的研究者认为家庭和个体一样，会在特定的发展阶段固着、停滞下来，因而不能适时做出必要的转变。父母教育孩子常常会在适应上一个阶段后习惯性地延续某种教养方式，这时处于转折点的家庭焦虑和苦恼就达到最大值，要么对家庭产生破坏，要么应对反应、重新平衡、重新组织并尝试回归稳定。表 9–3 描述了家庭发展经历每个阶段时要求做出协调的特定转折点。

表 9–3 家庭生命周期的一般转折点

杜沃尔八阶段	要完成的主要转变
1. 新婚夫妇家庭	彼此承诺
2. 养育孩子的家庭	建立父母角色
3. 学龄前儿童家庭	接受孩子的个性、人格
4. 学龄儿童家庭	将孩子送入各类机构
5. 青少年家庭	接受青春期孩子（社会角色、性别角色转变）
6. 孩子离家独立生活的家庭	孩子开始尝试独立
	接受孩子独立的成人角色
7. 中年父母家庭	放手让孩子独立——重新面对彼此
8. 成员衰老家庭	接受衰老

从表 9–3 可以看出来，家庭从一个阶段往下一阶段过渡时需要完成的转折，为家庭发展指明了阶段任务，家庭成员可以有针对性地、有目的地发展自我，推动家庭向下一阶段顺利过渡，避免生成家庭发展的破坏性压力。

个体生命周期在家庭生命周期内演绎，两者的相互作用又影响着各自的发展。家庭内部的关系系统在家庭生命周期中不断扩展、紧缩、重组，因此家庭必须要有足够的灵活性，以便允许家庭成员自由地进出家庭关系系统，同时也能够支持家庭成员获得个人的发展。[①]

家庭生命周期理论的最大价值在于它建立了有关家庭困难的模板，揭示了代际间的联系，强调了家庭的连续性。家庭生命周期简洁地呈现了家庭发展的阶段，为家庭教育指导提供了依据。师范院校的师范生和与家庭研究相关专业的学生，更多地关注三个和教育相关的家庭发展阶段：拥有学龄前儿童的家庭、拥有学龄儿童的家庭、拥有青少年的家庭。因此，接下来重点讨论处于这三个阶段的家庭。

一、拥有学龄前儿童的家庭与阶段发展任务

（一）学龄前儿童家庭的主要发展任务[②]

成为父母是人生中最具决定意义的重要阶段之一，孩子一旦降生，家庭生活便会发生改变。家庭结构会随着孩子的出生发生变化，原来只有夫妻亚系统，现在却出现了父母亚系统、亲子亚系统和兄弟姐妹亚系统。

这一阶段的主要发展任务是：（1）重新调整家庭界限，将孩子纳入系统中。一方面，在孩子处于婴儿期时，父母需要花更多的时间和精力照顾和抚养孩子，致使夫妻之间的交往会不同程度地减少；另一方面，夫妻应注意不要将过多精力放在照顾孩子身上，而忽略了配偶对自己的需要，尤其是当孩子渐渐长大以后。（2）重新调整家庭分工。有了孩子以后，夫妻在抚养孩子、赚钱和做家务方面也需要合理的责任分工。如在产褥期，母亲在孩子喂养和陪伴方面责任更重大，父亲则应该在家务和赚钱方面承担更重要的角色。（3）重新调整与原生家庭的关系。在需要的时候，夫妻要适当地将丈夫或妻子的父母纳入家庭系统中，一方面满足祖辈对孙辈的情感，另一方面祖辈也可以协助夫妻料理家务、照看孩子，使夫妻可以更好地适应新生命降临后的生活。

（二）学龄前儿童家庭教育指导

父母应结合家庭生命周期在这个阶段的主要任务正确开展有效的家庭教育。

① 戈登堡．家庭治疗概论［M］．李正云，等译．西安：陕西师范大学出版社，2005：20.

② 李彩娜，赵然．家庭治疗［M］．北京：中国轻工业出版社，2009：11-12.

1. 家长应该善于学习，了解儿童身心发展的规律

由于小家庭越来越多，父母在养育孩子的过程中所获得的信息和经验越来越少，年轻父母在养育孩子的时候需要自觉地从外界吸取育儿知识，提高自己的养育能力。在所有的知识中，孩子的身心发展的知识最为重要，它给年轻的父母提供了观察幼儿、分析幼儿的工具，也使父母在家庭教育的过程中有章可循，并有助于增强父母的教育信心。

在分析儿童期孩子的行为问题时有必要对儿童的正常成熟和技能程度进行检查。虽然很多情况下行为健康与生长发育有关，但更为重要的是要搞清楚儿童发育中遇到的困难究竟是生物性的、心理性的还是社会性的，或者是所有这些因素的总和。

例如，这个阶段的儿童的认识水平处于前运算阶段，认知上具有实在论的特点，这就要求成年人对儿童说话时要慎言慎语。一个不兑现的允诺对生性敏感的儿童来说也许无异于一颗“破碎的心”。如对淘气的儿童随口威吓一句“老巫婆来了”，可能使他彻夜不眠或者做噩梦，因为他会惴惴不安地等待这句话的实现。在学龄前期，父母需要注意的是孩子面临第一次心理断乳期。

在个体的成熟过程中，第一次心理断乳发生在2—3岁，即婴儿期向幼儿期的过渡时期。第二次心理断乳发生在13—14岁，即童年期向成年期的过渡时期。其共同之处在于个体具有强烈的反抗意识，孩子变得任性、固执，出现逆反心理，给父母的抚养和教育带来极大的挑战。父母如果在这个阶段对孩子的教育引导不恰当，就会使孩子养成影响一生的坏脾气。

第一次心理断乳期主要是一种探索行为。在探索的过程中，孩子的自尊心迅速高涨，迫切地要表现自己，这个时期的孩子什么都要“自己来”，常挂在嘴边的词汇是“不”和“我”。

父母要正确认识这个特定时期孩子行为背后的心理机制，为实施正确的教育指导找到方向。首先是深入了解。父母要了解这个阶段孩子的心理变化，明确这是孩子发展的必然阶段。这个时期的孩子独立意识异常强烈，这种强烈的独立意识迫使父母第一次从心理上和孩子“断乳”。其次是积极面对。父母要积极面对来自孩子发展的挑战，用科学的方法引导孩子迈过这一成长的门槛。要分析孩子的行为，不要什么事情都不让孩子干，而是孩子能做到的事情要允许孩子去完成，并鼓励孩子的探索行为。孩子的需求得到了满足，慢慢就会形成心理满足感和行为的分寸感。父母对孩子要求的行为，不要无原则地放任，让孩子处于危险的境地；对于无危险的行为，家长也不要一味地制止，让孩子的心理渴望得不到满足。父母在和孩子博弈的时候要敢于坚持。孩子对父母所提出的要求，很少有不经过反抗就遵照执行的，他们往往会多问几个为什么，因此，在亲子对话的过程中，对于原则性的要求父母

要坚决，不能迁就孩子，要敢于坚持。当然，父母也要学会反思，摸索一套适合自己家庭的教养方式，提高教育孩子的艺术和水平。

2. 家长应该充分了解做父母的意义与职责

对于孩子处于儿童期的父母来说，做父母的时间并不长。很多年轻父母可能还没有转换角色，父母的角色意识还不够强烈，甚至还生活在疑惑之中，“我真的有自己的孩子了？”因此对抚养孩子过程中的困难估计不足，当遇到困难和挫折时容易出现焦躁情绪。

要让年轻父母知道，抚养孩子是做父母的职责，也是一件耗费精力、财力和时间的事情；但是当父母怀抱着自己的孩子，凝视着他多变的表情的时候，心中荡漾的是一股幸福的暖流。因此，有人把抚养孩子称为“甜蜜的负担”。

牢固树立教育孩子需要学习的观念。父母作为孩子的第一任老师不是天然的，更不是顺其自然的。在当今社会，做很多事情都需要专业机构认可的资格证书、执照等，如开车。但比开车更复杂、更困难的教养孩子却不需要任何资质，只要母亲十月怀胎，一朝分娩，当孩子呱呱坠地时年轻夫妇就顺理成章地成为父母，成为孩子成长的引路人。这样的类比并不是要理想化地给父母发育儿证书，而是强调父母学习育儿知识，提升育儿能力的重要性。

父母作为孩子潜移默化的教育者，这并非要求父母要像学校老师一样有计划、有步骤地对孩子进行规范的教育。在家庭中，教育主要还是随机的生活教育。孩子的主要学习特征是模仿，而最容易让孩子模仿的对象就是父母。通过在生活中观察父母不经意间的动作、言辞、对别人的态度等，孩子会在不知不觉中吸收和消化。有些父母意想不到的因素也会影响到孩子，父母的素质还会以社会化的形式影响或传递给孩子。因此，父母对孩子的影响会超过生物性的遗传，其影响往往超出了父母的想象。

从这个意义上说，父母的教育角色在很多情况下是对自我的教育、挑战和超越，只有自己有了良好的生活态度、积极的心态和行动，孩子的教育才有了榜样和氛围的保证。

3. 家长要学会协调处理家庭关系，形成教育合力

父母要有比较清醒的认识，意识到仅靠父亲或母亲单方面以及仅靠父母的努力是不足以承担起教育孩子的职责的。家庭教育的过程不是某个成人的事情，而是所有成人的协同工作，协同工作的成果是良好、温馨、积极的家庭氛围。当孩子生活在这样的家庭氛围中时，很难想象他会成长为一个乖僻自私的孩子。

在家庭的协同中，首先是夫妻的协同。夫妻关系是家庭中的基本关系，也是家庭诞生的主要基础。夫妻关系的质量决定了家庭生活的质量。即使关系和谐的夫妻在生活中也不一定对于每件事情都能够达成一致，但是他们在处理问题时具备足够

的弹性，妥善处理出现的分歧。其次，父母要能智慧地处理和各自原生家庭的关系，主要是与孩子的祖父母和外祖父母的关系。当第三代人出现时，由于大部分家庭中的父母都是双职工，孩子的抚养需要得到双方原生家庭的协助。这样就出现了年轻父母和祖辈之间教育观念和教育方式的差异。

因此，年轻父母要具备协调家庭成员之间关系的能力，使家庭成员在教育的观念和方法上能达成一定的共识。首先，年轻父母要注意协商，他们先要在孩子的教育问题上勤于交流，聆听对方，避免固守己方观点。由于夫妻双方都有自己的教育观念和教育习惯，就需要彼此在认真聆听对方对教育的担忧和期望的前提下，通过协商求同存异。其次，在夫妻双方达成一定的共识后要努力和祖辈进行沟通，争取与祖父母在家庭教育认知与行动上达成一致，方法趋于认同。

4. 家长要学会同托幼机构沟通与合作

孩子进入托儿所或幼儿园，对学龄前儿童期的孩子来说是走出家门的第一次跨越。此时孩子面临的挑战是脱离熟悉的家庭小环境，开始过集体生活。按时上学的习惯养成、集体生活的适应、脱离父母的监护等是集体生活的共同特点。因此，越来越多的父母对孩子的入托、入幼持严谨科学的态度。

当孩子进入托幼机构后，父母不要误以为从此教育就是学校的事。其实，进入托幼机构的孩子的教育需要父母和专业机构的配合才能完成，原因如下：其一，从儿童的依恋来看，这个时期的孩子的依恋对象主要还是以父母为代表的家庭成员。其二，从集体教育的角度来看，托幼机构采取的是集体教育，集体教育与生俱来的问题就是对个体的关照不足。因此需要父母和托幼机构保持密切的联系，让托幼机构了解孩子的个体情况。同时，父母也应该了解托幼机构的具体要求和教养目标，做到家庭和托幼机构的要求一致，避免出现家庭教育抵消托幼机构的教育效果的现象。父母应该积极配合托幼机构提出的合作要求，听从专业机构对孩子成长和教育的指导。

5. 家长要帮助孩子做好升学的准备

孩子处于儿童早期的父母，在这个阶段的后期要开始为孩子进入小学做好准备，其中最重要的一条就是培养孩子对学校和学习的兴趣。孩子对学校和学习的兴趣培养可以通过参观学校，父母为孩子树立学习的榜样，在家中预演可能遇到的上学困难（如上课的时间限制、与小朋友相处、自我介绍）等方式去开展。

为上学做好准备的第二个重要方面是孩子必须具备自理能力。父母要在家庭中强化训练孩子与生活息息相关的技能，包括：如何穿衣服，如何系鞋带；如何使用学校的便器，如何使用卫生纸；如何洗脸、洗手、漱口；如何在游戏和交谈中注意秩序和礼貌；如何理解教师的指令；如何独立完成力所能及的事情，如打扫卫生、整理桌面等。

为上学做好准备的第三个重要方面是孩子必须完成一定的心理建设。为什么要上小学，上小学是凭兴趣还是必须完成的任务，正确的学习感、教师感和学校感是什么样的，学习是快乐的还是辛苦的……这些内容都需要父母和教师通过日常的交流讨论等方式传递给孩子，让他们具备正确的观念，形成适当的心理期待。

二、拥有学龄儿童的家庭与阶段发展任务

（一）学龄儿童家庭的主要发展任务

学龄儿童的家庭经过前一阶段的磨合与发展，家庭发展任务趋于稳定，这里主要考察学龄儿童（6—12 岁）的身心发展任务。

- 语言技能的进一步发展；
- 开始道德发展；
- 共情能力的增长；
- 增长躯干的协调性和运动能力；
- 增长进行团体游戏活动的能力；
- 学习读写与数学；
- 发展有关自然的知识；
- 在性别、民族、文化和能力方面增长理解自我的能力；
- 在与家庭、同伴和社区相比较中进一步增加对自我的理解；
- 发展直觉能力；
- 在性别、民族、文化、阶级和残疾缺陷方面进一步增加“他者”的意识；
- 增强管理同伴关系的能力；
- 增强处理和权威的关系的能力；
- 发展建立亲密感的能力和以一种非破坏性的方式表达愤怒、恐惧和痛苦的能力；
- 发展对差异的宽容。

（二）学龄儿童家庭教育指导

学龄期孩子的父母应该全方位关注孩子的变化，敏感地了解与把握孩子的个性与差异，科学引导孩子健康成长。

1. 父母要指导孩子适应学校生活

随着进入小学，孩子成长的物质环境、心理氛围以及教师、同伴、主导活动、一日生活制度等都发生了变化，且规则、要求也有很大不同，所以存在逐步适应与

调整的问题。父母要认识和理解学校教育系统的基本理念、做法与要求，与学校、教师建立新的联系；要重新认识子女，帮助他们尽快克服种种不适应，调整生活节奏，保持良好情绪，完成从幼儿到小学生的转换，从而顺利进入小学阶段的学习与生活等。这些孩子与父母将面临的新情况、新问题都是学校及教师在实际指导工作中应努力研究和解决的。

入学后，大部分孩子在教师规范的引导下能很快适应崭新的学校生活，但是也有一些在适应上遇到困难的，如果长时间出现不能适应学校生活的现象，则表明孩子在学校生活中遇到了困难。这些困难包括：出现行为倒退，如频繁地吸吮手指，尿床次数增加；放学回家出现明显的情绪波动，如烦躁不安，容易被激惹，有攻击性行为；行为习惯改变；放学后很疲惫或嗜睡；早上起床后经常反映头痛、肚子痛或其他不去上学的客观理由，但是周末早上没有；出现一到周末就会自行消失的身体和心理的问题；个性的明显改变等。以上情况如果偶尔出现，则可能是孩子在陌生环境中的正常反应，如果经常出现，或者出现持续的时间较长，那么父母就应该关心孩子在学校的情况了。

一般情况下，6 岁入学的学生大约需要两三个月至一个学期才能顺利完成“幼小过渡”。初入小学的学生所面临的困难主要是学习适应困难和社会性适应困难两大方面。学习适应困难主要表现在读写和数学两个方面，社会性适应困难主要表现在任务意识与完成任务的能力、规则意识与遵守规则的能力、独立意识与独立完成任务的能力以及人际交往的能力四个方面。当然，不同年代、不同地区、不同学校，学生所面临的困难有异同。所以，建议学校在家庭教育指导时，既要结合普遍规律，又要注意本校学生及家庭的个别化的特点。

2. 父母要注意孩子的营养保健和个人卫生

父母要按照学校的要求检查督促孩子的卫生状况，以逐步养成子女良好的个人卫生习惯，包括：饭前、便后洗手；每天早晚洗脸，晚上洗脚、洗下身；经常洗澡，换衣服；每天早晚刷牙，饭后漱口；保持正确的坐、立、握笔、看书和写字姿势；控制看书、用电脑、看电视的时间；不用脏手去揉眼睛等。

父母应该学习家庭营养保健常识，帮助孩子克服不良的生活习惯，努力改善家庭生活的卫生条件，建立良好的生活规律，培养合乎卫生要求的工作、休息与睡眠方式，注重合理的饮食营养，坚持体育锻炼，促使孩子矫正不良行为，从小养成科学健康的生活习惯。具体包括：提供多样食物、平衡膳食；精心安排早餐；保证睡眠时间；鼓励子女多喝白开水；保证每天有适量的户外活动及锻炼时间等。

3. 父母要注意营造良好的家庭生活氛围

父母应利用生活现实、影视作品中具体、生动、形象的内容帮助子女理解对与错、是与非、善与恶等基本道德观念。在日常生活中，培养子女学会关心、学会爱，学会与同伴友好相处。

家庭环境对孩子成长具有重要意义。要努力创造良好的情感环境——夫妻和睦、家庭民主、文明友爱、对孩子教养并重；创设良好的道德环境——尊老爱幼、和睦谦让、遵纪守法、敬业爱家、言传身教；创设良好的学习环境——读书求知的氛围，培养孩子读书的兴趣和习惯。

4. 父母要学会指导孩子的学习

父母应为孩子创造良好的家庭学习环境和气氛，包括提供整洁而安静的学习环境、固定的学习场所、必备的学习用品和材料，同时注意自身的榜样作用等。

父母应帮助孩子养成良好的学习习惯，包括安排好学习时间，集中精力读书、预习、复习，按时认真完成作业，爱惜书本和学习用具，自己准备上课用具等。

父母要努力激发孩子的学习兴趣，保护好奇心，提供好书、鼓励阅读，教给孩子基本的学习方法，提供展示学习效果的机会等。

父母还需抓住生活中的有利时机开发孩子的智力，可随机地采用具体、生动、形象或游戏的方式，培养孩子的观察力、想象力、记忆力、注意力和思维能力。

5. 父母要重视孩子的心理健康教育

父母应该避免重身轻心的教育倾向，帮助孩子了解自我，形成正确的自我概念；鼓励孩子在生活中与他人交往，通过多种方式与同伴建立良好关系并注意培养孩子稳定、积极、乐观的情绪，从而形成自信、勇敢、不怕困难等良好品质。

对学龄期高年级的孩子要加强学习心理的指导，认识学习成绩是智力和非智力因素综合作用的结果，使他们掌握正确的学习方法，明确学习动机并对成败进行合理归因，促进非智力因素的发展；加强对孩子情绪心理的指导，创设适当环境，丰富他们的情感体验，引导他们学会控制并合理宣泄和转移自己的情绪；加强对孩子人际交往特别是同伴交往的心理指导，因为同伴关系是影响孩子社会化的重要因素。因此，要教给孩子社交技能，让他们合理处理社交冲突，培养人际交往所必备的心理素质。

6. 父母要重视与学校的教育合作

父母应积极支持和配合学校工作，帮助孩子认识和理解学生守则、学生日常行为规范等内容，谋求家庭教育与学校教育合力的形成；要对孩子进行自我保护教育，包括交通、游玩、日常生活中的自我防护、躲避意外伤害以及基本的应急措施的教育。

在道德教育方面，父母要重视学校对孩子的品德培养，克服重智轻德的倾向；提高孩子的道德认识，创造条件让他们在获得感性经验的基础上加深对抽象概念的理解，及时帮助孩子澄清模糊概念；注意与孩子的情感沟通，以民主平等的姿态与他们进行交流，在丰富的家庭活动中有意识地增加孩子的情感体验；加强对孩子道德意志，特别是抗诱惑力的锻炼，为他们树立道德意志的榜样，帮助他们学会有目的地制订道德意志锻炼计划。要有计划、有目的、坚持不懈地培养孩子的道德习惯，适时地给予赞赏、鼓励和奖励并提出希望，及时纠正不良习惯。

家庭教育常带有私人性的特征，父母在教育孩子时常立足于自己对孩子“成龙”“成凤”的愿望，往往忽视了培养孩子的家国情怀。因此，学校要注意向家长传播更高位的育人价值观，让家长自觉形成以社会主义核心价值观为指导的家庭教育实践。

三、拥有青少年的家庭与阶段发展任务

（一）青少年家庭的主要发展任务[①]

青少年家庭的主要发展任务是：（1）增加家庭界限的灵活性，允许孩子的独立性。孩子在不断地发展，从过去一直依赖父母到青春期的寻求自主和独立，此时，父母在教养方式上必须做出相应的调整和变化，给予孩子一定程度的进出家庭系统的灵活性，要与孩子共同成长，学会以朋友的身份与孩子相处，减少对孩子的命令与控制，多一些倾听与理解。同时，父母还要适当关注孩子的动向，关注学校对孩子的评价、孩子与同伴的交往等问题，防止孩子偏离了发展的主流轨道。（2）维护中年期的婚姻关系。中年夫妻承受着巨大的工作进取压力，还面临着婚姻生活多元压力的考验，此时要将更多的精力放到夫妻亚系统及夫妻各自的事业发展上，这对于中年期的婚姻关系的活力极为重要。（3）开始照顾老人。此阶段，夫妻双方的父母都开始步入老年，越来越需要子女的陪伴、关爱和物质的照顾，使家庭生活面临巨大的经济、精神压力。

（二）青少年家庭教育指导

青春期孩子的父母正处于中年，他们可能面临人生中的危机。这个时候的成人开始重新审视自己的职业和婚姻。他们会在指导孩子学业的过程中，开始有机会思考自己的职业规划，并有可能对自己曾经的职业选择产生怀疑。在指导青春期孩子面对感情的时候，中年父母也极可能开始重新审视起自己的婚姻情感问题，这有可能导致家庭成员的情感挑战和角色的改变。

青少年的父母还需要面对体弱多病的祖父母进行照顾。这有可能加深中年的危机和家庭的紧张以及混乱。

① 李彩娜，赵然．家庭治疗［M］．北京：中国轻工业出版社，2009：11－13．

面对处于青春期的孩子，父母曾经一以贯之和屡试不爽的教子经验和教育习惯受到了挑战，父母所面临的压力就是如何顺应孩子的变化和需求，重新商定家庭规则和亲子关系边界。在教育孩子的问题上缺少观察、不了解孩子、不尊重孩子，仍旧用应对小学生的方法管理中学生；对学习成绩（结果）过分敏感，而对学习过程缺少细致深入的观察分析与支持；生活中往往过度照顾、过度呵护，剥夺孩子自理、自主的机会；爱唠叨，言教多，不太注重自己的榜样示范作用；对孩子的人际交往尤其异性交往过于敏感，指导不得法；容易把青春期教育的问题孤立分析、单独解决，不懂得放在孩子的世界观、人生观、价值观等大背景下整体分析和解决；严重忽视孩子群体内的个体差异，爱以别家孩子长处比较自家孩子短处……

同时，拥有青春期孩子的家庭在社会就业竞争激烈的条件下，父母对未来社会提供的孩子发展的机遇和风险，存在着企盼和担心，因此普遍对孩子的未来存在焦虑且期望值偏高，而孩子实际表现和父母的理想又往往有一段距离，因此，造成孩子的气馁和父母的急躁，亲子关系疏远、紧张。不管是民主型父母、专制型父母、溺爱型父母，还是忽略型父母，父母往往看孩子缺点多，看优点少，埋怨多，鼓励少，指责多，称赞少，只不过是民主型的父母表现得耐心点，粗暴型的父母表现得简单点，溺爱型的父母表现得无奈一些罢了。

1. 父母应尽量正确面对孩子的独立

当孩子到了青春期，家庭面临着新的挑战，尤其是围绕着自主和独立问题的挑战。所有的教育环节都应该围绕让青少年更加独立这一目标。这个阶段父母可能再也不能维持绝对的权威，但是又不能放弃应有的权威，家庭需要的是重新建立起家庭的相互作用过程。[①]

2. 家庭必须改变规则、设定限制并重新协商角色

在这个阶段，青少年寻求更大的自我决定权，他们较少地依赖家长和教师这些传统的权威，而是把目光转向同伴群体，寻求他们的帮助和支持。家庭需要协助青少年寻找他们自己的平衡，形成同一性，并逐步改变对家庭的过度依赖，建立起生活、学习、交往的自主性。

3. 父母要注意青春期孩子的营养状况

青春期孩子特别容易受到营养或饮食失调的影响，导致肥胖症或者神经性食欲缺乏。导致孩子青春期营养失调的原因可能有以下几种情况：[②]

（1）早餐量少、质差，或干脆不进早餐；（2）在外吃的午餐营养不足；（3）让孩子随意挑选食物，缺乏成人指导；（4）肉、蛋、蔬菜和水果的进食量不足；（5）把在学校吃午饭用的钱花在糖果和饮料上，这类零食不能提供真正需要的热量。

① 戈登堡．家庭治疗概论［M］．李正云，等译．西安：陕西师范大学出版社，2005：19.

② 卢格．人生发展心理学：第3版［M］．陈德明，周国强，罗汉，等译．上海：学林出版社，1996：557.

4. 父母要及时对青春期孩子的生理发育进行指导

母亲要注意观察女孩身体发生的变化，特别是当孩子面临初潮时，极有可能产生紧张、害羞和尴尬的情绪。当孩子对自己的月经提出问题和疑问时，母亲应抓紧时机对女儿讲解女性生殖系统的构造等知识，以及什么是爱情、为什么会恋爱、怎样会怀孕等知识。男孩会出现变声、遗精、手淫等现象，这个时候父亲最好能够和孩子以平等的身份交流探讨这些问题，而不是秘而不宣，让网络和同伴中的不良信息占据教育孩子的主阵地。

5. 父母要重视孩子的道德教育

父母除了要一以贯之地做好榜样（这是与孩子接触的成人所应具备的最基本的素质）的同时，对青春期孩子的教育还要注意来自同学、伙伴以及社会小环境的影响。另外，父母这个时候要摆脱一味地说教，应该学会和孩子讨论问题，因为讨论的形式顺应孩子的身心发展规律，而且讨论可以拓宽孩子对道德认识的广度，增加对事物的复杂性的认识，从而逐步形成自己的观点。值得注意的是，父母对孩子道德观的发展要保持达观和兼收并蓄的态度，因为道德观本身具有复杂性和丰富性。除非有明显而严重的违反道德的行为和错误，否则应该给孩子的道德观念的发展提供丰富的时间和空间。①

第四节 家庭结构与儿童发展

家庭教育的复杂性来源于家庭结构的复杂性，在社会变迁的过程中，家庭的结构和类型也发生着深刻的改变，越来越多的家庭结构形态呈现在我们面前。不同的家庭类型所面临的发展任务不同，父母在组织经营家庭生活时的挑战不同，儿童成长中的影响因素也不同。因此，家庭教育的研究和指导工作必须建立在对家庭结构和类型充分分析和研究的基础上，才能做到有的放矢，也才能提升研究工作的科学性和教育指导工作的针对性与有效性。

家庭结构可以根据不同的角度分成不同类型，按照代数的不同可以分为主干家庭和核心家庭；根据子女数可以分为独生子女家庭与多子女家庭；根据父母婚姻状况可以分为单亲家庭与重组家庭；根据父母流动状况可以分为流动儿童家庭和留守儿童家庭。

本节我们将着重讨论当前社会常见的独生子女与多子女家庭、单亲家庭与重组家庭以及流动儿童家庭与留守儿童家庭的特征与教育建议。

---

① 朗兹顿，沃克．关注您孩子的成长：0—18 岁家教全案［M］．刘建永，刘永宽，译．杭州：浙江科学技术出版社，北京：中国人民大学出版社，2004：513.

一、独生子女家庭与多子女家庭

（一）独生子女家庭教育指导

1. 独生子女家庭特征

（1）家庭结构

独生子女家庭相对于多子女家庭的主要区别是孩子数目的多寡，不同的孩子数目导致了家庭关系的变化和家庭成员心态的变化。独生子女家庭可能是主干家庭，也可能是核心家庭，还有可能是扩大家庭。

（2）家庭关系

不同的家庭结构导致了家庭关系的变化，独生子女家庭与多子女家庭相比缺少的是兄弟姐妹的关系。这一关系的缺失改变了亲子关系以及亲子互动的类型。

2. 独生子女家庭教育的状况与建议

（1）独生子女家庭教育中的优势

首先，家庭经济条件优越。独生子女家庭能够提供较为优越的物质生活条件，能有效地给孩子提供充足的营养和保健条件，可以使孩子减少疾病，促进孩子身体良好发育。

其次，孩子享有充分的关爱。独生子女受到父母的关注和教育的机会增多，强烈而广泛的爱会成为促使孩子上进的内驱力。孩子在温暖的家庭氛围中情绪放松，心情舒畅，无忧无虑，精神愉快，思想活跃，个性得以充分的发展。

再次，独生子女家庭不会有父母的偏爱现象，孩子不会产生失落感，可以在自由生活中同父母建立良好的亲子关系。

最后，独生子女的父母对孩子有着更高的期望。期望作为积极的态度是一种教育力量，是儿童成长的潜在推动力。当父母的期望在合理的范围内，独生子女的自尊心、自信心就会得到较好的培养。

（2）独生子女家庭教育中的问题

第一，过度焦虑。由于家庭中只有一个孩子，输不起、不能有闪失等情绪让父母焦虑孩子的健康、发展和前途。父母会在无形中传播这种焦虑的情绪，父母过分焦虑的情绪对孩子的伤害比焦虑的内容本身还大。焦虑带来的教育问题很可能是过分的保护，担心孩子受到意外伤害，担心孩子被别人欺负……这些担心会让孩子和外界隔绝，从而封闭式圈养，对孩子的全面发展造成障碍。

第二，互动单一。家庭中的人际互动过于单一和集中，孩子成为家庭中人际互动的焦点。不仅家庭成员和孩子之间的互动增多，而且家庭其他成员的互动也更多地围绕着孩子的问题展开。这种焦灼的氛围对孩子的成长特别是对进入青春期孩子的成长极为不利。

第三，满足过多。独生子女家庭在孩子身上的投资越来越高。首先，对孩子有求必应，容易在互动中养成孩子讲吃穿、比玩乐的不良品质；其次，对孩子过分的物质满足和过剩的营养补给容易使孩子形成不健康的体质，如肥胖；最后，在教育上的过高投入使父母的教育心态发生扭曲，父母容易把教育看成投资关系，一份投资一份回报的思想在孩子的教育问题上常常造成急功近利的行为。

第四，期望过高。适度的期望有利于孩子学业和人格的成长，但是任何事物只要超过一定的限度就会滑向危险的边缘。过高的期望扭曲了父母平和的教育心态，甚至会出现不尊重教育规律的做法。过高的期望必然导致父母不从孩子身心发展的规律出发，一厢情愿地揠苗助长和急功近利，容易让孩子感到身心疲惫进而对学习丧失兴趣。

第五，同辈群体缺失。独生子女的一个天然不足就是缺少兄弟姐妹关系的影响。兄弟姐妹的关系不同于亲子关系，它是平等的、横向的。在和兄弟姐妹的相处过程中，孩子学会妥协、协商和合作，学会未来进入社会进行互动的基本技能。

（3）独生子女家庭的教育建议

第一，独生子女的父母对孩子不要过分保护，过分保护会剥夺孩子体验生活的机会。因此，父母应该根据孩子身心发展规律有限度地关爱孩子，尽可能地让孩子融入家庭和社会生活，承担起其年龄阶段应该承担的责任和义务，增强孩子自主性和自律性。

第二，尽可能创造机会让孩子能够和同辈群体一起学习、生活和游戏。孩子的人际交往不是靠父母和教师讲道理完成的，父母做得再好也无法扮演孩子兄弟姐妹和同龄人的角色。在和同龄人相处的过程中，通过玩耍、活动、打闹和共同游戏，孩子学会和同龄人一起面对集体的规则，平等地交流，释放压力，培养领导力和合作力。在和同龄人交往的过程中，难免会出现摩擦，这是孩子成长和人际交往能力发展的绝佳机会。在确保安全的情况下，可以让孩子尽情地体验这个过程中的情感变化，学会如何处理人际冲突的技巧。父母在事后可以同孩子一起探讨，提升孩子的辨别能力。

第三，父母在家庭中要尽量做到目标协同，为独生子女营造良好的家庭氛围。特别是在和祖辈沟通的过程中，要尊重祖辈爱孙辈的心情，同时要坚持自己的原则，尽量把祖辈纳入整个家庭教育的计划中来。如对孩子的劳动训练，就需要与祖辈协商，定下来的规则要能在各种情况下坚决地执行，这有利于孩子健康心理的养成。

第四，积极让独生子女参与到社会活动中去，可以有步骤地从易到难进行。首先让孩子学会到亲戚和朋友家做客，也可以请别人到自己家里做客，学会做主人；其次，让孩子参与到邻居和社区组织的活动中；再次，让孩子在学校中做一个积极的参与者；最后，让孩子积极地在社会建设中做社会的主人。所有的这些都需要父母的榜样示范作用，父母开放的胸襟和高远的价值观对孩子的身心健康将十分有益。

（二）多子女家庭教育指导

1. 多子女家庭特征

在多子女家庭中，家庭关系及其互动较为分散，互动既可以是亲子之间的也可以是同辈之间的。多子女家庭中父母不是孩子互动的唯一对象，孩子还可以和同辈进行互动，孩子在家庭中的社会性行为也不仅仅指向父母，更多地会平行地指向自己的同胞兄弟姐妹。在多子女家庭中，互动关系不仅要调整父母和孩子之间的关系，还有相当的一部分需要指向孩子之间的同胞关系。

2. 多子女家庭教育的状况与建议

（1）多子女家庭教育中的优势

首先，在多子女家庭中，兄弟姐妹的出现填补了同辈群体的交往空白，有利于培养孩子群体交往的兴趣和能力，促进儿童心理的积极发展。

其次，兄弟姐妹是孩子接触的第一个同辈群体，兄弟姐妹关系是孩子保持最长久的关系，延续了孩子一生。与兄弟姐妹相处的经验为将来走上社会的人际交往奠定了一定的基础。在这个关系中孩子发展出协商、合作、竞争、相互支持以及后来的朋友依恋的模式。从这种关系中锻炼出来的人际交往技能会影响到后来的学习和工作生涯。[①]

最后，兄弟姐妹友好的关系对每一个孩子的成长都很有帮助，这在父母之间出现矛盾和危机的时候尤为重要，如果父母之间发生争执或情感危机，他们会不经意地冷落孩子，这时候兄弟姐妹之间的相互照顾和情感上相互依托可以最大限度地减少父母不和对孩子成长造成的负面影响。[②]

（2）多子女家庭教育中的问题

首先，多子女家庭由于孩子众多、父母的精力有限，容易忽视孩子的情感世界，或者由于过分疲惫而对孩子产生不耐烦情绪。

其次，不和睦的兄弟姐妹关系也会扩散到孩子和其他人的人际交往中，这些孩子往往对人充满敌意和戒备心理。

最后，兄弟姐妹之间容易产生矛盾。孩子容易受情绪左右，最亲密的朋友也可

---

① 戈登堡. 家庭治疗概论［M］. 李正云，等译. 西安：陕西师范大学出版社，2005：64.

② 朗兹顿，沃克. 关注您孩子的成长：0—18 岁家庭全案［M］. 刘建永，刘永宽，译. 杭州：浙江科学技术出版社，北京：中国人民大学出版社，2004：25.

能马上成为彼此的敌人。他们较为注重自己所受到的待遇是否公正，反感父母的偏心，极端的会出现孩子为了争宠而出现恶性竞争的状况。

（3）多子女家庭的教育建议

首先，父母要关注出生顺序对孩子的影响，尤其是当第二个孩子来临的时候，对于第一个孩子精神世界的影响是父母所难以理解和预测的。出生次序对性格的影响受到心理学家的关注，但目前还没有取得一致的认识。这种影响并不是由孩子出生的先后所决定的，而是由父母对孩子的态度和孩子在家庭中的地位及其变化所决定的。

19 世纪 80 年代以来，很多心理学家对儿童的出生次序和在家庭中所处的地位对性格和智力发展的影响进行了许多研究。阿德勒特别强调出生次序对儿童性格的影响。他认为，儿童在家庭中的出生次序和所处的地位影响着儿童的生活风格，对性格的形成和发展起着重大作用。一般情况下，每个儿童都有积极向上的意愿，在和兄弟姐妹相处时，渴望占有父母的爱。长子原本是家庭的焦点，但在弟弟妹妹出生后自己的地位被动摇，于是他总会发号施令，甚至仗势欺人。幼子在家永远被看作婴儿，享受各种各样的呵护，总是希望得到他人的帮助。唯独中间的孩子最为尴尬，尽管他们也雄心勃勃，渴望超越“老大”，但不得不跟着“老大”的影子走；尽管他们也需要父母的关爱，但总不多于“老小”。

高尔顿研究了著名科学家的出生次序，发现长子和独生子女的比例相当高。贝尔蒙特研究表明，长子在瑞文智力测验上所得的成绩比其他孩子要高。在美国阿波罗登月工程技术人员中，长子和独生子女占一半以上。

其次，在日常生活中，所有的孩子都渴望父母的关注和关爱，并容易形成情感竞争的局面，处理不好容易影响兄弟姐妹以及和父母亲之间的关系。但这不意味着父母在抚养孩子的过程中要做到绝对的公平公正，因为这样做不仅没有必要，而且事实上很难做到……真正重要的是，父母一定要具备洞察每个孩子内心需求的能力，只有坚持将孩子视为独立完整的个体，视为都需要父母真正意义上的爱和重视，才能帮助孩子在日常生活中游刃有余地处理好与兄弟姐妹之间的关系。[①]

［微视频］
单亲家庭教育及其建议

二、单亲家庭与重组家庭

（一）单亲家庭教育指导

单亲家庭是由父母一方和未婚孩子组成的家庭。单亲的原因有很多，可能是其

① 朗兹顿，沃克．关注您孩子的成长：0—18 岁家庭全案［M］．刘建永，刘永宽，译．杭州：浙江科学技术出版社，北京：中国人民大学出版社，2004：27.

中一方丧生，称为丧偶单亲，但更多的是因婚姻关系破裂而造成的单亲，称为离异单亲。在单亲家庭中有的是主干家庭，即带领孩子的一方父母和孩子的祖辈一起生活，有的是核心家庭；有的是独生子女单亲家庭，有的是多子女单亲家庭。

1. 单亲家庭所面临的教育挑战和困惑

从准备离婚到离婚过程以及离婚后的单亲抚养阶段，单亲家庭孩子的教育可能面临如下的挑战。

准备离婚阶段面临的挑战是如何向孩子说明父母必须分开生活这一事实，最容易犯的错误就是夫妻双方把他们之间的不和谐扩大到孩子身上和亲子关系中去，最为糟糕的就是把孩子作为夫妻情感分离和离婚的筹码加以利用，将孩子卷入父母情感的漩涡之中。

（1）人为绝缘

抚养孩子的一方在任何时候都不想提起另一方，就好像对方从来不存在一样。这是一种回避的心态，是试图让孩子永远不要提起、想起对方。这样采取人为绝缘是不明智的，是对孩子作为双方孩子这一事实的漠视，也是对孩子心理需要的漠视。

（2）丧失信心

父母一方，特别是准备抚养孩子的一方对将来的生活，尤其是对抚养孩子没有信心，从而导致限制孩子和另一方接触和交流，担心孩子和另一方见面后会更喜欢对方而对自己冷淡，因此常常以品质不好来评价对方，监控孩子和对方的任何接触和联系，甚至对孩子进行恫吓。

（3）物质满足

父母中的一方采取不正当的手段笼络孩子的心，如用礼物和金钱等方式来挽回孩子对他（她）的依恋，形成离异父母竞争孩子的局面。这种做法本身就是没有信心的标志，孩子在这个过程中渐渐懂得了他在父母之间的利害关系，从而反过来利用这层关系在父母之间周旋，对孩子形成健全的人格不利。

（4）交往减少

孩子因为父母的离异将和离开家庭的一方及其亲戚朋友丧失联系，这使孩子不仅丧失了父母中的一方，更为重要的是丧失了完整家庭关系中的一极，造成了孩子人际关系的缺失。

（5）指导缺失

单亲父母对异性孩子的生活指导在青春期前没有明显的不同，但是当孩子进入青春期后，这样的指导就显得力不从心，要么草木皆兵地采取“紧密盯人”的战术，阻碍青春期孩子正常的人际交往和情感探索；要么放任自流，任其自由发展，使孩子得不到应有的指导。

2. 单亲家庭教育建议

对孩子教育而言，针对不同性格和年龄的孩子，单亲家庭可能有不同的态度和具体的教育措施，但有些原则是应共同遵循的。

（1）开诚布公

父母在准备离婚阶段如果立场是一致和明确的，那么不应对孩子掩盖或表示沉默。任何吞吞吐吐和细声耳语都会使孩子更加紧张、更加好奇，引起猜疑，产生完全虚构的假设。此时，真诚是最为重要的。在向孩子说明情况时必须考虑到孩子的年龄、个性特点和理解已经形成局面的可能性。最正确的方式是向孩子作他们易懂的、简单明了的解释。客观地评价另一方，甚至保护另一方在孩子心中的形象将显得尤为重要，这是超越夫妻恩怨情感的对孩子的大爱。

父母中抚养孩子的一方要在合适的时间和空间范围内用孩子能理解的方式向孩子介绍另一方，表明另一方的离开既不是孩子的错也不是不爱孩子，而是成人之间的问题，使孩子逐步明了自己拥有完整的父母之爱，父母的离异并没有减少这样的爱。

（2）理性协商

父母应该理性地协商离婚后如何协同对孩子进行教育，如何创造条件给孩子有价值的教育。理性协商对很多离婚的夫妻来说是很艰难的，出于对孩子的爱，夫妻双方需要发展出这样的能力，这不仅对孩子成长有利，对双方下一阶段的婚姻幸福也十分有益。父母千万不要认为自己的婚姻破裂给孩子造成了无法挽回的伤害，进而对孩子采取不理智的宠爱和爱的竞争，而应该在允许孩子向父母彼此表达爱的基础上更为理性地对孩子施以父母之爱，做到既不剥夺和限制孩子与对方的交往，又不用物质和不合适的方式在孩子面前争宠。

（3）保持联系

抚养孩子的一方尽量不要隔断孩子和另一方及其亲戚朋友的联系，保持孩子完整的亲感和家庭关系，这对孩子形成健康的心理大有裨益。

面对单亲家庭中的异性孩子，作为抚养一方的父母要么在现有的家庭中寻找到一位同性的替代角色对孩子进行指导，要么让孩子父母中的另一方介入孩子的成长指导。

（4）加强指导

对于不具有监护权的父母一方而言，也要积极地寻找抚养孩子的有效方法，最大限度地给孩子一个完整的父母形象，减少因父母离异对孩子心灵世界产生的消极影响。

父母离婚的孩子在学校里会提心吊胆，生怕别人知道自己的“不光彩的家事”而遭到嘲笑和歧视，这加重了孩子的心理压力，甚至会使其产生恐惧感。抚养孩子的一方要密切关注孩子在学校的表现以及孩子的心理变化，及时给孩子必要的理解和心理援助。

［微视频］
重组家庭教育及其建议

（二）重组家庭教育指导

重组家庭，对孩子来说将会出现继母或继父，如果双方都带有儿女，则家庭关系将会更加复杂。在这样的家庭中亲子之间将会出现非血缘的关系，更为复杂的是当家庭中同时出现有血缘和非血缘的亲子关系时，家庭结构将会面临深入调整，家庭成员的心理也将会出现各种微妙的变化。

1. 重组家庭所面临的教育挑战和困惑

从继父母的心态来看，他们容易对非亲生的继子女出现两种极端的心态：一是过分宠爱，避免社会舆论和社会思维定势对继父母的误解，这容易使继子女产生依赖和以自我为中心等不良品格；二是对继子女缺乏应有的父母之爱，使继子女处于缺少爱的环境中，感受不到家庭的温暖，从而出现不良的心理和行为问题。

在重组家庭中的孩子可能曾经属于不同的家庭，每个家庭对孩子的规则和要求会有所差异。如在某一个时期内孩子需要在两个家庭中轮流生活，而这两个家庭在餐桌礼仪、作息时间等方面都可能存在差异，这些差异不利于孩子养成稳定的好习惯。

孩子对继父母会出现抵触或者适应不良的情况，容易对家庭产生怀疑、敌视和不安全感。如果家庭中有来自两个家庭的孩子，他们生活在一起容易争宠或者对父母的态度更容易敏感，进而导致继子女之间的不和谐甚至敌对情绪。

2. 重组家庭教育建议

（1）要求一致

离婚夫妻在教育孩子的问题上需要有足够的适应能力和充分的弹性，使离婚后的父母无论彼此有没有重新组建家庭都能对孩子保持良好的教育和影响；继父母要对家中的所有子女一视同仁，尽管绝对的公平很难做到，但是不偏爱、平等的家庭氛围确实是重组家庭顺利过渡和发展过程中应该注意的。

（2）理性施爱

重组家庭中的继父母应该对继子女抱有饱满的爱和热情，这有助于良好的继亲子关系的建立；如果家中有两个继子女，并且这两个孩子曾经分属于不同的家庭，在重组家庭中，父母应该时刻注意孩子对不同的家庭文化的适应，增强其适应力以及进行必要的心理援助。

（3）严格要求

继父母对继子女的爱要注意控制在一定尺度内，不能用溺爱来换取继子女的爱和依恋，要大胆地对继子女进行必要的教育，使继子女能从内心深处爱上并尊敬继父母。

三、流动儿童家庭与留守儿童家庭

（一）流动儿童家庭的特征及教育指导

［微视频］流动儿童家庭教育及其建议

1. 流动儿童家庭的特征

（1）流动性。流动儿童家庭的特征主要体现在流动性上，其家庭结构与随行的父母有关，一般包括随父母某一方流动和随双亲流动。无论随行的是父母一方还是双方，对于孩子来说最大的问题就是不稳定性：生活的城市在不停地变迁，就读的学校在不停地变化，生活的圈子在不停地变化，同学和朋友在不停地变化。

流动确实给儿童带来了许多方面的不良影响，因为他们所处的生活条件、家庭教养、社交环境等方面都与城市儿童差异较大，两者在习惯和思维方式以及学习成绩等方面出现比较明显的差异。流动儿童心理健康水平一般较同龄的非流动儿童低。

流动不一定会造成问题儿童，流动生活的艰难和困苦同时也教会了儿童独立自主生活的能力，不乏一些流动儿童表现出坚决果断、有毅力、独立自主、乐于帮助他人的良好品质。他们在与同伴群体的帮助交流之下健康快乐地成长着。

（2）封闭性。流动儿童往往只是生活在流动人口这个相对封闭的圈子里。流动儿童对城市有明显的疏离感，人际交往圈狭隘单一，受到歧视和排斥的情况比较严重，社会支持力量薄弱，学校满意度低，自我效能感显著低于非流动儿童。

流动儿童的心理健康问题主要体现在性格缺陷、情绪障碍、行为障碍、学习障碍、社会适应障碍五个方面。在儿童人格发展过程中，儿童早期的社会环境和家庭教育是最重要的影响因素。流动儿童的自我评价、自我发展和自尊水平都偏低，人格健康水平也偏低。家庭教育的缺失导致流动儿童心理、行为问题突出。与普通儿童相比，流动儿童在生理和心理上的需要往往得不到满足，情绪上比较消极，性格上表现出任性、内向和孤独冷漠。甚至还有一部分孩子由于对不良的社会行为和生活方式缺乏正确的认知，受到外来不良社会因素影响而成为“问题儿童”。

封闭性是相对城市儿童而言的，相对于留守儿童，父母进城务工的流动儿童进入城市学校学习，家庭经济状况和教育环境得到改善，这在很大程度上改变了流动儿童的学识、眼界乃至价值观，促进了儿童的心理和认知发展。有学者指出流动对儿童创造性思维的发展具有一定程度上的促进作用。虽然与城市儿童比较，流动儿童缺乏自信、自卑感强，但和农村儿童相比，他们的自豪感较强，多数流动儿童的自我认识还是比较积极的。

2. 流动儿童家庭教育指导

（1）帮助父母转变教育观念

学校和社区应该向进城务工的父母积极进行宣传，通过喜闻乐见的方式和通俗易懂的内容呼吁他们在繁忙的工作中关爱子女成长，重视子女教育，关心他们的学习情况和生活状况。

同时，要向他们传递合作教育的观念，让父母逐步意识到教育孩子不仅是学校的事情，更是父母的责任，鼓励他们多与孩子的老师取得联系，深入了解孩子的学习状况，协同配合，完善孩子的成长环境，提升流动儿童的教育水平。

（2）提升父母的监护水平

进入城市后的家庭，虽然家庭完整，子女和父母能在一起生活，但是因为流动所带来的环境的改变、生活方式的改变、教育要求的改变等一系列的变化都给父母带来了新的挑战。由于流动儿童父母往往缺乏教育子女的科学知识和方法，他们的生活组织能力、儿童监护水平较低。因此改善流动儿童父母的教育水平和教育能力是改进流动儿童教育的重要方面。

这方面，一些成功的做法是值得借鉴的。例如，在学校和社区建立家长学校，定期为流动儿童父母开设家庭教育指导活动，学校或者社区的教育工作人员也可以利用家长会或家访等形式对流动儿童父母进行有针对性的教育，定期进行培训和专项知识学习，交流流动儿童教育的方式和方法，提高父母对孩子教育的认识水平和综合素质。同时，社区还可以有规律地组织流动儿童的亲子活动和与本地儿童互动的活动，创造文化融合的机会，提升社区对流动儿童家庭的支持力度。

（3）整合教育资源协助流动儿童家庭开展家庭教育

流动儿童的父母因为生活、工作的变动性和自身受教育程度所限，除了教育意识不够、教育能力不足外，更现实的是教育条件不具备，如教育时间不具备，因此需要学校和社区协调整合教育资源，协助父母开展家庭教育，如可以在放学后针对流动儿童开展各种课外活动，招募志愿者在社区对流动儿童开展各种教育拓展活动等。

［微视频］
留守儿童家庭教育及其建议

（二）留守儿童家庭的特征及教育指导

1. 留守儿童家庭的特征

留守儿童家庭是指父母一方或双方常年在外工作，孩子仍留在家乡生活的家庭结构。一般分为单亲外出留守和双亲外出留守。在双亲外出留守中按照其监护情况分为三类：（1）隔代监护，即由爷爷奶奶或外公外婆担任监护和教育职责，这是留守儿童的主要类型；（2）父母同辈监护，即由父母的同辈人（如叔叔、伯伯或者姨妈、姑妈等）承担监护和教育职责，这种类型所占比例不高；（3）同辈子女监护和自我监护，主要由留守儿童的年长的同辈人如哥哥姐姐担任监护人或由孩子自己承担起监护的职责，这种情况在三者中最少。

（1）父母监护缺失

父母外出打工，儿童留守在农村，最直接的影响是儿童缺少了父母的监护，在需要保护的时候得不到及时的保护，在需要帮助的时候，不能得到及时有效的帮助，因此会出现更多的安全隐患，如溺亡、性侵等。在学业上也会有所体现，如研究人口的学者在研究留守儿童在校率问题时发现，留守儿童的小学教育阶段在校率和其他儿童没有明显差异，受教育状况良好。但在进入初中教育阶段后，留守儿童在校率急剧下降，在完成初中教育方面存在比较明显的问题。[①]从研究可以看出来，随着儿童年龄的增加，缺少了监护的儿童不能得到有效的指导和帮助，到了高一阶段，辍学现象就会呈现高发态势。

（2）情感陪伴不足

亲情是人类社会最基本的情感之一，是维系人类社会世代相传的根本动力。在人的自然属性中，亲情与吃喝等最基本的生物本能共同构成人的生物基础。当然，人之所以不同于动物就在于亲情在人的社会属性中扮演着更加重要的角色，它不仅是血缘关系的延续，更重要的是体现一种社会责任，一种引导儿童顺利进行社会化的责任。家庭是个人社会化的重要主体之一，对于一般儿童而言，从出生到完全独立进入社会，有三分之二的时间都在家庭中度过，家庭的教育和影响对个人早期社会化甚至一生的社会化都具有重要意义。儿童要在父母的亲情呵护下，享受最基本的物质生活照顾，促进身体成长；通过与父母进行感情交流和互动，感受爱与被爱；接受父母的教导和传授，习得基本的生活规范、社会规范，树立正确的生活目标；在父母的帮助和督促下，学习科学文化知识，树立终身学习的理念；感受父母的权威形象，形成独立、健全的人格和个性。也就是说，在儿童与父母的互动过程中，儿童不仅在身体和情感方面有所发展，而且也正在成为一个社会意义上的人，同时还在形成自己的人格。特别是父母对孩子的情感和陪伴，在孩子的儿童期发挥着极其重要的作用。研究表明，一个缺乏亲情关怀的孩子，其身体、智力、情感的成长以及其社会发展都会受到损害。

因为两地相隔，父母和孩子从空间到时间都出现隔离的倾向，这就不可避免地出现陪伴不足、沟通不畅的现象，而这些现象会对儿童的发展产生影响。

调查表明，留守儿童中年龄越小的孩子心理问题越突出，女生又要比男生更突出，这些问题主要表现在情绪问题、交往问题和自卑心理问题等方面。[②]

对留守儿童的人格特征研究发现，留守儿童人格发展问题突出，较非留守儿童

① 周福林，段成荣．留守儿童研究综述［J］．人口学刊，2006（3）：60–65.

② 王丽芬．福清市中学留守孩心理健康状况及教育对策［D］．福州：福建师范大学，2002.

更加内向、情绪紧张、掩饰性高。[①]在对留守儿童情绪能力的研究中发现，留守儿童在遇到问题时，更多采用发泄而非问题解决或者求助的方式来解决问题。[②]

2. 留守儿童家庭教育指导

要解决留守儿童亲情缺失这一核心问题，最根本的方法是使留守儿童不再“留守”，即让留守儿童随父母进入城市，获得和城市中的孩子同等的权利，或者让其父母重返家中，履行父母职责。但从目前实际情况出发，暂时还做不到不让父母流动，孩子跟随着父母流动也不可能一蹴而就。

目前，需要在提高父母认识、关心留守儿童监护人和形成社会工作网络方面努力，规避亲情缺失对留守儿童发展所造成的消极影响。[③]

（1）提高父母认识，通过多渠道与子女沟通，尽到做父母的责任

父母的角色责任需要启蒙，教育意识需要加强。在外出务工常年不回家的很多父母的心中，教育孩子不是自己的责任，而是学校的责任，家庭的责任就是把孩子送到学校，这是对父母角色责任的偏差理解。2022 年 1 月 1 日起实施的《中华人民共和国家庭教育促进法》中明确要求亲自养育，加强亲子陪伴，发现父母或者其他监护人拒绝、怠于履行家庭教育责任，或者非法阻碍其他监护人实施家庭教育的，应当予以批评教育、劝诫制止，必要时督促其接受家庭教育指导。

没有意识就不会有行动，学校和社会需要强化父母的角色责任意识，让父母逐步明白自己的教育责任，这样即使父母不在孩子身边，也能通过规律的交流帮助孩子，如通过现代化的通信工具，电话、邮件、手机等方式与孩子保持沟通。在现代通信工具及其发达的今天，有时候空间距离变得不再遥远，而心理距离开始加大，父母虽身在异乡，如果能够有教育孩子的意识，就会创造各种方法与孩子保持亲情的沟通和交流，帮助孩子成长。父母可以通过打电话、视频聊天等方式加强与孩子的联系，询问他们的生活、身体和学习状况，积极聆听孩子的心声，体会他们的感情变化，定期回家看望孩子，与他们分享自己工作的酸甜苦辣，解除他们的困惑与忧虑。总之，亲子之间应该保持良好的感情交流，让孩子从中体会父母的爱和良苦用心。

（2）关心留守儿童监护人，提高他们的监护能力

父母外出，孩子留给了祖辈抚养，对此，不少学校和社区都觉得乏力，认为祖辈年事已高，文化知识缺乏，不懂得教育，因此无法合作，也没办法提高他们配合学校的能力。所以，常常放弃对他们的引导。其实家庭教育和学校教育的区别

① 刘照云，等. 江苏省 488 名农村留守儿童与非留守儿童人格发展比较研究［J］. 中国健康心理学杂志，2009（3）：379–381.

② 肖聪阁，陈旭. 农村留守初中生依恋与应对方式的关系研究［J］. 心理发展与教育，2009（1）：92–96.

③ 李娜，张林雨. 留守儿童的核心问题及其对策研究［J］. 当代青年研究，2007（11）：88–92.

在于，家庭教育是生活的教育，对家庭教育的指导就是对家庭生活的指导，如指导祖辈如何安排孩子的家庭生活、管理孩子的行为、如何对待孩子的不合理要求等。以教师为主体的家庭教育指导队伍，应该多研究教育和心理的各项原理如何让不同层次的儿童监护人所接受，应该努力把教育指导的相关知识普及、服务于大众。

（3）形成社会工作网络，促进留守儿童的成长

留守儿童因为缺少父母的陪伴、指导与帮助，在某些方面存在着弱势，学校和社会根据留守儿童存在的困难通过整合学校和社会资源建设社会帮扶机制，形成社会工作网络，促进留守儿童的成长与发展。目前，做得比较多的是非专业人士团体的爱心帮助和以专业社工为主体的工作帮扶。[①]《中华人民共和国家庭教育促进法》第二十九条要求，对于父母或者其他监护人履行家庭教育责任存在一定困难的家庭，家庭教育指导机构应当根据具体情况，与相关部门协作配合，提供有针对性的服务。

通过倡议和发动机关事业单位干部职工、有帮扶能力的共产党员和社会各界爱心人士作为留守儿童的代理家长。要求代理家长履行家长义务，正确引导孩子成长，做到："三知"，即知道留守儿童的个人情况、家庭情况和学习情况；"三多"，即多与留守儿童沟通谈心、多参加学校集体活动、多到其家中走访；"三沟通"，即定期与留守儿童父母、托管人、老师沟通；"五个一"即每周与留守儿童联系交流、辅导作业一次，每月与留守儿童父母、任课老师、托管人联系一次，每两月到留守儿童家中走访一次，每学期初制订一份帮扶计划书，每学期末撰写一份帮助工作总结或教育经验文章。

社会工作作为一个新兴的专业，有着助人自助的专业理念。在协助弱势群体排除各种主观的和客观的权力障碍，通过正面的经验感受自身的力量并激发内在的动力，在社会参与中改善自己的生活状况方面，社会工作者有其独特的专业技能优势。招募一批专业素质高、道德修养好、有志愿奉献精神的社工，像高校社会工作专业的学生和教师、心理咨询师、儿童工作者、教育专家等，进驻留守儿童集中的地区做专业辅导。政府要及时为这些专业社工提供一定的物质和精神奖励。专业社工可以为留守儿童开展校外学业辅导，对问题较典型的留守儿童做个别辅导；组织留守儿童开展小组活动，让他们从同辈群体中寻找帮助、获得情感支持；对出现心理问题的儿童进行心理疏导；运用专业的方法为留守儿童建立成长档案，关注其心理变化历程；专业社工与留守儿童、非留守儿童家庭与留守儿童家庭建立"一帮一"结对帮扶关系；对留守儿童监护人进行家庭教育、亲子教育培训等。

① 李娜，张林雨．留守儿童的核心问题及其对策研究［J］．当代青年研究，2007（11）：88-92.

要点重述

1. 家庭教育要尊重儿童发展规律，回归家庭教育本源，让儿童积聚起向着更高目标前进的身心力量。

2. 父母角色意识与执行能力将会影响儿童发展，反之亦然。

3. 学龄前儿童、学龄儿童与青春期少年的身心发展各具有显著的特点，父母应正确认识这些特点，针对性地开展家庭教育。

4. 不同子女数目家庭、父母的婚姻状态以及父母的工作流动性状态对家庭教育都带来了挑战，应针对性地进行教育指导。

反思与探索

1. 把自己的生命成长历程作为考察对象，回忆在和父母相处的过程中让你难忘的一些事件，用本章所述的知识进行自我成长案例分析。

2. 假设你是教育系统中任何一个阶段（幼儿园、小学、中学）的班主任，试着准备为本班家长开一次主题为“你了解孩子和家庭吗？”的家长会。

3. 你所处的家庭属于什么类型？通过学习反思你所接受家庭教育的得与失，在日后教育自己孩子的过程中，你将如何进行调整？

4. 假设你是基础教育一线的教师，请尝试把你所任教班级学生的家庭按照一定的标准进行分类，并制订分类的家庭教育指导方案。

推荐阅读文献

1. 法尔博. 独生子女与独生子女家庭［M］. 王亚南，主译. 昆明：云南教育出版社，2000.

简介：该书应用数理统计、心理分析和计算机等最新科学手段，广征博引有关独生子女与独生子女家庭的各种专题研究的资料和数据，对从婴儿期直到中年期的独生子女与非独生子女作了系统的参照实验和对比研究，用所得出的可靠结论促使整个社会对独生子女与独生子女家庭予以重新认识并做出公正的评价。

2. 缪建东总主编，“家庭教育”丛书，人民出版社 2018 年版。

简介：该丛书共 17 本，系统阐述了 0—18 岁不同年龄段家庭教育的主要目的、任务与方法。丛书内容平实、系统，具有操作性强的特点，为家长系统学习家庭教育提供了可以遵循的科学路径。

3. 殷飞著，“幼儿家庭科学教养必读”丛书，江苏凤凰少年儿童出版社 2020 年版。

简介：该丛书为幼儿园家长学校教材，作者历时 5 年在幼儿园开展系统研究，以幼儿发展主题为明线，以家长发展为暗线，每学期一册，形成了主题鲜明的幼儿园家长学校内容体系。丛书可读性强，是幼儿园教师带领家长开展系统家长学校课程学习的指南。

第十章　学校、社区和社会机构的家庭教育指导

[学习目标]

1. 了解当前家庭教育指导中存在的问题，掌握家庭教育指导的原则。
2. 掌握学校、社区和社会机构开展家庭教育指导的原则、方法与路径。
3. 掌握新媒体环境下的家庭教育指导原则。

“父母好好学习，孩子天天向上。”“教育改革要从教育家长开始。”“每个问题孩子的背后都有一个问题家庭。”……这些在网络上流行的话语，虽然在逻辑和理论上都需要进一步推敲，但都集中反映了父母需要学习，需要重视家庭教育指导这一基本理念。

第一节 家庭教育指导的性质与原则

家庭处于日新月异的社会生活变化之中，变化中的家庭驱动着家庭生活方式、家庭成员生活观念，以及家庭教育理念与方式的变化。作为家庭教育的主体，父母如何在快速变迁的社会中扮演好教育者的角色，需要不断学习。

一、家庭教育指导的性质

家庭教育指导又称为“父母教育”（parent education），尽管不同的学者对其内涵与外延有不同的解释，但根本上都认同是对家长进行的家庭教育指导。

家庭教育指导是指对为人父母者所施予的一种专业教育，借以培养他们教养孩子的能力，并因此有助于他们扮演称职的、有效能的现代父母角色。家庭教育指导的对象是父母而不是孩子，孩子发展只是家庭教育指导中需要关注的诸多元素之一。对孩子成长而言，父母的作用是综合利用包括自己在内的所有资源对孩子施以影响。

家庭教育指导的复杂性体现在教育需要面对的是具有主体性的人——父母和孩子。尽管有学者指出，家庭教育更应该像农业，而不应该像工业，强调的是教育要遵循孩子自身成长的规律，不能随心所欲地对其施加影响，任意塑造。但是，细究起来，教育又不像农业，家庭教育指导也不像指导农民如何种庄稼那样，因为庄稼的成长有一定的内在规律，这个规律需要作为主体的人去发掘、把握和利用。家庭教育中的孩子不是作为被动认识的对象，家庭教育指导中的父母也不是被动接受指导，孩子和父母都是作为主体的人而存在的，因此家庭教育指导要将父母和孩子的互动关系作为对象加以认识、把握和指导。

从这个意义上说，家庭教育指导属于成人教育的非职业教育范畴，本质是成人教育中的非正规教育，因此，家庭教育指导过程中应该充分把握成人教育的规律，以便促进父母教育者角色的发展。

二、家庭教育指导的常见误区

当前，家庭教育日益受到各方面的重视，家庭教育指导实践活动也日益丰富，但是因为缺少系统的研究，家庭教育指导工作在目标、内容以及方法上存在着一定的模糊，也表现出一些问题。

（一）将孩子成长和家庭教育理解成简单线线对应关系

孩子的成长是系统作用的结果，一般而言是在家庭、学校和社会直至自我选择的综合作用下实现的。但是，家庭教育指导实践中常常为了说明父母影响的重要性而动辄夸大父母的作用。将某个家庭或某个孩子教育的“成功”——多为考上什么大学，参加什么竞赛成绩斐然等——总结为若干条家教“黄金法则”或“宝典”，或是将孩子的问题与父母的教育行为简单地建立线线对应关系。似乎孩子有什么样的不良行为，就一定要在父母身上找到根源；或者父母现在的教育行为，必然会导致孩子将来出现与之相关的问题。这种简单的一一对应关系违背了教育的基本规律以及儿童发展的基本规律。

（二）更多地专注孩子的问题而忽视父母的问题

家庭教育指导不是对孩子进行教育，而是借孩子的问题来提升父母的教育能力，孩子的问题只是家庭教育指导过程中用来探讨的“素材”或“案例”。如果在家庭教育指导过程中过多地被孩子的问题所纠缠，指导者就会模糊教育所关注的对象，致使父母迷失在孩子千变万化的问题中而忽视了父母自身的成长。

（三）侧重知识的传授，忽视父母教育能力的提升

从简单地将孩子的成长问题和父母的教育方式结成线线对应关系这一误区出发，顺着这个逻辑关系，只要父母的行为发生改变，孩子的行为就会有相应的变化。现有的家庭教育指导很容易进入这样的怪圈，不科学的假设得来的不恰当的知识被当作家庭教育指导的“金科玉律”传授给了为人父母者。大量“必须”的知识让父母邯郸学步，致使很多父母在家庭生活中小心翼翼，唯恐触动哪个教育的“地雷”。父母处在高度紧张的教育心态中，无法自然地流露真挚的情感，也让父母的教育能

力得不到根本的提高。目前的家庭教育指导存在着大量的以心理学某个流派推演出来的原则与规律为指导理论，在自圆其说的理论框架下，丰富生动且复杂的家庭教育实践被抽象的理论简单化，接受到这些片面指导的父母往往容易陷于思想的混乱，产生偏激的教育行为选择，影响学习常识性的家庭教育知识，最终影响孩子的正常成长。

（四）迷信“专家”的意见，忽视父母主体作用的发挥

有些家庭教育指导者，为了让父母信任他们的教育指导，常常采用忽视甚至打击父母的主体性的方式，让父母依赖指导者建议，从而降低了父母教育孩子的信心，增加了父母的教育无力感和依赖感。

这一类指导者常常以父母教育行为评判者的姿态出现，对父母的教育行为作评论并出谋划策。父母很容易机械性地接受指导者的意见，致使其教育结果失败，失败的经验会降低父母的学习能力和采取积极行动的意愿，进而更增强父母求助他人的倾向。

在家庭教育中，教育者的信心尤为重要，信心会增强父母的教育意愿和成就感，反之，父母一旦对自己教育孩子失去信心，就会失去教育孩子的意愿，更不会主动分析问题，探索解决问题的方法，一个对教育对象甚至自己丧失信心的教育者很难在教育中取得理想的效果。

（五）家庭教育指导课程多为粗放型，指导方式多为单向式

各级各类部门（主要是学校和社区）没有形成家庭教育指导的保障机制，基本上还停留在“讲起来重要，做起来次要，忙起来不要”的境地。家庭教育指导活动或课程主要是基于父母教育观念的落后和知识缺乏的假设而开展的，因此，家庭教育指导课程大多还停留在做几次讲座来传播知识和理念的粗放型阶段。

粗放型的家庭教育指导，最常见的是，各个年龄阶段孩子的父母同时听同一主题的讲座，不同家庭类型、不同困惑的家长得不到有针对性的帮助与指导。在指导方式上，目前的家庭教育指导主要还是采取集体讲授式，这种方式确实在普及教育知识、更新教育观念上起到了一定的积极作用，但是比较粗放、单向。

三、家庭教育指导的原则

家庭教育指导的对象是作为成人身份的父母，在对父母进行教育和训练时要充分认识到他们的特殊性。为了提升家庭教育的效益，在家庭教育指导过程中体现成人视角的思想显得尤为重要。

（一）主动性原则

父母在家庭教育指导中是主动的富有热情的成人学习主体。作为父母，无论其处于什么经济地位和社会地位，拥有什么文化水平，他们总是对下一代的成长充满着渴望和期待，这是为人父母对孩子爱的自然表达。因此，他们在自己的孩子降生以后，会从周围的环境中主动地展开学习，如向长辈学习如何抚养孩子，向医务工作者学习如何照料孩子，向有经验的过来人讨教如何管教孩子等。这些虽然不是有计划的、系统的，但是父母的这类学习总是主动的和充满热情的。所以在进行家庭教育指导时要充分发掘父母的学习热情，用他们对孩子无私的爱激发其主动参与到家庭教育的学习中来。

（二）经验性原则

父母在家庭教育指导中是有经验的成人学习者。和儿童的学习不同，成人学习的优势是成人在所学习的领域中有着丰富的经验，并且希望这种经验能够得到外界的认同和尊重。这些经验将会成为其本人或者他人学习的资源。这些资源有利于父母在家庭教育学习中深刻领会所获得的知识和原则，将抽象的理性教育原理转化为形象的感性的教育事件，进而使新的知识融入已有的认知框架中。因此，家庭教育指导要充分发掘每一位父母已有的教育经验，通过讨论、案例分析、情景剧以及现场活动等方式把他们的经验变成丰富的教育素材，从而提高家庭教育指导的质量。

当然，成人的经验也是一把双刃剑，对于学习活动的影响也不都是积极的，也存在着阻碍其学习的消极因素。如作为成人的父母，他们的受教育经验让他们习惯于听课、记笔记等被动的学习方式，而较少有主动参与的意愿和行为。因此，家庭教育指导要注意尊重并顺应父母的教育经验，尊重他们的学习习惯，逐步引领父母积极突破经验中不利于学习的消极因素，使其在家庭教育指导中增强解决问题的自主性。

（三）尊重性原则

父母在家庭教育指导中渴望被尊重，获得心理安全感体验。作为父母的成人，他们在社会中都有自己的角色和身份，他们渴望在学习过程中得到尊重。否则，他们会将在家庭教育指导过程中所受到的委屈转嫁给孩子，有时甚至是带有报复性的补偿心理。

例如，有些班主任在和家长沟通孩子的教育问题时，把家长请到办公室当着众多教师的面，或在家长会上当着众多家长的面一味地指责父母的失职和不称职，致使有些父母把学校的家长会戏称为“批判会”。因此，在进行家庭教育指导的过程中，指导者应尊重父母的人格，与父母平等地对话，共同分析其在家庭教育中存在的问题，以期得到父母的理解和接受，从而形成合力以提升指导的效果。从这个意义上说，尊重父母的人格，让他们获得心理上的安全感，有利于促进他们接受家庭教育指导，提升指导效益。

作为成人的父母，其机械记忆的能力逐步减弱而理解能力进一步增强。在家庭教育指导过程中应尊重成人学习规律，通过案例分析将教育的原理融入其中，让父母在轻松的氛围中体会教育的真谛、获得知识。同时，每位父母在社会上都有自己的工作角色，指导者在进行家庭教育指导的过程中要充分理解他们的时间困难，从指导的实用性出发安排家庭教育指导活动的时间。

（四）实用性原则

父母在学习家庭教育过程中具有现实主义取向，他们总是希望能通过学习解决当下所面临的问题。因此，家庭教育指导对指导者和父母而言都不是坐而论道，而应该是指向当下、指向实践的。

儿童的学习主要指向未来，今天学习的知识以及所获得的能力一般要到日后才能起作用，才能得到检验。而作为成人的父母，他们的学习就是为了目前的生活、身边的孩子。因此，家庭教育指导要把实践变成提升父母能力的“演练场”，把家庭教育指导课堂变成教育实践的“锻造厂”。鉴于此，家庭教育指导要倡导行动式学习和参与式学习，让学习融入生活，让父母在生活的真实场景中学习和行动，并在行动中反思和提高。

当然，父母学习的实践性和功利性也会带来不少的麻烦，前面说过教育孩子不同于种庄稼，种庄稼只要施肥合理它就能长得壮，施药合理它就能免除虫害。孩子的成长不是单因素作用的过程，父母从专家那里讨来的“药方”可能改变孩子成长环境中一方面的影响，但是这远远不够。父母的家庭教育能力不仅是解决自身问题的能力，还包括组织影响孩子的各方力量的能力，如协调家庭成员观念和关系的能力以及与学校教师沟通合作能力等。所以说，家庭教育指导可以是现实性的，但不能急功近利，家庭教育指导中指导者既要把握好作为成人的父母的学习规律，又要兼顾儿童成长的规律，这样的指导才有可能达到应有的效果。

综上所述，家庭教育指导应在尊重父母的基础上着眼于父母教育能力的提升，采用开放式、多向式的方法调动父母的教育经验，致力于促进父母的成长。

拓展阅读 10－1

父母效能训练（PET）介绍

PET 是什么

父母效能训练（Parent Effectiveness Training，简称 PET）是美国心理学家托马斯·戈登推出的一套简单、实用的父母训练课程，目的是让父母掌握几个核心概念和基本技巧，通过清楚地界定问题、积极的倾听、完整的表达、无输方的方法，培养孩子自觉的成长能力，实现家庭关系和睦。

PET 目标

建立健康的亲子关系，实现温暖的家庭气氛，促进孩子的自觉成长。

孩子有自觉的成长能力，表现为：孩子有自律能力，能自控，有内在的责任感，自己有能力处理自己的问题，在社会生活中能够理解对方的立场，能够感知与接纳对方的感受。

父母在此过程中获得个人的心灵成长，实现家庭各成员之间的和美关系，还能在社会中得到良好的人际关系。

PET 方法

积极倾听法：引导孩子打开心扉，解读孩子的信号，共情孩子的真正的内心感受，协助孩子自己去解决自己的问题。

信息法：把父母的真实感受率真地传达给孩子，让孩子获得真实的决策信息，自己去设法解决出现的问题。

无输方的方法：孩子与父母之间意见对立时，父母和孩子共同寻找谁也不输的办法来解决冲突，并有利于孩子的成长。

PET 有关历史

托马斯·戈登从 1962 年开始父母效能训练，至今其著作在世界上被翻译成 28 种文字，发行量超过 600 万册。戈登推动父母效能训练的工作，并形成一场全美的父母效能运动，影响波及 43 个国家和地区，培训过 100 多万名父母，应用于日常生活和工作后效果显著。为此，戈登三次获得诺贝尔和平奖提名（1997、1998、1999）。1999 年，戈登获得美国心理学会金奖，2000 年获得终身成就奖。

戈登曾师从人本主义心理学大师卡尔·罗杰斯，在俄亥俄州立大学获得硕士学位，后又追随罗杰斯到芝加哥大学，获得博士学位并留校任教，20 世纪 60 年代创立父母效能训练。戈登曾担任加州心理学会会长，美国白宫儿童顾问等职。

第二节　学校的家庭教育指导

学校是孩子接受正式教育和规范教育的主要场所，是孩子除了家庭以外第二个重要的学习与成长场所。为了更好地家校协同与贯通，提升教育效果，学校应该主动对父母进行相应的家庭教育指导，提升父母的家庭教育能力。学校也是父母成长的依靠力量，具有指导家庭教育的义务与责任。

学校指导父母开展家庭教育具有现实的必要性，在实践中也具有一定的可能性。学校的家庭教育指导目前正在成为各级各类学校优化教育、推动教育改革的重要领域，甚至已经成为某些薄弱学校改善教育教学、实现学校“弯道超车”的秘密武器。

学校的家校合作与家庭教育指导工作已得到教育主管部门的重视。2015 年 10 月，教育部印发了《关于加强家庭教育工作的指导意见》，该意见分为五个部分：充分认识加强家庭教育工作的重要意义；进一步明确家长在家庭教育中的主体责任；充分发挥学校在家庭教育中的重要作用；加快形成家庭教育社会支持网络；完善家庭教育工作保障措施。

2019 年 5 月，全国妇联、教育部等九部门发布了《关于印发〈全国家庭教育指导大纲（修订）〉的通知》，要求认真做好贯彻落实工作，科学规范家庭教育指导服务行为，提升家庭教育指导服务水平，促进家庭教育事业全面发展。

2019 年 6 月，教育部办公厅、全国妇联办公厅发布了《关于开展全国家庭教育主题宣传活动的通知》，该通知要求：“贯彻落实习近平总书记在全国教育大会上的重要讲话精神，落实立德树人根本任务，广泛深入宣传家庭教育的科学理念和知识，带动各地高度重视家庭教育工作，进一步增强家庭教育指导的针对性和有效性，帮助家长树立正确的教育观念，推广正确的家庭教育方法，提高育儿水平，形成家校协同育人机制，营造儿童健康成长良好环境。”

2022 年 1 月 1 日《中华人民共和国家庭教育促进法》正式实施，其中第三十九条是：中小学校、幼儿园应当将家庭教育指导服务纳入工作计划，作为教师业务培训的内容。

各省妇联和教育主管部门密切合作推动了地方家庭教育工作的立法进程，《重庆市家庭教育促进条例》（2016 年）、《贵州省未成年人家庭教育促进条例》（2017 年）、《江西省家庭教育促进条例》（2018 年）、《江苏省家庭教育促进条例》（2019 年）、《浙江省家庭教育促进条例》（2019 年）相继出台。上述法律和条例均明确提出学校要对家长进行指导，用法规的形式规定了学校对家庭教育指导的责任，保证了学校对家庭教育指导的合法性。

一、学校家庭教育指导的优势与原则

学校的组织优势、师资力量的教育专业优势，以及教师和学生之间的角色优势，为学校开展家庭教育指导提供了可能。学校家庭教育指导还要遵循一定的原则。

（一）学校家庭教育指导的优势

1. 组织优势

学校是组织化的教育机构，能够将家庭根据学生年龄段进行有效的划分与组织，能够把握某一学段学生家庭所面临的基本挑战、学习需求和发展的基本知识与技能。学校的组织优势同时还带来了某种“权威”，尽管使用这一权威需要学校慎之又慎，以避免对家庭边界与功能的侵扰，但是，学校如果能够善用这样的心理威信，对成人教育属性的家庭教育指导而言将无疑是有益的。

组织优势不仅为学校指导家长带来了“便利”，更为持续的家庭教育指导课程建设提供了可能与保障。

2. 专业优势

学校的每一位教师都是受过一定年限的职前训练的集体教育专业工作者，尽管他们的专业训练更多地侧重集体教育和课堂教学，对个体家庭和学生的指导还有待加强，但是他们受过一定水准的教育专业训练，在家庭教育指导过程中，学校教师在理解儿童心理、理解学习过程、把握教育方向、完善教育内容、提升教育境界等方面具有其他专业工作者不具备的优势。

3. 角色优势

这里的角色优势不只是前述的由组织化所带来的心理威信，相较于其他领域的家庭教育指导者，学校教师对学生有着更为全面的了解，他们不仅了解学生在家学习的基本情况，更能把握学生离开家庭进入学校后在各种场景与活动中的完整表现。教师是除了家长以外和儿童接触最多的人，教师开展家庭教育指导对儿童言行分析会更为全面和准确；在帮助儿童时，更容易和家长进行紧密的家校合作，能够细致、具体而持续地带动学生成长。

（二）学校家庭教育指导的原则

1. 主动性原则

学校的家庭教育指导和社区、社会机构的家庭教育指导不同。大部分家长常常把学校当成教育的专门机构，会把学校教育泛化为与孩子成长相关的所有内容，大到品德、人格与心理健康教育，小到吃饭、休息与健康的习惯教育。孩子不服从家长管教，家长也会第一时间想到教师："再不听话，告诉你们老师。"在很多家长的意识中，没有教师解决不了的教育问题。

基于整个社会对学校认知可能存在的偏差，学校教师需要主动根据教育的规律，在孩子成长的每个阶段，提前向家长传播孩子成长、家庭教育、家校合作的基本理念和知识，引导家长的教育观念、教育知识和教育能力走到孩子成长的前面，使其主动引导孩子的发展，而不是总落后于孩子发展的脚步。

遵循主动性原则，还因为孩子成长所积累的问题刚开始并不明显，非教育专业的家长并不能第一时间敏感地把握到，一旦孩子的成长问题显露出来，通常都已经积累了相当长一段时间，从发展性的问题常常演变成障碍式的问题，不仅伤害了孩子，也增加了问题解决的难度。

2. 尊重性原则

教育的基础是尊重和平等，是通过激发起受教育者的自尊，从而达到更好的教育效果。儿童的教育如此，在家庭教育指导中，对家长的指导更应该如此。在教育实践中，学校事实上常常处于强势地位，教师在家长面前具有一定的优势心理。正如一些家长所担心的"孩子在老师手上，怎能不小心一点"，这样的表述并不是没有一点道理，也不是要刻意抹黑教师的形象，而是由师生关系的特殊性决定的。因为教师的一言一行对儿童心理发展的影响是细微的，教师不需要采取明显违背师德的教育方式，一个眼神、一个语气就能伤害到孩子。在学校里，教师就是孩子成长的优质资源，他们的一颦一笑、一句鼓励都能对孩子的自尊自信产生长久而深刻的影响。

由于教师的影响力和身份的特殊性，教师在开展家庭教育指导的过程中，首先要尊重家长的人格，以教育合作者的姿态面对家长，要避免心理优势在家庭教育指导中的凸显，甚至"滥用"。例如，教师在 QQ 群或者微信群中不经意间表现出来的"教育强势"，不顾及场合和家长的自尊，简单地把孩子的成长问题武断地归结为家长的教育问题，甚至素质问题。

尊重性原则还应该体现在家庭教育指导的主体性上，教师应该明白家庭教育的主体是家长而不是教师，教师对家长的指导最终需要家长接受、消化与落实。在家庭教育的过程中，每个家长、每个家庭都有可取之处，也有需要进一步改进的空间，家庭教育指导的尊重性原则需要教师能够指导家长明确其主体性地位，鼓励他们发挥家庭的长处，发挥自身优势，积极组织家庭生活，带领孩子获得更完善的成长。

3. 差异性原则

家庭教育的主要特点体现在个性化上，不同的家庭，孩子不同，家长不同，家庭的结构、生活方式和价值观均不同。而学校教育则是"平均化"的集体教育，各方面不同特点的孩子在学校需要接受带有普遍性的教育以及平均的要求。历史地看，这是人类教育的进步，提高了效率，普及了教育；同时，这也是人类教育需要不断改进的“痛点”，即如何才能更好地满足不同类型的孩子，让他们获得生命成长的独特力量。

家校合作和家庭教育指导正试图弥补当下学校存在的满足个性化不足的弊端。教师需要客观地认清学校在个性化培养上存在的劣势，重视家庭在这一领域的优势。根据孩子的特点、家长的差异、家庭的不同对家庭教育进行差异化的指导，让每个家庭在现有的条件下都能够探寻到教育孩子的适合路径，帮助每位家长都能树立起教育孩子的信心。

4. 系统性原则

学校家庭教育指导的系统性原则主要体现为全员性、全课程。全员性指的是学校家庭教育指导不只是学校德育部门的工作，也不只是班主任的任务，学校的每一位员工都与家长打交道，班主任、科任教师、学校管理者、学校保安、食堂工作人员等，每一位与学生和家长接触的学校工作人员，都应该具有家校合作与家庭教育指导的意识。全课程指的是每一类课程，学科课程、活动课程、智育课程、德育课程、心理课程、体育课程、艺术课程、劳动教育课程等都应该通过课程的准备、巩固和使用来指导家长参与其中。当然方法上不是把家长当成教师的附庸与助手，而是引导家长发挥家庭教育的情感优势与时空优势，带领孩子学会生活，学会学习。

二、学校指导家庭教育实践的挑战

目前，在学校指导家庭教育的实践中，还存在一些困难，主要体现在保障不力、认识不足、专业欠缺、课程不系统等方面。

（一）保障不力

《中华人民共和国教育法》第六章第五十条指出：“学校、教师可以对学生家长提供家庭教育指导。”从这条法律条文可以看出，家庭教育指导不是硬性规定和要求，在学校教育的过程中只是“可以”，即在力所能及的情况下可以为之，或者说学校为家长提供家庭教育指导是不违法的、被允许的。

《中华人民共和国未成年人保护法》规定：“未成年人的父母或者其他监护人应当学习家庭教育知识，接受家庭教育指导，创造良好、和睦、文明的家庭环境。”“各级人民政府应当将家庭教育指导服务纳入城乡公共服务体系，开展家庭教育知识宣传，鼓励和支持有关人民团体、企业事业单位、社会组织开展家庭教育指导服务。”从这部法律来看，有关国家机关和社会组织“应当”将家庭教育指导纳入城乡公共服务体系，这就比《教育法》中的“可以”进了一个层次，同时也反映了法律制定者对家庭教育重要性的认识以及对家庭教育指导的重视。

2016年以来，各省市的家庭教育促进条例都对学校的家庭教育指导提出要求，但是在如何保障学校开展这一工作方面，还有待进一步予以切实支持。学校在教育教学的过程中要不要提供家庭教育指导或提供多少指导都将取决于学校的办学理念和教育观念。同时，还要看学校有没有精力和资源去开展家庭教育指导。

例如，政府应该给予学校相应的家庭教育经费作为配套。就拿家访来说，随着学校教育的区划调整，优质资源的整合，适龄入学孩子的减少，致使学校的施教区的范围越来越广，这就增加了教师家访的成本，如果没有相应的经济补贴，就会降低教师联系家长的积极性。经费问题虽不是阻碍工作开展的全部，但是却不容忽视。

（二）认识不足

学校管理者和教师对家庭教育指导的认识不充分，思想准备不足。在当前的学校教育中，教学质量的提高，更狭隘地说是学生学业水平的提高，是学校管理者和教师思考问题和采取教育措施的重点所在。他们很容易把目光紧紧盯在学生的学业上，因为这样很容易出成果，而且是立竿见影的。如果抓家庭教育指导工作仅仅是为了提高学生的学业成绩，则需要有个转化的过程，需要由父母的努力来优化学生的家庭氛围，从而提升学业水平或教育质量。因此，立竿见影的效果常常把学校教育带入一个教育的误区，即一切的工作都是围绕学习抢时间、抓质量的。意识稍好的学校会要求家长配合学校，但这种配合更多还是希望家长能在学校教师无法触及的家庭中代替教师履行督导职责，很少能从提高家长的家庭教育能力入手进行合作。

一所学校如果想要提升办学品质，丰富办学内涵，就需要管理者提升家校合作意识和家庭教育指导意识，把家庭教育指导提升到学校发展、素质教育乃至教育高质量发展的战略高度来认识，并把这种认识不断内化为对每位教师的工作要求。

（三）专业欠缺

在学校开展家庭教育指导工作的优势中提到，学校拥有专业的教师队伍，教师拥有专业优势。专业优势主要指的是教师接受过专业的教育学和心理学训练，能够向家长传播更多的儿童发展知识。但是，家庭教育指导的专业性不仅体现在教师的儿童发展专业知识上，还体现在教师应具备家庭教育的专业知识以及成人教育的专业技能上。

在家庭教育指导实践中，很多家长的家庭教育困惑得不到教师的有效协助和指导，有些教师会出现家庭教育指导能力恐慌，他们中有些教师甚至不敢开家长会，担心除了反馈学生的学校表现和学业成绩外，无法给家长更多、更系统的家庭教育指导，甚至无法回答部分家长所提出的教育困惑。

从目前师范教育的内容和训练来看，教学法、班级管理等方面的知识较多，但从更大的教育视野探讨教育的知识缺乏，更谈不上专门的家庭教育指导方面的训练了。因此，大多数中小学教师的家庭教育和家庭教育指导的知识是不系统的，很多教师还没认识到家庭教育是一门独立的学科，至于家长教育就更生疏了。这就需要把家庭教育和家庭教育指导课程引进教师教育体系，中小学教师的培训也应该安排家庭教育的知识和家庭教育指导的知识。《中华人民共和国家庭教育促进法》第十一条规定，国家鼓励开展家庭教育研究，鼓励高等学校开设家庭教育专业课程，支持师范院校和有条件的高等学校加强家庭教育学科建设，培养家庭教育服务专业人才，开展家庭教育服务人员培训。

（四）课程不系统

学校家庭教育指导有日常指导和系统指导之分，日常指导是指在日常教育教学工作中通过家校沟通、家访、约谈等方式，引导家长做好孩子的日常抚养与教导工作。系统指导是指通过家长学校对家长进行有组织、有计划的系统课程指导。但是，很多学校的家长学校目前还处于应时应景的局部讲座阶段，在开学或者考试后，邀约家长来学校开家长会，顺便给家长举办讲座。这样的模式无法做到系统化，不同需求的家长也无法得到有针对性的指导。

因此，为家长学校建设系统化的课程迫在眉睫，通过向学校提供相对系统的课程，再由每所学校根据自己学校的实际情况，加工形成具有自己学校特色的家长学校教材体系。

三、学校家庭教育指导课程建设需要处理的几个关系

随着学校对家庭教育指导与家校合作工作的日益重视，不少学校会在家长学校工作中尝试进行校本教材的开发。在家庭教育指导课程和教材建设中，存在着一些困惑和迷茫需要去厘清，否则会让家庭教育指导停留在经验的层面和指导者一厢情愿的设计中，很容易导致激情有余、效果不佳，教材一堆、实用不足的现象。因此，在家庭教育指导教材研制过程中需要注意处理好以下几个方面的关系。

（一）编排逻辑：平衡好纵向阶段与横向主题的关系

教材的编排方式体现了对学习者和促进学习者所达到目标的理解，目前家庭教育指导教材的编排有两种思路，一种是纵向的，和中小学学制匹配，根据学生的年

龄划分；另一种是横向的，根据家庭教育主题划分，如有关儿童发展的主题、有关家长发展的主题、有关亲子关系的主题等。根据学生年龄纵向划分的好处是可以直观把握不同年龄的身心发展特点，便于教师和家长按部就班地操作，困难是随着儿童年龄的增长，个体身心发展的纵向差异在缩小，从儿童发展的角度看，每一年的身心发展特征的变化并没有想象中明显，不容易准确把握其界限。因此在纵向维度设置课程时会出现一种变式——按照学段编排教材。如义务教育阶段的三个学段（第一学段是 1—3 年级，第二学段是 4—6 年级，第三学段是 7—9 年级），也可以分为小学低年级（1—2 年级）、小学中年级（3—4 年级）、小学高年级（5—6 年级）和初中阶段。这样做的好处是儿童身心发展在一个学段内相对特征明显，阶段内个体差异性小，结构化相对容易，避免了内容选择与编排的牵强附会。

横向主题编排是从儿童身心发展的规律、家长关注的问题和教育目标出发，将家长的学习分为不同的主题，如儿童发展主题、父母角色主题、家庭发展主题、家校合作主题等，每个主题单独成册，每个主题内再根据年龄划分维度，家长和学校可以根据不同学段的侧重，选择某个主题进行一段时间的主题学习，这样有利于突破家长学习的焦点问题。如幼儿园大班和小学低年级都可以选择“幼小衔接”的主题，分别从自身学段特点出发展开该主题的学习。

无论是以纵向年龄为主还是以横向主题为主编排内容，在家庭教育指导教材的编写过程中，都需要两者兼顾，根据年龄划分的纵向教材中需要在不同年龄段涉及相关主题，例如儿童的友谊发展、父母的角色扮演、家庭发展任务等主题。根据主题划分的教材，不能对该主题泛泛而谈，使读者和教材使用者不分年龄囫囵吞枣地理解教材，甚至忽视年龄因素，错误理解某个主题在不同年龄阶段的特征，造成张冠李戴，误解儿童，误读教育规律。

（二）教育观念：平衡好为国教子与望子成龙的关系

家长的学习动机更多的是从自己孩子的发展与成就出发，从孩子的问题与父母自身的育儿困惑出发。目前，对家长提出的育儿问题进行分析，很少有主动考虑社会需要和国家利益的，父母通常都是将教育眼光囿于自家孩子的问题与困惑，比较个性化。当下的教育问题是，每个家庭培养孩子的目标从个体和家庭的角度看都是对的，但是当所有家长的成才观过分狭隘地理解成功，那么这就成为一种焦虑的社会病。我们不能说父母望子成龙是不对的，但是什么才是一个幸福的个体？社会的成功导向是什么？个体发展与社会发展、国家发展的关系是什么？这些都需要在家庭教育指导教材中得到体现。

因此，在编写家庭教育指导教材时，编写者从观念上不能仅关注家长的困惑和问题，还需要有意识地将国家意志和社会发展需要融入教材，这对教材编写是个挑战。因为作为成人的家长群体，他们的学习主要是问题导向，也就是“没有问题不学习”，“问题”是他们参与学习的动力，如何将家国情怀和社会需要体现在他们所关心的个体发展与对问题的分析中，需要在个体和社会间架起一座桥梁，否则在谈社会需要、家国情怀时容易陷入空谈和无法入心入脑的困境。编写者可以将社会要求和国家目标融入家长困惑的问题分析中，将个体利益与国家发展在暗线上进行联系，将道理说明白、说清楚，避免说教与空谈。

（三）核心价值：平衡好传统文化与未来社会发展的关系

我国的传统文化中关于家庭教育和子女成长的资源非常丰富，如何继承和发展这些资源对家庭教育指导教材的编写来说是绕不过去的问题。我国传统家训文化从颜之推的《颜氏家训》到清朝曾国藩的《曾国藩家书》，这其中有唐太宗李世民的《帝范》，陈邈之妻郑氏的《女孝经》，宋若莘、宋若昭的《女论语》，宋朝司马光的《温公家范》，南宋袁采的《袁氏世范》等，都集中在帝王和文人士大夫阶层，其中虽有众多教人为善、孝悌忠信的思想，但也充满了皇权时代明哲保身、立身保命、光耀门楣、谋取功名、以显家长的思想，教育子弟修身、齐家、治国、平天下的路子是不变的。

因此，在今天的家庭教育指导中，不能简单照搬照抄古人的言论，更不能断章取义地认为它们就是我们这个时代家庭和家长跳出苦海的药方。当代的家庭教育指导要站在整个人类发展的大趋势中思考人才观、成功观，要用社会主义核心价值观来引领传统文化的学习。为了将我们的家庭经营成民主和谐的组织，为了建设民主平等的亲子关系，为了培养社会主义社会合格公民，要将社会主义核心价值观作为家庭培养孩子的素养目标和培养孩子的方式手段，架起传统与未来、家庭与社会沟通的桥梁。

（四）素材选择：平衡好问题导向与正面引导的关系

目前的家庭教育指导有一种不良的取向，总是用很多新闻事件中的极端案例来说明问题，虽说这些案例中蕴含了大量家庭教育的信息，但是其造成的负面影响不容小觑。案例中的父母通常被描写成“有毒”之人，孩子发展与父母素养间成了简单的线线关系，甚至造成了一种共识的错觉“孩子的问题都是父母的错”。这样的论调和逻辑作为鼓动口号用来说明父母素养和家庭教育的重要性是能理解的，但是造成父母的焦虑和社会归因的偏差却也是令人担忧的，因为当缺乏教育知识和心理常识的父母感到焦虑后又得不到恰当的解释与有效指导时，他们的乏力与习得性无助将会破坏教育孩子的信心，甚至打破原有的亲子关系平衡，造成新的家庭教育问题。

问题导向的成人学习动机不是将父母说成问题，而是描述父母困惑的问题，引起父母群体的共鸣而不是父母集体的焦虑。指导者不是站在父母学习者的对立面，而是站在父母群体中和他们一起面对问题、分析问题、探讨问题、解决问题。教材文本就是暗示，在教材中需要更多用正面的案例去说明问题，以大多数父母能做到的为示范建议，少选择高不可攀的特定文化阶层的案例，也不制造对某些家庭结构（如单亲家庭）和某些社会阶层（如农民工）的偏见和刻板印象。即使谈到特定社会阶层存在的问题，也要客观分析，并给予积极的建设性建议。

（五）主题确定：平衡好当下问题与发展任务的关系

教材编写中当下的问题一定是父母感兴趣的，是父母学习的“刚需”，可以通过调查了解父母最关心的问题和最烦心的问题。但是只关心问题还不够，还需要从国家教育教学文件中了解当下的教育任务，需要从儿童发展的知识中研究分析儿童各阶段的心理发展特征，这些都是教材中的维度，仅仅盯着父母困惑的问题，就会让教材显得片面和狭隘。

家庭教育指导除了在价值观上要有一定的超越性，在纵向教材的内容编排中，也需要具备一定的超前性。对于儿童发展来说，家庭教育指导具有一定的滞后性，父母如果不能对孩子下一阶段可能出现的成长任务提前有一定的了解，他们将不得不去面对和解决孩子的问题，这样家庭教育指导就一直处于重重问题的包围中。一个学段的父母需要提前了解下一学段儿童发展的知识和可能遇到的挑战，提前做好准备，完善自己，调整亲子关系，避免总是走“产生问题—解决问题”的循环老路，通过学习达到“治未病”的效果，这也是家庭教育指导课程化的目的所在。

（六）方法选择：平衡好共性与个性的关系

家庭教育指导的教材编写在建议方面最主要的挑战是共性与个性的关系，这里涉及的主要是差异性，即儿童发展的差异、家庭结构的差异、学习对象的差异和地域特征的差异等。

1. 儿童发展：同步性与异步性

儿童发展的差异性是发展的基本规律，同一生理年龄的儿童从生理、心理到社会性发展都存在着发展的不平衡性，这不仅是学校教育无法回避的挑战，也是家庭教育指导时绕不过去的问题。在教材编写过程中，如果不顾及个体间的差异性和同一儿童个性与能力发展的异步性，教材很容易落入统一主义的窠臼，泛泛建议，不痛不痒，还会造成父母盲目比较，对孩子当下的发展境况不接纳，产生新的相对评价的焦虑。

儿童发展状态呈正态分布，大部分儿童符合常模，可以整体给予建议。一部分儿童的能力发展滞后，另一部分儿童的能力发展超前，这两类儿童的父母都是产生问题的焦点人群，需要引导父母客观分析问题，悦纳孩子的当前状态，给予父母教育方法的启发。

2. 家庭结构：完整家庭与特殊家庭

家庭结构不同，孩子成长环境不同，亲子关系的特征也可能不同，教材在给予家庭教育建议时应该考虑到不同家庭结构的特点和需要，这样的要求看起来复杂，千头万绪，不好把握，实际上只要观念更新，在具体指导中还是有规律可以遵循的。

研究表明，将家庭情感氛围和家庭结构对儿童发展的影响作比较，家庭情感氛围对儿童发展的影响要远远大于儿童教育的某种特殊的技术或者家庭结构对儿童的影响。因此，在指导不同结构家庭开展家庭教育的实践中，要引导父母接纳当下的家庭结构，创造和谐温馨有爱的家庭情感氛围。

3. 学习对象：父母与祖辈，父亲与母亲

家庭教育最主要的特征是面对自然随机的具体家庭生活，而不是人为组织起来的抽象环境。因此，谁和孩子生活在一起，谁负责孩子的生活起居，谁就在对孩子产生实际的影响。无论父亲还是母亲，父母还是祖辈，只要教育得法，都可以对孩子产生积极的影响。在家庭教育指导教材的建设过程中，不能被社会流行的观念所蒙蔽，不能被似是而非的情感倾向所左右，不能被文学化的辞藻掩盖了教育的科学性。

在目前的家庭教育实践中，仍有不少家庭的孩子生活主要由祖辈负责。在教材建设中要明确，教育孩子的主要责任人是父母，祖辈作为协助者的角色也不容忽视。年轻父母应该给予祖辈教育以尊重，不能不科学地把孩子存在的问题简单地归因于祖辈角色的存在，更不能机械地强调母亲对孩子成长的重要性，这会导致父母和祖辈双方都产生挥之不去的育儿焦虑。研究表明，无论是父母还是祖辈，只要情感是温暖的，方法是稳定的，都会对孩子的发展产生正向的影响。不能让实际抚养孩子的祖辈和工作压力之下的年轻父母产生负罪感和愧疚感。

同样的道理，父亲和母亲对孩子的影响有共性也有个性，共性是温暖的亲情，个性是性别和基于性别的社会角色差异。现在有一种强调父亲在育儿中缺位的风潮，把儿童发展的各种问题甚至教育的问题都想当然地归结为孩子父亲教育角色的缺位。在教材中要从儿童社会性发展的角度，科学客观地陈述父亲和母亲角色在孩子成长中的作用，避免绝对化和情绪化的鼓噪，并给予那些客观上父亲缺位的家庭以积极的建设性建议。让父母拥有教育信心、祛除焦虑是家庭教育指导的方向。

4. 地域特征：城市与农村

城市与农村的家庭教育有这个时代所具有的共性，例如家庭规模缩小，家庭结构趋于简单不稳等；也分别具有各自的特征，例如流动儿童和留守儿童，农村儿童教育资源匮乏和城市儿童教育资源冗余等。在对不同的主题进行指导分析时，需要注意城市和农村文化没有优劣和层次高低之分，只有类型不同，同时，在关注流动儿童、留守儿童的成长问题时，不自觉地会把他们当成问题儿童、可怜的孩子看待，很少从积极的成长视角给流动儿童、留守儿童赋予鼓舞性的定位，这导致不少学校的工作思路和教育存在问题，很少会利用流动儿童、留守儿童特殊家庭结构积极面。如何化消极为积极，化危机为生机，在家庭教育指导教材中需要得到体现和强化。

第三节 社区与社会机构的家庭教育指导

除了上一节主要谈到的以学校为主体的家庭教育指导机构外，在社会上还存在其他类型的家庭教育指导机构和组织。目前主要有社区组织的非营利性家庭教育指导和营利性机构组织的家庭教育指导。

一、社区家庭教育指导的原则

（一）生活化原则

因为社区在一定地域范围内，通常比学校所覆盖的地域范围要小，所以家长处于相对集中的居住环境和彼此相对熟悉的状态，对他们进行家庭教育指导需要考虑他们的心理感受。与生活相融的家庭教育指导更有利于社区成员接受，也更有利于指导效果的实现。

生活化原则指的是在家庭教育指导中，指导者从生活中寻找指导主题，寻找生活中的契机，将家庭教育指导融于生活的场域对社区居民进行熏陶。正所谓大教无痕，作为成人教育的家庭教育指导更是如此，有目的、有计划地融于生活的指导减少了家长对指导者的心理防卫。例如，社区家庭教育指导者可以在社区的公共活动空间，对带幼儿活动的老人或者父母进行家庭教育指导；可以在菜场等处张贴家庭生活教育宣传海报，如“劳动能让孩子更健康、更上进。”“孩子越干越能干！”等。

这些从生活中来、又融于日常生活的家庭教育提示与指导，不一定有轰轰烈烈的场面与阵仗，但是因为贴近老百姓的日常，贴近家庭生活的逻辑，让父母和老人在不断提醒中更新观念，在潜移默化中改变家庭生活的组织方式与教育方式。

（二）体验性原则

社区家庭教育指导的生活化原则推导出体验性原则，如果说学校教育是生活型的，那么社区教育就是体验性的，这是由客观和主观两方面原因造成的。

客观上看，社区是生活单位，学校是集体性的教学单位，所有家长集中到学校尽管也可以进行一些体验性活动，但是频次和机会都不会太多，否则不仅学校不堪重负，家长也很难做到持久地配合。主观上看，社区的家庭教育指导者和学校的专业教师不同，家长在主观上不会期待在社区得到持续专业的心理辅导，而对带有生活性质的社区活动更容易接受。因此，社区家庭教育指导应该让家长多通过体验性活动理解家庭教育，改造家庭教育，尽量避免对家长讲太多的道理。

体验性的指导原则可以引导更多的家长和孩子参与到多种多样、丰富多彩的社区活动中来，如可以利用传统的节日，在社区开展亲子体验活动，如包粽子等。在亲子活动中，让家长体验引导孩子做事、教会孩子技能的完整过程，增加对孩子的了解，也对自己的个性有更为深刻的认识。

说一遍不如看一遍，看一遍不如做一遍。社区家庭教育指导的体验性原则正是通过创造家长参与体验的机会，让家长从中发现问题、分析问题进而尝试解决问题。

体验不仅是单个家庭的直接体验，还有多个家庭在一起的间接体验。通过社区的生活化体验活动，家长能够相互观察、彼此模仿与借鉴，从而体验到自己家庭以外的亲子关系模式，在此过程中尝试着更新自己的教育方式，并获得进步。

（三）跟进原则

家庭教育指导最难的不是把道理讲清楚，也不是引导教育对象产生反思和积极的情感，而是有计划地跟进与督促，创造条件去陪伴与指导。跟进原则是指对于某些特殊的儿童，如留守儿童、流动儿童或者其他处于生活困境中的儿童，社区家庭教育指导者应该尽可能地采取下沉式帮助，用最贴近生活实际的帮扶，推动儿童行为的改变和家庭教养方式的改变。

社区家庭教育指导因为贴近儿童生活实际，能够弥补学校教育无法落实的困境，特别是对于一些诸如“暴力教育”的家庭，社区可以通过社工或者各种类型的志愿者，帮助处于教育困境中的家庭，将前面提到的生活化、体验性的家庭教育指导跟进落实到每天的生活中。例如，一位情绪暴躁的父亲常常为了孩子的小错而大发雷霆，经过社区家庭教育指导后，他也想改变，但是收效甚微，原因是自控力不足，并且由于是单亲爸爸带孩子，缺少缓冲机制。在社区教育工作者的帮助下，他和邻居结成了“对子”，只要邻居听到隔壁的“霹雳之火”，就会敲门帮助。经过一段时间的跟进帮助，这位父亲的情绪控制能力逐步增强，孩子的表现也逐步好转，亲子关系得到了有效改善。

当家庭成员在指导者的跟进帮助中逐步获得修正自己的行为和指导孩子的力

量后，他们的家庭教育信心就会增强，所谓“扶上马，送一程”，形象地说明社区家庭教育指导的跟进原则。

二、社区家庭教育指导活动课程设计

根据上述社区家庭教育指导的特点与原则，在社区开展家庭教育指导需要紧扣生活，通过生动的活动带领家长参与其中，在活动中让家长们得到启发和指导。

（一）社区生活主题的活动课程设计

1. 发现生活中的家庭教育主题

生活中对孩子具有影响的主题很多。家庭生活是孩子生活的主要内容，社区家庭教育指导者需要有敏锐的观察能力，善于在日常生活中发现家庭教育指导的主题。社区教育工作者要想发现家庭教育指导的主题，可以开展观察、倾听与询问。

（1）观察

在日常社区生活中，社区教育工作者通过日常观察就能发现很多家庭教育的问题，如在社区的菜场，有没有孩子陪家人一起来买菜；在垃圾桶旁，有没有看到孩子做力所能及的事，帮家庭丢垃圾；上学期间，有多少家长是帮助孩子背书包的，等等。这些日常观察都有助于我们发现家庭生活中的问题。

（2）倾听

社区是家人生活的主要空间，在社区的不同场所，如社区公共活动区域、社区矛盾调解室等，都能听到老人、年轻父母以及孩子们交流的声音。社区教育工作者只要做个有心人，就能倾听到各种来自家庭的声音，然后通过研判，就能发现生动的、接地气的家庭教育主题。

（3）询问

询问是比观察和倾听更主动的家庭生活主题研究方法，可以召开不同类型的家庭交流会，如新婚夫妇家庭、刚生孩子的家庭、有中高考孩子的家庭等。通过有针对性的询问就能发现不同类型的家庭目前所面临的困惑。

当然还可以针对一些个案家庭，如处于困境中的家庭、突遇变故的家庭等进行询问，通过和他们的沟通，就能发现他们目前家庭教育中所存在的困惑，或者他们还未意识到的困境。

2. 根据主题设计生活指导活动

在明确了一定的生活教育问题后，社区家庭教育指导者就可以根据实际的需要，在社区进行不同生活主题的指导活动设计。在设计生活主题的家庭教育指导活动时要紧扣生活寻找案例，在生活中进行指导，在生活中体现效果。

例如，现在很多孩子不会也不愿意参与家庭劳动，不择菜，不做饭。导致这一现象的原因很多，不能简单归因于家长对孩子溺爱，也不能归结为孩子懒惰。其原因可能一是目前中国经济快速发展，人们生活水平提高，家庭出现富余劳动力，不需要让孩子参与家庭劳动，贴补家庭；二是孩子学业负担过重，没有时间参与家庭劳动；三是家长担心孩子做不好，指导孩子做事，还不如自己三下五除二地做完。种种主客观原因导致了目前孩子家务劳动的意识与能力不足。

社区可以针对这样的家庭情况，举行社区儿童厨房才能大赛。邀请不同年龄的孩子参加厨房事务比赛，如幼儿可以参加分拣垃圾比赛，小学低年级的孩子可以选择择菜比赛，小学高年级的孩子可以选择洗菜、切菜，中学生可以进行配菜、炒菜比赛等。

通过这样的活动设计，让每位家长看到孩子的能力，现场指导每位家长学会如何放手，如何给孩子更多的锻炼机会，改变家长将家庭劳动看成成人“专利”的观点，引导家长重视家庭劳动对孩子身心健康的帮助，将家庭劳动看成孩子成长的机会，看成家庭教育的专属生活课程。

（二）家庭关系主题的活动设计

家庭关系可以说是家庭教育的关键所在，甚至有人说“好的关系就是好的教育”，这样的说法尽管有些偏颇，但是从强调家庭关系对儿童发展的意义而言，这么说也不为过。家庭关系是儿童成长的心理环境，好的家庭关系是孩子精神生活的土壤。家庭成员关系紧张、疏远或者冷漠，对孩子成长而言都是具有危机性的，这样的家庭称为“高危家庭”。生活在这样家庭中的儿童很难灵活而平衡地生长，更多的表现就是认知、情绪和人格的极端化。

1. 如何发现家庭中的关系问题

社区家庭教育指导的关系主题有两个方面，一是通则性的，也就是家庭到了一定的阶段就很容易出现的关系挑战与关系障碍，如新婚夫妇一段时间的家庭经营问题、家有新生儿的关系协调与处理问题等；二是问题性的、障碍性的，也就是已经出现了家庭关系问题的家庭。

通则性的家庭教育主题很好理解，也容易形成共识，比较难的是问题家庭关系的发掘。因为家庭关系属于家庭私生活的范畴，要想帮助社区居民明确家庭中的问题，并且愿意和社区教育工作者一起探讨与解决家庭关系问题，这需要长时间建立的信任与专业威信。

家丑不外扬，这是中国人的普遍心态与传统意识。因此，家庭关系问题的发现与教育指导要十分重视这一文化心态，否则，不仅发现不了问题，也不可能设计出合理的教育活动帮助他们。

社区家庭关系教育指导需要做好提前量，也就是不要等问题出现了，如夫妻已经吵闹到不可开交再进行关系教育，这时已经很难了，只能进行个别家庭辅导。提前量需要社区教育工作者具有一定的敏感性，如在年轻人居多的社区，新生代父母需要祖辈帮忙带孩子，那么就要及时发现这类家庭可能会遇到的关系挑战，抓好两代人的教育关注点，如对祖辈进行“如何有界限地帮忙”，对年轻父母进行“如何与帮忙的老人相处”等主题教育指导活动。

2. 家庭关系主题教育活动设计

第一种家庭关系正常的情况，比较好组织活动。主要有针对性地开展活动就可以，如对新婚夫妇开展的家务活分工，或者家庭理财培训讲座等。这样的活动很容易设计与组织，也很容易得到社区成员的关注与参与。

第二种家庭关系有问题的情况，难度较大，大部分有关系困难的家庭不愿意抛头露面，也不愿意和对方一起主动参加这样的活动。常常会出现社区组织的活动没人参加，或者参加的人恰恰是家庭关系较好的家庭，那些需要帮助的家庭反而得不到帮助。

因此，在设计第二种有关系挑战的家庭的主题教育活动时，可以多设计关系主体分开的活动，如夫妻关系的家庭教育指导，可以专门做“好丈夫培训班”“好妻子训练营”等活动，在分开活动设计实施了一段时间后可以通过游戏的方式组织夫妻共同参与活动，已经具有了一定观念与能力的夫妻双方能够在一起尝试着改变互动方式，创造新的幸福。

再比如可以针对当前的家庭关系热点问题“爸爸去哪儿了”开展夫妻对话主题教育活动，让夫妻双方在家庭中无法表述的观念或者因为家庭关系没有机会表述完整的观念通过社区组织的活动得到清晰的表达，让更多的母亲了解父亲的困境，当然也让更多的父亲能够听到大家的呼声，以及女性对家庭关系和情感的诉求。

三、营利性机构家庭教育指导的原则

营利性家庭教育指导服务被认为具有纯私人产品的性质，不仅由于它们具有严格的排他性，而且教育服务的一切费用都是由享用这种教育服务的人提供的。享有这种服务的人，按单位产品付费，而提供这种教育服务的个人，需要垫支一笔创办费。

（一）直接有效的原则

所谓直接有效原则是因为营利性社会机构在指导家庭教育时，它的定位是家长直接购买的产品或服务的提供方，这一属性就决定了它需要“立竿见影”，能够帮助购买服务者解决问题。购买某项家庭教育指导服务的家长通常是带着问题来，或者带着高期待来，如果机构所提供的教育指导没能满足期待或者问题没有得到解决，就必然带来心理上的落差，也必然会对机构的权威性产生怀疑，进而放弃进一步的学习与求助。

当然，这一原则必然带来相应的弊端。因为教育是有规律性的，很多机构为了迎合家长“立竿见影”的效果期待，就会有意无意地夸大课程指导的效用，甚至用错误的道理误导家长，其中很多方法短期看起来有效，长远地看却伤害了孩子的成长动力。例如，有一些机构或者指导师在帮助孩子养成好习惯时，常常用一些在治疗时才用的方法，如代币券积分兑换法，这样的方法看起来很好用，也好操作，但是这样的方法忽视了孩子本身的思考能力，有时不仅没能帮助孩子养成好的习惯，还形成了一些不良习惯。其实，孩子的很多好习惯的养成需要的不是这样立马见效的“猛药”，而是扶本固基的陪伴与教导，从思想意识上激发孩子的积极性，在父母的陪伴和指导下逐步养成好习惯。

（二）心理满足的原则

成人教育的过程除了要解决问题，还需要遵循学习对象心理满足的原则。所谓心理满足指的是学习者在学习场景中感到被尊重、被理解、被信任等心理状态。基于这一原则，很多机构在组织家庭教育指导时，会有一些体贴的温馨的安排，如会场用鲜花、灯光、音乐点缀，让家长感到温馨舒适。

应用这些方法要注意度的把握，更不能以解脱责任的方式去做片面的专业引导，例如，不少机构在母亲面前大谈特谈“爸爸去哪儿”的“丧偶式育儿”，这让很多在孩子问题上苦于找不到方向，或者对孩子的父亲颇多怨言的母亲暂时感到满足，然而其结果是不仅没有解决问题，而且还放大了问题，制造了家庭矛盾。

（三）积极解释的原则

这里的“解释”主要指的是对成人学习规律的说明。通过向家长说明成人学习的基本规律，让家长在认知上明确家庭教育指导活动应有的程序，否则，作为学习者的家长就会对学习抱有不恰当的期待，这样的期待对学习心态、学习过程以及学习结果都会有消极影响。

例如，有家长来学习最常问的话就是“我这么做了，孩子什么时候才会自控自律，我什么时候才可以放手？”“不是说养成一个习惯需要21天吗？！我都已经坚持好几个21天了，孩子怎么还是不自觉？！”类似这样的期待，其实是对一些理论的误解，再加上一些不专业或者无良的教育机构的错误宣传，让很多家长形成了错误的认识。

家庭教育商业机构要客观地向家长传播科学的规律，否则为了得到一时的利益，反而会作茧自缚，失去了家长正常的期待与判断，也让家长失去了对机构的信心，最终失去了对教育孩子的信心。这样不仅得不偿失，还贻害深远。

四、营利性机构家庭教育指导课程建设路径

目前市场上的家庭教育指导课程通常是基于某项家庭教育重点内容或者主要技能（如沟通技能）或者基于某种心理学流派的专项课程。这些课程都有一定的侧重点，因此不要有过分的期待，不能指望某一课程能解决所有的家庭教育问题。对于家庭教育指导课程的认识与定位需要有清醒的认识，才能客观地打造出能够帮助更多家庭的有影响力的课程。

（一）课程定位

课程精准定位是课程建设的基础。例如，目前市面上很火的情商教育课程，就概念而言，情商是个很好的点，但是“什么样的孩子需要专门的情商培训？情商课程的指导对象是孩子还是家长？”这些课程的基本问题需要得到专业的回答，否则一个好的概念会被不科学的课程定位所损害。

简而言之，通常情况下，正常的儿童不需要进行专项的情商训练，孩子的情商是在日常丰富的家庭、学校与社会生活中潜移默化地得以熏陶，一些特殊的情绪处理方法可以用在有特殊需要的儿童身上，如有情绪障碍的儿童等。情商课程的定位决定了用户对象，如果把情商课程定位在孩子，那么项目的广告词就难免夸大其词和不科学，误导家长的消费心理，长此以往反而破坏了该项目的市场定位；如果把情商课程定位在家长，那么课程就是教会家长如何在日常生活中对孩子进行情商练习，这是可持续发展的，也符合教育规律的。

（二）用户定位

正如前文所探讨的情商教育课程，从必要性和可行性分析，其应该针对家长而不是儿童。如果定位发生错误，家庭教育企业就会在经营上发生偏差，将课程开发的精力与商业力量用在儿童，而不是家长和亲子的共同成长上。媒体考察了目前市面上的情商培训后，发现很多企业将家长排斥在课程之外，对家长不指导或者不作专业的指导，其结果必然导致情商教育课程效果的“自说自话”，没有得到专业支持的家长必然不能在生活中配合课程指导孩子，支持孩子的成长。

用户定位除了家长和儿童两类以外，还要考虑不同类型家长的定位，同样的课程在不同的地区，面对不同类型的家长，以及面对家长中的祖辈与父辈，父母中的

父亲和母亲，这些都是不同的用户。不同的用户对课程的期待不同，在向不同用户宣传课程时的侧重点也会不同。

（三）课程管理

课程管理包括课程的实施管理和学习管理，课程实施管理主要指课程实施过程中的管理，如通知家长、家长接待、家长服务等；课程学习管理主要指根据课程学习的需要，对学习者的学习过程管理，如学习中的家长知识准备，家长学习的体验反馈管理，家长学习的心得体会管理，家长学习的行动方案管理等。

课程管理的目的一是让参与学习的家长感受到温暖和专业，这是任何一家教育服务类企业的通则；二是让家长的学习效果得到体现，只有严格科学管理的学习才会有学习成效。只有课程不仅关注家长的学习感受，还能有效促进家长教育能力的提升时，才会形成品牌价值。

（四）课程优化

基于课程的家庭教育指导服务企业的生命线，是课程的不断优化与进步。课程优化的动力来源于学习者的反馈，家庭教育指导服务企业需要打通客服、课程研发、课程实施等部门，形成系统联动的课程反馈与优化制度。

一些人气旺的海外课程，一旦引进到国内，就需要不断进行本土化改造，切忌因为盲从权威，忽略了家长学习过程中的有效性。对于成人学习而言，有效性的重要考量维度就是家长的教育行为有没有得到改变，没有行为改变的学习是低效的、不可持久的。

第四节　新媒体的挑战与家庭教育指导

一、新媒体的特征以及对儿童发展的影响

随着科技的飞速发展，新媒体越来越受到人们的关注，成为人们议论的热门话题。新媒体在业界的繁荣也使得学界对其研究进一步加强。对于新媒体的界定，学者们可谓众说纷纭，至今没有定论。一些传播学期刊上设有“新媒体”专栏，但所刊载文章的研究对象也不尽相同，有数字电视、移动电视、手机媒体、交互网络电视等，还有一些刊物把博客、播客等也列入新媒体专栏。

什么是新媒体？熊澄宇认为，新媒体是一个相对的概念，“新”相对于“旧”

而言。从媒体发生和发展的过程当中，我们可以看到新媒体是伴随着媒体发生和发展在不断变化的。广播相对报纸是新媒体，电视相对广播是新媒体，网络相对电视是新媒体。今天我们所说的新媒体，通常是指在计算机信息处理技术基础之上出现和影响的媒体形态。新媒体就是能对大众同时提供个性化内容的媒体，是传播者和接受者融会成对等的交流者，而无数的交流者相互间可以同时进行个性化交流的媒体。

新媒体的主要特点：（1）迎合人们休闲娱乐时间碎片化的需求；（2）满足随时随地的互动性表达、娱乐与信息需要；（3）人们使用新媒体的目的性与选择的主动性更强；（4）媒体使用与内容选择更具个性化。

新媒体的构成要素：（1）建立在数字技术和网络技术基础之上；（2）以多媒体作为信息的呈现形式；（3）具有全天候和全覆盖性的特征；（4）在技术运营产品服务等商业模式上具有创新性；（5）新媒体的边界不断变化呈现出媒介融合的趋势。

与传统媒介相比，信息网络时代个体采集知识的自由度大为增加，从而瓦解了印刷时代和视听时代尚存的权威统治，人类兴起了分散的、无头领的整体性。人们感知世界的方式不再停留于文字的线性结构和视听的简易编码，人类现有的知识借助数字传媒整合为一体，并使瞬间提取信息成为可能，这一时代催生的人是感知整合的人，是整体思维的人，是整体把握世界的人。

面对这样的社会，从成人到儿童都面临着前所未有的挑战，如何更好地生活和成长，成了摆在所有人面前的课题。新媒体风起云涌之时也是教育变革之际，那么新媒体对儿童发展和教育的挑战在哪里呢？

网络媒介创造的数字化革命在一夜之间就变成了全球关注的课题，它促使家庭教育工作由视听传播时代有首领的、有等级的、权力集中的、有限互动的、可控的、不能虚拟参与的、有偿的、儿童作为参观者的教育，快速转向无首领的、相对公平的、权力分散的、多方互动的、控制难度大的、虚拟现实的、免费的、儿童既作为参观者又作为设计者的教育。①

新媒体对儿童发展的积极影响体现在以下方面：

（1）认知方面，网络信息具有跨时空性和模拟再造性的特点，对青少年的认知结构的发展具有一定的积极作用。经过精心设计的网络信息可拓宽认知结构的发展空间，促进认知结构的重组。

（2）社会交往方面，新媒体突破了人际交往的空间阻隔，扩大了未成年人的人际交往范围。

（3）心理特征方面，新媒体属于交互式媒体，每个个体都是信息的发布者和贡

① 缪建东．嬗变与创新：基于媒介技术变迁的家庭教育发展［J］．南京师大学报（社会科学版），2011（4）：69–76.

献者，有利于满足未成年人自主心理的需要，特别是处于青春期的未成年人，这样的媒体特性满足了他们要求开放与闭锁的双重心理倾向。

网络为未成年人提供了新的社会化机制，对未成年人具有独特的吸引力。通过互联网未成年人获得了更便捷、更丰富的自我认识和自我体验的途径。网络空间的开放性、平等性、时尚性和虚拟性等特征，更能够满足未成年人对尊重、归属感、好奇心和自我实现等方面的心理需求。

新媒体对儿童发展的消极影响体现在以下方面：

（1）认知方面，符号信息如果不能与认知结构中的已有知识、直接经验或表象相连，符号信息也就很难为儿童所理解，可能影响儿童合理的认知结构的形成与发展。

（2）人格方面，沉溺于网络世界中，容易引发儿童的非人性化倾向，从而影响儿童人格的健康发展。其他研究中在论述新媒体对儿童消极影响上主要抓住它的虚拟性和非直接交往方面，再与独生子女的家庭结构交互作用，扩大了人际互动不足所带来的危害。

（3）社会化方面，网络化消解着传统的社会化模式，呈现出“网络社会化”的景观；社会化的“实体流程”让渡于“虚拟现实”过程，青年社会化期因网络的“时空聚缩”而变短；“受化”方式明显改变，青年对社会的反作用力增强，同时社会控化功能减弱。[①]

二、新媒体对家庭教育的影响

基于网络技术的新媒体改变了社会生活，同时也改变了我们的家庭。家庭的结构、家庭的功能、家庭的运作方式、家庭的发展无不打上网络时代的烙印。网络时代为家庭教育实践创造了新的天地与机遇。网络时代的亲子关系、教育主体、教育目标、教育价值观等均产生了新的变化。

（一）亲子关系的改变

传统亲子关系中父母权威逐渐丧失，父母对儿童的教育影响方式发生了改变，平等对话、民主交流成为最受孩子们欢迎的亲子交往方式。孩子最欣赏的是能够理解他人、换位思考、设身处地、与时俱进的父母。儿童生活中的重要他人日益多样，亲子冲突日渐增多。亲子互动方式发生改变。亲子之间对话与交流减少，许多孩子情愿在网上寻找自己的知音，对网络伙伴吐露自己的心声。代沟现象日益凸显，代

① 王卫. 网络时代青年社会化范式的转型［J］. 青年研究，1999（12）：10–14.

沟的年龄界限日益缩短，由过去的20年一代演变为今天的10年一代或5年一代。亲子关系状态决定了家庭教育的质量。改善不良亲子关系，建构和谐的亲子关系是开展家庭教育实践的重要前提。

（二）教育主体的改变

教育只有与自我教育相结合才能达到理想的状态。外在的教育影响，只有通过不断的内化才能转化为个人成长的力量。今天，人们自我教育的内在需求日益增强，自我教育的能力大为拓展。借助网络，人们的自我概念日益丰富，自我发展的动机水平不断提升，个体的心理健康素养愈益增强。著名学者霍洛韦和瓦伦丁指出："我们的研究表明，对儿童使用电脑，尤其是互联网的普遍的恐惧是没有根据的。儿童并没有在电脑前消磨过多的时间来取代户外活动，信息通信技术并未促成社会疏离和导致家庭关系和友谊的破裂。更恰当地说，年轻人似乎在以平衡和复杂的方式利用技术来开发和改善他们的在线与离线社会关系，开拓了他们的眼界。"[①]实践证明，儿童具有无法估量的自我教育的潜能。

（三）对教育目标的反思

心理健康、人格健全理应成为教育的理想目标之一。行为异常、心理异常、人格障碍、色情信息、暴力信息等都是网络时代的教育的副产品。胸怀全人类、心存理想、关注社会、心系未来的人，集责任意识、历史意识、民族意识、时代意识于一身的积极健康的人，具有丰富心灵和美好向上的人，有创新精神的人，是网络时代的教育追寻的目标。传统的教育目标更多地指向外部的目标，目标的构成之间相对机械与分割，而网络时代的教育目标更多地指向内部的目标，目标的构成之间倾向于有机与整合。

（四）教育价值观的改变

网络时代教育价值更多地强调全球意识与本土意识的统一、效率意识与公平意识的统一、学习意识与创新意识的统一、自我发展与社会发展的统一、开放意识与竞争意识的统一、权利意识与责任意识的统一、权威意识与民主意识的统一。在网络时代，共享与分享、依赖与独立、互助与自律、关怀与自主，取代了传统学校教育一贯强调的自强不息、独立人格、他律为主等价值取向。网络时代的教育价值相较于传统学校教育强调的教育价值更为全面具体。

① 厍马尔．《网络儿童：信息时代的儿童》述评［J］．真真，摘译．国外社会科学，2005（3）：75-76.

三、新媒体时代家庭教育的应对策略

网络时代向家庭和家庭教育提出了新的挑战，家庭与孩子、家庭与学校、个人与社会均面临新的考验，家庭教育实践应采取全新的策略。

（一）确立时代的家庭教育观

适应于网络时代的家庭教育观有儿童观、父母观、成才观等。在网络时代，应充分认识到儿童是成长中的个人，儿童是可教的，儿童也能自己教育自己，儿童也能对成人产生教育启迪作用。儿童具有丰富的心灵，儿童的精神世界不容忽视，儿童是感性世界、知性世界与理性世界的统一。在家庭教育实践中，儿童的成长是相互作用的产物，家庭教育影响一定要通过儿童的内部与外部活动而发生作用。父母应确立以下意识：（1）父母与孩子共成长，网络时代父母与孩子均处在迅速的变化发展过程之中。父母应不断学习、充实提高、挑战自我为孩子树立起终身学习的典范。在当代社会，父母尤其要迅速掌握网络技术、熟悉网络文化、确立正确的网络道德规范。学习型的家庭需要全体家庭成员的共同努力。（2）父母与孩子在人格上是平等的，父母的家长权威的角色身份应尽快改变。确立朋友意识、平权意识、民主意识是现代父母必备的素质。（3）父母当胸怀理想、志存高远，在现代文明家庭建设中树立良好的道德榜样。（4）父母应具有明确的家庭教育意识，科学掌握与艺术运用现代家庭教育规律，弘扬中华优秀传统教育文化，遵循儿童身心发展特点，了解儿童心理世界，引导孩子健康成长，这也是现代父母义不容辞的社会责任。（5）建构良好的婚姻生活，是现代家庭文明健康的重要标志。父母健康的情感表达与体验方式，给儿童的身心发展将注入积极的成长力量。（6）网络时代应树立多元成才意识，鼓励青少年在多方面拓展自己的视野，提高自己全方位的能力，注重个别差异，鼓励个性发展。

（二）开发儿童自我教育的潜能

人的成长是教育与自我教育的统一。儿童的生活世界应拓展到网络社会。网络社会丰富的教育资源应得到广泛的开发与合理的运用。儿童在网络世界可以吸取到丰富的成长营养。教育的天地不应该是单一的，也不应该是机械的，更不是灰色的，教育生活本该无限美好，引导儿童过正常的美好的教育生活是现代父母的天职。热爱生活、创造生活是儿童的本性，借助网络的生活是儿童生活的一部分。儿童每时每刻都处在变化发展的进程中，儿童每天都行走在“成人”的路上。父母应为儿童的成长指明正确的方向，提供积极健康的支持条件。父母应充分相信孩子、尊重孩子、严格要求孩子、尽可能为孩子提供更多的尝试与探索的机会。父母应帮助孩子确立正确的自我意识，帮助孩子接受自己、要求自己、改变自己、满怀自信地投入社会生活。

（三）加强网络道德建设

网络时代全社会应树立良好的网络道德规范，反对网络暴力、网络迷恋、网络垃圾、网络侵权，开展积极健康的网络道德规范的宣传与教育是社会全体成员义不容辞的职责。儿童与成人均应注重网络道德修养，完善自我网络道德人格。自我规训是一个健全的人成长的必由之路。网络时代呼唤具有崇高道德修养与健康理性的人格。网络世界的建设不仅需要技术和文化力量，还需要网络道德。全社会成员均应为网络道德天空的净化贡献自己的力量。

（四）加强儿童专门网络建设

在网络时代，全社会应为儿童的成长提供良好的外部支持，必须加强网络法制建设，健全网络执法队伍，加强技术监控，完善网络管理。加强儿童专门网络建设，为儿童提供良好的网上精神家园，需要全社会的共同努力。儿童应该有自己的网络天地，网络生活就是今天儿童生活的有机组成部分。儿童灵感的激发、创造性天赋的发挥、个性的养成，均应该在自己的家园中找到合适的位置。

（五）塑造良好的家庭网络文化氛围

网络时代家长应加强孩子网络行为指导，关心儿童精神世界，发挥家长的榜样示范作用，共同养成良好的网络行为习惯，共同营造良好的家庭网络文化氛围。不断调适亲子角色，创新网络行为方式，激发儿童强烈的网络兴趣；不断陶冶自己的情感，升华自己的道德世界，完善积极的自我人格，都需要家长和儿童共同努力。

要点重述

1. 家庭教育指导是指对为人父母者所施予的一种专业教育，借以培养他们教养孩子的能力，并因此有助于他们扮演称职的、有效能的现代父母角色。家庭教育指导的对象是父母而不是孩子，孩子只是其中需要关注的诸多要素中的一个。

2. 学校是指导家庭教育的重要力量，主要通过系统的课程提升家长的教育观念；社区家庭教育指导主要通过生活化的活动性课程。

3. 市场经济条件下，应充分重视社会机构对家庭教育的指导。

4. 信息化社会，新媒体层出不穷，对儿童的成长产生不可忽略的深远影响，需要提升父母应对新媒体社会的家庭教育指导的能力。

反思与探究

1. 请结合生活中的案例，分析在处理亲子关系、营造家庭氛围时做一位称职父母需要加以训练的要素和内容。

2. 如果你是一名教师，请你在为所执教班级的父母提供家庭教育指导的过程中，留意分析如何指导父母才能达到理想的效果，指导过程中常见的误区及其解决方法。

推荐阅读文献

1. 缪建东总主编，“教师家庭教育指导”丛书，陕西师范大学出版总社2020年版。

简介：该套丛书包括张永英主编的《幼儿园教师家庭教育指导教材》，殷飞、方艳主编的《小学教师家庭教育指导教材》，邵泽斌主编的《初中教师家庭教育指导教材》，葛敏主编的《高中教师家庭教育指导教材》以及杨跃主编的《社区工作者家庭教育指导教材》，共计五册，系统阐释了不同学段教师和社区工作者家庭教育指导的基本原则与方式、方法和路径。

2. 殷飞. 班主任的家校沟通［M］. 上海：华东师范大学出版社，2013.

简介：该书指出在家校合作中，起关键桥梁作用的，就是与学生学习生活接触最多、参与班级管理最直接的班主任。该书着重从教育公共关系的角度分析了家校沟通的三个不同层次，运用传播学的基本方法实践性地指导班主任如何开展家校沟通与合作，如班主任如何进行口语传播、实像传播、文字传播和网络传播等。

参考文献

［1］陈建翔. 他们影响了全世界家庭：国外最著名的十大家教主张［M］. 北京：北京出版社，2004.
［2］孙瑞雪. 爱和自由［M］. 北京：中国妇女出版社，2009.
［3］丛中笑. 我国家庭教育指导服务体系状况调查研究［M］. 北京：中国人民大学出版社，2014.
［4］全国妇联儿童工作部. 全国家庭教育调查报告［M］. 北京：社会科学文献出版社，2011.
［5］冯林. 中国家长批判：家庭教育焦点问题访谈录［M］. 北京：中国商业出版社，2001.
［6］李燕，吴维屏. 家庭教育学［M］. 杭州：浙江教育出版社，2009.
［7］邹小兵. 与你同行：自闭症儿童家长必读［M］. 北京：人民卫生出版社，2013.
［8］薛涌. 参与孩子的成长［M］. 杭州：浙江人民出版社，2013.
［9］闫旭蕾，杨萍. 家庭教育新论［M］. 北京：北京大学出版社，2012.
［10］张盛林. 把快乐还给孩子：解读斯宾塞快乐教子法［M］. 武汉：华中师范大学出版社，2011.
［11］邹强. 中国当代家庭教育变迁研究［M］. 天津：天津大学出版社，2011.
［12］关颖. 家庭教育社会学［M］. 北京：教育科学出版社，2014.
［13］李天燕. 家庭教育学［M］. 上海：复旦大学出版社，2007.
［14］柯小菁. 塑造新母亲：近代中国育儿知识的建构及实践：1900—1937［M］. 太原：山西教育出版社，2011.
［15］张健，陈一筠. 家庭与社会保障：国际学术研讨会论集［M］. 北京：社会科学文献出版社，2000.
［16］黄河清. 家庭教育学［M］. 上海：华东师范大学出版社，2014.
［17］吴奇程，袁元. 家庭教育学［M］. 3 版. 广州：广东高等教育出版社，2011.
［18］教育部关心下一代工作委员会.《全国家庭教育指导大纲》解读［M］. 天津：天津社会科学院出版社，2011.
［19］吴持瑛，沙江. 现代家庭教育指导策略［M］. 杭州：杭州出版社，2009.
［20］关颖. 社会学视野中的家庭教育［M］. 天津：天津社会科学院出版社，2000.
［21］王一集. 家庭与儿童早期社会性发展：交互发展理论的视角［M］. 上海：上

海教育出版社，2017.
[22] 杨启光. 发展型家庭生活教育：理论、实践与制度创新［M］. 上海：上海交通大学出版社，2017.
[23] 叶敬忠，潘璐. 中国农村留守人口之留守儿童：别样童年［M］. 北京：社会科学文献出版社，2014.
[24] 王涛. 规矩和爱［M］. 北京：北京理工大学出版社，2012.
[25] 晨曦. 美国父母家教的科学方法：世界一流的素质教育［M］. 合肥：安徽人民出版社，2003.
[26] 徐少锦，陈延斌. 中国家训史［M］. 西安：陕西人民出版社，2003.
[27] 梁龙. 批判中国人的教子方法［M］. 哈尔滨：哈尔滨出版社，2006.
[28] 张崇琛. 中华家教宝库［M］. 长春：吉林人民出版社，1993.
[29] 陈伙平，林少玉. 儿童早期家庭教育焦点：家长与专家面对面［M］. 福州：福建人民出版社，2010.
[30] 白洪海. 儿童心身问题策略［M］. 上海：上海科学技术出版社，2010.
[31] 缪建东. 家庭教育［M］. 北京：北京师范大学出版社，2015.
[32] 吴航. 家庭教育学基础［M］. 武汉：华中师范大学出版社，2010.
[33] 叶澜. 回归与突破："生命·实践"教育学论纲［M］. 上海：华东师范大学出版社，2014.
[34] 中国儿童中心. 我国家庭教育指导服务体系建构与推进策略研究［M］. 北京：中国人民大学出版社，2016.
[35] 黄全愈. 素质教育在家庭［M］. 广州：南方日报出版社，2001.
[36] 骆风. 成才与家教：北京大学学生家庭教育探索［M］. 北京：中国社会科学出版社，2002.
[37] 杨宝忠. 大教育视野中的家庭教育［M］. 北京：社会科学文献出版社，2003.
[38] 史秋琴，杨雄. 城市变迁与家庭教育［M］. 上海：上海文化出版社，2006.
[39] 王燕，张雷. 当代中国都市父母教养现状与反思［M］. 上海：复旦大学出版社，2008.
[40] 赵忠心. 家庭教育学：教育子女的科学与艺术［M］. 3 版. 北京：人民教育出版社，2017.
[41] 陈鹤琴. 家庭教育：怎样做好父母［M］. 北京：中国致公出版社，2001.
[42] 刘晓东. 儿童文化与儿童教育［M］. 北京：教育科学出版社，2006.
[43] 夸美纽斯. 夸美纽斯教育论著选［M］. 任钟印，选编. 任宝祥，等译. 北京：人民教育出版社，2004.
[44] 刘新科，栗洪武. 中外教育名著选读［M］. 北京：中国人民大学出版社，2008.

[45] 姚伟. 中外幼儿教育名著解读 [M]. 南京：南京师范大学出版社，2007.
[46] 哈经雄，滕星. 民族教育学通论 [M]. 北京：教育科学出版社，2001.
[47] 陈鹤琴. 家庭教育 [M]. 2 版. 上海：华东师范大学出版社，2013.
[48] 张文霞，朱冬亮. 家庭社会工作 [M]. 北京：社会科学文献出版社，2005.
[49] 潘允康. 婚姻家庭社会学 [M]. 北京：北京大学出版社，2018.
[50] 梁漱溟. 梁漱溟自述：我是怎样一个人 [M]. 北京：当代中国出版社，2012.
[51] 梁漱溟. 中国文化要义 [M]. 2 版. 上海：上海人民出版社，2011.
[52] 费孝通. 乡土中国 [M]. 北京：北京出版社，2016.
[53] 王利华. 中国家庭史：第 1 卷 先秦至南北朝时期 [M]. 广州：广东人民出版社，2007.
[54] 李彩娜，赵然. 家庭治疗 [M]. 北京：中国轻工业出版社，2009.
[55] 陈桂生. 教育原理 [M]. 2 版. 上海：华东师范大学出版社，2000.
[56] 方建移，张英萍. 学校教育与儿童社会性发展 [M]. 杭州：浙江教育出版社，2005.
[57] 方建移，胡芸，程昉. 社会教育与儿童社会性发展 [M]. 杭州：浙江教育出版社，2005.
[58] 袁锐锷. 教师专业化与高素质教师：经验、理论与改革实践 [M]. 广州：广东高等教育出版社，2007.
[59] 赵忠心. 中国家庭教育五千年 [M]. 2 版. 北京：中国法制出版社，2003.
[60] 魏书生. 家教漫谈 [M]. 桂林：漓江出版社，1996.
[61] 林格. 好父母：青少年成长与素质教育现用现查 [M]. 北京：同心出版社，2005.
[62] 林格. 新家教 [M]. 北京：华艺出版社，2001.
[63] 凤雏. 每个父母都是教育家：6 种著名教育法与天才培养 [M]. 北京：海潮出版社，2001.
[64] 肖凤. 幸福家教：一位教授母亲的家教全记录 [M]. 广州：广东教育出版社，2003.
[65] 贾西津. 第三次改革：中国非营利部门战略研究 [M]. 北京：清华大学出版社，2005.
[66] 冯德全. 谁说爷爷奶奶不会带孩子 [M]. 南宁：广西科学技术出版社，2008.
[67] 赵君. 父母造就懒散的孩子 [M]. 北京：京华出版社，2000.
[68] [美] 沃希. 正常家庭过程：多元性与复杂性 [M]. 刘翠莲，等译. 上海：上海三联书店，2013.

[69] [德] 福禄培尔. 人的教育 [M]. 2 版. 孙祖复，译. 北京：人民教育出版社，2001.
[70] [意] 蒙台梭利. 童年的秘密 [M]. 江雪，译. 天津：天津人民出版社，2003.
[71] [意] 蒙台梭利. 有吸收力的心理 [M]. 江雪，译. 天津：天津人民出版社，2003.
[72] [美] 杜威. 学校与社会：明日之学校 [M]. 赵祥麟，任钟印，吴志宏，译. 北京：人民教育出版社，2005.
[73] [美] 帕特南. 我们的孩子 [M]. 田雷，宋昕，译. 北京：中国政法大学出版社，2017.
[74] [美] 拉鲁. 不平等的童年 [M]. 张旭，译. 北京：北京大学出版社，2010.
[75] [美] 本尼迪克特. 文化模式 [M]. 王炜，等译. 北京：社会科学文献出版社，2009.
[76] [美] 戈夫曼. 日常生活中的自我呈现 [M]. 冯刚，译. 北京：北京大学出版社，2008.
[77] [美] 谢弗. 社会学与生活：精要插图第 11 版 [M]. 赵旭东，等译. 北京：世界图书出版公司北京公司，2011.
[78] [美] 戈登堡. 家庭治疗概论 [M]. 李正云，等译. 西安：陕西师范大学出版社，2005.
[79] [美] 卡特，麦戈德里克. 成长中的家庭：家庭治疗师眼中的个人、家庭与社会：第 3 版 [M]. 高隽，汪智艳，张轶文，译. 北京：世界图书出版公司北京公司，2007.
[80] [英] 朗兹顿，沃克. 关注您孩子的成长：0—18 岁家教全案 [M]. 刘建永，刘永宽，译. 杭州：浙江科学技术出版社，北京：中国人民大学出版社，2004.
[81] [美] 科恩. 游戏力 [M]. 李岩，译. 北京：军事谊文出版社，2011.
[82] [加拿大] 范梅南，[荷兰] 莱维林. 儿童的秘密：秘密、隐私和自我的重新认识 [M]. 陈慧黠，曹赛先，译. 北京：教育科学出版社，2004.
[83] [美] 诺丁斯. 始于家庭：关怀与社会政策 [M]. 侯晶晶，译. 北京：教育科学出版社，2006.
[84] [英] 梅森. 夏洛特 • 梅森家庭教育法全书 [M]. 邵夏珍，主编. 李艳芳，译. 北京：中国发展出版社，2004.
[85] [意] 亚米契斯. 爱的教育 [M]. 刘月樵，译. 北京：北京理工大学出版社，2015.
[86] [英] 鲍尔比. 安全基地：依恋关系的起源 [M]. 余萍，刘若楠，译. 北京：世界图书出版公司北京公司，2017.

[87] [美] 尼尔森. 正面管教 [M]. 玉冰，译. 北京：京华出版社，2009.

[88] [美] 帕金翰. 童年之死 [M]. 张建中，译. 北京：华夏出版社，2005.

[89] [法] 卢梭. 爱弥儿 [M]. 李平沤，译. 北京：商务印书馆，1978.

[90] [美] 埃尔德. 大萧条的孩子们 [M]. 田禾，马春华，译. 南京：译林出版社，2002.

[91] [美] 肖可夫，菲利普斯. 从神经细胞到社会成员：儿童早期发展的科学 [M]. 方俊明，李伟亚，译. 南京：南京师范大学出版社，2007.

[92] [意] 蒙台梭利. 蒙台梭利育儿全书 [M]. 张建威，董大平，译. 北京：中国妇女出版社，2006.

[93] [苏联] 阿瓦涅索娃，等. 学龄前儿童家庭教育 [M]. 杨挹敏，等译. 北京：教育科学出版社，2004.

[94] [英] 吉登斯. 亲密关系的变革：现代社会中的性、爱和爱欲 [M]. 陈永国，等译. 北京：社会科学文献出版社，2001.

[95] [瑞士] 斯密德. 父母角色：为什么我们的教育方法如此不同 [M]. 王婀娜，译. 北京：中国轻工业出版社，2002.

[96] [美] 希利. 如何更聪明：儿童大脑发育与智力开发 [M]. 明子，侯珍珠，张玉文，译. 北京：知识出版社，2000.

[97] [加拿大] 普格. 非全天候父母：对没有孩子监护权的离婚父母的指导 [M]. 于洋，李兰英，译. 哈尔滨：北方文艺出版社，2001.

[98] [美] 福沃德，巴克. 中毒的父母 [M]. 许效礼，译. 北京：中信出版社，2003.

[99] [美] 道奇. 玩，孩子的事业：学前教育指南 [M]. 夏定军，梁博，译. 北京：中国宇航出版社，2004.

[100] [美] 雷利. 反叛的孩子：行为异常孩子的“训练手册”[M]. 关胜渝，译. 汕头：汕头大学出版社，2004.

[101] [美] 华莱士. 父母手记：教育好孩子的 101 种方法 [M]. 楚湘玥，译. 北京：中国工人出版社，2004.

[102] [新加坡] Poh Chai Hong，Parvathy Pathy.儿童心理健康手册 7：离婚与破碎家庭 [M]. 李文姬，译. 北京：中国水利水电出版社，2004.

[103] [美] 里克纳. 美国家庭教育 [M]. 喻佑斌，罗文盛，译. 海口：海南出版社，2004.

[104] [美] 法尔博. 独生子女与独生子女家庭 [M]. 王亚南，主译. 昆明：云南教育出版社，2000.

附录 《中华人民共和国家庭教育促进法》

（2021 年 10 月 23 日第十三届全国人民代表大会常务委员会第三十一次会议通过）

目　　录

第一章　总　　则

第一条　为了发扬中华民族重视家庭教育的优良传统，引导全社会注重家庭、家教、家风，增进家庭幸福与社会和谐，培养德智体美劳全面发展的社会主义建设者和接班人，制定本法。

第二条　本法所称家庭教育，是指父母或者其他监护人为促进未成年人全面健康成长，对其实施的道德品质、身体素质、生活技能、文化修养、行为习惯等方面的培育、引导和影响。

第三条　家庭教育以立德树人为根本任务，培育和践行社会主义核心价值观，弘扬中华民族优秀传统文化、革命文化、社会主义先进文化，促进未成年人健康成长。

第四条　未成年人的父母或者其他监护人负责实施家庭教育。

国家和社会为家庭教育提供指导、支持和服务。

国家工作人员应当带头树立良好家风，履行家庭教育责任。

第五条　家庭教育应当符合以下要求：

（一）尊重未成年人身心发展规律和个体差异；

（二）尊重未成年人人格尊严，保护未成年人隐私权和个人信息，保障未成年人合法权益；

（三）遵循家庭教育特点，贯彻科学的家庭教育理念和方法；

（四）家庭教育、学校教育、社会教育紧密结合、协调一致；

（五）结合实际情况采取灵活多样的措施。

第六条　各级人民政府指导家庭教育工作，建立健全家庭学校社会协同育人机制。县级以上人民政府负责妇女儿童工作的机构，组织、协调、指导、督促有关部门做好家庭教育工作。

教育行政部门、妇女联合会统筹协调社会资源，协同推进覆盖城乡的家庭教育指导服务体系建设，并按照职责分工承担家庭教育工作的日常事务。

县级以上精神文明建设部门和县级以上人民政府公安、民政、司法行政、人力资源和社会保障、文化和旅游、卫生健康、市场监督管理、广播电视、体育、新闻出版、网信等有关部门在各自的职责范围内做好家庭教育工作。

第七条　县级以上人民政府应当制定家庭教育工作专项规划，将家庭教育指导服务纳入城乡公共服务体系和政府购买服务目录，将相关经费列入财政预算，鼓励和支持以政府购买服务的方式提供家庭教育指导。

第八条　人民法院、人民检察院发挥职能作用，配合同级人民政府及其有关部门建立家庭教育工作联动机制，共同做好家庭教育工作。

第九条　工会、共产主义青年团、残疾人联合会、科学技术协会、关心下一代工作委员会以及居民委员会、村民委员会等应当结合自身工作，积极开展家庭教育工作，为家庭教育提供社会支持。

第十条　国家鼓励和支持企业事业单位、社会组织及个人依法开展公益性家庭教育服务活动。

第十一条　国家鼓励开展家庭教育研究，鼓励高等学校开设家庭教育专业课程，支持师范院校和有条件的高等学校加强家庭教育学科建设，培养家庭教育服务专业人才，开展家庭教育服务人员培训。

第十二条　国家鼓励和支持自然人、法人和非法人组织为家庭教育事业进行捐赠或者提供志愿服务，对符合条件的，依法给予税收优惠。

国家对在家庭教育工作中做出突出贡献的组织和个人，按照有关规定给予表彰、奖励。

第十三条　每年5月15日国际家庭日所在周为全国家庭教育宣传周。

第二章　家 庭 责 任

第十四条　父母或者其他监护人应当树立家庭是第一个课堂、家长是第一任老师的责任意识，承担对未成年人实施家庭教育的主体责任，用正确思想、方法和行为教育未成年人养成良好思想、品行和习惯。

共同生活的具有完全民事行为能力的其他家庭成员应当协助和配合未成年人的父母或者其他监护人实施家庭教育。

第十五条 未成年人的父母或者其他监护人及其他家庭成员应当注重家庭建设，培育积极健康的家庭文化，树立和传承优良家风，弘扬中华民族家庭美德，共同构建文明、和睦的家庭关系，为未成年人健康成长营造良好的家庭环境。

第十六条 未成年人的父母或者其他监护人应当针对不同年龄段未成年人的身心发展特点，以下列内容为指引，开展家庭教育：

（一）教育未成年人爱党、爱国、爱人民、爱集体、爱社会主义，树立维护国家统一的观念，铸牢中华民族共同体意识，培养家国情怀；

（二）教育未成年人崇德向善、尊老爱幼、热爱家庭、勤俭节约、团结互助、诚信友爱、遵纪守法，培养其良好社会公德、家庭美德、个人品德意识和法治意识；

（三）帮助未成年人树立正确的成才观，引导其培养广泛兴趣爱好、健康审美追求和良好学习习惯，增强科学探索精神、创新意识和能力；

（四）保证未成年人营养均衡、科学运动、睡眠充足、身心愉悦，引导其养成良好生活习惯和行为习惯，促进其身心健康发展；

（五）关注未成年人心理健康，教导其珍爱生命，对其进行交通出行、健康上网和防欺凌、防溺水、防诈骗、防拐卖、防性侵等方面的安全知识教育，帮助其掌握安全知识和技能，增强其自我保护的意识和能力；

（六）帮助未成年人树立正确的劳动观念，参加力所能及的劳动，提高生活自理能力和独立生活能力，养成吃苦耐劳的优秀品格和热爱劳动的良好习惯。

第十七条 未成年人的父母或者其他监护人实施家庭教育，应当关注未成年人的生理、心理、智力发展状况，尊重其参与相关家庭事务和发表意见的权利，合理运用以下方式方法：

（一）亲自养育，加强亲子陪伴；

（二）共同参与，发挥父母双方的作用；

（三）相机而教，寓教于日常生活之中；

（四）潜移默化，言传与身教相结合；

（五）严慈相济，关心爱护与严格要求并重；

（六）尊重差异，根据年龄和个性特点进行科学引导；

（七）平等交流，予以尊重、理解和鼓励；

（八）相互促进，父母与子女共同成长；

（九）其他有益于未成年人全面发展、健康成长的方式方法。

第十八条 未成年人的父母或者其他监护人应当树立正确的家庭教育理念，自觉学习家庭教育知识，在孕期和未成年人进入婴幼儿照护服务机构、幼儿园、中小学校等重要时段进行有针对性的学习，掌握科学的家庭教育方法，提高家庭教育的能力。

第十九条　未成年人的父母或者其他监护人应当与中小学校、幼儿园、婴幼儿照护服务机构、社区密切配合，积极参加其提供的公益性家庭教育指导和实践活动，共同促进未成年人健康成长。

第二十条　未成年人的父母分居或者离异的，应当相互配合履行家庭教育责任，任何一方不得拒绝或者怠于履行；除法律另有规定外，不得阻碍另一方实施家庭教育。

第二十一条　未成年人的父母或者其他监护人依法委托他人代为照护未成年人的，应当与被委托人、未成年人保持联系，定期了解未成年人学习、生活情况和心理状况，与被委托人共同履行家庭教育责任。

第二十二条　未成年人的父母或者其他监护人应当合理安排未成年人学习、休息、娱乐和体育锻炼的时间，避免加重未成年人学习负担，预防未成年人沉迷网络。

第二十三条　未成年人的父母或者其他监护人不得因性别、身体状况、智力等歧视未成年人，不得实施家庭暴力，不得胁迫、引诱、教唆、纵容、利用未成年人从事违反法律法规和社会公德的活动。

第三章　国家支持

第二十四条　国务院应当组织有关部门制定、修订并及时颁布全国家庭教育指导大纲。

省级人民政府或者有条件的设区的市级人民政府应当组织有关部门编写或者采用适合当地实际的家庭教育指导读本，制定相应的家庭教育指导服务工作规范和评估规范。

第二十五条　省级以上人民政府应当组织有关部门统筹建设家庭教育信息化共享服务平台，开设公益性网上家长学校和网络课程，开通服务热线，提供线上家庭教育指导服务。

第二十六条　县级以上地方人民政府应当加强监督管理，减轻义务教育阶段学生作业负担和校外培训负担，畅通学校家庭沟通渠道，推进学校教育和家庭教育相互配合。

第二十七条　县级以上地方人民政府及有关部门组织建立家庭教育指导服务专业队伍，加强对专业人员的培养，鼓励社会工作者、志愿者参与家庭教育指导服务工作。

第二十八条　县级以上地方人民政府可以结合当地实际情况和需要，通过多种途径和方式确定家庭教育指导机构。

家庭教育指导机构对辖区内社区家长学校、学校家长学校及其他家庭教育指导服务站点进行指导，同时开展家庭教育研究、服务人员队伍建设和培训、公共服务产品研发。

第二十九条 家庭教育指导机构应当及时向有需求的家庭提供服务。

对于父母或者其他监护人履行家庭教育责任存在一定困难的家庭，家庭教育指导机构应当根据具体情况，与相关部门协作配合，提供有针对性的服务。

第三十条 设区的市、县、乡级人民政府应当结合当地实际采取措施，对留守未成年人和困境未成年人家庭建档立卡，提供生活帮扶、创业就业支持等关爱服务，为留守未成年人和困境未成年人的父母或者其他监护人实施家庭教育创造条件。

教育行政部门、妇女联合会应当采取有针对性的措施，为留守未成年人和困境未成年人的父母或者其他监护人实施家庭教育提供服务，引导其积极关注未成年人身心健康状况、加强亲情关爱。

第三十一条 家庭教育指导机构开展家庭教育指导服务活动，不得组织或者变相组织营利性教育培训。

第三十二条 婚姻登记机构和收养登记机构应当通过现场咨询辅导、播放宣传教育片等形式，向办理婚姻登记、收养登记的当事人宣传家庭教育知识，提供家庭教育指导。

第三十三条 儿童福利机构、未成年人救助保护机构应当对本机构安排的寄养家庭、接受救助保护的未成年人的父母或者其他监护人提供家庭教育指导。

第三十四条 人民法院在审理离婚案件时，应当对有未成年子女的夫妻双方提供家庭教育指导。

第三十五条 妇女联合会发挥妇女在弘扬中华民族家庭美德、树立良好家风等方面的独特作用，宣传普及家庭教育知识，通过家庭教育指导机构、社区家长学校、文明家庭建设等多种渠道组织开展家庭教育实践活动，提供家庭教育指导服务。

第三十六条 自然人、法人和非法人组织可以依法设立非营利性家庭教育服务机构。

县级以上地方人民政府及有关部门可以采取政府补贴、奖励激励、购买服务等扶持措施，培育家庭教育服务机构。

教育、民政、卫生健康、市场监督管理等有关部门应当在各自职责范围内，依法对家庭教育服务机构及从业人员进行指导和监督。

第三十七条 国家机关、企业事业单位、群团组织、社会组织应当将家风建设纳入单位文化建设，支持职工参加相关的家庭教育服务活动。

文明城市、文明村镇、文明单位、文明社区、文明校园和文明家庭等创建活动，应当将家庭教育情况作为重要内容。

第四章 社 会 协 同

第三十八条 居民委员会、村民委员会可以依托城乡社区公共服务设施，设立社区家长学校等家庭教育指导服务站点，配合家庭教育指导机构组织面向居民、村民的家庭教育知识宣传，为未成年人的父母或者其他监护人提供家庭教育指导服务。

第三十九条 中小学校、幼儿园应当将家庭教育指导服务纳入工作计划，作为教师业务培训的内容。

第四十条 中小学校、幼儿园可以采取建立家长学校等方式，针对不同年龄段未成年人的特点，定期组织公益性家庭教育指导服务和实践活动，并及时联系、督促未成年人的父母或者其他监护人参加。

第四十一条 中小学校、幼儿园应当根据家长的需求，邀请有关人员传授家庭教育理念、知识和方法，组织开展家庭教育指导服务和实践活动，促进家庭与学校共同教育。

第四十二条 具备条件的中小学校、幼儿园应当在教育行政部门的指导下，为家庭教育指导服务站点开展公益性家庭教育指导服务活动提供支持。

第四十三条 中小学校发现未成年学生严重违反校规校纪的，应当及时制止、管教，告知其父母或者其他监护人，并为其父母或者其他监护人提供有针对性的家庭教育指导服务；发现未成年学生有不良行为或者严重不良行为的，按照有关法律规定处理。

第四十四条 婴幼儿照护服务机构、早期教育服务机构应当为未成年人的父母或者其他监护人提供科学养育指导等家庭教育指导服务。

第四十五条 医疗保健机构在开展婚前保健、孕产期保健、儿童保健、预防接种等服务时，应当对有关成年人、未成年人的父母或者其他监护人开展科学养育知识和婴幼儿早期发展的宣传和指导。

第四十六条 图书馆、博物馆、文化馆、纪念馆、美术馆、科技馆、体育场馆、青少年宫、儿童活动中心等公共文化服务机构和爱国主义教育基地每年应当定期开展公益性家庭教育宣传、家庭教育指导服务和实践活动，开发家庭教育类公共文化服务产品。

广播、电视、报刊、互联网等新闻媒体应当宣传正确的家庭教育知识，传播科学的家庭教育理念和方法，营造重视家庭教育的良好社会氛围。

第四十七条 家庭教育服务机构应当加强自律管理，制定家庭教育服务规范，组织从业人员培训，提高从业人员的业务素质和能力。

第五章 法律责任

第四十八条 未成年人住所地的居民委员会、村民委员会、妇女联合会，未成年人的父母或者其他监护人所在单位，以及中小学校、幼儿园等有关密切接触未成年人的单位，发现父母或者其他监护人拒绝、怠于履行家庭教育责任，或者非法阻碍其他监护人实施家庭教育的，应当予以批评教育、劝诫制止，必要时督促其接受家庭教育指导。

未成年人的父母或者其他监护人依法委托他人代为照护未成年人，有关单位发现被委托人不依法履行家庭教育责任的，适用前款规定。

第四十九条 公安机关、人民检察院、人民法院在办理案件过程中，发现未成年人存在严重不良行为或者实施犯罪行为，或者未成年人的父母或者其他监护人不正确实施家庭教育侵害未成年人合法权益的，根据情况对父母或者其他监护人予以训诫，并可以责令其接受家庭教育指导。

第五十条 负有家庭教育工作职责的政府部门、机构有下列情形之一的，由其上级机关或者主管单位责令限期改正；情节严重的，对直接负责的主管人员和其他直接责任人员依法予以处分：

（一）不履行家庭教育工作职责；

（二）截留、挤占、挪用或者虚报、冒领家庭教育工作经费；

（三）其他滥用职权、玩忽职守或者徇私舞弊的情形。

第五十一条 家庭教育指导机构、中小学校、幼儿园、婴幼儿照护服务机构、早期教育服务机构违反本法规定，不履行或者不正确履行家庭教育指导服务职责的，由主管部门责令限期改正；情节严重的，对直接负责的主管人员和其他直接责任人员依法予以处分。

第五十二条 家庭教育服务机构有下列情形之一的，由主管部门责令限期改正；拒不改正或者情节严重的，由主管部门责令停业整顿、吊销营业执照或者撤销登记：

（一）未依法办理设立手续；

（二）从事超出许可业务范围的行为或作虚假、引人误解宣传，产生不良后果；

（三）侵犯未成年人及其父母或者其他监护人合法权益。

第五十三条 未成年人的父母或者其他监护人在家庭教育过程中对未成年人实施家庭暴力的，依照《中华人民共和国未成年人保护法》《中华人民共和国反家庭暴力法》等法律的规定追究法律责任。

第五十四条 违反本法规定，构成违反治安管理行为的，由公安机关依法予以治安管理处罚；构成犯罪的，依法追究刑事责任。

第六章　附　　则

第五十五条　本法自2022年1月1日起施行。